ARKANA

Buch

Daniel Pinchbeck war ein neofreudianischer Materialist mit mechanistischer Sicht auf die Wirklichkeit und ohne religiösen Glauben, als in ihm das Bedürfnis nach Selbsterfahrung und Erleuchtung wach wurde. Er begann mit magischen Pflanzen und bewusstseinserweiternden Drogen zu experimentieren und setzte sich mit den Drogenerfahrungen anderer Sucher aus dem westlichen Kulturkreis wie Walter Benjamin, Antonin Artaud oder Allen Ginsberg auseinander. Auf der Suche nach spiritueller Unterweisung besuchte er Stammeskulturen in Mexiko, Ecuador und Westafrika, in deren schamanischen Traditionen psychedelische Drogen eine zentrale Rolle spielen. Beim Stamm der Bwiti in Gabun nahm er an einem Initiationsritual teil, das in einen mehrstündigen Trancezustand mündet. »Den Kopf aufbrechen« nennen die Bwiti diese Zeremonie. In seinem Buch beschreibt Pinchbeck die Halluzinationen und Visionen, die ihm seine Drogenexperimente bescherten. Dabei hält er durchaus an seiner ambivalenten Einstellung gegenüber Drogen fest und versäumt es nicht, vor dem Schock zu warnen, der insbesondere dem westlichen Menschen widerfährt, wenn er plötzlich mit unbekannten Anteilen seines Bewusstseins konfrontiert wird. Zugleich aber schildert er auch die metaphysische Erfahrung, durch die ihm schließlich das klassische Erlebnis des spirituellen Erwachens zuteil wurde.

Autor

Daniel Pinchbeck lebt in New York City, wo er als Journalist arbeitet. Er ist Mitbegründer und -herausgeber des Magazins »Open City« und schreibt für Zeitschriften wie »Rolling Stone«, »Men's Journal« und »The Village Voice«. Er ist erreichbar unter www.breakingopenthehead.com

Daniel Pinchbeck

Den Kopf aufbrechen

Eine psychedelische Reise ins Herz
des Schamanismus

Aus dem Amerikanischen
von Peter Kobbe

ARKANA
GOLDMANN

Die amerikanische Originalausgabe
erschien 2002 unter dem Titel
»Breaking Open the Head« bei Broadway Books,
a division of Random House, Inc., New York.

Umwelthinweis:
Alle bedruckten Materialien dieses Taschenbuches
sind chlorfrei und umweltschonend.

Deutsche Erstausgabe Juli 2003

Umschlaggestaltung: Design Team München
Umschlagfoto: Michael Green, Illuminated
Satz: Uhl + Massopust, Aalen
Druck: GGP Media, Pößneck
Redaktion: Dr. Diane Zilliges
Verlagsnummer: 21653
WL · Herstellung: WM
Made in Germany
ISBN 3-442-21653-2
www.goldmann-verlag.de

1. Auflage

»Man muss gründlich forschen und das
Unvorstellbare glauben,
um die neuen Wahrheitsspuren zu entdecken,
die in einem Ozean der Bedeutungslosigkeit
umhertreiben.«

JOSEPH CONRAD

FÜR LAURA

und zum Andenken an meinen Vater

PETER PINCHBECK

Inhalt

Teil IV **Schamanismus und Moderne**

Teil V **DIE MEDIZIN**

Teil VI **LSD und die Sechzigerjahre**

Teil VII **Entheobotanik**

Teil VIII **Unfassbare Neue Welten**

Einleitung

Als ich dieses Buch zu schreiben begann, wollte ich ein Rätsel lösen. Ich wollte wissen, weshalb bestimmte Substanzen in Stammesgesellschaften auf der ganzen Welt verehrt, in zeitgenössischen westlichen Kulturen jedoch unterdrückt, verdrängt sowie auch lächerlich gemacht werden. Im Westen* klassifiziert man diese Substanzen als »psychedelisch«; es sind spezielle Drogen, die das Bewusstsein und die Wahrnehmung grundlegend verändern. Im Gegensatz zu Heroin oder Kokain sind die meisten Psychedelika weder körperlich schädlich noch Sucht erzeugend. Und doch hält man sie für so Schrecken erregend und gefährlich, dass ihr Besitz illegal ist und mit langen Gefängnisstrafen geahndet wird. Obwohl man doch zunächst meinte, sie würden »das Bewusstsein erweitern«, was ja zumindest theoretisch wünschenswert klingt, darf man keinem geistig gesunden Erwachsenen legalen Zugriff darauf gestatten.

* Der »Westen«/»aus dem Westen«/»im Westen« bzw. »westlich« bezieht sich im Gesamttext auf Westeuropa und die USA hinsichtlich ihrer kulturellen (»abendländischen«), politisch-weltanschaulichen und sozialethischen Gemeinsamkeiten. *(Diese und alle folgenden Fußnoten sind Anmerkungen zur deutschen Übersetzung.)*

Das Wort *psychedelisch* – »die Psyche offenbarend« – wurde in den Fünfzigerjahren geprägt, als unsere Kultur sich eine kurze Zeit lang für chemisch bedingte Selbstentdeckung begeisterte. Die Bezeichnung selbst ist ein bisschen vage, da diese Substanzen sich ja doch insgesamt einer präzisen Klassifikation mehr oder minder entziehen. In diesem Buch habe ich meine Ausführungen größtenteils auf herkömmliche und wohl bekannte Visionskatalysatoren beschränkt, nämlich psilocybinhaltige Pilze, Peyote, den im Amazonasgebiet gebräuchlichen Ayahuasca-Trank, LSD, Iboga und Dimethyltryptamin (DMT). Ich habe auch ein paar neuere Entdeckungen untersucht. Um meine Aufgabe einigermaßen praktikabel zu halten, habe ich Marihuana oder Ecstasy (die man zutreffender als »empathodelische« Drogen bezeichnen könnte) nicht erörtert, ebenso wenig auch Ketamin (ein Betäubungsmittel, das außerkörperliche Erfahrungen auslöst).

Mitte der Sechzigerjahre wurden die meisten der bekannten Psychedelika gesetzlich verboten, und die generelle modische Begeisterung für Bewusstseinserweiterung verflog bald danach. In den folgenden Jahrzehnten brachten die Medien Psychedelika wiederholt mit krankhaft verändertem Denken und Empfinden, vergeudetem Potenzial sowie sozialem Chaos in Zusammenhang. Es besteht weiterhin die Ansicht, wer mit Psychedelika herumexperimentiere, auf einen Trip gehe, riskiere damit, wahnsinnig zu werden.

Im Schutz vereinzelter, inselartiger Gebiete der unerschlossenen Welt, die durch dichte Dschungel oder Gebirge vor den rapide fortschreitenden Verheerungen der Modernisierung beschirmt sind, ist es noch immer möglich, intakten schamanischen Kulturen zu begegnen. Bei diesen Menschen sind Pflanzen, die Visionen auslösen, der Mittelpunkt des spirituellen Lebens und Brauchtums. Sie glauben, dass diese Pflanzen empfindungsfähige

Wesen, übernatürliche Abgesandte sind. Sie führen ihre Musik und Heilkunde, ihre Kosmologie und umfassenden Botanikkenntnisse auf die Visionen zurück, die ihnen in psychedelischer Trance zuteil werden. Für Stämme in Afrika, Sibirien, Nord- und Südamerika und vielen weiteren Regionen wäre die Ablehnung des von der botanischen Welt dargebotenen visionären Wissens nur das Symptom einer Geisteskrankheit.

Bei meinen Forschungen im Rahmen dieses Buchprojekts besuchte ich Schamanen in Westafrika, Mexiko und dem ecuadorianischen Amazonasgebiet. In Gabun, einem kleinen Land am Äquator, machte ich eine Bwiti-Initiation durch; dabei aß ich Iboga, eine psychedelische Wurzelrinde, die eine dreißigstündige Trance auslöst. Einige der Bwiti umschreiben diese Zeremonie mit »den Kopf aufbrechen«. Die pulverisierte Rinde entlässt die Seele für eine Zeit aus dem Körper und ermöglicht so dem Initianden das Eintreten in den spirituellen Kosmos Afrikas, wo ihm der Grundplan seines Schicksals gezeigt wird.

Den Kopf aufbrechen verfolgt zwei Spuren. Einerseits untersuche ich die Kulturgeschichte psychedelischer Präparate im modernen Westen; dabei betrachte ich das historische Aufeinandertreffen von archaischen Drogen und modernen Denkern, das zu den Sechzigerjahren führt – einer misslungenen Reise schamanischer Initiation, im Massenkulturformat – und weiter bis in die unmittelbare Gegenwart. Besonders anregend ist diesbezüglich Walter Benjamin, der deutsche jüdische Denker, der in den Zwanzigerjahren mit Haschisch und Meskalin experimentierte. Benjamin war der Ansicht, visionärer, durch Drogen oder andere Mittel erreichter Rausch könne eine »profane Erleuchtung« sein, die den hypnotischen Trancezustand des modernen Lebens zerschlägt. »Der Leser, der Denkende, der Flaneur sind ebenso wohl Typen des Erleuchteten wie der Opiumesser, der Träumer, der Berauschte«, schrieb Benjamin. »Ganz zu schweigen von jener fürchterlichsten Droge – uns selber –, die wir in der Einsamkeit zu uns nehmen.«

»Jene fürchterlichste Droge«, ich selbst, bin der Gegenstand der zweiten Recherche des Buches. Einst, vor nicht allzu langer Zeit, war ich ein typischer Atheist aus Manhattan, argwöhnisch, zynisch, und glaubte nicht an metaphysische Möglichkeiten. Aufgrund einer gegenläufigen Tendenz in meinem Charakter quälte mich mein Zynismus immer mehr. Ohne irgendeine höhere Vision kam mir das Leben unerträglich und sinnlos vor. Von meiner Verzweiflung und meinem Selbstekel gezwungen, beschloss ich, an die Grenzen meines Unglaubens vorzustoßen. Wenn es auch nicht der sicherste oder legalste Weg war – bestimmte chemische Katalysatoren schienen das schnellste und direkteste Mittel zu sein, mit dem ich selbst erproben konnte, ob diese Realität das Einzige war, was man kennen, erfassen konnte.

Indem ich mich selbst zu einem psychedelischen Fallbeispiel mache, schildere ich meine eigenen Sprünge und Stürze durch den neurochemischen Spiegel. *Den Kopf aufbrechen* erzählt davon, wie mein eigener Kopf aufgebrochen wurde und wie ich dann ganz behutsam versuchte, die Stücke wieder zusammenzufügen. Es ist der schriftliche Bericht über einen subjektiven, unvollständigen, gelegentlich qualvollen, häufig entfremdenden und doch erheiternden und spaßigen Entdeckungs- und Umwandlungsprozess.

Ich glaube, dass psychedelische Drogen bei vorsichtiger Verwendung profunde Hilfsmittel zur Selbsterforschung sind. Die verbotenen Substanzen eignen sich durchaus für eine Präzisionstechnologie zur Enthüllung der interstitiellen Denkprozesse, des sprühend knisternden Kerzengeflackers der Gefühlsregungen, der fein abgestimmten Maschinerie der Sinneswahrnehmungen. Das Sichentfalten des Selbst durch eine Steigerung des Wahrnehmungsvermögens, Erkennens und Fühlens ist eine gesonderte Stufe des Trips. Bei niedriger Dosierung ist das alles, was man kriegt, und oftmals reicht das auch.

Die nächste Stufe beginnt, wenn das Bewusstsein, plötzlich im Stande, über seine normalen Begrenzungen hinauszugehen, zerbirst, auf die nicht-gewöhnliche Welt hin aufbricht. Es fasziniert mich, dass diese beiden Stufen so eng verwandt sind. Es ist so, als ob Denken und Empfinden eine Rakete wären, die Power ansammelt, während sie die Startbahn entlangrast, bis sie sich schließlich in den Weltraum erhebt, über das Zerren der Schwerkraft hinaus, wo durchweg andere Regeln gelten. Warum sollte ein Prozess, der mit der Intensivierung der normalen Wahrnehmungen beginnt – durch ihn werden Farben leuchtender, verstärkt sich das bewusste Registrieren von Grundmustern in der Natur –, nahtlos in »abnorme« Wahrnehmungen hineinführen, in Gemälde, die atmen, Statuen, die tanzen, Bäume, die sich krümmen, mit Gesichtern und Gliedmaßen? Ganz zu schweigen, bis jetzt, von jenen geometrischen und halluzinatorischen Aussichten entfesselten Andersseins, die den geschlossenen Augen ins Blickfeld rücken.

Die Visionen fördernde Kraft der Psychedelika bleibt ein Rätsel, eines, dessen Lösung von der akademischen Wissenschaft aufgegeben wurde, als man Psychedelika vor einer Generation illegal machte. Und ebenso rätselhaft: Warum sollte die private Erforschung der eigenen inneren Wirklichkeit mit chemischen oder anderen Mitteln als eine ernsthafte Bedrohung für eine »freie Gesellschaft« gelten?

In *The Long Trip*, einer gesamthistorischen Monografie über Visionsdrogengebrauch, sagt Paul Devereux nachdenklich: »Ich frage mich manchmal, ob unsere Kultur, indem sie wie ein Einzelorganismus agiert – so wie eine Menschenmenge oder eine Schulklasse dies manchmal können –, irgendwie wittert, dass die psychedelische Erfahrung für ihre eigenen philosophischen

Grundlagen eine schwere Bedrohung darstellt. Das wäre womöglich ein Erklärungsansatz für den andernfalls irrationalen Hass, mit dem der Gebrauch von Halluzinogenen unterdrückt, verdrängt wird, und dafür, dass so viele unserer Intellektuellen die psychedelische Erfahrung süffisant als belanglos abtun.«

Verdrängung ist ihrem Wesen nach unsichtbar. Etwas, das verdrängt wird, kann sich uns nicht zeigen, kann nicht als eine Bruchstelle, ein Riss in unserer mentalen Wahrnehmung aufscheinen – dann würden wir sein Wirken erkennen, und die Verdrängung würde sich verflüchtigen. In einer Welt der Informationsüberlastung und fortwährenden Ablenkung manifestiert sich die Verdrängung als abweisend-abfälliges Kichern, gelangweiltes Gähnen, als Unterlassungssünde.

»Verdrängung ist reflexiv«, bemerkt der Literaturkritiker Frederic Jameson, »das heißt, sie zielt nicht nur darauf ab, einen speziellen Gegenstand aus dem Bewusstsein zu entfernen, sondern und vor allem auch darauf, die Spur dieser Beseitigung gleichfalls verschwinden zu lassen, die bloße Erinnerung an die Verdrängungsabsicht zu unterdrücken.« Seit über dreißig Jahren wird das Thema Psychedelika mit gewaltiger Kraft kulturell verdrängt.

Und doch kann man nicht behaupten, dass unsere Kultur den Gebrauch bewusstseinsverändernder Substanzen missbilligt. Marihuana ist verboten, aber Alkohol und Nikotin – weitaus schädlichere Drogen – werden in riesigen Mengen konsumiert. Während Psychedelika gesetzlich verboten sind, nehmen gegenwärtig 27 Millionen Amerikaner Antidepressiva wie etwa Zoloft oder Prozac. Heutzutage haben die meisten Leute gegen pflanzliche Präparate, die von Menschen seit Zehntausenden von Jahren gefahrlos eingenommen werden, weitaus größere Bedenken als gegen selektive Serotonin-Reuptake-Hemmer (SSRH) oder andere hochwirksame, rein synthetische, stimmungs- und bewusstseinsverändernde Drogen, die in den letzten Jahrzehnten von einer profitorientierten Pharmaindustrie erzeugt wurden.

Antidepressiva passen zu den immanenten Grundtendenzen unserer Gesellschaft. Psychedelika ganz entschieden nicht. Ist es denkbar, dass wir Halluzinogene dämonisiert haben, weil wir uns vor dem Inhalt unseres eigenen Denkens und Empfindens fürchten?

Als er zum ersten Mal Meskalin probiert hatte, stellte der Chemiker Sasha Shulgin fest: »Die Welt versetzte mich in Erstaunen; denn ich sah sie so wie in meiner Kindheit. Ich hatte ihre und meine Schönheit, Zauberkraft und Klugheit vergessen.« Er war sich im Klaren darüber, dass die winzige Menge weißen Pulvers, die er eingenommen hatte, nicht solche tiefgründigen Visionen hervorgerufen haben konnte. Es hatte nur enthüllt, was in ihm war. Er begriff, dass »unser ganzes Universum im Denken und Empfinden und im Geist enthalten ist. Möglicherweise ist es uns lieber, wenn wir keinen Zugang dazu finden, möglicherweise leugnen wir sogar seine Existenz, aber es ist tatsächlich in uns vorhanden, und es gibt Chemikalien, die seine innere Verfügbarkeit katalysieren können.«

Die Natur des Bewusstseins bleibt ein Rätsel, das westliche Wissenschaftler nicht ergründen können. Nicht nur, dass unsere Wissenschaftler sich dem Mentalbereich lediglich von außen, durch Beschreibungen seiner Funktionen und durch logische Deduktionen, nähern können. Die Wissenschaft ist, ihrer gegenwärtigen Beschaffenheit entsprechend, nicht in der Lage, die Frage zu stellen: Warum bin ich jetzt hier?, geschweige denn eine Antwort darauf zu suchen. Und doch bildet diese Frage die Basis der Gedanken und Wahrnehmungen einer Einzelperson. Natürlich behaupte ich nicht, dass Psychedelika eine sofortige Antwort auf diese Frage liefern, aber sie bieten einen Satz andersartiger optischer Linsen an, durch die wir das Problem betrachten können.

Die in sich eingekapselte Logik des säkularen Materialismus leugnet jederlei unabhängige Existenz der Seele und führt alle Facetten der menschlichen Persönlichkeit auf die synaptische Verschaltung des Gehirns zurück. Psychedelika lassen erkennen, dass das beileibe nicht alles ist – insbesondere der Blitzschlag, den das Dimethyltryptamins (DMT) auslöst, ein von unserem eigenen Körper und von vielen Pflanzen produzierter chemischer Stoff. Wenn man DMT raucht, wird man gleichsam aus einer Kanone in eine andere Dimension geschossen und dann wieder auf diese Welt zurückbefördert, und zwar in weniger als zehn Minuten. Die DMT-Offenbarung deutet eindringlich darauf hin, dass die Psyche nicht auf eine Manifestation unserer physischen Hardware reduziert werden kann.

C. G. Jung schrieb: »Die Menschen werden alles tun, wie unsinnig es auch sei, um zu vermeiden, ihrer eigenen Seele gegenüberzutreten.« Ist es denkbar, dass unsere Gesellschaft einen riesigen Technologie- und Propagandabau errichtet hat, um dieser inneren Konfrontation aus dem Weg zu gehen? Eingehüllt von den Medien und der Technologie sind wir mittlerweile so weit, dass wir Bilder aus zweiter Hand innerer Erfahrung vorziehen – dem, was Jung »das geistige Abenteuer« nannte. Die durch persönliche Entdeckung und visionäre Zustände erlangte Selbsterkenntnis mutet, im Vergleich zum voyeuristischen Glotzen, den virtuellen Unterhaltungen und hypnotischen Ablenkungen der zeitgenössischen Kultur, fremdartig an. Vielleicht ist bei uns eine Veränderung fällig – ja überfällig.

Das engagierte Eintreten für die Stichhaltigkeit kontrollierter schamanischer Erforschungen könnte, wenn man den gegenwärtigen Unsicherheitszustand der Welt bedenkt, hinsichtlich des gewählten Zeitpunkts befremdlich wirken. Das gesamte Thema ist gespickt mit Vorurteilen, die durch jahrzehntelange Propaganda noch vergrößert wurden. Ich hoffe nur, dass die Leser sich während der Lektüre dieses Buches mit ihrem Urteil zurückhalten. Es steht ihnen frei, es für Fiktion zu halten oder für ein etwas mühsames Gedankenexperiment. Ich befürworte oder empfehle nicht, dass irgendjemand irgendein Gesetz übertreten sollte, ganz gleich, wie schlecht ersonnen und wie exzessiv aufs Strafen ausgerichtet dieses Gesetz sein oder wie sehr es im Widerspruch zur menschlichen Natur und Würde stehen mag. Während ich dieses Experiment durchführte, hatte ich immer eine Bemerkung des Philosophen Jean-François Lyotard im Hinterkopf: »Bereit sein, in sich aufzunehmen, was das Denkvermögen nicht zu denken bereit ist – ebendies verdient die Bezeichnung Denken.«

Unsere Gesellschaft war und ist nicht bereit, ernsthaft über die Möglichkeit nachzudenken, dass Pflanzen und sogar Chemikalien, die das Bewusstsein umwandeln, ein fundamentales Bindeglied zwischen dem menschlichen Mentalbereich und der natürlichen, sowie der übernatürlichen, Welt enthüllen könnten. Es kann durchaus der Fall sein, dass, wie der unlängst verstorbene Terence McKenna schrieb, »die Unterdrückung der ganz natürlichen menschlichen Faszination für veränderte Bewusstseinszustände und die gegenwärtige gefährliche Situation allen Lebens auf Erden eng und scheinbar zufällig miteinander verknüpft sind.« Bis heute streben wir in erschreckender Weise nach faustischem Wissen über die physisch-materielle Welt, ohne ein tieferes Gewahrsein von unserem inneren Selbst zu entwickeln. Wenn wir nicht irgendein Mittel zur Behebung dieses Ungleichgewichts finden, werden wir möglicherweise mit den grässlichsten Konsequenzen konfrontiert.

Manche könnten dieses Buch für eine Provokation halten. Als solche war es nicht gedacht. Was mich nach Gabun und Ecuador und in die geheimen Winkel meiner eigenen Psyche brachte, war eine Sehnsucht nach Sinn und spiritueller Wahrheit in einer Welt, der beide fehlten. Das Studium des psychedelischen Schamanismus umfasst unglaublich viele Gebiete, von der Botanik bis zur Chemie, von der Kulturgeschichte bis zur Mystik. Ich bin auf keinem von ihnen Experte. Das Einzige, was ich anbieten kann, ist ein Bericht über meine eigenen Entdeckungen – und der ist, notwendigerweise, unvollständig, persönlich und höchst subjektiv.

Aus diesem Blickwinkel fällt es schwer, sich vorzustellen, dass es jemals zu einer offiziellen Billigung der Psychedelika kommt, oder dass der teuflische »Krieg gegen Drogen« jemals enden wird. Aber wer weiß? Vor allen anderen Dingen enthüllt die psychedelische Erfahrung weiterhin, wie schon eine Generation zuvor, dass die Wirklichkeit weitaus veränderlicher, geräumiger und kapriziöser ist, als wir uns dies für gewöhnlich vorzustellen erlauben.

TEIL I

Meine Initiation

»Wenn es um das innere Erleben geht,
um das Allerpersönlichste,
dann wird es den meisten Menschen unheimlich,
und viele laufen davon …
Das Risiko des innern Erlebens,
das geistige Abenteuer,
ist den meisten Menschen fremd.
Die Möglichkeit,
dass es psychische Wirklichkeit sein könnte,
ist Anathema.«

C.G. JUNG, *Erinnerungen, Träume, Gedanken*

KAPITEL 1

Der König des Bwiti

»Die Bwiti glauben, dass der Novize vor der Zeremonie nichts ist«, sagte mir Daniel Lieberman an meinem ersten Morgen in Gabun, auf unserer Taxifahrt vom Libreviller Flughafen ins Stadtzentrum. »Erst durch die Initiation wird man etwas.«

»Was wird man?«, fragte ich.

»Man wird ein *Baanzi*. Einer, der die Anderswelt kennt, weil er sie mit eigenen Augen gesehen hat.«

»Was halten die Bwiti von Iboga?«, fragte ich.

Lieberman zögerte kaum. »Für sie ist Iboga eine überbewusste geistige Wesenheit, die die Menschen lenkt«, sagte er.

»Okay.«

Lieberman, ein Ethnobotaniker aus Südafrika, wollte ein Geschäft daraus machen, dass er Leute aus dem Westen durch die extreme Bwiti-Initiation führte. Ich hatte ihn im Internet entdeckt. Auf seiner Website präsentierte er Fotos aus Gabun, die unwirklich anmuteten – Stammestänzer(innen) in Grasröcken, lächelnde Schamanen und Abbildungen von Iboga selbst, einer eher unscheinbaren, ja anspruchslos wirkenden Pflanze. Das botanische Sakrament der Bwiti, *Tabernanthe iboga*, ist ein Busch, der kleine, essbare, orangefarbige Früchte trägt, die fade schmecken und klebrig sind. Unter optimalen Bedingungen kann Iboga sich zu einem zwölf Meter hohen Baum auswachsen. Der halluzinatorische Wirkstoff konzentriert sich in der Wurzelrinde der Pflanze; die Rinde wird abgeschabt, getrocknet und zu grauem Pulver zerrieben. Einen aus den Vereinigten Staaten kommenden Außenstehenden kostet die Bwiti-Initiation mit Flugticket, den Ritualkosten und dem Botaniker-Honorar über 7000 Dollar. »Ich habe in den Regenwäldern von Ost- und Westafrika, von Madagaskar und dem Amazonas ausgiebig mit Schamanen, *Brujos*, Medizinmännern und Heilern gearbeitet«, teilte mir Lieberman vor dem Trip per E-Mail mit. »Ich finde, Iboga ist genau die Pflanze, die man weltweit publik machen muss, und zwar schleunigst.«

Rein äußerlich war der Botaniker mager und blass; er hatte Teva-Sandalen und Safarikleidung an. Er war augenscheinlich jünger, weniger professionell, befangener, als ich erwartet hatte. Er war nicht nur Botaniker, sondern auch Entomologe – später zeigte er mir Hunderte von Fotos, die er von Insekten im afrikanischen Regenwald gemacht hatte. Er war dem Typ nach offenbar jemand, der sich allein am wohlsten fühlte, als Forscher unterwegs durch einen Wald, auf der Suche nach seltenen Käfern und Schmetterlingen. Er sagte mir, seine bleiche Gesichtsfarbe und seine Zuckungen seien zum ersten Mal während eines beinah tödlichen Hirnmalariaanfalls aufgetreten. »Ich hab' mich bei einer Bwiti-Zeremonie damit angesteckt«, sagte er. »Es hat Monate gedauert, bis ich wieder gesund war.«

Ich hatte eigentlich einen robusten und abenteuerlustigen Guide erwartet. Stattdessen stellte sich heraus, dass er, mit dreißig, zwei Jahre jünger war als ich – und wackliger. Er erzählte mir auch, dass ihm, als er das letzte Mal Iboga genommen hätte, sein eigenes Todesdatum gezeigt worden sei, und es liege in nicht allzu weiter Ferne. Dem düsteren Unterton, mit dem er das sagte, entnahm ich, dass er glaubte, es treffe zu. Ich bedrängte ihn nicht mit

Fragen nach Einzelheiten – später wünschte ich, ich hätte es getan.

Libreville war heiß, stagnierend, ohne Lebenskraft. Die Stadt schien unter niederdrückendem Glas zu liegen. Blendendes Sonnenlicht wurde von den schwarzen Spiegeln der Firmentürme, den Zentralen von Ölgesellschaften, zurückgeworfen. Wegen seiner Ölvorkommen ist Gabun, ein kleines westafrikanisches Land am Äquator, reicher und sicherer als alle anderen Länder in der Region. Die Iboga-Pflanze ist ein weiterer nutzbarer Naturschatz, aber sie wird von den Gabunern nie für den Export verwertet werden. Die Hälfte der Bevölkerung von Gabun gehört der einen oder anderen Bwiti-Sekte an. Selbst der Präsident auf Lebenszeit, Omar Bongo, dessen gleichgültiges und uninteressiertes Antlitz überall in der Stadt von Postern auf uns herunterstarrte, war, wie man wusste, ein Initiierter. Die Bwiti tolerieren ausländisches Interesse an ihrer heiligen Medizin, aber sie fördern es in keinerlei Hinsicht.

»Wieso sollten die Bwiti mir eigentlich erlauben, in ihre Sekte einzutreten?«, fragte ich jetzt.

»Bwiti ist wie der Buddhismus«, sagte Lieberman. »Jeder kann eintreten, wenn er gewillt ist, sich initiieren zu lassen. Das Wort *Bwiti* bedeutet einfach das Erleben, Erfassen der Iboga-Pflanze, das heißt: der Essenz der Liebe.«

Während Lieberman Bwiti mit dem Buddhismus gleichsetzte, bleibt es für die meisten Beobachter ein rätselhafter Kult. Einige Bwiti-Sekten, wie etwa die Fang, beziehen Elemente des Christentums mit ein, ja, sie tragen sogar prunkvolle Kostüme, die karnevalistischen Varianten der Gewänder von katholischen Bischöfen und Nonnen ähneln. Andere Gruppen, wie etwa diejenige, die wir besuchten, halten an Stammesüberzeugungen fest. James Fernandez, ein Anthropologe, der die Sekte ausführlich studierte, beschließt sein Buch *Bwiti: An Ethnography of the Religious Ima-*

gination in Africa ergebnislos: »Am Ende scheitert jeder Versuch, die innere Kohärenz des Bwiti-Kosmos darzulegen, an den Paradoxen, mit denen er spielt.« Nach Fernandez' Ansicht arbeitete die Bwiti-Religion »hinten herum und mit Suggestion sowie anderen Arten von Verwirrungen«, woraus sich letztlich »viele disparate Ansätze und Widersprüchlichkeiten« ergäben. In dem Text, einem typisch distanzierten Werk der Anthropologie, ließ nichts darauf schließen, dass Fernandez selbst Iboga probiert hatte.

Ich wusste, dass es noch einen Kunden für diese Reise gab. Eine Frau. Ich hatte mir im Voraus schon ausgemalt, mit irgendeiner kühnen und schönen australischen Erbin oder jungen Freiwilligen vom US-Friedenskorps eine feste Beziehung anzuknüpfen. Stattdessen stellte man mich im Hotel, zu meinem Entsetzen, Elaine vor, einer kleinen, redseligen jüdischen Psychoanalytikerin mittleren Alters mit einem starken New Yorker Akzent.

»Ich komme grade aus Bhutan, wo ich mir eine schreckliche Blaseninfektion geholt habe«, verkündete die Analytikerin unverzüglich. »Sie sind auch New Yorker? Was für eine Überraschung! Ich bin Psychoanalytikerin im West Village. Vielleicht kennen Sie ja meine Freundin, die für die *New York Times* arbeitet? Oder meine Schwester, die Romanschriftstellerin?«

Ich nickte zu den vertrauten Namen und versuchte mich dabei von dem Schock unerwünschter Vertrautheit zu erholen. Ich hatte mir irgendeine ernsthafte und urtümliche Jagd nach dem Heiligen ersehnt, dem exotischen »Anderen«, dem man in Romanen von Joseph Conrad oder Paul Bowles begegnet. Stattdessen würde ich mein Stammesabenteuer mit einer Frau teilen, der ich auf einer Cocktailparty in Manhattan wohl tunlichst aus dem Weg gegangen wäre. Ich bewunderte Elaines Mut und ihre Gründe, aus denen sie diesen Trip unternahm – sie sagte, dass einige ihrer

Patienten Drogen, insbesondere Koks, missbrauchten, und dass sie sich Klarheit verschaffen wolle, ob sie ihnen Ibogain empfehlen solle. Aber ihre Anwesenheit auf meiner Reise kam mir wie irgendeine sorgfältig inszenierte karmische Strafe vor.

Wir gingen los, um uns mit unserem Schamanen Tsanga Jean Moutamba zu treffen, der sich selbst »Der König des Bwiti« nannte. Was wir später über die Streitsucht und Habgier und die tyrannische Theatralik des »Königs« herausfinden sollten, war bei dieser ersten Begegnung nicht klar ersichtlich. In seinem Haus in Libreville wirkte der »König« schroff, aber im Grunde freundlich, als wir die Vorbereitungen für den Trip trafen. Sein purpurner Talar, ausladender Bauch, buschiger grauer Bart und seine Halskette aus Löwenzähnen verliehen ihm die überlebensgroße Präsenz eines Avantgarde-Jazzmusikers aus den Sechzigerjahren. Mit scheuem Lächeln kamen Mitglieder seiner riesigen Familie, um uns die Hand zu geben – von Liebermann erfuhren wir, dass er acht Frauen und vierzehn Kinder hatte und außerdem eine zahllose Menge von ins Bwiti Initiierten, die ihn »Papa« nannten. Man verstaute unsere Reisetaschen in einem Jeep, und der »König« selbst chauffierte uns auf Gabuns einzigem Highway vier Stunden in den dichten Dschungel, wo sich grünes Blätterwerk eintönig unter einem bleigrauen Himmel entfaltete. Während unserer Fahrt spielte er auf seinem Tonbandgerät in endloser Wiederholung ein Band mit der klimperig schneidenden, beunruhigenden Bwiti-Musik. Sie hörte sich nicht wie Stammesmusik an; für mich hatte sie etwas Sciencefictionartiges. Wenn wir an einem der häufigen militärischen Kontrollpunkte hielten, warfen die Wachposten nur einen Blick auf seine Halskette aus Löwenzähnen und winkten uns vorbei.

Während meines Aufenthalts in Gabun versuchte ich unentwegt zu eruieren, was es mit Moutambas Status als »Le Roi du Gabon Bwiti«, wie das handgemalte Schild außerhalb seines Stammesdorfes stolz proklamierte, eigentlich auf sich hatte. Ich bekam unterschiedliche Antworten, manchmal von derselben Person. Alain Dukaga, ein Englisch sprechender Gabuner mit hinkendem Gang, der als unser Übersetzer fungierte, sagte mir zuerst: »Moutamba ist für uns wie Jesus. Die meisten aus der Bevölkerung sind so, als ob ihnen die Wurzeln fehlten. Sie wurden an die christlichen Bräuche gebunden und haben ihre Kultur vergessen. Moutamba hilft dabei, unsere Kultur zurückzubringen. Wir hoffen, dass sie bald anfangen, in den Schulen wieder Bwiti zu unterrichten.« Wenige Tage später, als die Beziehungen zwischen uns und unserem Schamanen kaputtgingen, stellte er sich völlig um. »Moutamba?«, spottete er. »Er ist der König von gar nichts. Er nennt sich bloß so.«

Es war mein erster Aufenthalt in Afrika, dem einzigen Kontinent, den ich nie hatte besuchen wollen. Bei dem Gedanken an Afrika dachte ich an ungeheure Katastrophen, an Grausamkeit in biblischem Ausmaß: Hungersnöte, Stammeskriege, unabwendbare Armut, despotische Diktaturen, Aids- und Ebolaepidemien. Es war ein Kontinent, wohin Freunde von mir reisten, um sich zu bewähren – indem sie journalistische Berichte schrieben, exotische Gräueltaten fotografierten, hemingwaysche Safarifantasien durchspielten, ins US-Friedenskorps eintraten, sich absonderliche Krankheiten zuzogen. Der Ebolavirus trat zuerst in den Wäldern von Gabun auf. Manchmal sann ich über den beunruhigenden Fast-Gleichklang von Ebola und Iboga nach.

Mein Afrikatrip schien das Schicksal herauszufordern. Jede Einzelheit davon setzte mir so viel Widerstand entgegen, wie ich bewältigen konnte. Ich sollte im Auftrag des *Vibe Magazine* einen Beitrag über die Iboga-Initiation schreiben, aber ich erhielt das Geld, das ich brauchte, erst wenige Tage vor der Reise. Nachdem ich Lieberman und alle übrigen ausgezahlt hatte, schmolz mein Bankkonto auf ein paar Hundert Dollar zusammen. Das Visum, das ich für die Einreise in das Land benötigte – ein ganzseitiger purpurner Pass-Stempel, die Abbildung von einer Mutter mit Baby –, wurde ohne klar ersichtlichen Grund auf dem Gabuner Konsulat in Washington verzögert. Es traf schließlich per Bundesexpressdienst wenige Stunden vor meiner Abreise in meiner Wohnung ein und stoppte so meinen hysterischen Anfall. Als ich den Charles-de-Gaulle-Flughafen in Paris erreicht hatte, erfuhr ich, dass die Air France ihren einmal-wöchentlichen Flug nach Libreville, der eigentlich an eben diesem Abend abgehen sollte, gecancelt hatte. Die Air France gab mir zum Trost 1500 Francs und brachte mich, bis zum nächsten Abflug nach Libreville, mit der Air Gabon, zwei Nächte in einem Flughafenhotel unter. Im Hotel aß ich mit ein paar elegant gekleideten Gabunern, die gleichfalls festsaßen. In spöttischem Schnellfeuer-Französisch mokierten sie sich über den Wein und den Service. Ich sagte einem der Männer, dass ich vorhätte, die Bwiti zu besuchen. Er sah mich seltsam an. *»Les Bwiti, ils sont dangereux«*, sagte er ernst und wandte sich schnell ab. Ich hatte keine Möglichkeit, mich mit Lieberman in Verbindung zu setzen, um ihm die Verspätung zu erklären; ich konnte nur hoffen, dass er bei meiner Ankunft dennoch auf mich warten würde.

Im Rückblick, und auch damals schon, kam es mir fast so vor, als wären die Schwierigkeiten eine Art Test, eine für mich hergerichtete Zerreißprobe, noch bevor ich zur Zerreißprobe der Initiation gelangen konnte. Obwohl mir bange war, kam mir nicht in den Sinn umzukehren.

Es drängte mich, Iboga zu probieren; und diese Sehnsucht ging viel tiefer als der Wunsch, eine gute Story zu ergattern. Ich betrachtete den Auftrag als ein mystisches Lotterielos. Ich hatte mich auf diesen einmaligen kühnen Versuch festgelegt, die Bwiti zu besuchen und Zugang zu ihrer Geistwelt zu gewinnen. Oder irgendeiner Geistwelt.

KAPITEL 2

Verrückt auf Errettung

Meine Initiation in das Bwiti erfolgte zu einer Zeit, als ich das Interesse an mir selbst verlor. Ich fühlte mich wie ein Schauspieler, der die Motivation für seine Rolle verloren hat. Oder ich war wie die Figur »Daniel Pinchbeck«, eingeschlossen in einem halb fertigen Roman, den ein unfähiger Autor gerade in schwerfälligem, zähem Ringen aufgab.

Ich stürzte in eine spirituelle Krise.

Ich stürzte und kam nicht mehr hoch.

Ziellos zog ich durch die Straßen des East Village, so lang und intensiv ins Nachdenken über die Sinnlosigkeit des Daseins vertieft, dass ich mich bisweilen wie ein Gespenst fühlte. *Vielleicht bin ich ja schon tot*, dachte ich bei mir. Die Welt schien in ein Gespinst gehüllt zu sein, das ich nicht aufreißen konnte, und ich erstickte darin. Ich wollte nicht, was andere wollten, aber ich konnte nicht ausfindig machen, was ich brauchte. Ich wollte die Wahrheit – meine eigene Wahrheit, egal, als welch trostloses Bruchstück welch höllischer Gesamtheit auch immer sie sich womöglich entpuppen würde.

Es gibt Gründe, weshalb speziell ich in diese geistige Leere hineingerissen wurde. Wenn ich auf mein Leben zurückblicke, kann ich den offenen Rachen des auf mich wartenden Abgrunds erkennen. Durch meine Mutter Joyce Johnson, eine Romanschriftstellerin und Memoirenschreiberin, hing ich mit den oft verlästerten und gelegentlich verehrten Schriftstellern der Beatgeneration zusammen, die in hektischer Jagd nach mystischer Erfahrung den ganzen Erdball durchstreiften. (Als Jack Kerouac Ende der Fünfzigerjahre Gast in einer TV-Talkshow war, wurde er gefragt, wonach er suche. Betrunken und herausfordernd gab er ehrlich Antwort: »Ich warte drauf, dass Gott mir Sein Gesicht zeigt.« Damals wartete meine arme Mutter, ganze zweiundzwanzig Jahre alt, unruhig hinter den Kulissen auf ihn.) Von meiner Mutter kamen gemischte Signale über ihre Beat-Vergangenheit. Einerseits war das Zitat, das sie mir ins Highschooljahrbuch schrieb, aus Kerouacs *Unterwegs**: »verrückt darauf zu leben, verrückt darauf zu lieben, verrückt auf Errettung. …« Doch das Leben, das ich ihrem Wunsch nach führen sollte, war das eines behüteten mittelständischen Intellektuellen. Sie hatte zu oft miterlebt, dass Freunde durch unbürgerliche Exzesse ruiniert wurden, an Alkohol oder Speed zugrunde gingen.

Ein zweiter Grund liegt in meinem lachhaften Nachnamen, mit dem ich mir manchmal vorkomme, als trüge ich eine rote Clownsnase. Das Wort steht in jedem guten Englisch-Lexikon: »pinchbeck« ist eine Art Falschgold, Tombak. Diese funkelnde Kupfer-Zink-Legierung, die man bis heute im Modeschmuckbereich verwendet, wurde von Christopher Pinchbeck erfunden, einem englischen Alchemisten aus dem achtzehnten Jahrhundert, der auch ausgeklügelte automatische Uhren für britische Aristokraten herstellte. Später kam es zu einer Erweiterung des Wortsinns von

* Im Orig.: *On the Road*. Werktitel ausländischer Autoren werden, so weit deutsche Übersetzungen vorliegen, mit deutschem Titel wiedergegeben. Vgl. dazu auch Anmerkung auf Seite 429.

»pinchbeck«; seitdem bezeichnet es (als Substantiv oder Adjektiv) alles irgendwie Unechte oder Talmihafte – beispielsweise heißt es in einem alten Wörterbuch exemplarisch für den Wortgebrauch: »The 19th Century was a pinchbeck age of literature.«* James Joyce verwendete das Wort im *Ulysses*. In letzter Zeit hat sich der prominente Kolumnist William Safire für seine Wiederbelebung stark gemacht.

Dieser unechte Name hielt und hält mich bis zu einem gewissen Grade von den harten Daseinstatsachen fern. Hinter der Pinchbeck-Fassade kommt einem das Leben immer etwas illusorisch vor, wie ein alchemistischer und unwahrscheinlicher Prozess. Vielleicht erbte ich auch den Drang meines Vorfahren, Wunderbares aufzuspüren, sowie auch meines Vaters Sehnsucht nach Transzendenz, die in seinen riesenformatigen und grüblerischen, abstrakten Gemälden zum Ausdruck kommt. Ich glaube fast, dass ich auf der in diesem Buch geschilderten Suche irgendeine aus meinem Erbe übrig gebliebene Aufgabe durcharbeite, so als würden mystische Sehnsüchte wie Einzelgängergene in Stammbäumen stromern.

Meine Bezugspunkte für eine spirituelle Krise waren Bücher und Autoren – *Der Ekel*, *Aufzeichnungen aus dem Kellerloch*, *Der Fremde*; Kafka, Beckett, Rilke – die beredte Verzweiflung der Literatur des zwanzigsten Jahrhunderts. Während ich in desolater Niedergeschlagenheit durch die Straßen irrte, stellte ich mir die unmögliche, die peinliche, die elementare kindliche »Warum?«-Frage – Warum diese Stadt? Warum dieses Leben? Warum irgendetwas? Natürlich wusste ich, dass man diese spezielle Frage nach dem Warum etwa im Alter von zehn Jahren eigentlich zu stellen aufhören sollte, aber ich konnte mich nicht davon befreien.

* »Das 19. Jahrhundert war eine Talmiliteraturepoche.«

Ich verspottete mich selbst, indem ich mich an eine Szene aus *Hannah und ihre Schwestern* erinnerte, wo die von Woody Allen dargestellte Figur, der männliche Protagonist, zunächst erfährt, dass er einen Gehirntumor hat, dann herausfindet, dass er doch keinen hat, ihm aber klar wird, dass er – egal, wie unwahrscheinlich dies vorher zu sein schien, als er, wie die meisten von uns, in vergnügter Ableugnung befangen war –, eines Tages sterben wird. Plötzlich davon besessen, einen Lebenssinn zu finden, lässt er sich auf mehrere Religionen ein, unter anderem die Hare-Krishna-Bewegung und den Katholizismus – die Satire kulminiert dann, als er in den Supermarkt geht, um einen Laib weißes Wonder Bread zu kaufen, zum Zeichen seines neuen christlichen Glaubens. Am Ende meistert er seine Krise im Kino, in einem Doppelprogramm mit den Marx Brothers; ihm wird klar, dass Lachen, wenn schon keine Lösung, so zumindest der einzige Trost ist, den er sich vorstellen kann.

Ich befand mich in einer schlimmeren Lage als Woody Allen. Ich brauchte einen Trost, der über Lachen hinausging.

Mit meinen Alternativen sah es ziemlich schlecht aus.

Wir leben in einer Welt der Überbelastung durch die Medien und des Datensmogs, wo uns alles von allem anderen ablenkt. Aber da unsere Kultur diesem lärmenden Angriff ja zugrunde liegt, bietet sie uns nichts Transzendentes an. Keinen tieferen Sinn, keine bleibende Hoffnung. In meiner Krise schien jede Facette der zeitgenössischen Welt zu einem teuflischen Mechanismus zu gehören, der sorgfältig durchkonstruiert war, um die Menschen davon abzuhalten, dem wirklichen Zweck ihrer endlosen hektischen Aktivität auf die Spur kommen zu wollen.

Wenn Menschen notgedrungen feststellen müssen, dass sie in eine spirituelle Krise geraten, wenden sich viele den etablierten Religionen des Christentums oder Judaismus zu – oder dem Buddhismus oder irgendeiner New-Age-mäßigen Tröstung – um sich daran aus der Tiefe zu ziehen. Für mich war das keine Alternative.

Meine Eltern waren antireligiös. Meine Mutter war gebürtige Jüdin, aber eine dezidierte Nichtgläubige. Selbst meine Großmutter und ihre älteren Schwestern, die in Polen geboren waren, vermieden das Thema Religion. Unser kleines Familienpassah war ein Festessen ohne Ritual oder Gebet. Mein Vater, den man gezwungen hatte, Ministrant zu werden, hasste den Katholizismus, und es schauderte ihn, wenn er sich an die Priester erinnerte, die ihn als Kind tyrannisiert hatten. Jedenfalls hatte ich kein Interesse an allgemein anerkannter Weisheit oder traditionellem Glauben. Ich wollte Inspiration, die aus meiner eigenen, inneren Erkenntnis stammte.

Ralph Waldo Emerson zählt zu jenen Schriftstellern, die wir an der Highschool studieren und dann für immer vergessen. Als ich als Erwachsener seinen Essays begegnete, wurde mir klar, dass er mit mir sprach: »Warum sollten wir uns nicht auch einer ursprünglichen Beziehung zum Universum erfreuen?«, fragte Emerson. »Warum sollten wir nicht eine Poesie und Philosophie haben, die auf Einsicht und nicht auf Tradition gründen, sowie eine Religion, die daraus hervorgeht, dass sie sich uns unmittelbar offenbart, und nicht aus der Geschichte der ihrigen?«

Das war das, was ich verlangte: »eine ursprüngliche Beziehung zum Universum.« Nichts Abstraktes, Übernommenes, Zweitrangiges. Keine Geschichte der Transzendenz von jemand anderem. Warum sollte ich es nicht auch besitzen? Warum schien es ein so unmögliches Ziel zu sein?

Meine Eltern waren mit Leib und Seele in den Aufschwung des Beat und des abstrakten Expressionismus der Fünfziger- und Sechzigerjahre involviert. Eine Generation später sah ich mit an, wie die Abrissbirne des ökonomischen Determinismus die Überreste ihrer liberalen, höchst individualistischen Kultur zerstörte –

die anheimelnde Zeitlupenwelt antiquierter Cafés, alte Neugotikhäuser, unabhängige Buchläden. Im Lauf der Neunzigerjahre verwandelte sich New York; aus einer Stadt, wo Kultur und Handel in Symbiose zusammenlebten, wurde ein Handelszentrum, wo Künstler sich an die Ränder klammerten. Und zweifellos gab es jetzt nichts mehr, das irgendeine Ähnlichkeit mit einer erlösenden »Hochkultur« hatte, um damit dem kapitalistischen Moloch Einhalt zu gebieten.

Ich hatte das Gefühl, als würde ich ein Gespenst, ein körperloser Überlebender aus irgendeinem fernen Zeitalter. Mir wurde klar, dass diese monotone materialistische Kultur »das Ende der Geschichte« war, wie einige Schriftsteller verkündeten – ohne spirituelle Wirklichkeit, ohne Zugang zu irgendeiner anderen Bewusstseins- oder Sinnebene – da konnte ich das Leben kaum mehr ertragen.

Auf einem Tiefpunkt rief ich mir unerlaubte Erleuchtungen ins Gedächtnis zurück, die ich von bestimmten getrockneten und nur schwer kaubaren Pilzstückchen sowie winzigen quadratischen Papierschnitzeln bekam, ein Gemisch, das ich zum letzten Mal auf dem College gegessen hatte. Am intensivsten erinnerte ich mich an meine Begegnungen mit Psilocybinpilzen. Insbesondere rief ich mir die Sinnesglut ins Gedächtnis – die Ausweitung von Farben, Klängen, Gerüchen. Es war eine Offenbarung gewesen – wie die Schleier der Abstraktion plötzlich von meinem Denken und Empfinden abzufallen schienen. Damals, nach Abschluss der Adoleszenz, durchschnitten Pilze meine quälenden Entfremdungsgefühle, wenn sie auch bisweilen meine tiefsten Ängste vergrößerten.

Auf dem Trip fühlte ich, wie ich in die sozialen und biologischen Prozesse eingebettet war, die wie die verworren-komplizierten Fäden eines Spinnennetzes rings um mich herumgesponnen waren. Die Welt kehrte in den Zustand eines

Urgeheimnisses zurück, aber nichts war absonderlicher als mein eigenes Bewusstsein, meine Position in der Struktur von allem, was ich sehen, spüren und mental erfassen konnte.

Ich begann, wieder mit Pilzen und LSD zu experimentieren. Das Beschaffen dieser Drogen erwies sich in New York anfangs als erstaunlich schwierig. Heroin und Kokain waren an praktisch jeder Straßenecke problemlos zu haben, aber Psychedelika erforderten ernsthafte Anstrengung und Nachforschung. Sobald ich damit versorgt war, aß ich sie zu Hause, in Parks, und bevor ich schmuddelige Bars im East Village besuchte. Auf einem Pilztrip nahmen ein Freund und ich Max Fish, eine Bar in der Ludlow Street, als mittelalterliche Kneipe wahr, voller verwundeter Ritter und verkrüppelter Pestopfer, Halunken und Herumtreiber. Mit einem anderen Freund nahm ich in meiner Wohnung in der Avenue B im East Village eine starke Dosis LSD. Verblüfft sahen wir zu, wie Musik schimmerndes Regenbogengefunkel erzeugte und unsere Worte sich vor unseren Augen in Buntglasbilder verwandelten. Das Acid löschte vorübergehend meine Identität aus. Ich wusste, dass ich beschlossen hatte, eine Art Versuch mit mir anzustellen, aber ich konnte mich nicht an meinen eigenen Namen erinnern. Das war eher interessant als bedrohlich – in einer anderen Situation wäre es möglicherweise fürchterlich gewesen. Während die Wände rund um uns zitterten wie rinnende Wasserfarben, fragte ich meinen Freund: »Hab' ich heut Abend irgendwann mal eine Droge genommen, die mein Bewusstsein verändert hat?«

Ein Jahr später probierte ich die im Amazonasdschungel vorkommende Droge Ayahuasca – die auch als *Yagé* bekannte, legendäre Substanz, der William Burroughs Anfang der Fünfzigerjahre durch ganz Südamerika nachspürte, auf der Suche nach einem Visionsheilmittel für seine Heroinsucht. In Tassen gefüllte Rationen der Droge wurden auf einer 200 Dollar teuren, von einem Paar aus Kalifornien organisierten Zeremonie in einer im Geschäftsviertel gelegenen Wohnung verteilt. Bevor wir tranken, gab man uns Inkontinenz-Wegwerfwindeln zum Anziehen und Plastikeimer fürs Erbrechen. Der saure Trank brachte ein paar frappierende Einblicke und Bilder hervor – smaragdgrüne Lianen, die vor einem Wasserfall hin und her schwankten – und Stunden dauernde Übelkeit. Eine Frau stöhnte und würgte stundenlang, während die New-Age-Schamanen um sie herum Rasseln und Federn schüttelten. Es hörte sich an, als spie sie ihr pures Sein aus. Ihr Erbrechen hinderte mich an meiner eigenen inneren Reise.

Der Ayahuascatrip war zwar faszinierend, ich war aber dann letztlich doch tief unzufrieden. Meine Fähigkeit, Visionen zu sehen, war offenbar äußerst kärglich. Mir Starrkopf fehlte das Vermögen zu »halluzinieren«. Sogar meine Träume waren kärgliche graue Leerräume. Ich fragte mich, ob mein heftiger Wunsch, den visionären Zustand zu erreichen, von irgendeinem inhärenten körperlichen Defekt herrührte.

Die meisten meiner Freunde hatten wenig Verständnis für meine neue Begeisterung und taten sie ab. Psychedelische Drogen waren abwegig und kindisch, etwas, das man sich auf der Highschool oder dem College reinzog und dann definitiv hinter sich brachte. Man probierte sie eine Zeit lang immer mal wieder, hatte einige irre Trips und ging dann weiter zu den nur Erwachsenen vorbehaltenen Gleitmitteln für die soziale Interaktion – Alkohol, Koks, Valium, Pot, Heroin. Vor allem Heroin war bei den Downtown-Hipstern das bevorzugte Rauschmittel. Über ein Jahrzehnt kannte ich mindestens ein halbes Dutzend Leute – gescheit, künstlerisch, verwirrt –, die an einer Überdosis starben. Gegenüber diesen Hipster-Rauschmitteln galten Pilze und LSD als albern, irgendwie regressiv oder als schwach. In meiner Clique war nicht einmal Ecstasy beliebt – nur Alkohol in gewaltigen Mengen, dann Heroin und Koks, und manchmal die explosive

Mischung aus den dreien. Ich nahm diese Substanzen zwar unter gemeinschaftlichen oder geselligen Gegebenheiten ein, hatte aber nie das Gefühl, dass sie auch nur den geringsten Zwang auf mich ausübten. Ich rührte sie nie an, wenn ich allein war.

Von Iboga hörte ich zum ersten Mal bei Black Out Books, einem anarchistischen Buchladen in der Avenue B. Der Verkäufer zeigte mir ein Buch über das Ibogain-Projekt, eine schon zwanzig Jahre andauernde Bemühung, die Aufmerksamkeit auf ein seltenes afrikanisches Halluzinogen zu lenken, das angeblich eine unglaubliche Wirkung auf Heroin- und Kokainsucht hatte. Ibogain, so erfuhr ich, war wegen seiner suchtabbauenden Kräfte ein Undergroundmythos. Diese Eigenschaft wurde Anfang der Sechzigerjahre von Howard Lotsoff entdeckt. Lotsoff war ein junger Süchtiger, als er irgendwo etwas über die afrikanische Rinde las, das Pulver über einen Versandhauskatalog bezog und es einnahm, um sich damit Extrakicks zu verschaffen. Er wurde aber nicht in irgendeinen neuartigen Rauschzustand versetzt, sondern vielmehr auf eine strenge und düstere Tour durch seine gesamte Vergangenheit geschickt. Da er den Trip unangenehm fand, versuchte er, sich aus ihm herauszuschütteln, indem er einen Spaziergang machte. Als er unterwegs irgendwann eine Straße überquerte, schaute er sich um und sah, dass hinter ihm sieben identische Exemplare von ihm selbst, standfotoartig erstarrt, gleichfalls die Straße überquerten. Am Ende des Trips stellte er fest, dass er das Interesse an Heroin verloren hatte sowie auch jederlei Verlangen danach – eine unbeabsichtigte und nicht einmal erwünschte Nebenwirkung. Lotsoff lebte so weiter wie bisher, vergaß diese Episode aber nie. Jahrzehnte später ließ er das Iboga-Molekül unter der Bezeichnung Ibogain patentieren, und zwar speziell für die Anwendung in der Drogensuchtbehandlung. Aber selbst nach fünfzehnjähriger Bemühung schaffte es Lotsoff nicht, die Legalisierung seiner Behandlung zu erreichen.

Wenn dies alles zuträfe, dann wären die mythischen Dimensionen der Ibogain-Story faszinierend: Eine Pflanze aus Äquatorialafrika (dem archaischen Geburtsort der Menschheit), die Sucht heilte (die moderne Geißel von Afroamerikanern in den Innenstädten der Vereinigten Staaten), indem sie Süchtige auf einen langen psychedelischen Trip schickte (eine Reise in eine archaische spirituelle Dimension, deren Existenz von der modernen »Rationalität« verworfen wird).

Ich persönlich glaubte nicht an die Existenz einer »Geistwelt«. Und doch wollte ich es selbst erproben.

KAPITEL 3

Ihr wollt mich betrügen?

Wir fuhren zum Dorf des »Königs«, vierzig Kilometer unbefestigter Straße und rundweg rot verstaubten Dschungels von Lambarene entfernt, der am Flussufer gelegenen Stadt, wo Albert Schweitzer sein Krankenhaus hatte. Moutambas Heimstätte war eine Mischung aus bescheidenen Gebäuden auf einer Urwaldlichtung. Kinder, Hühner und Hähne streiften ungehindert auf staubigen Wegen und chaotischen Gartenparzellen umher. Eins von den Gebäuden, ein dachloser, mit Palmwedeln geschmückter Bau, war das Pygmäenhaus, ein Ehrenmal für die Ureinwohner der Region, die *le bois sacré*, »das heilige Holz« (eine andere Bezeichnung für Iboga) entdeckt hatten.

Der Sage nach hatten die Pygmäen Iboga bereits Jahrhunderte lang verwendet, als sie das Geheimnis der Pflanze den benachbarten Bantustämmen mitteilten, von denen sie dauernd angegriffen und dadurch tiefer in den Urwald gedrängt wurden. Die Pygmäen brachten ihren Feinden die Verwendung von Iboga bei, damit sie ihren Platz in der Geistwelt entdecken würden. Die Pygmäen konnten davon ausgehen, dass die Bantu, sobald sie diese Entdeckung gemacht hätten, das Interesse an kriegerischen Unternehmungen verlieren würden. Falls das der Plan war, hat er funktioniert: Gabun bleibt das einzige friedliche Land in einer von unentrinnbarer Feindseligkeit, Stammeskonflikten und blindwütigen Genoziden geprägten Region. Möglicherweise liegt der Grund für seinen Pazifismus im Bwiti-Kult.

Die Pygmäen leben noch immer in kleinen Gruppen in Gabuns unzugänglichsten Dschungelzonen. Theoretisch besteht durchaus die Chance, eine Pygmäeninitiation zu erhalten. Doch dieses Abenteuer werde ich mir für eine zweite Reise aufheben müssen. Oder wahrscheinlicher für ein zukünftiges Leben.

Die Steinwände des Tempels waren mit grob gestalteten Porträts von Moutambas Vorfahren bemalt. Eine Holzstatue des Bwiti-Urpaars stand am Eingang. Im neunzehnten Jahrhundert waren Gabuner Holzschnitzer berühmt für ihr Können, aber nach der französischen Kolonialherrschaft und dem Ölboom degenerierte ihr Kunsthandwerk, und diese Statue war minderwertig. Ich sah sie mir genau an. Die dunklen, rechtwinklig gestalteten Figuren waren plump und unsinnlich. Eine kleine Iboga-Pflanze spross zwischen ihren Beinen empor. Vor meiner Ankunft in Gabun las ich Berichte von Leuten aus dem Westen, die Iboga genommen hatten – es gab im Internet ziemlich viele Websites mit einschlägigen Beschreibungen. Die Bwiti-Version von Adam und Eva, die archaischen Stammeltern des Kults, erschienen häufig in Iboga-Visionen; sie zeigten sich sogar Menschen, die über Bwiti nicht im Mindesten Bescheid wussten, ehe sie die Droge nahmen. Ich hoffte, das Paar würde mir erscheinen.

Wir verbrachten die Nacht vor der Zeremonie im Dorf. Die Analytikerin, der Botaniker, der »König« und ich schliefen, gemeinsam mit mehreren Stammesangehörigen, im Tempel auf Matratzen unter Moskitonetzen. Die ganze Nacht über kamen und gingen Leute. Geckos jagten oben über die Blechdecke. Ein Kleinkind tauchte auf und kuschelte sich eng an mich. Als wir erwachten, gab uns der »König«, was die Bwiti *la liste* nennen, das traditionelle Verzeichnis von Dingen, die Initianden für das Ritual kaufen. *La liste* umfasste einen Spiegel, einen Blecheimer, eine rote Papageienfeder, mehrere Meter Stoff, Kerzen und Kopalweihrauch, eine Machete, eine gewebte Matte sowie Bedarfsmittel für das am nächsten Tag stattfindende Fest zu Ehren des Stammes – ein lebender *coq du village* und eine große Menge süßer Spirituosen wie etwa Rum und Cassis. Die Analytikerin, der Guide und ich fuhren einen ganzen Vormittag lang bei den Marktbuden von Lambarene herum, zusammen mit drei Söhnen des »Königs«, die uns mit auffallend ernster Strenge zur Hand gingen, sodass ich mir der schwer wiegenden Bedeutsamkeit der Zeremonie bewusst wurde. Überall, wohin wir in diesem fast ausschließlich von Schwarzen bevölkerten Stadtgebiet kamen, guckten die Leute neugierig in unseren Wagen, und der verschlossene Bwiti-Clan war augenscheinlich stolz darauf, *les blancs* wie exotische Trophäen herumzeigen zu können.

Auf dem Weg zurück ins Dorf wirbelte der Jeep Wolken des roten Staubs auf, der die Palmen und Bananenpflanzen längs der unbefestigten Straße bedeckte. Gleich neben einem pechschwarzen jungen Mann sitzend, der an seinem Gürtel ein langes Messer trug, plapperte aufgeregt die Analytikerin; sie redete pausenlos. Der Botaniker gestand ein, dass er keine Freundin hätte. Die Analytikerin verriet ihm, wie er sein Liebesleben verbessern könnte. Sie sagte, er solle nach New York ziehen und ein paar Inserate aufgeben.

»Kürzlich hat mein Freund Mark über die *New York Review of Books* so viele prachtvolle Menschen kennen gelernt«, überschrie sie den Fahrtwind.

Schweigend starrten die Bwiti in den Dschungel.

* * *

ALS WIR ZURÜCKKAMEN, rief uns der »König« in den Tempel. »Es war gut, dass ihr die letzte Nacht hier verbracht habt.« Er lächelte breit und fletschte weiße Zähne. »Letzte Nacht träumte ich, dass *le journaliste*« – er deutete auf mich – »viele wunderbare Visionen haben wird. Jetzt ist es Zeit. Ihr müsst uns das restliche Geld geben.«

Das war eine Überraschung. Wir hatten die vereinbarten 600 Dollar für die Zeremonie bereits übergeben, mindestens das Doppelte von dem, was der durchschnittliche Gabuner dafür bezahlte. Wir erinnerten ihn daran, aber der »König« begann zu brüllen.

»Ihr wollt mich betrügen?« Er verlangte weitere 600 Dollar von jedem von uns. Unser Guide versuchte, mit ihm zu feilschen, aber Lieberman hatte offenbar wenig Autorität bei den Bwiti. Die Auseinandersetzung zog sich stundenlang hin. Moutamba wetterte gegen uns, brüllte immer wieder seine Forderung. Ab und an ging er eine Zeit lang weg, kehrte dann zurück, um neuerlich ein bisschen zu kreischen. Die jungen Männer des Stammes starrten uns frostig an, als ob sie darüber schockiert wären, dass wir die Autorität des »Königs« in Frage stellten.

Später erfuhr ich, dass Schamanen zur Durchtriebenheit neigen, wenn es um die Bezahlung geht: Es ist ja auch schwierig, Transzendenz mit einem Preisschild zu versehen. Während eines Intervalls, als uns der »König« gerade mal nicht anschrie, wandte er sich über Alain, den Übersetzer, an mich. Mir wurde gesagt, dass sie in der Zukunft nicht mehr mit dem Botaniker zusammenarbeiten wollten. »Du selbst sollst mehr Amerikaner zu Moutamba zur Initiation bringen.« Ich sagte, ich wolle sehen, was ich tun könnte.

Lieberman versicherte uns ständig, die Bwiti seien pazifistisch, aber die Situation war augenscheinlich außer Kontrolle geraten. Er jedenfalls hatte bestimmt keine Kontrolle darüber. Liebermans ausgedehnte Website erweckte den Eindruck, er hätte sehr viele Leute durch die Bwiti-Zeremonie geführt. Als ich ihn tatsächlich darüber ausfragte, erfuhr ich, dass er nur noch einen weiteren Kunden zum »König« gebracht hatte, einen holländischen Computerprogammierer. Der Holländer verlor vor der Initiation die Nerven, schluckte eine Handvoll Tranquilizer und aß kein bisschen Iboga. Lieberman hatte uns auch gesagt, Moutamba habe viele Außenstehende initiiert. Der »König« legte uns ein großes Buch vor, speziell für Ausländer, die sich vor der Zeremonie darin eintragen mussten. Es standen nur zwei weitere Namen auf den vergilbenden Seiten.

Wir fühlten uns nicht sicher; später sagte mir die Analytikerin, sie habe nie zuvor im Leben so schreckliche Angst verspürt. Wir waren ganz in der Gewalt der Bwiti. Da ereiferte sich der »König« lauthals, dass wir sie um Geld betrogen hätten, aber zugleich wurde unsere gesamte Habe, unser Reisegepäck und unsere Pässe und Brieftaschen, in einem ihrer unverschlossenen Häuser beiseite geräumt. Bei einer Zusammenkunft mit dem »König« und seinem Gefolge lag ein Jagdgewehr auf dem vor ihnen stehenden Tisch. Während der König uns anschrie, reinigte es einer seiner Söhne sorgfältig und lud es dann.

»Ich weiß wirklich nicht, ob mir diese Gewaltdynamik gefällt, die ich hier mitkriege«, flüsterte mir die Analytikerin zu.

Während mir die Analytikerin früher wie ein karmischer Fluch vorgekommen war, hielt ich sie jetzt für einen Glücksbringer. Ich konnte mir ohne weiteres vorstellen, wie ich und der Botaniker von wütenden Bwiti, die glaubten, dass wir ihr Ritual entehrten, auf dem Scheiterhaufen verbrannt würden – wir waren zwei bleichgesichtige elende Säcke, die unbedingt die Stammesgeheimnisse erfahren wollten –, aber es war ausgeschlossen, dass sie der Analytikerin was antun würden. Mit ihrem »Free-Tibet«-T-Shirt, ihren Patagonia-Hosen, ihren dick vorquellenden Brillengläsern und ihrem unablässigen Geschnatter hatte sie etwas merkwürdig Unzerstörbares an sich.

Schließlich wurde entschieden, dass der Initiationsritus vonstatten gehen würde, wenngleich wir sie betrogen hätten. Am Ende des Rituals würde der »König« uns jedoch das spezielle Öl vorenthalten, welches uns für ein ganzes Jahr ein tieferes Verständnis unserer Visionen verliehen hätte. »Er selbst wird auch nicht mit euch in den Wald gehen und euch den Mythos des Bwiti, den Ursprung der Pflanzen, erklären«, übersetzte Alain. Moutambas Stamm schien uns nunmehr mit Verachtung zu betrachten. Bwiti war offenbar nicht mehr so ganz die »Essenz der Liebe«, als die Lieberman es bezeichnet hatte.

* * *

Der Abend dämmerte bereits. Man sagte mir, ich solle mich allein vor den Tempel setzen. Bei Einbruch der Nacht kamen die Männer der Bwiti zu mir. Sie boten einen beeindruckenden Anblick. Sie hatten sich umgezogen und nun statt ihrer Alltagsjeans und T-Shirts ihr Stammeskleid an. Die Gliedmaßen und Rümpfe nackt, trugen sie Tierfelle und Lendentücher sowie Armbänder und Halsketten aus Muscheln und Federn. Ihre pechschwarze Haut war mit weißen Streifen und Tupfen bemalt.

Im Gänsemarsch gingen wir von den einfachen Holzhäusern des Dorfs fort und gelangten so auf einem Dschungelpfad zu den Ufern eines kleinen Wasserlaufs. Unter den Bwiti fühlte ich mich unsinnig befangen: Ich wusste, dass ich für sie eigentlich keine Person, sondern vielmehr ein Archetyp war. Für die Bwiti war ich ein weißes Gespenst, ein bleicher Eindringling aus der Kolonialwelt, der zur spirituellen Quelle zurückzukehren versuchte. Es war zum Lachen – auf mich bezogen kam mir die Initiation wie ein Akt irrsinniger Hybris vor.

Einige der Männer hielten Fackeln. Andere schlugen Trommeln, schüttelten Rasseln und bliesen Hörner zu einem komischen und zugleich unheimlichen Marsch. Die jungen Männer des Stammes hatten die geschmeidigen und muskulösen Körper von Jägern. Weiß gemalte Muster glühten wie Neon im flackernden Flammenschein.

Moutamba, in ein Leopardenfell gehüllt, befahl mir, mich ganz auszuziehen und in die Mitte des Flüsschens zu schreiten. Während ich in dem eisigen Wasser erschauerte, schüttete der junge Mann, den man als meinen »Bwiti-Vater« bestimmt hatte, eine seifige Flüssigkeit über mich – eine schützende Geistesmedizin. Er schmierte mir eine raue rote Paste über das Gesicht und den Rumpf. Zum Gesang der Bwiti legte ich das Initiandenoutfit an – Bänder aus gegerbten Tierhäuten und Muscheln, die sich um meine Brust und die Oberarme schlangen, sowie einen kurzen roten Schurz. Eine rote Feder wurde mir ins Haar gedreht.

Es war Zeit, mit dem Essen der Iboga zu beginnen.

KAPITEL 4

Berührende lehren gleichfalls

Der »König« hob die Mehlbanane beidhändig hoch. Mein Bwiti-Vater brachte dieses Sakrament behutsam zu mir, während die anderen zuschauten. Ich sah die an meine Lippen gehaltene Frucht an; sie war aufgespalten und mit den grauen Teilchen pulverisierter Iboga gefüllt. Die Bwiti-Männer auf dem Abhang sangen und trommelten eine klagende Melodie. Mit dem Abwerfen meiner Kleidung und dem Anlegen des roten Initiandengewands war ich symbolisch gestorben. Nach dem Verzehr des trockenen Pulvers würde ich wieder geboren werden.

Noch jahrelang schauderte ich jedes Mal vor Ekel, wenn ich mich an das Iboga-Aroma erinnerte. Das Pulver schmeckte wie Sägemehl mit einem Schuss Batteriesäure – es war absolut widerlich, die bitterste Substanz, die ich je in den Mund steckte. Und was noch schlimmer war: Die Mehlbanane war trocken und hart, und man musste jeden Bissen gründlich kauen. Meine Zunge wurde trocken und schwoll an, meine Kehle würgte, als ob sie versuchte, das abscheuliche Zeug wieder von sich zu geben.

Nachdem ich die Mehlbanane ganz verzehrt hatte, gab man mir auch noch ein paar Löffel voll von der mit Honig vermischten

Droge zu essen. Der Schamane nickte ermutigend. Ich plagte mich ab, das Zeug bei mir zu behalten.

»Le journaliste a mangé beaucoup, beaucoup«, sagte er.

Wir kehrten ins Dorf zurück. Meine Beine waren gummiartig geworden, und mir war übel. Im Haupthof setzten sich ein paar von den Männern um mich herum und schlugen Trommeln. Einer von ihnen klimperte auf der *M'congo*, einer einsaitigen, einem Bogen ähnelnden Mundharfe, die den schaurigen Klangcharakter einer spöttischen Stimme hat. Man hatte mir gesagt, dass die *M'congo* die Stimmen der Bwiti-Ahnen channelt. Sie legten mir ein Bündel Blätter in die rechte und ein Büschel dürrer Disteln in die linke Hand und sagten mir, ich solle beides ständig im Takt mit der Musik schütteln. Diese mechanische Gestik würde dazu dienen, mich während sämtlicher Visionen innerlich zu festigen. Die Bwiti nahmen es mit dieser Regel genau; jedes Mal, wenn ich im Verlauf der ganzen Nacht aufhörte, die Rasseln zu schütteln, stürzte ein Stammesangehöriger zu mir hin und zwang mich weiterzumachen.

Sie gaben mir noch mehr Iboga zu essen und brachten mich Schaudernden in den von Fackeln beleuchteten Tempel. Ich war aus dem Gleichgewicht, verwirrt. Sie setzten mich allein in die Mitte, vor mein Spiegelbild, das von Farnblättern und geschnitzten Statuetten umgeben war. Der »König« und die Stammesältesten saßen zu meiner Linken, und der restliche Stamm hockte auf Bänken zu meiner Rechten, insgesamt vielleicht dreißig Leute.

Die Analytikerin berichtete ihre Visionen, die in sie hineinzuströmen schienen. Sie lag an einer Wand des Tempels, umringt von Bwiti-Frauen, die bestärkend murmelten, während sie im Einzelnen erzählte, was sie sah.

»Da ist Buddha«, sagte Elaine und deutete dabei auf die Tempeldecke. Sie drehte sich um. »Und da drüben sehe ich meine tote Omi.« Sie winkte der Wand. »Hallo, Omi.«

Um mich herum war die Atmosphäre gespannt. Der »König« hatte entschieden, dass ich »wunderbare Visionen« haben würde. Ich begann zu begreifen, dass es nicht infrage kam, ihn nicht zufrieden zu stellen.

Eine lange Zeit verging, und nichts passierte.

Im Spiegel sah ich, wie mein Gesicht die Form veränderte. Ich schien zu altern, Runzeln und Falten breiteten sich über meine Haut aus. Dann wirkte ich jünger; meine Züge glätteten sich und drückten sich schließlich zum zerknitterten Gesicht eines Säuglings zusammen. Diese Effekte fluktuierten, dauerten jeweils wenige Augenblicke. Dann starrte ich wieder mich an, eine konfuse bleiche Erscheinung mit Schildpattbrille und in Stammesoutfit.

»Ich sehe nichts«, sagte ich zu den ungeduldigen Stammesleuten, die mich beobachteten.

Endlich hatte ich, aus dem Augenwinkel, meine erste Vision:

Eine große Holzstatue, eine dunkle und gesichtslose golemartige Gestalt, aus unbehauenen Klötzen geformt, ging quer durch den Raum und setzte sich auf die Bank. Sie schlug die Beine übereinander und beugte sich zugleich vor, als ob sie mich interessiert beobachten wolle. Die Vision kam rasch. Sie wirkte absolut real. Einen Moment später öffnete sich ein winziger Bildschirm auf der verkratzten Spiegeloberfläche. Auf diesem Bildschirm sah ich in das Fenster meiner Wohnung in Manhattan. Durch die herabhängenden Pflanzen sah ich in mein Wohnzimmer, das leer war. Dann schaute ich zu, wie Menschenmengen eine Kreuzung des Broadway überquerten, unter aufgespannten Schirmen im Regen. Die Bilder waren Gespensterimpressionen in Grauschattierungen, wie Bilder aus einem alten Film; sie waren klar, absolut deutlich, aber dies nur einen Moment lang. Als ich versuchte, sie mir genauer anzusehen, schwankten sie und verschwanden.

»Wenn du ein Fenster siehst, musst du versuchen hindurchzugehen«, wies mich der »König« durch den Übersetzer an, »und wenn du dort jemandem begegnest, musst du versuchen, mit ihm zu reden. Vielleicht hat er eine Botschaft für dich, irgendeine Information.«

Die Bwiti verlangten immerzu, ich solle meine Visionen laut mitteilen. Dazu war ich nicht bereit. Ich hatte angenommen, dass alles, was ich zu sehen bekam, nur mich etwas anginge. Aber die Bwiti stimmten mit meinen westlichen Vorstellungen von Privatleben oder Intimsphäre nicht überein. »Alles, was du siehst, muss geteilt werden«, drängte der »König«. »Du könntest eine Botschaft für den Stamm haben, irgendeine Information.« In meinem schweren Rauschzustand brachte ich keinen Ton heraus, und ich spürte, dass die Bwiti mein Schweigen strikt missbilligten.

Weitere Bilder zogen rasch vor meinen Augen vorüber – ein *Memento-mori*-Arrangement aus Kerzen, brennenden Schädeln und Koboldfratzen; von den äußersten Rändern meiner Vision streckten Frauengestalten in schwarzen Kleidern lange weiße Arme nach mir aus – aber als ich über sie zu sprechen versuchte, verschwanden sie.

Der »König« begann neuerlich zu brüllen. »Wann sieht er denn nun die Sagenschlösser? Die Städte der Geister?«, fragte er aufgebracht. Er stürmte aus dem Raum.

»Ich glaube, sie werden erst aufhören, dir Iboga zu essen zu geben, wenn du zu reden anfängst«, flüsterte Lieberman.

Mittlerweile kämpfte ich gegen Impulse an, die sich zu Brechreizwogen zusammenzogen. Ich wollte den tiefsten visionären Zustand erreichen. Außerdem hatte ich Angst. Wenn Iboga tatsächlich eine »überbewusste geistige Wesenheit« war, dann blieb es letztlich unentscheidbar, ob diese Wesenheit mich mochte oder hasste. Vielleicht wollte sie mich töten. Ich war ein Außenstehender, mit ihren Bedeutungen nicht vertraut. Sie brachten mich ins

Freie, wo ich unter den kühlen Sternen stand. Mir fiel wieder ein, was König Moutamba vorher gesagt hatte: *»Le journaliste a mangé beaucoup, beaucoup.«* Hatte ich zu viel gegessen?

Ich war in Schweiß gebadet. Mein Kopf kam mir wie ein Ballon vor, den man zu einem Mehrfachen seiner Normalgröße aufgeblasen hatte. Ich fragte mich, ob ich gleich sterben würde. Ich würgte und erbrach grünen Schleim in meinen Kübel.

Als mir nicht mehr schlecht war, führten mich die Bwiti wieder in den Tempel. Sie brachten mich zu einer Matte auf dem festgestampften Erdboden und wiesen mich an, mich hinzulegen. Der »König« kehrte auf seinen Sitz zurück. Die Bwiti-Stammesleute begannen zu trommeln und zu singen. Der Ehrfurcht gebietende Klang erfüllte den Tempel und hämmerte gegen die Wände meines Schädels. Ich verspürte ein unglaubliches Versagensgefühl; ich verachtete mich wegen meiner eigenen Dummheit: Wie kam denn so einer wie ich dazu, in die afrikanische Geistwelt hineingelangen zu wollen?

Hin und wieder verstummten die Trommeln und der Gesang; dann hielt der »König« eine Rede vor seinem Stamm, teils in Bantu, teils in Französisch. Ich konnte beide Sprachen nicht, hatte aber das Gefühl, dass ich im Stande war, jede Sinnnuance jedes Wortes zu verstehen, das er sprach. Er verhöhnte mich, machte sich lustig über meine Anatomie, meine Visionsausfälle, meine Schwäche – mehrmals hatte ich um eine Decke zum Zudecken gebeten und um ein Kissen für meinen Kopf, aber die Bwiti schlugen diese Bitten ab.

»Die Ausländer, sie behaupten, sie wollen die echte Bwiti-Initiation«, schien der »König« hohnlächelnd zu sagen. »Also gut, genau das kriegen sie. Jetzt klagen sie: ›Ich möchte eine Decke, ich möchte ein Kissen‹, sagen sie. Der echte Bwiti möchte keinen Komfort.«

Schließlich pausierte der »König« in seiner auf mich bezogenen

Spötterei. Die unglaublich schöne Musik – Polyrhythmen, Ruf- und-Antwort-Lieder – setzte aufs Neue ein.

Ich schloss die Augen und sah leuchtend farbige Muster. Sich spiralig bewegende pflanzenartige Formen und tanzende geometrische Strukturen wirbelten taktgleich mit der Musik umher. Ich fiel in Trance, schwebte mit den Bwiti-Gesängen dahin. Ich trieb in eine neue Phase des Trips.

Stück für Stück begannen die Grundmuster meiner Vergangenheit in meinem Gedächtnis aufzulodern. Die nächsten Stunden über vergaß ich die mich beobachtenden Stammesleute. Ich erlebte ein »Erinnerungstheater« mit, eine peinlich genaue Wiederinszenierung all der Kräfte, die mich zu der Person geformt hatten, die ich war. Ich blickte zurück auf die Grundtatsachen meiner Jugendjahre – die Trennung meiner Eltern, meine Kindheit ohne Vater, den prägenden Eindruck der Einsamkeit und Depression meiner Mutter, mein eigenes Alleinsein und meine Leseleidenschaft, die vielen Monate, die ich als Elfjähriger in einem Krankenhausbett verbrachte, mit einer bakteriellen Infektion an der Wirbelsäule. Ich ging zurück zu den geheimen, bizarren Quellen meines kindheitlichen Albdrückens und Fantasierens – der frühesten Angst vor den Ungeheuern unterm Bett, der Finsternishöhle im Wandschrank. Ich sah die hoffnungslosen, trostlosen Bestandteile meines Lebens und die aufblitzenden Momente von Kraft und Erfindungsreichtum, die gleichfalls mir angehörten. Getrennt von mir, und doch eingeschlossen in mir, folgte ich den Spuren des Wesens, das ich war, das mir gegeben wurde, so wie es sich über die Zeit hin entfaltet hatte.

Was mir da direkt vor Augen geführt wurde, war der gesamte, verwickelte Prozess meiner Selbstentfaltung. Der Prozess war komplex und doch letztendlich organisch. Die Ausdehnung des Selbst war, wie mir klar wurde, ein natürlicher, dem Erblühen einer Pflanze ähnelnder Prozess. Aber die Pflanze dehnt sich ihr ganzes Leben hindurch zur Sonne hin aus, wohingegen Menschen sich innerlich entwickeln. Wir streben empor und gedeihen, oder verkümmern und bilden uns zurück, während wir auf die Kräfte reagieren, die gegen uns andrängen. Unser Wachstum findet in der unsichtbaren Sphäre unseres mentalen Raums statt, und die unerreichbare Sonne, zu der wir hinstreben, ist Erkenntnis – des Selbst und des Universums.

Henry James bezeichnete das menschliche Bewusstsein einmal als »hilflose, in eine Form gegossene Gallerte«. Iboga zwang mich dazu, die genauen Konturen dieser Gussform wahrzunehmen; gleichzeitig ermöglichte sie mir, jenem Hilflosigkeitsgefühl zu entgehen. Ich empfand dreierlei ineinander spielende Gefühle: Staunen, Kummer und Freiheit. Indem sie mich die Gestalt meines vergangenen Selbst wahrnehmen ließ, schien mich Iboga auch von der Last dieser Vergangenheit zu befreien. Tatsächlich entsprach die Wirkung der Droge – ich hatte schon davon gehört, es aber nicht glauben wollen – zehn Jahren Psychoanalyse, zusammengedrängt zu einer einzigen endlosen Nacht.

Eine kurze Zeit lang grübelte ich über meine Trinkgewohnheiten nach. Ich wusste, dass ich kein Alkoholiker war, aber bereits seit der Highschool verließ ich mich im geselligen oder sozialen Umgang auf das Hilfsmittel Alkohol. Zum ersten Mal wurde mir vollkommen klar, wie negativ sich der Alkohol auf meine Beziehungen, meine Arbeit und letztlich auf mich insgesamt auswirkte. Alkohol heizte mein Es an, ließ mich durch endlose Partys, über unzählige Schankstubenböden taumeln, auf einer aggressiven, mitunter erfolgreichen Jagd nach Sex. Aber das Trinken hielt mich zurück – es war wie ein Gesicht, das ich mit mir herumschleppte. Es hinderte mich an meiner eigenen Selbstentwicklung. Ich sah mich als betrunkenen Idioten auf Partys, wie ich in periodischer Wiederholung viele Nächte hindurch trank, um mich auszulöschen. Ein dunkler Anflug von Scham und Selbstekel war in meinen zu häufigen Alkoholkonsum eingemengt. Mir wurde klar, dass ich es nicht mehr zu tun brauchte.

Durch Iboga erkannte ich mein existierendes Selbst als das Produkt all der physisch-materiellen und psychologischen Kräfte, die auf mich eingewirkt hatten. Und doch schien es etwas zu geben, das jenseits von alledem lag, etwas, das »mein« war, eine außerhalb meines biografischen Schicksals liegende und von dort her projizierte, projektierte Energie. Diese Energie war das eigentliche Selbst – und die enorme Transformationsfähigkeit des Selbst.

Der Trip verwandelte sich zu einem filmischen Zyklon, der Bilder und Szenen mit hoher Geschwindigkeit umherwirbelte. Eine Reihe unbekannter Häuser tauchte auf, gespenstische graue Vorstadtlandschaften, die ich nie zuvor gesehen hatte. Ich trieb hinab in sie, während sie sich auflösten.

Impressionen von ehemaligen Freundinnen zerteilten sich wie Nebel, ihre Körper tanzten von mir fort, hinein in den Äther. Ich sah das Aushängeschild für ein Restaurant, das Teacher's Too, ein in meine Kindheit gehörendes, damals häufig besuchtes Lokal. In seiner Blütezeit war Teacher's Too (das dem ursprünglichen Teacher's in derselben Straße gegenüberlag) ein kastanienbrauner Treffpunkt für Typen aus dem Verlagswesen, Professoren, die verschwundene liberale Intelligenzija der Upper West Side.

Teacher's Too war das Lokal, in dem ich meine erste feste Freundin kennen lernte, nachdem ich das College abgebrochen hatte. Ich traf vorzeitig zu einem verabredeten Mittagessen ein und begann einen kleinen Schwatz mit der niedlichen Wirtin des Restaurants. Sie schlürfte eine Bloody Mary an der Bar und hatte, eigens zum St. Patrick's Day, einen Plastikhut auf. Sie kicherte ständig, sprühte vor Temperament – es war, als ob elektrischer Strom sie umflösse. Julie sagte mir, auch sie habe das College geschmissen. Plötzlich erinnerte ich mich an sie: Wir waren uns einmal auf einer Party begegnet, während der Highschool, wo sie mit einem Freund von mir ging. Nach diesem zufälligen Zusammentreffen begannen wir einander zu besuchen und blieben drei Jahre lang zusammen.

Die Buchstaben des Restaurantschilds blätterten, einer nach dem anderen, in kleinen Quadraten ab, als ob sie Steine aus einem Brettspiel wären. Die Quadrate kreiselten mit Klickgeräuschen in meiner Mentalsphäre. Es war wie ein billiger Spezialeffekt aus einem alten Film. Rebusartig gruppierten sich die Buchstaben neu und ergaben dann eine Formel, die entweder »Touchers Teach Too« (»Berührende lehren gleichfalls«) oder »Touchers Teach Two« (»Berührende lehren zwei«) lautete.

Diese vieldeutige Botschaft, dieser telegrammartige Koan, schien einen Code über meine zukünftigen Liebesverhältnisse zu enthalten. Etwas Versöhnliches und Hoffnungsvolles klang in der Formel an, aber was bedeutete sie? Sie schien anzudeuten, ich könnte Kinder haben – zwei, um genau zu sein – eine Alternative, die ich selten in Betracht gezogen hatte, ganz bestimmt nicht zum Zeitpunkt meiner Reise nach Gabun, als ich kein Geld und keine Freundin hatte, und keinerlei Aussichten auf das eine wie das andere.

Das Trommeln und Singen wurde ohrenbetäubend in dem niedrigen Tempelraum. In meinem veränderten Gemütszustand waren die Lieder von Ehrfurcht gebietender Schönheit. In den Melodien schwang ein Unterton selbstbewussten Humors mit. Verwickelte Rhythmen entfalteten sich organisch, als ob die Musik, durch die Bwiti gechannelt, von der Essenz der Pflanze ausginge. Ich erfasste, in welch elementarem Bund der Stamm der Bwiti mit dieser Pflanze lebte, die ihnen Dinge zeigte. Ich spürte, wie vollständig ihre Kultur an und für sich war. So vollständig, dass kein Außenstehender sie stören konnte. Die Musik brachte die botanische Symbiose zum Ausdruck, die Essenz des Stolzes und der Kraft der Bwiti.

Spät in jener Nacht veranlassten uns die Bwiti, aufzustehen und mit ihnen zu tanzen. Die Männer versuchten, mir die Grundschritte beizubringen – bei meinem Zustand rauschhaft gesteigerten Selbst-Bewusstseins und meiner Sensibilität für die Missbilligung des »Königs« fiel es mir schwer, zu folgen und mitzumachen. Dann setzten wir uns hin, um zuzuschauen, wie jeder Mann aus dem Stamm rings durch den Tempel tanzte, dabei eine Fackel herumwirbeln ließ und Schatten über die Wände warf, die lebenden Gestalten glichen. Die Tänzer vollführten ihre Schritte mit kundiger Anmut und Feierlichkeit.

»Nachdem du Iboga genommen hast, wirst du wissen, was Bwiti ist«, hatte der »König« mir am Tag vor dem Ritual gesagt. Ich versuchte immer noch zu verstehen. Vielleicht öffnete Iboga ein symbiotisches Verbindungsglied zwischen Pflanze und Mensch, einen Zugang für Kommunikation zwischen unterschiedlichen Spezies. Aber wenn dies zuträfe – wer oder was kommunizierte denn da von der anderen, nichtmenschlichen Seite her? Übrig blieb bei mir schließlich der Eindruck von einem Kontakt mit irgendeiner anderen Intelligenz oder Wesenheit, die in einem Bereich existierte, der außerhalb des unseren lag. Ich fragte mich, ob es stimmte, was mein Guide sagte: dass es im Bwiti, wie im Buddhismus, im Grunde genommen keine Gottheit gibt, nur ein endloses Formenspiel, eine Riesenvielfalt heiliger Geistermanifestationen, die wie Feuerräder mitten durch die ewige Leere kreiseln.

Rein verstandesmäßig wusste ich, dass Stammesgemeinschaften Pflanzen Geist und Empfindungsvermögen zuschreiben. Claude Lévi-Strauss äußerte sich darüber in *Das wilde Denken*; er gab einige Beispiele für ein universelles Phänomen an: »Wenn ein Medizinmann aus Ostkanada Wurzeln oder Blätter sammelt, vergisst er nicht, die Seele der jeweiligen Pflanze zu besänftigen, indem er eine winzige Opfergabe an ihren Standort legt.« Mein Iboga-Erlebnis testete die Grenzen meiner eigenen Überzeugungen: Wie konnte mich das Verzehren einer bitteren Rinde auf eine so tief gehende, sorgfältig strukturierte Reise durch meine Vergangenheit und in meine Zukunft hinein bringen? Konnte eine Pflanze eine »Seele« haben oder Intelligenz besitzen? Nie zuvor hatte ich diesen Gedanken ernst genommen.

Bei Tagesanbruch führten uns die Bwiti ins Freie, damit wir uns gemeinsam den Sonnenaufgang ansehen konnten. Rosafarbener Lichtschein sickerte über die Palmwedel und fruchttragenden Bäume, durch den staubigen Wirrwarr des Dorfes. Sie sangen, und wir sangen mit ihnen.

Die Analytikerin und ich taumelten benebelt, als das Ritual zu Ende ging, aber der »König« begann uns gleich wieder anzubrüllen. »Jetzt, wo ihr initiiert seid, gebt ihr mir Geldgeschenke!«, kreischte er. »Ich verlange mehr Geld für die Visionen, die ich euch gezeigt habe!« Wir beschlossen, seinem Gebrüll zu entfliehen und uns in einem Hotel in Lambarene einzuquartieren. Das erforderte eine weitere lange und spannungsgeladene Verhandlung.

»J'ai eu des visions de ruine terrible«, brüllte der König.

Weil *le journaliste* nicht alles von seinen Visionen gesehen oder mitgeteilt hätte, erklärte er, wären wir in Todesgefahr, wenn wir nicht noch eine Nacht hier blieben. Da der Botaniker darauf bestand, dass wir trotzdem abreisen würden, versuchte der »König«, einen raschen Handel abzuschließen. Er stellte die Analytikerin dem Vater eines neunjährigen Mädchens vor und machte ihr den Vorschlag, dass sie, anstatt noch mehr zu zahlen, die Tochter des Mannes nehmen und in Amerika großziehen solle. Vonseiten des »Königs« war dies grobe, aber pragmatische Psychologie: Auf ihrem Trip hatte die Analytikerin den Bwiti gesagt, dass sie es bedauere, kein Kind zu haben; aber sie rechnete freilich nicht mit einer sofortigen Chance, die Sachlage zu korrigieren.

Wir konnten einen der Söhne des »Königs« dazu überreden, uns zum Ogobue Palace zu fahren, einem gemütlichen Hotel mit Aussicht auf den Fluss. In meinem Hotelzimmer stellte ich fest, dass der Iboga-Trip noch immer andauerte. Ich war hellwach und hatte keinen Hunger, obwohl ich schon über dreißig Stunden lang nicht geschlafen oder gegessen hatte. Ich lag dann im Bett, als eine unheimliche Klangfolge der Bwiti-Musik mir neuerlich ins Gehör drang. Ich sah einer Parade flüchtiger Phantome zu, die über Risse in der weißen Wand trieben. Gravitätische Männer mit komischen Hüten und in altertümlichen Mänteln marschierten davon; verhallende Rhythmen hinter sich zurücklassend, zerflossen sie in den Verputz. Ich erfasste klar, dass dies die »Ahnenschatten« waren, gespenstartige Wahrnehmungsbilder von meinen Vorfahren, eine Vision, die, mir bereits bekannten Darstellungen zufolge, von der Iboga-Trance häufig hervorgerufen wurde.

Ich stamme von Europäern – polnischen Juden und irischen Katholiken – ab und weiß über meine Ahnen, meine Geschichte nur wenig Bescheid. Während die Gestalten über die Wand paradierten, wünschte ich mir, ich könnte mitten unter ihnen verweilen, sie deutlicher erkennen.

So matt – so rasch – schwanden sie dahin.

KAPITEL 5

Ich bin der, den du suchst

Ich machte nicht die extremste Bwiti-Initiationsform durch. Den Preis für die extremste Initiation gewinnt spielend das allerübelste Bwiti der Mitsogho, die in den südlichen Bereichen von Gabun leben. Vor der Zeremonie rasieren die ultraorthodoxen Mitsogho dem Initianden die Haare ab. Sie durchbohren seine Zunge mit einer langen Nadel. Dann, nachdem er Iboga gegessen hat, schlägt man ihm dreimal mit dem Hammer an den Schädel, um so »den Kopf aufzubrechen«; damit hilft man ihm, in die Geistwelt hineinzugelangen. In Berichten über Visionen, die beim Mitsogho-Ritual auftreten, begegnet der *Baanzi*, der Initiand, einem Mann und einer Frau, dem Bwiti-Urpaar; dann besucht er das »Dorf der Toten«:

> Plötzlich wird das »Dorf der Toten« in immer hellere Funken gehüllt, eine »Lichtkugel« nimmt Gestalt an und wird klar erkennbar (Kombe, die Sonne). Diese Lichtkugel befragt den Besucher nach den Gründen für seine Reise. »Weißt du, wer ich bin? Ich bin das Oberhaupt der Welt, ich bin der wesentliche Punkt!«

Die brutale Mitsogho-Initiation dauert tagelang; in dieser Zeit bewegt man den *Baanzi* dazu, eine solch riesige Menge Iboga zu essen, dass er in völlige Unbewusstheit versinkt. Noch Jahre nach dem Ritual wird er Bruchstücke seiner Visionen in Träumen und Andeutungen wiederfinden.

Im Vergleich dazu ist das Bwiti der Fang eine sanfte Nebenlinie des Kults, die eine synkretistische Mischung aus christlichen Anschauungen und Eingeborenenüberzeugungen darbietet. Eine bei der Fang-Zeremonie standardmäßig auftretende Vision ersetzt Eingeborenenmythologie durch christliche Symbole, ist aber sonst ähnlich:

> Während seiner Reise sieht er viele Heilige, Noah, Priester in ihrer Soutane. Christus, in goldene Gewänder gekleidet, befragt den Fremdling nach dem Grund seines Besuchs. Und der neu Aufgenommene antwortet: »Ich bin ein Suchender, ich möchte den Herrn Jesus Christus sehen.« »Ich bin der, den du suchst«, erwidert Christus.

Diese Beschreibungen stammen von Robert Goutarel, einem französischen Chemiker, der Iboga eingehend untersuchte. Goutarel umschrieb präzise, welchen Sinn die botanische Offenbarung für die Bwiti-Initiierten hat: »Iboga bewirkt die visuelle, taktile und auditive Gewissheit über das nicht zu widerlegende Vorhandensein des Jenseits.« Der Pflanzengeist enthüllt unmittelbar, dass die menschliche Seele eine »geistig unveränderliche Substanz« ist. Durch Initiation entdeckt der *Baanzi*, dass der Mensch gleichzeitig auf zwei Daseinsebenen existiert – der materiellen Ebene und der geistigen. »Der physische Tod verliert jegliche Bedeutung, weil er nichts als ein neues Leben ist, eine weitere Existenz«, schreibt Goutarel. »Iboga ist es, die die einzelnen Existenzen bedingt.«

Goutarel war auch der Meinung, die Iboga-Visionen unterschieden sich spezifisch von jenen, die durch LSD ausgelöst werden. LSD-Halluzinationen »gehören zu einer erhabenen und engelhaften Sphäre ästhetischer Empfindungen.« Die Ibogain-Sphäre hingegen »ist die der unterirdischen Welt von Freud, der animalischen Triebkraft und der Regression.« In ähnlicher Weise verglich Claudio Naranjo, ein chilenischer Psychiater, der Ibogain in der Therapie verwendete, die Iboga-Visionen mit jenen, die durch Harmalin oder Harmin, den psychoaktiven Verbindungen im Ayahuasca, hervorgerufen werden. Er fand, dass bei Ibogain »die Fantasievorstellung generell persönlicher ausfällt und den Patienten selbst, seine Eltern sowie andere für ihn bedeutsame Personen betrifft.«

* * *

Iboga ist – wie Heroin, Marihuana, Ecstasy und LSD – in den Vereinigten Staaten und in den meisten westlichen Ländern eine Schedule-One-Droge und damit gesetzlich verboten. »Schedule One« bedeutet, dass man der Ansicht ist, sie habe das Potenzial zum Missbrauch, aber keinen medizinischen Wert. Iboga wurde dieser Status Ende der Sechzigerjahre verliehen, als die Besorgnis über den der Entspannung dienenden Gebrauch von Psychedelika den Siedepunkt erreichte und die Regierungen hysterisch reagierten. »Die 1967-68 erfolgten Beschlüsse der WHO-Generalversammlung stuften Ibogain unter die Drogen ein, die fähig sind, Abhängigkeit hervorzurufen oder die menschliche Gesundheit zu beeinträchtigen«, schrieb Goutarel. »Tatsache ist jedoch, dass Ibogain zwar als halluzinogen (oneirophren) gilt, aber keine Drogenabhängigkeit hervorruft und erwiesenermaßen Abhängigkeit von Opiaten, Amphetaminen, Kokain, LSD und sogar Alkohol und Tabak abbaut.« Ibogain tauchte in den Sechzigern kurzfristig im

Undergrounddrogenhandel auf und verschwand dann. »Ibogain«, schreibt er, »war mit einem Mal vom Markt verschwunden, und anscheinend begriffen die Drogendealer sehr schnell, dass sein Gebrauch ihnen einen Teil ihrer Kundschaft wegnehmen würde.«

Dr. Deborah Mash von der University of Miami ist die einzige staatlich sanktionierte Forscherin, die gegenwärtig Ibogain als Mittel zur Suchtbehandlung erprobt. Mash hat zu diesem Zweck auf der Insel Saint Kitts eine Klinik eingerichtet. In einer vom September 2000 datierenden Abhandlung für die *Annals of the New York Academy of Sciences* stellten Mash und ihre Mitarbeiter die Auswirkungen einer einmaligen Ibogain-Gabe (mit anschließender Nachbehandlungstherapie) auf siebenundzwanzig Süchtige zusammen. Sie kamen zu folgendem Schluss:

> Nach der Behandlung mit Ibogain tendierten opiatabhängige Patienten offenkundig weniger dazu, vom Heroingebrauch (oder dem eines anderen Opiats) positive Ergebnisse zu erhoffen, gleichfalls weniger zu der Überzeugung, dass Heroingebrauch (oder Opiatgebrauch) Entzug/Dysphorie erleichtern würde, und mehr zu der Überzeugung, dass es in ihrer Macht läge, sich des Drogengebrauchs zu enthalten oder damit aufzuhören. Ibogain-Behandlung verringerte auch das Verlangen und die Absicht von Teilnehmern, Heroin zu gebrauchen.

Wissenschaftler wissen zurzeit nur unzureichend darüber Bescheid, wie Iboga sich auf das Gehirn auswirkt. Das Ibogain-Molekül ist ein äußerst komplexes Alkaloid (die einschüchternde chemische Bezeichnung lautet 3-methyl-5-äthylpyridin). Wie die meisten der bekannten psychedelischen Drogen ist es ähnlich aufgebaut wie der Neurotransmitter Serotonin, der, wie man glaubt, zahlreiche Funktionen erfüllt und die sensorische Information zu regulieren hilft – ob Sinnesdaten ins Gehirn tröpfeln, fließen, strömen oder fluten. Psilocybin, Meskalin und LSD sind gleichfalls Alkaloide, die dem Serotonin ähneln. Das superstarke Halluzinogen DMT (NN-dimethyltryptamin) ist dem Serotonin sehr verwandt – es hat, bis auf zwei andere Methylgruppen, die gleiche Molekularstruktur. Selektive Serotonin-Reuptake-Hemmer (SSRH), wie etwa die Antidepressiva Prozac und Zoloft, begrenzen Stimmungsumschwünge, indem sie die Serotoninausschüttung dämpfen.

Da sie so eng mit Serotonin verwandt sind, docken Psychedelika zeitweilig an einer Vielzahl der gleichen Rezeptorstellen an wie Serotonin und ähnliche Neurotransmitter – und das ist die Hauptursache ihrer Wirksamkeit. Meiner heutigen Auffassung nach ist das Gehirn (im Unterschied zum Denken und Empfinden) eine Art Radio. Mittels »normativer« Serotoninpegel wird das Gehirn auf die »Konsensrealität« – so etwas wie den regionalen Pop- oder Talk-Radiosender – eingestellt. Indem Sie Serotonin und andere Neurotransmitter durch Psilocybin, Ibogain, Dimethyltryptamin oder irgendeinen anderen psychedelischen Stoff ersetzen, wechseln Sie den Sender, und mit einem Mal beginnen sie das sensorische Äquivalent von avantgardistischem Jazz, tibetischen Psalmodien zu empfangen, oder ein weiteres Programm, das neue und erstaunliche Informationen ertönen lässt. Doch Ihr Denken und Empfinden, der wahrnehmende Kern des Selbst, bleibt mehr oder minder unbeeinflusst. In diesem Sinne sind Psychedelika, im Gegensatz zu Alkohol oder Heroin, nicht einmal berauschend.

»Ibogain«, schrieb Goutarel, »hemmt die Oxidation von Serotonin und katalysiert die von Katecholaminen durch eine MAO (Monoaminoxidase), das Zeruplasmin.« Monoaminoxidase ist ein Enzym im Magen, das viele potenziell bewusstseinsbeeinflussende Verbindungen unwirksam macht, bevor sie das Gehirn erreichen. Ibogain enthält, wie das im Amazonasgebiet vorkommende Psychedelikum Ayahuasca, einen natürlichen MAO-Hemmer. Der Ayahuascatrank hingegen ist eine Mischung aus zwei Pflanzen mit unterschiedlichen Eigenschaften. Ganz von selbst ist die Iboga-Pflanze eine ungewöhnliche chemische Fabrik.

Zurzeit erklärt keine wissenschaftliche Theorie, weshalb Pflanzen wie Iboga sich die Mühe machen, psychoaktive Alkaloide zu erzeugen. Die Verbindungen scheinen den botanischen Drogenträgern keinen evolutionären Vorteil einzubringen, und ihre Herstellung erfordert sehr viel Mühe und Zeit.

»Warum produzieren Pflanzen Alkaloide?«, fragte der auf Psychedelika spezialisierte Chemiker Sasha Shulgin in einer Vorlesung, die ich in Mexiko besuchte. »Das ist im Grunde unbekannt. Vielleicht um Ameisen fern zu halten? Manche behaupten, Alkaloide seien Müllkippen für Stickstoff, aber wozu eine Verbindung produzieren, deren synthetische Herstellung zwei Jahre dauert?« Keine Wissenschaft kann die in die Länge gezogenen Phasen eines von einer hohen Dosis Ibogain ausgelösten Trips erklären, den zwanzigstündigen Übergang von der Vision zur Einsicht, wie er in aller Regel erlebt wird.

Das Ibogain-Molekül ist ganz besonders komplex – komplexer als die meisten psychedelischen Verbindungen. Es ist so kompliziert, dass es sich nicht im Labor künstlich herstellen lässt. Es ist nicht nur »eine wirksame serotogene« Verbindung, das heißt, es greift nicht nur an den Rezeptorstellen ein, an denen normalerweise Serotonin andockt, sondern scheint überdies auch mit Dopamin in Wechselwirkung zu treten, einem weiteren Neurotransmitter, der das Lusterleben des Körpers reguliert und mit den heftigen Wunschregungen der Süchtigkeit in Zusammenhang gebracht wird.

1994 veröffentlichte das *New York Times Magazine* ein Feature über Ibogain, das voller interessanter Informationen steckte, aber für die Zukunft des Ibogain als einem öffentlich akzeptierten Behandlungsmittel gegen Drogensucht eine verhängnisvolle Katastrophe war. Der Artikel erschien im Anschluss an ein experimentelles Ibogain-Behandlungsprogramm in Holland. Während des Hollandbesuchs des Verfassers wurde das Programm wegen des Todes einer jungen süchtigen Frau abgebrochen. Wahrscheinlich hatte die Süchtige erst bei Beginn ihrer Ibogain-Behandlung aufgehört, Heroin zu nehmen. Es ist kein klar erfasster Mechanismus, aber anscheinend verstärkt Ibogain drastisch die Wirksamkeit aller Drogen im Blutkreislauf. Süchtige, die das Bedürfnis haben, es ernsthaft mit Ibogain zu versuchen, müssen zunächst einmal eine eintägige Entgiftung hinter sich bringen, um so eine toxische Reaktion zu vermeiden.

Aber wie konnte Ibogain zum Abbau von Süchtigkeit beitragen? Die *Times* bemerkte: »Heroin und Kokain lösen normalerweise eine Dopaminausschüttung im ›Belohnungszentrum‹ des Gehirns aus und rufen so euphorische Gefühle hervor. Ibogain scheint diesen Mechanismus zu stören, indem es einige Ausschüttungen blockiert, andere hingegen stimuliert.« Dadurch ließen sich womöglich die Wirkungen von Drogen vorübergehend behindern, »aber«, lautete die daran anschließende Frage, »wie kann Ibogain das Verhalten beeinflussen, nachdem diese Substanz längst aus dem Blutkreislauf verschwunden ist?«

Entsprechend der Theorie Dr. Carl Andersons vom McLean Hospital in Virginia stellt Ibogain wieder ein Gleichgewicht zwischen den beiden Hirnhemisphären her. Er glaubt, dass suchtanfällige Menschen unter einem Ungleichgewicht zwischen der linken und der rechten Hemisphäre leiden. Dem konventionellen Modell nach entspringen unsere »rationalen« Prozesse – Sprache, Logik, wissenschaftliches Denken – der linken Hemisphäre, wohingegen die rechte Hemisphäre die »irrationalen« Prozesse – Emotionen, Intuitionen, Träume etc. – steuert.

Anderson meint: »Zwischen den beiden Hemisphären auftretende akute Konflikte, in erster Linie eine Folge von Kindesmissbrauch, sind möglicherweise die grundlegende psychologische Ursache für Drogensucht.« Das ist wahrscheinlich eine Übertreibung. Jedenfalls stören Grundverschiedenheiten zwischen der linken und der rechten Gehirnhälfte den REM-Schlaf, der, wie Anderson anmerkt, »für die Gefühlsregulierung, das Lernen und die Konsolidierung des Gedächtnisses unentbehrlich« ist. Iboga, oder Ibogain, greift stark in den REM-Phasenzyklus ein, und deswegen brauchen die meisten Menschen nach nur einer starken, und auf mehrere Portionen verteilten Dosis wochenlang oder sogar monatelang weniger Schlaf.

Drogenmissbrauch steht für Anderson »in einem engen Zusammenhang mit asymmetrischer Hemisphärentätigkeit.« Wenn Ibogain »die Reintegration beider Hemisphären« herbeiführt, könnte es womöglich psychisch geschädigten Menschen die Heilkraft ihres Schlafs und ihrer Träume zurückgeben. Der Ibogain-Trip wäre dann »eine Heilreise durch den fraktalen Hyperraum emotional indizierter Kindheitserinnerungen.« Das ist eine elegante, aber höchst spekulative Theorie über ein Gebiet, das bisher noch weitgehend unerforscht ist.

KAPITEL 6

Ich sehe deine Großmutter

Wir sahen den »König« nicht wieder. Nachdem wir uns über Nacht ausgeschlafen hatten, durchstreiften Lieberman und ich Lambarene auf der Suche nach anderen Bwiti-Schamanen. Der Botaniker wollte Iboga-Samen und Pulver einkaufen, um sie mit nach Südafrika zu nehmen. Ich hoffte, mehr über das Bwiti zu erfahren. Abseits der Hauptstraßen konnte man stundenlang auf Dschungelfußwegen zwischen kleinen Siedlungen dahinwandern. Die Seitengassen der Stadt bildeten Gewirre kleiner Häuser und Hütten im Wald, und jedes einzelne Gewirr war eine eigene, in sich geschlossene Gemeinde, in der die Leute arbeiteten und hausten. Jede Nachbarschaft hatte augenscheinlich ihren eigenen Bwiti-Tempel. Aus Holzbrettern und Palmwedeln errichtet, waren diese Bauten im Vergleich zum kompakten Heiligtum des »Königs« bescheiden und anspruchslos.

In einer dieser lokalen Kultstätten stießen wir auf Papa Simone, einen jungen, bärtigen Schamanen mit weisem Gesichtsausdruck und ernstem, liebenswürdigem Betragen. Ich schilderte Papa Simone meine Visionen, so dürftig sie mir auch vorkamen, und er deutete sie bedächtig. Die Holzstatue, sagte er, sei der Geist von *le bois sacré* selbst, »der herauskommt und dich ins Gespräch zieht.« Die Bilder von meiner Wohnung und den New Yorker Straßen seien eine telepathische Kontrollinformation, die mir zeigte, dass daheim alles ruhig – »*tranquille*« – war. Die lockenden weiblichen Gestalten, sagte er, deuteten die einzuschlagendenden Wege an. Es tat mir Leid, dass ich ihnen nicht verständiger hatte folgen können.

Draußen vor Simones Tempel begegneten wir einem schmächtigen jungen Mädchen in der roten *Baanzi*-Aufmachung, das auf einem Baumstumpf saß. Sie habe gerade ihre Bwiti-Initiation hinter sich, sagte uns Papa Simone. Iboga hätte einige Gefahren enthüllt, die sich ihr entgegenstellten, darum bleibe sie zu Heilritualen ein paar Tage im Tempel. Sie besaß die gleiche besonnene Intelligenz wie Papa Simone. Ich fragte sie, weshalb sie die Iboga-Initiation durchgemacht hatte.

»Ich wollte wissen, was vor sich geht«, sagte sie. Ihre Würde und die Schlichtheit ihrer Antwort bewegten mich sehr. Was sie wollte, war genau das, was ich wollte, in komprimierteste Form gebracht.

Lieberman bat Papa Simone, eine weitere, die ganze Nacht dauernde Zeremonie für uns in seiner Bwiti-Dorfgemeinde zu organisieren, ein abschließendes Ritual, damit wir das Öl bekämen, das der »König« uns vorenthalten hatte. Während dieser Nacht voller Tanz, Getrommel und Gesang erlebte ich in der Gemeinschaft rings um Papa Simone, was Lieberman als »die Essenz der Liebe« bezeichnet hatte. Dieses Ritual hatte geheime Partien, namentlich die Opferung eines Hahns in einem Feuer und heilige Fesselungszeremonien, die unter der männlichen Teilnehmerschaft durchgeführt wurden. Nacheinander stießen die Bwiti-Männer lange, jauchzende Schreie in ihrer Sprache aus und halfen mir, sie nachzuahmen. Am Ende der Nacht umarmte jeder der Bwiti die Analytikerin und anschließend mich; dann steuerten sie uns im Rundtanz um das Tempelfeuer, wie wenn wir riesige

Stoffpuppen wären; dabei schwenkten sie uns so heftig und rasch wie möglich hin und her. Die Umarmungen sagten uns, direkter als Worte dies könnten, dass wir trotz unserer fremdartigen Sprache und Kultur und unserer blassen Haut unter sie aufgenommen waren.

Sie wollten, dass wir für die Zeremonie wieder Iboga aßen. Offenbar hätten sie sehr gern herausgefunden, was *les blancs* sehen konnten. Nach der in der vorausgehenden Nacht genossenen Verwöhnung versuchte ich es schaudernd, aber ich konnte nicht mehr als einen Löffel voll von der Rinde hinunterschlucken (sie war eher grün und frisch als getrocknet und weiß, aber grässlich, grässlich). Das reichte nicht, um Visionen hervorzurufen. Zu Papa Simones Stamm zählte auch ein großer, lachender Mann, der einen roten Lendenschurz trug und dessen geschmeidiger schwarzer Körper mit weißer Farbe beschmiert war. Als einer der Stammesältesten aß er die ganze Zeremonie hindurch Iboga. Ständig deutete er auf die Schale voller Pflanzenschnitzel, dann auf seine eigenen Augen, danach auf mich, und versuchte so, mich dazu zu bringen, noch mehr zu essen, damit ich Dinge sehen würde.

Gegen Morgen verkündete dieser Mann – das Weiße in seinen Augen glühte im Feuerschein –, er habe gerade eine Vision. Er sagte, er sähe dort, wo ich neben den gelben Flammen des Ritualfeuers saß, einen Geist über mir schweben. Mit nüchtern-sachlicher Gewissheit bestimmte er genauer, dass dieser Geist meine Großmutter mütterlicherseits sei.

»Du warst mit deiner Großmutter, der Mutter deiner Mutter, sehr eng verbunden«, sagte er mir. »Sie liebte dich sehr, aber jetzt ist sie tot, und sie will dich nicht loslassen. Ihr Geist hängt über dir. Sie hält dich davon ab, Visionen zu sehen, die andere Welt zu besuchen.«

* * *

Die Vision des Stammesangehörigen schockierte mich. Der Nachhall dieses Schocks durchdrang auch weiterhin mein Leben. Es überraschte mich, dass er ausgerechnet die Mutter meiner Mutter angab. Bis auf sie kannte ich sonst keinen aus meiner großelterlichen Verwandtschaft – die anderen starben noch vor meiner Geburt. Sie war achtundachtzig Jahre alt geworden und erst ein Jahr vor meinem Trip nach Gabun gestorben. Ich hatte den Bwiti nichts über mein Leben erzählt. Wenn dieser Mann bloß herumriet, wenn er in Bezug auf das, was er da sah, übertrieb oder log, standen seine Chancen für den richtigen Treffer nur eins zu vier.

In gewisser Hinsicht hatte ich tatsächlich ein enges Verhältnis zu meiner Großmutter. In meinen Kinderjahren passte sie auf mich auf, wenn meine Mutter auswärts beschäftigt war. Mit zunehmendem Alter empfand ich sie jedoch als eine düstere, lebensverneinende Erscheinung. Sie wirkte äußerst fixiert, in sich eingeschlossen. Nachdem ihre beiden düsteren Schwestern gestorben waren, war ihr niemand oder nichts gut genug; daher hatte sie keine Freunde, kein Leben. Bis zu ihrem Tod blieben ihre besten Möbel unter Plastikschonbezügen, in Erwartung eines bedeutenden und unbekannten Besuchers, der nie eintraf. Die Art, wie sie sich selbst jederlei Freude, jederlei Möglichkeit versagte, hatte etwas Irrsinniges und doch entnervend Kraftvolles an sich. Versagung und Ausdauer – dies waren die einzigen Werte, auf die es ihr ankam, während sie langsam ins Alter versank.

Das Leben meiner Großmutter war ein trauriges Dokument des Schicksals von Immigranten in Amerika. Ihre Eltern kamen aus Polen; ihr Vater konnte in New York keine anständige Arbeit finden, und 1908 brachte er sich um, ließ also seine Familie im Stich. Meine Urgroßmutter, meine Großmutter und meine beiden Tanten konnten ihm das nie verzeihen. Sie verbrannten seine Papiere, tilgten alle Spuren von ihm. Sie sprachen nie wieder von ihm. Das Trauma seines Selbstmords und der daran anschließende Racheakt der Vernichtung formten die Psyche meiner Großmutter zu einem hocheffektiven Verdrängungsapparat.

Als rationales Produkt der modernen Welt glaubte ich natürlich nicht, dass Elemente des Seelenlebens nach dem Tode fortbestehen könnten. Intuitiv jedoch, in der zur rechten Hirnhälfte gehörenden Welt meiner Intuitionen und Träume, stieß die Einsicht des Stammesangehörigen auf Resonanz.

Wenn es eine »Geistwelt« gab, konnte ich mir meine Großmutter ohne weiteres als besitzergreifendes, verneinendes Phantom vergegenwärtigen, das bang über mir hing und mich von Offenbarungen fern hielt.

Monate nach der Bwiti-Zeremonie hatte ich einen äußerst lebhaften Albtraum über meine Großmutter, den ich frühmorgens nach dem Aufwachen in mein Notizbuch niederschrieb. In dem Traum rief mich meine Großmutter. Sie war bei mir zu Hause dabei, sauber zu machen, und sah meine sämtlichen Wandschränke, Schubladen und meinen Schreibtisch nach dem durch, was sie als »die Sache« oder »die Papiere« bezeichnete. Ich konnte sie in meiner Wohnung sehen, eine uralte Gestalt, benebelt und zerrüttet, wie sie meine Habe durchwühlte. Ich war wütend auf sie, schrie übers Telefon in fast unmenschlicher Rage und befahl ihr, mein Zeug in Ruhe zu lassen, wegzugehen und sich auszuruhen, fernzusehen, nicht mehr nach den Papieren zu suchen. Sie zog sich zurück. Ihre Stimme zitterte, so lebensecht.

In den Tagen danach fühlte ich mich gereinigt – es war, als ob mein stärker werdender Geist sie gewaltsam aus den Räumlichkeiten vertrieben hätte. Ich fühlte mich so, als hätte man irgendeinen dunklen Schleier von mir weggezogen. Natürlich würden die meisten Menschen aus dem Westen diesen Traum als Metapher oder unterbewusstes Symbol deuten. Mir hingegen schien der Traum, ganz intuitiv, um so realer zu sein, je länger ich darüber nachdachte – ein Sieg über einen noch verbliebenen Rest ihrer Psyche, den mein unbewusstes Selbst errungen hatte.

C. G. Jungs *Erinnerungen, Träume, Gedanken* ist eine autobiografische Meditation über die Innenwelt, die dem Analytiker zeit seines Lebens durch Träume, telepathische Vorfälle und transzendente Winke enthüllt wird. In den letzten Kapiteln tut Jung das, was die meisten Wissenschaftler undenkbar fänden. Er spekuliert über die Möglichkeit des Fortdauerns der Psyche nach dem Tode. »Es gibt viele Menschen, die im Augenblick ihres Todes nicht nur hinter ihren eigenen Möglichkeiten zurückgeblieben sind, sondern vor allem auch weit hinter dem, was schon zu ihren Lebzeiten von anderen Menschen bewusst gemacht worden war. … Daher ihr Anspruch, im Tode den Anteil an Bewusstheit zu erlangen, den sie im Leben nicht erworben haben.« Jung zufolge versuchen diese Geister oder Schatten, »ins Leben einzudringen, um teilzunehmen am Wissen der Menschen.«

War meine Großmutter ein solcher Geist?

Konnte Jung – ebenso wie die Bwiti – Recht haben?

Lebt die Psyche, in irgendeiner Form, nach dem Tode weiter?

Und welche Rolle spielte Iboga bei alledem?

* * *

WENIGE TAGE nach der zweiten Bwiti-Zeremonie kehrte ich nach New York City zurück. Daheim stellte ich fest, dass ich viel weniger Nachtschlaf brauchte, ganze Stunden weniger. Es war, als stünde ich unter permanentem Koffeineinfluss, und dieser energiegeladene Zustand dauerte mehrere Wochen an. Mit so viel zusätzlicher Zeit grübelte ich weiter über die Aspekte der Initiation nach – den habgierigen Schamanen, den wackligen Botaniker, die offenbarende Pflanze.

Iboga zeigte mir nicht viel vom spirituellen Kosmos Afrikas, aber sie enthüllte meine eigene Innenwelt. Wenige Stunden lang gewährte man mir eine starke Linse, durch die ich mein Leben – diese komplexe Assemblage aus Gewohnheiten, Stimmungen, vergangenen Ereignissen und Beziehungen – sehen konnte wie ein durchs Teleskop betrachtetes Sternbild.

Ich wollte noch immer wissen, was Berührende lehren konnten.

TEIL II
Merkwürdige Gewächse

KAPITEL 7

Tückische Auswüchse

Einst ein bevorzugtes Ziel für Hippies und vagabundierende Bohemiens, ist Huautla de Jimenez schon so lang aus der Mode, dass die Stadt nicht einmal eine Erwähnung in den neuesten *Lonely-Planet*-Reiseführern wert ist. Von Huautla erhielt die moderne Welt Kenntnis, als am 10. Juni 1957 im *Life*-Magazin ein Artikel erschien, betitelt mit: »Auf der Suche nach dem Zauberpilz: Ein New Yorker Banker reist ins Gebirge Mexikos, um an den uralten Ritualen von Indianern teilzunehmen, die merkwürdige Gewächse kauen, von denen Visionen hervorgerufen werden.«

Der Verfasser des Artikels, R. Gordon Wasson, war ein Vorstandsmitglied des Bankhauses *J.P. Morgan & Cie.*; er und seine russische Frau Valentina waren außerdem Amateurmykologen. Mit ihrer beeindruckenden Gelehrsamkeit, slawischen Inspiration und Highsociety-Lebensart waren die Wassons die großen nabokovianischen Figuren der Psychedelia des zwanzigsten Jahrhunderts – und ersetzten Schmetterlinge durch Pilze. Ihre Berufung entdeckten sie zufällig, als Wasson der Begeisterung seiner Frau für eine Gruppe essbarer Blätterpilze, die sie in dem Wald außerhalb ihres Wohnsitzes in den Catskill Mountains des Staates

New York gesammelt hatte, partout nichts abgewinnen konnte. Sie wollte die gefundenen Pilze unbedingt essen; er befürchtete, sie werde sich damit umbringen.

»Wie alle rechtschaffenen Angelsachsen«, schrieb Wasson, »kannte ich mich in der Pilzwelt nicht aus und glaubte, es könnte nur von Vorteil sein, wenn ich über diese ekelhaften tückischen Auswüchse möglichst wenig Bescheid wusste.« Nach Ansicht seiner Frau hingegen waren sie »Gebilde voller Anmut, unendlich verlockend für den wahrnehmungsfähigen Sinn.«

Die Wassons wollten sich darüber klar werden, weshalb sie so unterschiedlich reagierten, und diese seltsame Problemstellung wuchs sich zu einer lebenslangen Nachforschung aus. Sie fanden heraus, dass die Kluft zwischen Pilzliebhabern und Pilzgegnern innerhalb europäischer Kulturen tief, ja schier unüberbrückbar war. Bei der Untersuchung linguistischer Anhaltspunkte und volkskundlichen Materials entdeckten sie eine »Aura des Übernatürlichen, in die all die Pilze getaucht zu sein schienen.« Die verborgenen Spuren mythischer Pilze schienen sich durch die ganze europäische Geschichte hindurch auszubreiten und führten die Wassons zu einer wilden Spekulation: »All unsere Beweismittel zusammengenommen veranlassten uns vor vielen Jahren, eine kühne Mutmaßung zu wagen: War es nicht wahrscheinlich, dass vor langer Zeit, lang vor den Anfängen schriftlich dokumentierter Geschichte, unsere Vorfahren einen göttlichen Pilz anbeteten?« Die Wassons kamen zu der Vermutung, dass die ganze menschliche Religion ursprünglich, vor aller Schriftkultur, mit dem »göttlichen Pilz« verknüpft war.

Aber warum sollte denn irgendjemand einen Pilz anbeten? Die Antwort auf diese Frage brachte sie in die entlegenen Regionen Mexikos; denn vagen Gerüchten nach gab es dort bei den indianischen Mazateken noch einen regulären Pilzkult. Nach einer Reihe missglückter Starts erstanden sie einige Exemplare *Psilo-*

cybe mexicana und brachten sie zu der kundigen *Curandera* Maria Sabina. »Sie war mittleren Alters, und klein wie alle Mixteken, mit einer Spiritualität im Gesichtsausdruck, die einem sofort imponierte. Sie hatte Ausstrahlung. Wir zeigten der Frau und der Tochter unsere Pilze. Sie schrien auf, hingerissen von der Festigkeit, der frischen Schönheit unserer jungen Exemplare. Über einen Dolmetscher fragten wir, ob sie uns heute Nacht behilflich sein wollten. Sie sagten Ja.«

Sie aßen die Pilze in völliger Dunkelheit, wobei die Schamanin und ihre Tochter neben ihnen sangen. Während seiner ersten Sitzungen sah Wasson äußerst detaillierte Landschaften und Gestalten – »eine mythologische Bestie, die einen königlichen Triumphwagen zog« – sowie auch abstrakte Muster und farbenprächtige geometrische Formen. Die Präzision der Visionen versetzte ihn in Staunen; sie hatten überhaupt nichts Traumhaftes an sich. Allenfalls kamen sie ihm realer vor, objektiver und genauer als die mittels normaler Augen betrachtete Welt.

»Ich hatte das Gefühl, dass ich jetzt klar und deutlich sah, wohingegen uns die gewöhnliche Sehkraft einen unvollkommenen Anblick vermittelt; ich sah die Archetypen, die platonischen Ideen, die den unvollkommenen Bildern des Alltagslebens zugrunde liegen. Ein Gedanke kam mir in den Sinn: Waren die göttlichen Pilze vielleicht das Geheimnis, das hinter den uralten Mysterien steckte? War die wunderbare Beweglichkeit, die ich jetzt besaß, vielleicht die Erklärung für die fliegenden Hexen, die eine so bedeutende Rolle in der Folklore und den Märchen Nordeuropas spielten?« Wasson fühlte sich weit entfernt von jeder Möglichkeit einer Kontaktaufnahme mit den ihm gezeigten Visionen. Er wurde »ein geisterhaftes Auge, unsichtbar, unkörperlich, sehend, aber nicht gesehen.«

Dieser pilzbedingte Zustand hatte mit Berauschung im üblichen Wortsinne keinerlei Ähnlichkeit. Trotz der visionären und sensorischen Überlastung bemerkte Watson, dass sein rationaler Intellekt die ganze Reise hindurch intakt blieb: »Der Verstand ist wie mit einer elastischen Schnur an den vagabundierenden Sinnen befestigt.«

In einer ihrer ersten Séancen bei den Mazateken waren die Wassons Zeuge einer Demonstration von genau zutreffendem Hellsehen. Nachdem sie achtzehn Paar Pilze gegessen hatte, sagte ihnen die Schamanin Aurelia Carreras, dass eine verwandte Person binnen Jahresfrist lebensgefährlich erkranken würde, dass ihr Sohn in Schwierigkeiten sei und möglicherweise bald Soldat werden würde – was sich insgesamt, zur Bestürzung der Wassons, später auch bestätigte. Diese Episode ließen sie absichtlich aus ihren frühen Berichten weg. »Ich hatte immer einen Horror vor Leuten, die eine Art Pseudoreligion der Telepathie predigten; ich fand sie schlicht unzuverlässig, und für den Fall, dass unsere Entdeckungen in Mexiko, einschließlich unserer ersten Velada [Zeremonie], ihnen irgendwie zur Kenntnis gelangen sollten, liefen wir Gefahr, von solchen unerwünschten Personen vereinnahmt zu werden«, schrieb Wasson Jahrzehnte später, als er noch immer über das diesbezügliche Rätsel nachgrübelte: »Das Entheogen, zumindest, wenn es von einem weisen Schamanen eingenommen wird, … übermittelt Informationen, aber wie?«

Nach seiner Entdeckung des Psilocybins setzte Wasson seine gelehrte Beschäftigung mit Pilzen überall auf der Welt fort. Er fand versteckte Hinweise auf psychedelische oder entheogene (»Gott freisetzende«) Pilze in der Genesis, in den Eleusinischen Mysterien und im *Rigveda*, der heiligen hinduistischen Textsammlung. Ungeachtet seiner bei den Mazateken erlebten Offenbarungen kam er zu der Überzeugung, dass das fundamentale Entheogen der alten Welt Soma sei – *Amanita muscaria*, der Rote Fliegenpilz, der statt des Psilocybin den psychoaktiven Wirkstoff Muscimol enthält. Er glaubte auch, dass möglicherweise eine entheogene Pflanze die psychische Evolution unserer Vorfahren katalysiert habe:

> Eine ungeheure Erweiterung des menschlichen Gedächtnisses muss die Gabe gewesen sein, die den Menschen von seinen Vorgängern abgrenzte, und ich vermute, dass diese Gedächtniserweiterung zu einem gleichzeitigen Anwachsen der Gabe der Sprache führte; diese zwei Vermögen erzeugten dann beim Menschen das Selbstbewusstsein, jenen dritten der dreieinigen Grundzüge, die allein die Einzigartigkeit des Menschen ausmachen. ... Ich frage mich, ob Soma die Kraft besessen haben könnte, das zu entfachen, was ich als die dreieinigen Grundzüge bezeichnet habe.

Es ist schwer vorstellbar, was sich zum Mittelstand gehörige *Life*-Leser gedacht haben müssen, als sie da von mystischen Offenbarungen lasen, hervorgerufen bei einem beredten Banker aus der weißen angelsächsisch-protestantischen Führungsschicht, und zwar durch das Essen einer Hand voll übel schmeckender Pilze in Gesellschaft eines Haufens primitiver Indianer. Wassons Artikel war einer von einer ganzen Reihe kultureller Schocks, die zehn Jahre später in dem torpedierten Feuerwerk der psychedelischen Ära gipfelten, obwohl Wasson ironischerweise dazu gelangte, die öffentliche Faszination für die »heiligen Kinder«, wie Sabina die Pilze nannte, zu missbilligen. Als Timothy Leary ihn Anfang der Sechzigerjahre besuchte, war er konsterniert über die negative Einstellung des Bankers.

»Wasson stand jedem aktuellen Gebrauch der Pilze ablehnend gegenüber«, erinnerte sich Leary. »Obwohl diese Pilze sämtliche großartigen philosophischen Visionen der Antike hervorgerufen hatten, verkündete er, sie hätten für die moderne Welt keine Relevanz.« Unter der Nachwirkung von Wassons Artikel wurde

Huautla ein Touristenreiseziel für die Gegenkultur, und Sabina wurde zur weltberühmten Galionsfigur für Eingeborenenschamanismus – sogar die Beatles besuchten sie.

* * *

Ein Jahr nach meinem Gabuntrip reiste ich mit meiner Freundin Laura nach Huautla. Unbeeindruckt von der groben Behandlung durch den »König«, hatte ich mich auch weiterhin über den Schamanismus informiert und war erpicht darauf, noch mehr Schamanen kennen zu lernen. Wir fuhren zwei Tage lang durch sich ständig verändernde Landschaften, unterhalb steiniger Gebirgskämme voll riesiger Kakteen mit spindelförmigen Fruchtständen, die wie Finger anklagend auf die Sonne deuteten.

Einmal – in einem Moment jäh aufblitzenden Straßenrandhorrors – fuhren wir an dem Kadaver eines Pferdes vorbei, das mich mit blindem Blick fixierte, während ein Geierschwarm sein Fleisch verschlang. Aus dürrem Wüstenland gelangten wir dann zu den dicht bewaldeten Tälern und hohen Berggipfeln des Mazatekengebiets. Sechs Stunden lang folgten wir einer schmalen Straße – der einzigen Straße nach Huautla –, die sich, mit zahlreichen unübersichtlichen Stellen und ohne Leitplanke, um hohe Klippen wand, vorbei an kleinen Altären für die von der Spur Abgekommenen, die in die Tiefe gestürzt waren. Große Felsen schienen beängstigend oft vom Berg herabzupoltern. Laura, die am Steuer saß, navigierte um diese erratischen Blöcke und die nicht wieder zugeschütteten Krater, die sie hinterlassen hatten. Über der entlegenen Gegend lag eine eigentümliche Stille, die mich an Gabun erinnerte. Weil das Mazatekengebiet schwer zugänglich ist, haben die Indianer ihre eigene Sprache und Kultur bewahrt – schätzungsweise die Hälfte der vierzigtausend Mazateken, die in dem Bergland jenseits von Huautla leben, sprechen kein Spanisch.

Man kann noch immer weiße, mit Pilzen bestickte Kleider und Blusen in Huautlas verschlafenen örtlichen Läden kaufen sowie auch Poster von Sabina. Aber der Dampf ist raus aus der Hippie-Touristenindustrie. Soweit wir das beurteilen konnten, waren wir vor Ort fast die einzigen Personen aus dem Westen. Die Stadt selbst war, wie unser Hotel, unwirtlich, funktionell und hässlich. Das Hotel war schmucklos-kahl, hatte Betonwände und roch irgendwie septisch. Von unserem Balkon aus sahen wir zu, wie Mazatekinnen in einem festtäglichen Umzug zu Ehren eines Heiligen über den bevölkerten Marktplatz marschierten. Sie hatten farbenprächtige Kleidung an, psalmodierten und trugen grüne Blätterbüschel in den Händen.

Wir machten uns auf die Suche nach dem Haus von Maria Sabina; ich hatte gelesen, dass es als heilige Stätte erhalten werde. Wir orientierten uns nach vagen Anweisungen, aber als wir die Anhöhe hinauffuhren, hielt uns ein Indianerjunge an, um zu fragen, ob wir ihn mitnehmen könnten. Im Wagen sagte er uns, dass sein Vater der Sohn von Maria Sabina sei und gleichfalls Schamane, gemäß der Familientradition. Sabinas Haus befand sich mitten in einer Familiensiedlung auf dem Kamm einer Hügelkette mit Aussicht über die Stadt auf der einen Seite und ein tiefes, breites Tal auf der anderen. Der Junge zeigte uns ein Foto von seinem Vater in einem Buch über mazatekische Schamanen. Er fragte uns, ob wir eine Zeremonie haben wollten. Ich sagte Ja, wenn es möglich wäre. Die Kosten betrugen etwa 70 Dollar.

Die Zeremonie wurde dann gleich in der Nacht durchgeführt. Die Teilnehmer waren ich selbst und Carlos, ein junger Mexikaner spanischer Abstammung aus Mexiko Stadt, der wie ein Club Kid aussah, aber alternatives Heilen studierte – Laura stieg aus dem Pilzverzehr aus. Zu meinem Glück sprach Carlos Englisch.

Er sagte, er hätte den Schamanen schon zuvor besucht. Er blieb ein paar Nächte über da, in Marias einfachem weißem Schindelhaus, das wie eine vorfabrizierte Baueinheit aus den Sechzigerjahren aussah.

Wir warteten auf Filogonio, den Schamanen, auf den niedrigen Holzbänken des Tempels, der eine geräumige Holzhütte war. Der Altar umfasste Kerzen, Blumen, Steine und eine Mischung aus Heiligenbildern und Abbildern der Jungfrau Maria. Ein holzgeschnitzter Christus am Kreuz hatte ein eindeutig indianisches Aussehen. Schließlich erschien Filogonio; er trug ein graues Sweatshirt mit Kapuze und rauchte eine Zigarette. Er war ein kleiner, aber robust aussehender Mann mit zäher, dunkler Haut und einem unglaublichen Gesicht – weise, gequält, gnomenhaft. Die Pilze wurden ausgeteilt. Zehn kleine grüne Knollen schwammen in einer dampfenden Brühe. Laura war schockiert von ihrer fluoreszierenden Farbe und ihrem außerirdischen Aussehen. Ich kaute sie und spülte sie hinunter; der Geschmack war mehr oder minder neutral.

»Was macht ihr, wenn ihr die Pilze bei euch daheim nehmt?«, fragte mich Filogonio durch Carlos. Ich sagte ihm, dass wir dabei oft herumspazierten und die Natur betrachteten.

Der Schamane psalmodierte eine Zeit lang auf Mazatekisch, einer archaischen und asiatisch klingenden Sprache. Er machte dann mit dem Kopal die Runde, den zu kaufen man uns angewiesen hatte, einem süßen und stechenden Weihrauch, und badete uns in seinen Schwaden. Er blies uns seinen nach Tabak duftenden Atem ins Gesicht. Die Zeremonie entlieh Elemente aus der katholischen Messe. Aus welchem Grund auch immer – diese Nacht übten die Pilze auf mich nur geringe Wirkung aus: Ich wurde mir mit allen Sinnen der mich umgebenden Welt voll bewusst, aber es zeigte sich keine Spur von den tiefgründigen Visionen, die Wasson geschildert hatte, der zusah, »wie klares Wasser durch eine endlos weite Schilffläche hinabfloss zu einem grenzenlosen Meer ... und eine Frau in primitiver Tracht dastand und über das Wasser starrte, geheimnisvoll, wunderschön.«

Carlos hingegen begann unverhohlen zu weinen. Er bat Gott um Erbarmen. Er nannte den Schamanen »Padre«, redete ihn also wie einen Priester an, und erflehte seinen Segen. Mit zitternder Stimme beichtete er kürzlich begangene Sünden und erbat Vergebung.

Filogonio zuckte die Achseln und lächelte schüchtern. Er brachte uns ins Freie und führte uns auf dem Familiengrundstück herum. Unter dem Einfluss der Pilze erfasste ich, dass dieser Hügelkamm heilig war, oder zumindest ein privilegierter, von den Vorfahren ererbter Ort. Ich hätte gern gewusst, wie viele Jahrhunderte die Sabina-Familie hier schon lebte, ehe Wasson sie entdeckte. Die kleinen Lichter der Stadt glommen unter uns. Die Sterne bewegten sich in Spiralen über den Himmel droben. Ein Maultier beobachte uns friedlich. Hin und wieder machte der Schamane kleine Handbewegungen, wie die von Breakdancern vollführten automatenhaften Gesten. Hier sah ich nun zum ersten Mal die von Michael Harner und Carlos Castaneda geschilderten »schamanischen Ableitungen«. In bestimmten Momenten wirkte er erschöpft, gebrochen, den Tränen nahe, aber dann änderte sich sein Ausdruck wieder, und er lachte.

Für mich war es ein weiterer Trip ohne eigentliche Visionen. Ich verwünschte meinen sturen Schädel. Obwohl ich keine anderen Reiche besichtigte – keine Spur von den juwelenbesetzten Raumschiff-Fabriken oder stroboskopisch flammenden Buddhaländern, die ich mehrere Male in New York nach dem Verzehr großer Portionen getrockneter Pilze gesehen hatte –, öffneten sich meine Sinne der physisch-materiellen Welt, und während Laura uns zum Hotel chauffierte, spürte ich die Traurigkeit von

Huautla. Die Stadt war billig und brutal aus Berggestein herausgehauen worden, ohne sonderliche Rücksichtnahme auf die Menschen, die notgedrungen in ihr leben mussten. Sie war ein gnadenloser Gewinnungsort für jedwedes Kapital, das sich aus dieser rückständigen, stagnierenden Gegend der Dritten Welt herausholen ließ. Der Geruch von minderwertigem Benzin hing in der Luft. Ich war froh, dass die Unzugänglichkeit der Region die mazatekische Kultur erhalten hatte. Am nächsten Tag fuhren wir in die Großstadt Oaxaca zurück.

Von Huautla aus gelangten die Pilze ins Weltbewusstsein. Am Ende glaubte Maria Sabina, dass die Ausländer die Kraft der Pilze zerstörten. Wie die meisten Eingeborenengruppen zogen die Mazateken die heiligen Pflanzen nur zu Rate, wenn sie Heilung oder Orientierung brauchten. Die neuen Enthusiasten konsumierten sie einfach so. Wasson zufolge führte Sabina viele Zeremonien für Menschen aus dem Westen durch, die nach spiritueller Einsicht strebten oder auf Kicks aus waren. »Von dem Moment an, wo die Ausländer kamen, um Gott zu finden, verloren die heiligen Kinder ihre Reinheit«, sagte sie in ihrer Autobiografie. »Sie verloren ihre Kraft, man hat sie verdorben. Von jetzt an werden sie keinerlei Wirkung mehr haben. Daran lässt sich nichts ändern.«

Und doch, ein halbes Jahrhundert später, nehmen Sabinas »heilige Kinder« in der ganzen modernen Welt weiterhin still und leise an Beliebtheit zu. Obgleich die Pilze im Westen illegal sind, züchtet eine steigende Anzahl von Enthusiasten in Kellertöpfen selber welche. Kürzlich habe ich glaubwürdige Gerüchte von Psilocybin-Enthusiasten gehört, neuheidnischen Naturkultanhängern, die in der Welt herumreisen und die Sporen in Wäldern und öffentlichen Parks umherstreuen, wo sie dann ins örtliche Ökosystem gelangen. Spezies der Pilze wachsen jetzt reichlich in Oregon und dem Staat Washington sowie weiteren Gegenden, wo sie vorher unbekannt waren. Ein halbes Jahrhundert nach der Initiation der Wassons ist die Wissensverbreitung noch nicht zu Ende. Ich begann meinen eigenen psychedelischen Bildungsgang als einer ihrer vielen Nutznießer.

KAPITEL 8

Profane Erleuchtungen

Zum ersten Mal probierte ich Pilze an der Wesleyan University, einem privaten College in Connecticut. Als unglücklicher Neunzehnjähriger verwob ich mich ständig in schwierigeren psychologischen und intellektuellen Problemfeldern. Ich besuchte ein Seminar über das Werk von Jacques Lacan, der Freuds Ideen in verführerischen Quatsch verwandelte. Unsere Lehrerin war eine schicke Erscheinung, eine achtundzwanzigjährige Schottin, die altmodische Kleider trug und Bette Davis ähnelte, im Unterricht eine Zigarette nach der anderen rauchte und sich wenige Jahre später zu Tode trank. Lacan schrieb über verlorene Objekte des Begehrens, die niemals wiedererlangt werden könnten, und über »die Krise des Realen«. Er legte dar, inwiefern der Geschlechtsakt niemals stattfand. Seine verdrehten Auffassungen kamen mir damals quälerisch überzeugend vor.

Es gab eine starke psychedelische Unterströmung an der Wesleyan Uni, aber das war nicht mein Stil. Eine in knüpfgebatikten T-Shirts steckende Gruppe von Jugendlichen aus der College-Vorbereitungsschule verbrachte ihre Wochenenden damit, dass sie den Grateful Dead die Ostküste hinauf und hinunter nachjagte. Ich war im Umfeld der New-Wave-Szene in New York aufgewachsen, und der schneidend-jaulende Blues der Grateful Dead kam mir unerträglich veraltet und provinziell vor. An einem Wintertag brachte mich meine Freundin Alex – sie war mehrere Jahre älter als ich – zu sich nach Hause und gab mir einige Pilze. Es waren getrocknete Stückchen von Stielen und Hüten mit einem beißenden Geschmack. Wir aßen sie und spazierten auf dem Campus herum, starrten dort Eiszapfen an, die wie glitzernde Dolche von Dachsimsen und Baumästen herunterfuhren. Meine Sinne schienen in Schwung zu kommen und vereinzelte Wirklichkeitsstückchen aufzunehmen, die ich sonst ignoriert hätte. Ich kaufte ein Sodawasser in einem Feinkostgeschäft und kicherte, während ich eine Hand voll Dollarscheine aus meiner Tasche zog. Was war das für ein widerliches Zeug? Plötzlich konnte ich mir partout nicht erklären, welches soziale Verfahren diese zerknitterten Stückchen aus dreckigem Papier so wichtig machte. Das war offenbar lächerlich und willkürlich.

Aus der Perspektive der Pilze ließ die Welt andere Prioritäten erkennen. Bäume und Pflanzen erglühten vor Geduld und Intelligenz, als drückten sie eine tiefere Weisheit aus. Die Universitätsgebäude waren entweder Modernistengefängnisse oder wichtigtuerische Bemühungen um architektonische Sinngebung; die kolonnadenbestückte Fassade der Olin Library beispielsweise gab sich viel zu viel Mühe. Autos und Junkfood-Verpackungen sowie alle anderen Dinge, die fabrikmäßig hergestellt waren und blank glänzten, wirkten wie aggressives Übermaß. Die »Konsensrealität« der Universität, des Amerikas des späten zwanzigsten Jahrhunderst im Großen und Ganzen, wirkte fragwürdig anmaßend und substanzlos.

Später machte ich den Fehler, über Psychedelika an der Wesleyan Uni zu schreiben. Ich wohnte im West College, dem unbürgerlichen und hippiekonformen Studentenheim. Jedes Jahr veranstaltete das West College zwei Feste, den Uncle Duke Day und den Zonker Harris Day, deren Grundtenor Spaß und Vergnügen war. Diese Events waren auf Trips ausgelegt. Die Institute organisierten kleine Veranstaltungen – Ruhmestag-Gesichtsbemalung oder Konzerte in unmittelbarer Umgebung –, die Anklang fanden bei zugedröhnten Jugendlichen mit strahlenden Augen, auf ihrem Bummel durch die Institute und unterirdischen Gänge. Für *The Argus*, die Studentenzeitung, schilderte ich die Vorgänge und brandmarkte kritisch-theoretisch den Uncle Duke Day als ein Beispiel für »repressive Toleranz«, eine Formel, die der Philosoph Herbert Marcuse in den Sechzigerjahren prägte. Unter einem Regime mit »repressiver Toleranz« ist dem Einzelnen eine Freiheit gestattet, die jeglicher politischer Bedeutung beraubt ist. Mein Redakteur bedachte nicht, dass die Zeitung an Hunderte elterlicher Abonnenten ging, und einige von denen waren wütend. Sie interessierten sich nicht für »repressive Toleranz«. Sie bevorzugten schlichte Repression und verlangten, dass die Veranstaltungen verboten werden müssten.

* * *

Etwa um diese Zeit begann ich Walter Benjamin zu lesen. Benjamin ist der Denkertyp, für den ich eine vielleicht fatale Schwäche habe. Er konnte sich nicht davon abhalten, alle Dinge gleichzeitig durchdenken zu wollen – Mode, Marxismus, Psychoanalyse, Walt Disney, Geschichte und die mimetische Beschaffenheit der Sprache, um nur einige zu nennen. Auf diese Art des Denkens bin auch ich notorisch ausgerichtet. An der Wesleyan Uni, mitten in einer Entfremdungskrise, versuchte ich ständig, mein Leben an der Universität mental so zu erfassen, als wäre ich eine Art außerirdischer Sozialwissenschaftler, der die mich umgebende Kultur beobachtete. Aufgrund dieser Bemühung fühlte ich mich außerhalb meiner selbst gefangen, ja sogar bei meinem eigenen privaten Drama eher als Zeuge statt als Beteiligter. Weder Benjamin noch psychedelische Drogen konnten zu diesem Zeitpunkt etwas gegen meine Verzweiflung ausrichten.

Über ein Jahrzehnt später hatte ich die Möglichkeit, in einem Graduiertenkurs an der Columbia University Benjamin zu studieren. Jede Woche trafen wir zwanzig uns im Amtszimmer des Anthropologen Michael Taussig. Unter summenden grauen Leuchtstoffröhren kauerten wir über Exemplaren von Benjamins Opus Magnum, dem *Passagen-Werk*, zwölfhundert Seiten Zitaten, Aphorismen und Fragmenten.

Benjamins Schriften oszillieren zwischen den Polen Revolution und Offenbarung. Ein gelehrter Erforscher von Schwellenerfahrungen, Rauschzuständen und gescheiterten Philosophien, ist er glänzend, wenn es um Drogen geht: »Die passionierteste Untersuchung des Haschischrausches wird einen über das Denken (das ein eminentes Narkotikum ist) nicht halb so viel lehren, wie die profane Erleuchtung des Denkens über den Haschischrausch«, schrieb er. »Der Leser, der Denkende, der Flaneur sind ebensowohl Typen des Erleuchteten wie der Opiumesser, der Träumer, der Berauschte. … Ganz zu schweigen von jener fürchterlichsten Droge – uns selber –, die wir in der Einsamkeit zu uns nehmen.«

Er sah im Denken eine Erscheinungsform des Rauschs. Er erkannte, dass Drogenerforschung, das Streben nach visionärer Erfahrung, zur effektiven Erweiterung rationaler und intellektueller Erkundung beitragen könnte: »Es ist ja eigentümlich mit der Dialektik des Rausches bestellt«, schrieb er. »Ist nicht vielleicht jede Ekstase in einer Welt beschämende Nüchternheit in der komplementären?«

Benjamin, der seine Essays und Studien in den Zwanziger- und Dreißigerjahren verfasste, rauchte Hasch, probierte Meskalin und genoss seine eigenen Trips: »Ich dachte mit ungeheurem Stolz daran, hier in Marseille im Haschischrausche zu sitzen; wer hier wohl noch meinen Rausch teile, an diesem Abend, wie wenige.« Das Denken unter dem Einfluss von Haschisch glich dem Abrollen eines Fadenknäuels durch ein Labyrinth hindurch: »Wir gehen vorwärts; wir entdecken dabei aber nicht nur die Windungen der Höhle, in die wir uns vorwagen, sondern genießen dieses Entdeckerglück nur auf dem Grunde jener anderen rhythmischen Seligkeit, die da im Abspulen eines Knäuels besteht.«

Auf Haschisch sah er, wie sich die kunstvollen Einrichtungsgegenstände des bürgerlichen Interieurs aus dem neunzehnten Jahrhundert verdichteten »zu satanischem Genügen, satanischem Wissen, satanischem Ruhen … In diesen Innenräumen zu leben war ein dichtes sich eingewebt, sich eingesponnen haben in ein Spinnennetz, in dem das Weltgeschehen verstreut wie ausgesogene Insektenleiber herumhängt. Von dieser Höhle möchte man sich nicht trennen.« Die narkotische Trance enthüllte eine okkulte und unheilvolle Doppelbödigkeit der bürgerlichen Vorliebe für behaglichen Komfort und exotischen Dekor.

Im Hinblick auf die Gesellschaft wie auch auf den Einzelnen erkannte Benjamin klar »die Bedeutung des Rauschs für die Wahrnehmung, der Fiktion für das Denken.« Die neue Konsumentenkultur des neunzehnten Jahrhunderts löste in der Öffentlichkeit eine weit verbreitete Trance aus, da ja der Kapitalismus seinen Produkten übernatürliche Kraft einhauchte. Die Weltausstellungen, die in der Belle Epoque inszenierten Feiern des Welthandels, »eröffnen eine Phantasmagorie, in die der Mensch eintritt, um sich zerstreuen zu lassen. Die Vergnügungsindustrie erleichtert ihm das, indem sie ihn auf die Höhe der Ware hebt. Er überlässt sich ihren Manipulationen, indem er seine Entfremdung von sich und den anderen genießt.« Die von diesen Schauspielen ausgelöste Euphorie war wie eine Droge, die den Massen ihren Willen raubte, die ihnen beibrachte, es zu genießen, in Tauschobjekte verwandelt zu werden.

Berauscht, betört von der neuen Warenwelt verlor der Westen seinen Kontakt mit dem gemeinschaftlichen »ekstatischen Rausch«, jenen archaischen dionysischen Festen und jährlichen Mysterien, welche die Umwandlung von uranfänglichem Chaos in Ordnung feierten. Der Verlust von Ritualen, die »ekstatischen Kontakt mit dem Kosmos« erzwangen, stellte eine Bedrohung für die Menschheit dar: »Es ist ein gefährlicher Irrtum moderner Menschen, diese Erfahrung für unwichtig und vermeidbar zu halten … das ist sie nicht; immer wieder einmal schlägt ihre Stunde, und dann können ihr weder Völker noch Generationen entfliehen.« Der Mensch brauchte solche periodischen Regenerationsriten, um hypnotische Episoden fieberhafter Zerstörung zu vermeiden, die den gleichen Zweck erfüllten, aber um einen viel höheren Preis. Für Benjamin lag eben darin der eigentliche Sinn des Ersten Weltkriegs, war dieser doch »ein Versuch, sich neuerlich und auf noch nie da gewesene Weise mit den kosmischen Kräften zu vermischen.« Es beunruhigte ihn, dass sich die Entfremdung der Menschheit von sich selbst vertiefte, und zwar »in einem solchen Ausmaß, dass sie ihre eigene Vernichtung als ästhetisches Vergnügen erster Ordnung zu erleben vermag.«

Benjamins Verschmelzung soziologischer, psychoanalytischer und mystischer Einsichtsebenen gemahnte mich an die integrierte Vision meiner selbst, die ich von dem Iboga-Trip zurückbrachte. Er sah, dass keine Revolution erfolgreich verlaufen könnte, wenn sie nicht, neben den ökonomischen Beziehungen, auch die innere Sphäre des Denkens umwandelte – den mentalen Stellenwert der Wahrnehmung, das Verhältnis der Sinne zur physisch-materiellen Welt. Immer hielt er Ausschau nach dem geheimen Kern primitiven Rituals und magischen Glaubens, der in den scheinbar »rationalen« Prozessen der Modernität verborgen liegt.

Er bezeichnete sein großes unvollendetes Opus, *Das Passagen-*

Werk, als einen »Versuch zur Technik des Erwachens«. Auf der persönlichen Ebene ist Erwachen natürlich etwas, das wir jeden Morgen unwillkürlich, ohne Reflexion, tun. Wir tauchen plötzlich in uns hinein auf, kommen aus den sich verflüchtigenden Traumdimensionen in unserem Bett an. Gelegentlich erinnern wir uns an lebhafte Geschehensabläufe und Szenen aus unseren unbewussten mäandrischen Streifzügen. Zu anderen Zeiten können wir die Geschichten nur mit Mühe rekonstruieren und suchen dabei innerhalb unseres Denkens und Empfindens nach Hinweisen auf Muster, die rasch in sich zerfallen und verschwinden, wenn wir sie nicht verfolgen, wenn wir uns nicht die Mühe machen, denselben Weg durchs Labyrinth zurückzugehen. Meistens aber erinnern wir uns an überhaupt nichts, und wir fühlen uns deswegen innerlich wohler.

Benjamin charakterisiert das Erwachen als einen historischen und die Generationen betreffenden Prozess sowie gleichermaßen als einen individuellen. Geschichte ist die von jedem Zeitalter unternommene Anstrengung, das »Noch-nicht-bewusste-Wissen vom Gewesenen« ins mentale Gewahrsein zu bringen. Wachen ist ein »dialektischer Moment«, im Schwebezustand zwischen der Traumwelt der Vergangenheit und der in der Gegenwart eingeschlossenen umgestaltenden Energie. Benjamin zufolge kommt die Geschichte in plötzlichen blitzartigen Schüben und Sprüngen voran. Sie besteht in einer Abfolge von Erwachensvorgängen, die jeweils zu tieferen und profunderen Stufen mentalen Gewahrseins führen, oder Taumelphasen, die jeweils in tiefere Hypnose- und Trancezustände führen.

Diese »Dialektik des Erwachens« hat keinen Endpunkt. Genauso wie das Individuum zwischen Schlaf und Wachen hin und her gleitet und dabei im Tagesverlauf verschiedene Intensitätsgrade mentalen Gewahrseins erreicht, schwanken Generationen und Zeitalter gleichfalls zwischen Stufen von Bewusstheit und

Unbewusstheit. Reklame, volkstümliche Unterhaltung, öffentliche Architektur bringen ganz naturgemäß die unbewussten Wünsche des »träumenden Kollektivs« zum Ausdruck.

Nicht verführt von der Ideologie modernistischen Fortschritts, charakterisierte er den Kapitalismus als »eine Naturerscheinung, mit der ein neuer Traumschlaf über Europa kam und in ihm eine Reaktivierung der mythischen Kräfte.« Ebendiese reaktivierten mythischen Kräfte sollten ihn schließlich vernichten: Auf der Flucht vor den Nazis beging Benjamin 1940 Selbstmord.

Er starb, bevor er ein geplantes Buch über Drogen beginnen konnte. Es hätte perfekt zu seiner Absicht gepasst, »Gebiete urbar zu machen, auf denen bisher nur der Wahnsinn wuchert.« Paradoxerweise deutet das Werk Benjamins darauf hin, dass nur der Rausch – eine Ekstase, die zugleich »beschämende Nüchternheit« ist; übrigens eine treffende Umschreibung des Triperlebens – den Einzelnen aufwecken kann, indem er ihn oder sie aus der monotonen Trance des modernen Lebens herausreißt.

KAPITEL 9

Spaß an Pilzen

Die Hervorbringung des neuzeitlichen westlichen Bewusstseins erforderte eine gewaltsame Verdrängung unseres archaischen Erbes. Zu diesem Erbe zählt auch die Fähigkeit zur Erkundung heiliger und magischer Bereiche durch spontan auftretende Trancezustände, durch Initiationsrituale oder mittels der Visionen auslösenden, in bestimmten Pflanzen entdeckten Wirkstoffe. Viele Tausend Jahre lang war die direkte Erkenntnis des Heiligen ein natürlicher und allgemein gültiger Bestandteil des menschlichen Daseins, wie sie es in Stammeskulturen auch heute noch ist. Mit dem Aufstieg des neuzeitlichen Staates und der Kirche wurde das Interagieren mit mystischen Realitäten der breiten Masse entfremdet und ausdrücklich dämonisiert. Der Umgang mit dem Heiligen war den Priestern vorbehalten. Während der Inquisition wurden das Herumtollen mit Naturgeistern oder die Kontaktaufnahme mit den Seelen der Toten zu Ketzerei. Sie wurden als Verbrechen hart bestraft.

Der dialektische Prozess, aus dem die possessive Grundgesinnung des Kapitalisten und die »rationale« Weltanschauung des Technokraten hervorgingen, erforderte die Beseitigung der vorneuzeitlichen Spuren gemeinschaftsspezifischer und animistischer Überzeugungen, ganz gleich, ob diese Überzeugungen in isolierten Gebieten Europas oder bei den Eingeborenenpopulationen der Neuen Welt anzutreffen waren. Diese Zerstörung gehörte zu dem Prozess, den Karl Marx als die Entfremdung all unserer physischen und mentalen Sinne zu nur einem Sinn umschrieb: dem Sinn des Habens. Natürlich ist der »Sinn des Habens« eigentlich kein Sinn – er ist eine Verwirklichungsillusion, die sich außerhalb des Selbst zu erstrecken scheint.

Infolge der modernistischen Konstellationen hat sich die Art, wie wir unsere Sinne benutzen, grundlegend verändert. In seinem Buch *Mythos und Bedeutung* gab Lévi-Strauss zu, wie schockiert er zunächst war, als er herausfand, dass indianische Stammesleute den Planeten Venus bei Tageslicht und mit dem bloßen Auge zu sehen vermochten – »etwas, das mir völlig unmöglich und unvorstellbar wäre.« Aber er erfuhr von Astronomen, dass man dies fertig bringen konnte, und er stieß auf uralte Berichte von westlichen Nautikern mit derselben Fähigkeit. »Heute benutzen wir in geringerem Maße unser perzeptives Vermögen und machen umfangreicheren Gebrauch von unserem mentalen Vermögen als in der Vergangenheit«, erfasste er klar. Wir haben Wahrnehmungsfähigkeiten für anderweitige mentale Befähigungen geopfert – uns auf einen Computerbildschirm zu konzentrieren und dabei viele Stunden hintereinander in einer abgeteilten Bürozelle zu sitzen (etwas, das jene Indianer »völlig unmöglich und unvorstellbar« finden würden) oder beim Chauffieren durch starken Verkehr viele unterschiedliche Gewahrseinsebenen wegzuschalten. Mit anderen Worten, wir sind in einem System erzogen, das uns beibringt, die meisten hereinkommenden Sinnesdaten zugunsten einer künftigen Belohnung aufzuschieben, hinauszuzögern und zu eliminieren. Wir leben in einer Rückkopplungsschleife unaufhörlichen Aufschubs. In den meisten Fällen ist uns nicht einmal bewusst, was wir verloren haben.

Mir persönlich wurde erst bewusst, was mir verloren ging, als ich Pilze einnahm. Auf jenen frühen Trips wurde mir klar, dass ich in einem Zustand hinausgezögerter Erwartung und zwanghafter Selbstdistanzierung festhing. Ich hatte die Angewohnheit eines neurotischen Intellektuellen, mich ständig von irgendeinem imaginären, außerhalb meiner selbst liegenden Objektivitätsstandpunkt aus beobachten zu wollen, und dieses unmögliche Unterfangen schwächte meine Energie und hielt mich davon ab, mit der Gegenwart in Verbindung zu treten. Pilze kurierten mich nicht davon – lange Zeit konnte nur Alkohol die Entzweiung auslöschen, und ich brauchte einige Jahre, um das Problem zu lösen –, aber die Stückchen getrockneter Pilze machten mir zum ersten Mal bewusst, was genau ich falsch machte.

Das moderne Bewusstsein ist durchdrungen vom Materialismus, vom unkörperlichen »Sinn des Habens«, von der mechanistischen Weltsicht und der naturwissenschaftlichen Methode empirischer Beobachtung. Die Antithese dazu ist das archaische Denken und Empfinden, voll empfänglich für die Welt der Sinne, in enger Fühlung mit dem Heiligen, wie es durch die Naturphänomene, durch Träume und Visionen enthüllt wird. Für diese Art von Bewusstsein gilt, was Henry Miller einmal so formulierte: »Das Ziel des Lebens besteht nicht darin, Macht zu besitzen, sondern sie auszustrahlen.«

Es gibt einen kulturellen Bruch zwischen der Konzentration auf das Gehirn, die materielle Hardware, in der das Bewusstsein tätig ist, und dem Studium der Mentalsphäre, des immateriellen Nexus von allem, was wir erleben. Die westliche Wissenschaft studiert obsessiv die »objektiven« Tätigkeiten des Gehirns, seine Neuronenpfade und dichten Synapsenwälder, ohne das Wesen des Bewusstseins zu begreifen. Archaischer Schamanismus ist eine Technologie zur Erforschung der »subjektiven« Wahrheit des Mentalbereichs durch Vision, Traum, Mythos und Interagieren mit der Natur. Gegenwärtiger Psychiatrie zufolge haben Geistesstörungen physische Ursachen, die man, bis zu einem gewissen Grade, mit geeigneter Medikation behandeln kann. Aus der schamanischen Perspektive haben nicht nur geistig-seelische, sondern sogar körperliche Störungen nichtphysische – spirituelle – Ursachen, denen man sich zuwenden muss, wenn ein Heilverfahren erfolgreich sein soll.

Die Visionspflanzen sind die lenkenden Geister archaischer Kulturen. Sie sind heilig, weil sie dem Denken und Empfinden andere Bewusstseinsebenen klar, unmittelbar zur Kenntnis bringen. Sie sind Tore zu einem spirituellen, oder multidimensionalen, Universum. In der modernen Welt werden die aus diesen Pflanzen gewonnenen Substanzen weiterhin dämonisiert, lächerlich gemacht und vor allem unterdrückt. Als Anfang der Sechzigerjahre ein Rezensent Aldous Huxleys Faszination für Psychedelika auf »Spaß an Pilzen« reduzierte, konterte Huxley in einer ätzenden Replik: »Was ist besser – Spaß an Pilzen zu haben oder Idiotie samt Ideologie, Kriege bloßer Worte wegen, die morgigen Missetaten aufgrund der gestrigen Missüberzeugungen?«

Dieser kulturelle Bruch bildet nach wie vor eine kaum überbrückbare Trennlinie. Während ich dies schreibe, werden psychedelische Drogen, schon wieder einmal, im Wissenschaftsteil der *New York Times*, als »Spielereien der Hippiegeneration« abgetan. Anscheinend kann keine mainstreamgemäße Zeitung oder Zeitschrift einen Artikel über Halluzinogene veröffentlichen, ohne es zu unterlassen, sie in irgendeiner Hinsicht lächerlich zu machen. Psychedelika, chemische Katalysatoren, die innere Welten erschließen, bleiben verbannt und verkannt, weil sich in ihnen der direkte Widerspruch und die mögliche Synthese zwischen gehirnforschungsfundiertem Materialismus und geistorientiertem Schamanismus fokussiert.

Die Erkundung und unvoreingenommene Untersuchung dieser bewusstseinserweiternden Moleküle – ein eventuell zurückzugewinnendes Vermächtnis naturwissenschaftlicher und psychologischer Forschung, die in den Fünfzigerjahren begonnen und im Verlauf der späten Sechzigerjahre unter hysterischem Zwang zum Stillstand gebracht wurde – ist eine mögliche Methode zur Vereinheitlichung dieser gegensätzlichen Einstellungen hinsichtlich des Wesens der Wirklichkeit.

Vielleicht ist es die einzige Methode.

KAPITEL 10

Nachtreisende

Für Benjamin war der Aufstieg des Kapitalismus nicht bloß ein Erwachen unserer technologischen und rationalen Kräfte. Er war zugleich ein »neuer Traumschlaf«, eine Auslieferung an gefährliche »mythische Kräfte«. Vernunft, Rationalität und wissenschaftliche Empirie verhehlten ihre dunkleren Gegensätze, zerstreuten sie aber nicht. Genau genommen brachte die mechanistische Ideologie des Modernismus, indem sie den im Altertum wohl bekannten »ekstatischen Rausch« durch den Warenrausch ersetzte, die Menschen in eine äußerst gefährliche und ungeschützte Lage. Schriftsteller der vergangenen Jahrhunderte erforschten diesen Riss zwischen der Vernunft und dem Irrationalen, indem sie sich auf die zweideutige Natur des Erwachens, die verführerische Macht von Träumen, die magischen Kräfte von Trancezuständen konzentrierten.

Kein Schriftsteller erkundete diese flüchtigen und übergangsartigen Erscheinungsformen des geistig-seelischen Lebens mit mehr Verstand und Wagemut als William Shakespeare. Im Werk Shakespeares wird das bewusste Leben immer und immer wieder als eine Art Trance enthüllt. Bis zum jeweiligen Ende seiner Bühnenstücke scheinen wir wieder zu erkennen oder uns daran zu erinnern, dass die Wirklichkeit dazu tendiert, sich in einer Reihe wunderbarer Episoden und eigentümlicher Koinzidenzen zu offenbaren.

Zu Beginn der Neuzeit trug Shakespeare dazu bei, das neuzeitliche Bewusstsein zu definieren – oder vielleicht ist es doch zutreffender zu sagen, dass die quecksilbrigen Vieldeutigkeiten und die sprachliche Offenheit seines Werkes auf einen Weg weisen, den das neuzeitliche Bewusstsein nicht einschlug. Er schrieb seine Bühnenstücke, als Europa gerade die animistischen und magischen Überzeugungen der Vergangenheit loswurde. Einige seiner denkwürdigsten Momente gleichen augenscheinlich der öffentlichen Inszenierung dieses Übergangs – beispielsweise der Augenblick, wo Prospero am Ende von *Der Sturm* seinen Stab zerbricht und seine Zauberkräfte aufgibt. »Das Drama entsteht beim Verzicht auf die Magie«, schrieb der Literaturkritiker Northrop Frye, »und in *Der Sturm* und anderen Stücken erinnert es sich an sein Erbe.«

Als Shakespeare seine Werke schrieb, verbrannten Hexen in den Feuern der Inquisition. In *Hexensabbat: Entzifferung einer nächtlichen Geschichte* untersuchte der Historiker Carlo Ginzburg Gerichtsdokumente von den Inquisitionsprozessen, eine papierene, über die Landkarte Europas verlaufende Spur von Verfolgungen. Ginzburgs subversive Strategie bestand darin, dass er die Berichte der Ankläger dazu benutzte, die tatsächlichen Glaubenssysteme und die Visionstechniken der Angeklagten wiederzugewinnen. Er prüfte Zeugenaussagen wie die folgende, aus einem schottischen Hexenprozess:

> 1597 sagte Andrew Man den Richtern in Aberdeen, dass er der Elfenkönigin und dem Teufel gehuldigt habe, der ihm an einem Sommertag bei der Ernte in Gestalt eines aus dem Schnee auftauchenden Rothirschs erschienen sei. Er heiße

Christsonday (der Sonntag Gottes). Andrew Man habe den Hintern des Wesens geküsst. … Die Elfen hätten die Tische mit Speisen gedeckt, musiziert und getanzt. Sie seien Schatten, aber mit dem Äußeren und der Kleidung von Menschen. Ihre Königin sei sehr schön, und Andrew Man habe sich mit ihr fleischlich gepaart.

Andrew Mans Verzauberungsnacht erinnert an *Ein Sommernachtstraum*. Für die Szenen mit Zettel und den Elfen machte Shakespeare vielleicht eine Anleihe bei einem solchen Prozessbericht und entnahm das Passende aus einer Augenzeugenaussage – in etwa so, wie in Stephen Spielbergs *Unheimliche Begegnung der dritten Art* die Berichte von Entführungen durch Ufobesatzungen verwendet wurden.

Shakespeare ermöglichte seinem aus Kaufleuten und Adeligen bestehenden Publikum, die animistischen und fantastischen Überzeugungen, derer sich die zeitgenössische Gesellschaft nachgerade entledigte, noch einmal kathartisch zu durchleben. Der aus seiner Affäre mit der Elfenkönigin erwachende Zettel sagt: »Des Menschen Auge hat's nicht gehört, des Menschen Ohr hat's nicht gesehen, des Menschen Hand kann's nicht schmecken, seine Zunge kann's nicht begreifen und sein Herz nicht wiedersagen, was mein Traum war.« Während der wenigen Stunden des Shakespearschen Schauspiels wurde sein Publikum sich wieder der archaischen Kraft des magischen Denkens bewusst – eine theatralische Mimesis, die den Zuschauern half, ihre eigenen veralteten Anschauungen mit tieferer Überzeugung anzuerkennen und zu verdrängen. Die Bühnenstücke trugen dazu bei, die Trennung zwischen den alten Fiktionen und den neuen Wirklichkeiten sinnfällig zu kennzeichnen. Später, mit dem Erstarken der neuzeitlichen Ära, wurden eher künstlerische Fantasiedarstellungen statt innerer Erfahrungen veränderter Gemütszustände für die meisten Menschen faktisch zur einzigen Möglichkeit, eine zarte Verbindung zu den magischen Bereichen aufrechtzuerhalten. So verhält es sich auch heute noch.

In Shakespeares Dramen inszeniert die Magie ihren Rückzug – einen Rückzug aus der Welt der Tat in die Welt der Worte. Seine Sprache, die ständig mit Gleichnissen und Metaphern spielt, bringt den alchemistischen Umwandlungsprozess zum Ausdruck. Wie dies Theseus in *Ein Sommernachtstraum* erklärt:

Des Dichters Aug', in schönem Wahnsinn rollend,
Blitzt auf zum Himmel, blitzt zur Erd' hinab,
Und wie die schwangre Phantasie Gebilde
Von unbekannten Dingen ausgebiert,
Gestaltet sie des Dichters Kiel, benennt
Das luft'ge Nichts und gibt ihm festen Wohnsitz.

Shakespeares Metamorphosensprache holte sich Anregung bei griechischen Mythen über Götter und Menschen, die Tier- oder Pflanzengestalt annehmen, von Helden, die sich zu verschiedenen poetischen oder schamanischen Zwecken in die Unterwelt oder das Reich der Götter einschleichen. Durch die Sprache übernimmt der Dichter die Schamanen- oder Magierrolle und formt die »Gebilde / Von unbekannten Dingen«; er »benennt / Das luft'ge Nichts und gibt ihm festen Wohnsitz.«

Das Thema Erwachen war eng mit dem Thema Identität verknüpft. Shakespeares Figuren gelangen aus Träumen ins gewöhnliche Bewusstsein zurück, aus Zauberdrogen, die ihnen die Sinne verbiegen, aus Verblendungen, unter deren albtraumhaften Einfluss sie geraten. Aber das Erwachen, das Brechen des Zauberbanns, ist ein paradoxer Moment: Im Vollzug der Bewusstwerdung – Romeo und Julia in der Gruft, die beim Schlafwandeln überraschte Lady Macbeth, der im Wald aufwachende Zettel –

entkommen Shakespeares Protagonisten ihren Verblendungen nicht. Sie gleiten von einer Tranceebene, einer Form des Selbstvergessens, in eine zweite.

Dem Literaturkritiker Northrop Frye zufolge verdanken sich die systematischen Enthüllungen am Ende von Shakespeares Bühnenstücken dem »Talisman des Wiedererkennens, der das Denken und Empfinden zur Wirklichkeit erweckt.« Der Talisman kann ein Gespenst, eine Statue, das plötzliche Erscheinen eines längst verlorenen Freundes, eine Erinnerung sein. Der »Talisman des Wiedererkennens« stellt die weltliche Gerechtigkeit wieder her, obwohl das Ergebnis nie ganz seine Ambivalenz verliert. In Shakespeares Komödien führt dieses Erwachen zu einem glücklichen Ausgang; in seinen Tragödien bringt es unausweichliches Verderben.

Seine Bühnenstücke erforschen den Grenzbereich zwischen Traum und Wachen. Selbst wenn sie wach sind, verhalten sich seine Figuren häufig wie unter einem hypnotischen Bann. Man vergisst leicht, dass wir, während wir wach sind, ständig in unterschiedliche Gewahrseinsstufen eingetaucht sind – halb bewusste Zustände, in denen wir mit offenen Augen träumen, in Desorientierung verfallen oder uns Werbespots ansehen; uns ohne Aufmerksamkeit konzentrieren; »durch Ablenkung abgelenkt« werden.

Das Erwachen der neuzeitlichen Empirie setzte die Shakespearesche Fähigkeit »wunderbarer intuitiver Erkenntnis« außer Kraft, das archaische Wissen um das von eigentümlich anthropomorphen Geistern, Elfen, Dryaden, Nymphen und so fort bevölkerte »unstofflich-spektakulöse Reich«. Puck oder Pan und ihre ambivalente Gefolgschaft wurden in der Neuzeit vom unzweideutigen Satan abgelöst. Abgeschnitten von dem archaischen Glauben an die Natur als Geist, von den multivalenten Naturgeistern, fixierte sich das neuzeitliche Denken und Empfinden immer mehr auf seinen eigenen solitären Status. Nichts sonst außer ihm selbst – Tiere nicht, Geister nicht, nicht einmal die »edlen Wilden«, denen Forschungsreisende auf ihren Streifzügen begegneten – schien Verstandeslogik oder Empfindungsvermögen zu besitzen.

* * *

WELCHES WAREN DIE GESETZE der verloren gegangenen magischen Welt, die Shakespeare in *Ein Sommernachtstraum* und anderen Bühnenstücken heraufbeschwört und dann verfliegen lässt? In *Hexensabbat* versucht Ginzburg in sehr ausführlicher Deutungsarbeit, »eine Formation fester Überzeugungen, die nur bruchstückhaft, nämlich über von Kirchenrechtlern, Inquisitoren und Richtern erstellte Texte, bis zu uns gelangt ist«, aus ihrer »schrittweisen, über Jahrhunderte hin erfolgten Verteufelung« herauszuschälen. In Berichten von den Hexenprozessen spürt er, gleichsam zwischen den Zeilen, Zeugnisse des Denksystems auf, das von der Kirche bis an den Rand der Auslöschung verfolgt wurde. Ein amoralischer Verkehr mit zahlreichen Geistern – guten, bösen und neutralen – wurde zu teuflischer Herumtollerei mit Satans Kreaturen verdreht. Wenn die angeklagte Person, wie Andrew Man, christliche Begriffe, beispielsweise »Teufel«, in ihre Aussage einflocht, so war dies, Ginzburg zufolge, »eine starke und unbewusste Reaktion, die einen christlichen Schleier über eine altertümlichere Formation fester Überzeugungen breitete.« Ginzburg entdeckte überall in Europa Beispiele für diese archaischen Überzeugungen. Es war eine mündliche Überlieferung, häufig eher eine weibliche als eine in patriarchalen Texten bewahrte.

In *The Long Trip*, einem Überblick über den Visionspflanzengebrauch von der Urgeschichte an, stellt Paul Devereux fest, dass die von der Kirche verdammten »Hexen« eigentlich »die Ausübenden einer uralten Überlieferung waren – ›Nachtreisende‹. In Nordeuropa nannte man sie *Qveldriga*, ›Nachtreiterinnen‹, oder ›*Myrkiada*‹, ›Reiterinnen im Dunkeln‹.« Diese Überlieferung begriff mit ein, dass eine Frau, die anerkanntermaßen eine Prophetin war, mit dem Ritualgewand einer Göttin bekleidet – je nach Standort konnte dies Freyja, Diana oder Hel sein – »regelmäßig mit einer Gruppe Mädchen zu Gehöften und Weilern reiste, um seherische Trancesitzungen abzuhalten.« Wie die drei nornenhaften Hexen in *Macbeth* waren sie die Erbinnen eines archaischen europäischen Schamanismus. Wie Schamanen in unterschiedlichsten Weltregionen benutzten die Seherin und ihre Anhängerinnen Pflanzentränke, um ekstatische Zustände zu erreichen: »Der Flug der Nachtreisenden in die Wildnis war natürlich eine Trance-›Reise‹ in die tiefen Zonen des Unbewussten, ein ›Geistesflug‹, der normalerweise von Halluzinogenen in den Flugsalben hervorgerufen wurde.«

Überall auf der vorneuzeitlichen Welt unterhielten Landbewohner eine rege Beziehung zu den in der Natur verborgenen Geistern und Elementarwesen. Man wusste, dass die »guten Nachbarn« aus geheimen, gleich jenseits der Grenzen des Wahrnehmbaren liegenden Reichen ihren Einfluss auf die zwischenmenschlichen Beziehungen, das Schicksal von Königreichen, das Wetter und alle Naturereignisse richteten. In vielen seiner Bühnenstücke griff Shakespeare auf diese seinerzeit nur noch rudimentäre Kenntnis von magischen Bereichen zurück.

Mit dem Auftauchen der Modernität wurde diese lebendige Szene des Volkswissens, zusammen mit allen Erscheinungsformen nichtnormaler Wahrnehmung aus der Hauptströmung des westlichen literarischen und intellektuellen Lebens vertrieben, in das Reich des Märchens und das des antiquierten Mythos verbannt. Die auf den Unternehmergeist, Industrialismus und wissenschaftlichen Fortschritt eingeschworene neuzeitliche Kultur erzwang eine strikte Unterscheidung zwischen Schlaf und Wachen, Müßiggang und Produktivität, Kindstatus und Erwachsenenstatus, menschlichem Bewusstsein und der nichtempfindungsfähigen Welt der Natur. Die Existenz zahlreicher Ordnungen bewusster Wesen – Wesen, die sich dann und wann zeigen konnten, aber zumeist in bestimmten ekstatischen Zuständen oder in Träumen erschienen – wurde sowohl von der Kirche als auch vom Staat eisern abgestritten.

Nachdem die neuzeitliche Welt ihre Hexen und Schamanen ausgerottet und ihre Visionstraditionen zerstört hatte, verließ sie sich darauf, dass Künstler und Dichter farblose Vorspiegelungen von dem schufen, was verloren gegangen war. Von Shakespeare bis zu Spielberg, von William Blake bis zu Joseph Beuys dienten diese künstlerischen Beschwörungen als Ersatz für die Umwandlungskraft einer tatsächlichen Begegnung mit einem übernatürlichen »Anderen« oder das persönliche Durchleben eines veränderten Gemütszustands. Was aus dem Gedächtnis verbannt und aus dem Bewusstsein verdrängt worden war, konnte man jetzt als kathartisches Spektakel genießen oder unter der herablassenden Betrachtungsweise des »rationalen« kritischen Verstandes lächerlich machen. In der neuzeitlichen Welt übernahm der Künstler die Rolle des Schamanen. Mit der rigiden Durchsetzung nur einer speziellen Bewusstseinsform verwirkte der neuzeitliche Mensch jeglichen direkten Kontakt mit seinen nichtmenschlichen Schatten.

KAPITEL 11

Schamanismus und der Weltenbaum

Schamanismus ist eine Technologie zur Erforschung nichtnormaler, nichtalltäglicher Bewusstseinszustände, um eben dadurch besondere Ziele zu erreichen: Heilung, Weissagung und Kommunikation mit dem Geistesreich. Die charakteristischen Merkmale des Schamanismus wurden von dem Religionshistoriker Mircea Eliade definiert: »Spezielle Beziehungen zu ›Geistern‹, ekstatische Fähigkeiten, die magisches Fliegen, Aufstieg zum Himmel, Abstieg in die Unterwelt, Macht über das Feuer etc. ermöglichen.« Schamanismus kann außerdem die magische Verwandlung von Menschen in Tiere, prophetische Träume und das Interagieren mit den Seelen der Verstorbenen umfassen.

Das Glaubenssystem des Schamanismus postuliert, neben den uns greifbaren Dimensionen Raum und Zeit, weitere Dimensionen, die durch gesteigertes Bewusstsein oder Trance zugänglich sind. Diese anderen Dimensionen, die jeden Menschen durchziehen, werden häufig durch die *Axis Mundi*, die Weltachse oder den Weltenbaum, symbolisiert, mit Wurzeln, die in die unteren Herrschaftsbereiche der Gespenster und Geister hinabreichen, und Ästen, die sich zu den Göttern hinaufstrecken. »Die Unterwelt, das Zentrum der Erde, und das ›Tor‹ des Himmels liegen auf derselben Achse, und in vergangenen Zeiten konnte man sich dank ebendieser Achse von einer kosmischen Region zur anderen begeben«, bemerkt Eliade.

Das Phänomen Schamanismus ist unermesslich alt und erstaunlich weit verbreitet. Einige Historiker sind zwar der Ansicht, dass die Nomaden der sibirischen Steppen die erste schamanische Kultur begründeten – und ihr Wanderleben sie über die Beringstraße nach Nord- und Südamerika sowie andererseits durch Asien führte –, aber damit lässt sich nicht die Existenz voll ausgeprägter schamanischer Praktiken bei afrikanischen Pygmäen und australischen Aborigines erklären. Schamanismus ist ein voll entwickeltes Unternehmen bei australischen Stämmen, die sich vor ungefähr vierzigtausend Jahren von anderen menschlichen Populationen trennten. Außerhalb der modernen westlichen Kulturen ist Schamanismus offenbar ein nahezu universales menschliches Phänomen. Sein Gegenteil innerhalb archaischer Traditionen bilden die Kulte der »Geist-Besessenheit«, wie man sie noch vielerorts in Afrika antrifft. In diesen Traditionen kommt ein Gott oder Geist herab und ergreift Besitz vom Körper eines in Trance befindlichen Teilnehmers. Bei schamanischen Trancen behält der Schamane seine psychische Integrität. Bei vollem Bewusstsein begibt er sich hinaus in die Geistbereiche und kehrt ebenso bewusst in seine Hütte oder Hängematte zurück.

Eliade erhellt kulturübergreifende Ähnlichkeiten in schamanischen Glaubenssystemen aus unterschiedlichsten Weltregionen. Von Australien über Brasilien bis nach Sibirien reichen die bei ihm dokumentierten Mythen von vorzeitlichen »kosmischen Schlangen«, die der Erde das Leben brachten, von einer ersten Schlacht, in der die Menschen ein uranfänglich vorhandenes, weibliches Chaos niederwarfen, um die Zeit zu begründen, von der Heilkraft von Bergkristallen und dem Zauberatem des Schamanen.

Schamanische Initiation äußert sich oft in Form einer Krankheit – die Heilung besteht in der Entdeckung der Berufung. Eliade schrieb über einen berühmten jakutischen Schamanen, der als junger Mann krank gewesen war. Wenn er sich nicht schamanisch betätigte, kehrte prompt seine Krankheit wieder. Schamanen werden in jungen Jahren häufig krank. Während ihrer Krankheit mag es vorkommen, dass sie Visionen von spirituellen Wesenheiten haben oder den Geistern ihrer Vorfahren begegnen. Schamanismus kann auch über eine familiäre Abstammungslinie ererbt werden. Die Wandlung zum Schamanen mag auch recht drastisch erfolgen, beispielsweise dadurch, dass man vom Blitz getroffen wird und überlebt. »Die Griechen glaubten, eine vom Blitz getroffene Person verfüge über Zauberkräfte, und in Stammeskulturen auf der ganzen Welt werden Blitzschamanen als besonders mächtige Schamanen verehrt und gefürchtet«, bemerkt Holger Kalweit, ein deutscher Gelehrter, der in mehreren Fallgeschichten von Blitzschamanen berichtet, die offenkundig übermenschliche, ihnen von den »Gewitterwesen« verliehene Kräfte aufwiesen.

Üblicherweise ist die Entwicklung von der gewöhnlichen menschlichen Seinsform zu der eines Schamanen durch eine Reihe von Visionen und Träumen des Neulings gekennzeichnet, in denen er oder sie von den Geistern getötet, zerstückelt, gegessen, dann erbrochen und wieder zusammengesetzt wird. Die Knochen der betreffenden Person werden durch Quarzkristalle, kostbare Metalle oder ähnliche magische Substanzen ersetzt. Auf Borneo beispielsweise kommen, Eliade zufolge, die Geister früherer Schamanen zu dem Initianden; sie »schneiden seinen Kopf auf, nehmen sein Hirn heraus, waschen es und setzen es ihm wieder ein, … bringen Goldstaub in seine Augen ein, um dadurch seine Sehkraft so zu schärfen und zu verstärken, dass er sicher imstande ist, die Seele zu sehen, wohin auch immer sie sich verirrt haben mag; sie besetzen seine Fingerspitzen mit Stachelhaken, um ihn zu befähigen, die Seele zu packen und festzuhalten; und zuletzt durchbohren sie sein Herz mit einem Pfeil, um ihn weichherzig zu machen und ihn mit Mitgefühl für die Kranken und Leidenden zu erfüllen«. In den meisten Kulturen sind männliche Schamanen in der Überzahl; wenn jedoch Frauen Schamanen werden, sind sie oft ganz besonders stark. Bei einigen Stämmen haben Schamanen eine uneindeutige Geschlechtsidentität und tragen Frauenkleider oder bleiben unverheiratet.

Eliade fasst das äußerst umfangreiche Schrifttum über schamanische Initiationen zusammen in der Formel: »Der Tod und die mystische Auferstehung des Anwärters durch einen Abstieg in die Unterwelt und einen Aufstieg zum Himmel.« Während der Anwärter die schamanische Initiation durchmacht, empfängt er einen »gewaltigen Zustrom« des Heiligen. Diese zeitweilige Entfesselung übernatürlicher Kräfte, die der Initiierte kontrollieren lernen muss, kann für die in seiner Nähe befindlichen Personen eine Gefahr bedeuten. Dem Historiker William Irwin Thompson zufolge ist der Schamane ein »Transformator, der gewaltige Energien in sich aufnimmt, sie heruntertransformiert und sie in einen schwächeren Wechselstrom umwandelt, der in all den Behausungen der gewöhnlichen Leute genutzt werden kann«. Indem er zwischen den übermenschlichen und den elementaren Reichen vermittelt, ermöglicht es der Schamane, dass Zivilisation stattfindet.

Der traditionelle Schamane ist Heiler, Gärtner, Geschichtenerzähler, Vorhersager und in die Geistbereiche Einführender. Eine seiner Aufgaben besteht darin, die Seelen der Verstorbenen zu ihrer Wohnstatt in der Unterwelt zu bringen. Die Weisheit des Schamanen, seine Beziehung zum Geistesreich, seine Befähigung zu ekstatischer Erfahrung, macht ihn zum »großen Fachmann für die Menschenseele; er allein ›sieht‹ sie, denn er kennt ihre ›Gestalt‹ und ihre Bestimmung«, schreibt Eliade.

Schamanische Verfahren oder Eingriffe nutzen eine Substanz, die im Körper des Schamanen produziert und auf verschiedene Weisen materialisiert wird, als Flüssigkeit, Bergkristall oder magischer Wurfpfeil. Der Anthropologe Alfred Metraux schreibt dementsprechend: »Die Schamanenkraft wurde auch von einigen Sachverständigen als eine Substanz charakterisiert, die der Magier im Körper hatte. Die von Schamanen bei ihren magischen Verfahren vollführten Gesten ließen darauf schließen, dass sie mit irgendeinem unsichtbaren Zeug hantierten, welches sie aus dem Körper des Patienten entfernten oder an Personen oder sogar Dinge weitergaben, um deren Vortrefflichkeit zu steigern. Beispielsweise erhielten die Schamanen der Apapocuva-Guarani von den Geistern eine Substanz, die sie dann wieder auf andere Menschen übertragen konnten, um deren Lebenskraft zu verstärken.«

Einige Autoren, wie etwa Terence McKenna, setzen diese Substanz der zwischen Materie und Bewusstsein liegenden Ursubstanz gleich, nach der die Alchemisten strebten. In *Die Hermetische Tradition*, einem Buch über die europäische Alchemietradition, schreibt Julius Evola: »Der Hermetiker wendet bestimmte Verfahren an, durch die er eine symbolische ›Materie‹ verwirklicht und vervollkommnet.« In der Symbolsprache der Alchemie ist dieser kostbare Stoff das »Gold«, das die Alchemisten herzustellen versuchen. Er ist ein Nebenprodukt des inneren Prozesses der Selbstumwandlung.

Die lokalen Technologien des archaischen Schamanismus sind kompliziert, wirkungsvoll und höchst pragmatisch. Was später zum klischeehaften Hexenbesenstiel wurde, war ursprünglich ein Gerät zum Auftragen von Lotionen aus Extrakten der Tollkirsche, des Bilsenkrauts und des Schierlings, gefährlichen Pflanzen, die giftige und berauschende Tropanalkaloide enthalten. Dem

Anthropologen Michael Harner zufolge diente der Besenstiel als »Gerät zum Auftragen der atropinhaltigen Pflanze auf die sensiblen Vaginalschleimhäute sowie auch dazu, das Reiten auf einem Ross zu suggerieren, ein typisches Trugbild vom Ritt der Hexen zu ihrem Sabbat«.

Ginzburg vermutet, dass Andrew Mans Lustbarkeitsnacht mit den »guten Nachbarn« durch die Einnahme berauschender Pflanzen vorbereitet wurde. Ginzburg zufolge war diese Methode einigen damaligen Gelehrten bekannt: »Im sechzehnten Jahrhundert formulierten Wissenschaftler wie Cardano oder Della Porta eine andere Ansicht: Tiermetamorphosen, Flüge, Teufelserscheinungen waren die Auswirkungen von Unterernährung oder dem Gebrauch halluzinogener, in pflanzlichen Absuden oder Salben enthaltener Substanzen.« Obwohl Ginzburg eine derartige atropinhaltige Lotion oder Trankmischung nicht selbst ausprobiert, erklärt er überzeugt, dass kein Trank, keine Pflanze oder schamanische Methode an sich für eine derartige Visionsgeschichte mit ihren rekurrenten Erlebnisinhalten verantwortlich sein könnte. »Gegen allen biologischen Determinismus muss man nachdrücklich betonen, dass der Schlüssel zu dieser kodifizierten Wiederholung nur kulturell sein kann.«

Ginzburg definiert nicht genau, was er hier mit »kulturell« meint, aber seine Erklärung, dass kein Trank von allein Andrew Mans Visionen hervorgerufen haben könnte, gehört zu einer Tradition gelehrter Herablassung gegenüber dem schamanischen Gebrauch psychoaktiver Pflanzen. Diese Tradition umfasst auch Eliades beharrliche Behauptung in seinem klassischen Werk *Schamanismus und archaische Ekstasetechnik* (1951), dass die Einnahme Visionen auslösender (auch als »Drogen« bekannter) Pflanzenkomponenten, egal ob diese geraucht, gegessen, getrunken oder geschnupft werden, eine Verfallsphase des Schamanismus darstelle:

> Narkotika sind nur ein vulgärer Ersatz für »reine« Trance. Wir hatten bereits Gelegenheit, diese Tatsache bei mehreren sibirischen Völkern festzustellen; der Gebrauch von Rauschmitteln (Alkohol, Tabak etc.) ist eine erst seit kurzem bestehende Neuerung und deutet auf einen Verfall in der schamanischen Technik hin. Man behilft sich mit dem narkotischen Rausch, um sich so die Imitation eines Gemütszustands zu verschaffen, den der Schamane anderweitig nicht mehr zu erreichen vermag.

Eliades Behauptung ist nicht nur irreführend, sie verkehrt offenbar die tatsächlichen Fakten ins Gegenteil.

Der Gebrauch von Pflanzen zur Herbeiführung von Trancezuständen ist eine uralte und weltweit verbreitete Praxis. Es ist nicht der einzige gangbare Weg für den nach Visionen Strebenden – Tanzen, Fasten, Meditation, Selbstkasteiung sind weitere Vorgehensweisen –, aber offenbar ist es die todsichere Methode. Entdeckungen in der Archäologie und Anthropologie stellten dies nach dem Erscheinen von Eliades Buch klar – wenige Jahre später stießen Gordon und Valentina Wasson auf den Pilzkult bei den Mazateken. Aber Eliades Behauptung enthüllte seine Voreingenommenheit gegen »narkotischen Rausch« sowie auch seinen puritanischen Widerstand gegen jede Schnellspur zur Erlangung mystischer Gemütszustände.

Ginzburgs *Hexensabbat*, vierzig Jahre nach Eliades dickem Wälzer geschrieben, ist eigentlich ein weitschweifiger Versuch, diese Vorurteile zu überwinden, die verdrängten Fakten in den historischen Diskurs einzubringen. »Die unermessliche Erfahrung, welche die Menschheit jahrtausendelang durch Mythen, Sagen, Rituale und Ekstasen symbolisch zum Ausdruck brachte, bleibt eines der verborgenen Zentren unserer Kultur, unserer innerweltlichen Daseinsweise.« Ginzburg ist der Meinung, dass die

»unermessliche Erfahrung«, die Enthüllung der »Erscheinungsformen unsichtbarer Dinge«, häufig auf durch psychoaktive Pflanzen hervorgerufene Trancezustände zurückzuführen ist.

Er untersucht antiquierte Bezeichnungen wie etwa »Rauschroggen« oder »Tollweizen« für Roggenvarianten, die von dem auch als Mutterkornpilz bekannten Schlauchpilz *Claviceps purpurea* befallen sind. Die Bezeichnungen weisen auf eine verloren gegangene Kenntnis vom Gebrauch des Mutterkorns als schamanisches Rauschmittel hin. Mutterkorn wurde von Hebammen zum Einleiten der Wehen verwendet, und seine Bestandteile bildeten auch die Grundlage für die synthetische Herstellung von LSD, dem Lysergsäurediäthylamid. Er studiert auch mythische Anspielungen auf *Amanita muscaria*, den von sibirischen Schamanen verwendeten Fliegenpilz mit weiß gepunktetem, rotem Hut, und stößt auf eine Beziehung zwischen weit verbreiteten Mythen, in denen es unter anderem um Lahmheit geht – von Aschenputtels Schuh bis zum Hinkefuß des Ödipus –, und ebendiesen, häufig als »die Einbeinigen« identifizierten Pilzen. In seinen abschließenden Ausführungen macht sich Ginzburg klar, dass er da nicht eine einzelne Geschichte, »sondern den Mutterboden aller möglichen Geschichten« untersucht hat. Er setzt die Aufgabe des Historikers den Flügen des Schamanen gleich: »Der Versuch, Vergangenheitskenntnisse zu erlangen, ist auch eine Reise in die Welt der Toten.«

In vielen Teilen der Welt wurde der Einfluss, den Schamanen auf ihren Stamm ausübten, ins Land selbst eingeschrieben. Die von nordamerikanischen Stämmen quer über den ganzen Kontinent hinterlassenen Erdwälle und Effigy Mounds (Kult- bzw. Begräbnisstätten), die sich weithin erstreckenden Nazca-Linien in Peru, die Ley-Linien und Steinkreise Europas sowie die ähnlichen geraden Wegspuren, die mitten durch ausgedehnte Flächen Mittel- und Südamerikas verlaufen, sind Reste schamanischen Sichausrichtens nach den subtilen Energien der Erde. Viele von ihnen weisen eine Vierfüßer-, Vogel- oder Mensch-Vogelform auf und lassen an die Gestalten denken, die starke Schamanen regelmäßig in ihren Trancezuständen annahmen. Die geraden Wegspuren verkörpern womöglich Pfade, auf denen Schamanen früher in »andere Welten« flogen. Überall in Europa zog die Kirche Nutzen aus dieser archaischen Topografie; viele Kathedralen und Kapellen wurden längs der schon ganz in Vergessenheit geratenen Ley-Linien errichtet. Paul Devereux schreibt, dass die geradlinigen Wegspuren »die Geistreise symbolisieren, das Reisen in die Anderswelt der Geister, der Vorfahren, die … man vom Schamanenstandpunkt aus als bloß eine weitere Ebene oder Dimension der natürlich-materiellen Landschaft ansehen kann.«

Bruce Chatwins *Traumpfade* beschreibt die schamanische Geografie der australischen Ureinwohner. Alle Stammesangehörigen haben ihr jeweiliges Clanlied sowie ihr persönliches Lied, die unmittelbar mit Gegebenheiten der örtlichen Geografie verknüpft sind – ein Felsen, ein Abhang, ein Tümpel könnte ja wohl selbst Träger einer kosmologischen Resonanz sein, die in eine seit unzähligen Generationen auswendig gelernte Geschichte eingefügt ist. Traditionellerweise fungierten diese Lieder sogar als eine Art Währung. Wollte ein Stammesangehöriger das Gebiet eines anderen Clans durchqueren, so musste er die gebührende Hymne gegen seine eintauschen.

Die Aborigines glauben, dass ihre mythologischen Vorfahren das Land und die Gesamtheit seiner Geschöpfe ins Dasein sangen. Das religiöse Leben eines Stammesmitglieds »hatte ein einziges Ziel: das Land so zu erhalten, wie es war und sein sollte«, schreibt Chatwin. »Der Mann, der auf dem ›Walkabout‹ unterwegs war, machte eine rituelle Reise. Er trat in die Fußstapfen des Ahnen. Er sang die Strophen des Ahnen, ohne ein Wort oder einen Ton zu verändern – und erschuf so die Schöpfung neu.« Wie ein riesiger Webstuhl wird der ganze australische Kontinent kreuz und quer von Liedern durchzogen, die gleichzeitig ineinander verwobene Schöpfungsmythen, der harmonische Rest geologischer Geschehnisse sowie Grundbestandteile der Erdoberfläche sind.

Für die Aborigines sind die natürlichen und übernatürlichen Aspekte der Wirklichkeit untrennbar. Der Mensch hat eine heilige Aufgabe auf der Welt und ist da, um eine heilige Funktion zu erfüllen. Diese Aufgabe ist mit der Fähigkeit, oder Gabe, verbunden, die ihn von allen anderen Lebewesen unterscheidet: der Gabe der Sprache.

In »The Mushrooms of Language«, einem Essay über mazatekischen Schamanismus, bemerkt der Autor Henry Munn, das Verzehren der Pilze wirke sich am stärksten auf die sprachliche Inspiration aus. »Diejenigen, die sie essen, sind Männer der Sprache, vom Geist Erleuchtete, die sich selbst als die Sprechenden, die Sagenden bezeichnen.« Die Fähigkeit zu heilen ist direkt mit ekstatischer und inspirierter Rede verknüpft, einer von den Pilzen verliehenen »uranfänglichen Bezeichnungstätigkeit«. »Die indianischen Schamanen sind nicht kontemplativ; sie sind Arbeiter, die sich durch Sprechen tatkräftig ausdrücken, Schöpfer, die sich mit vollem Einsatz um ontologische, existenzielle Enthüllung bemühen.« Die Schamanen sind Formulierer der Offenbarungswirklichkeit.

In Walter Benjamins Gedanken über das Wesen der Sprache klingt der Eingeborenenstandpunkt mit an: »Das Dasein der Sprache erstreckt sich … nicht nur über alle Gebiete menschlicher Geistesäußerung, der in irgendeinem Sinn immer Sprache innewohnt, sondern … auf schlechthin alles«, schrieb er. »Es gibt kein Geschehen oder Ding weder in der belebten noch in der unbelebten Natur, das nicht in gewisser Weise an der Sprache teilhätte, denn es ist jedem wesentlich, seinen geistigen Inhalt mitzuteilen.« Bezeichnen ist an sich eine heilige Handlung – »im Namen teilt das geistige Wesen des Menschen sich Gott mit«.

In Benjamins Konzeption wohnt das Dasein der Sprache, die Möglichkeit des Ausdrucks, jedem vorhandenen Gegenstand inne. Aus der Sicht des australischen Ureinwohners erfindet der uralte Akt des Benennens, des Geschichtenerzählens buchstäblich die Welt, ruft sie buchstäblich ins Leben. Der Sprachgebrauch des Schamanen, in dessen Liedern und psalmodischen Gesängen, ist gestaltend, ursprünglich schöpferisch sowie auch beschützend und heilend. Für den Schamanen »besteht das Universum aus Sprache«, wie Terence McKenna treffend formulierte. Das Weben des Mythos lässt die Welt entstehen.

In allen schamanischen Kulturen sind Landschaften psychische und spirituelle Ausdehnungen sowie gleichermaßen natürlich-materielle. Der traditionelle Schamanismus war immer schon tief im jeweiligen geografischen Ambiente oder Schauplatz verwurzelt. Ein Schamane der Shuar aus dem ecuadorianischen Amazonasgebiet sagte mir, er glaube, dass seine Heilkräfte aus dem Gebirge kämen, wo er wohne. Die Berge übermittelten ihm etwas von ihrer elementaren Energie und magnetischen Kraft, und mithilfe der Ayahuascaliane sowie auch von Tabak, einer der heiligsten schamanischen Pflanzen quer durch ganz Südamerika, könne er diese Kraft zu seinen Patienten hinlenken.

Denjenigen unter uns, die, wie ich selbst, entwurzelt in modernen Groß- oder Vorstädten aufwuchsen, fällt es schwer, dieses Gefühl für die Heiligkeit, die übernatürliche Macht eines Landes, das über unzählige Generationen hin von den gleichen Menschen bewohnt wird, wirklich zu begreifen. Wenn wir einen Artikel über die Uwa-Indianer lesen – eine Stammesgemeinschaft in Kolumbien, die mit Massenselbstmord droht für den Fall, dass die Mineralölgesellschaften auf ihrem Land nach Öl bohren sollten –, verspüren wir möglicherweise tiefes Mitgefühl. Aber wir können uns kaum vorstellen, eine Identifikationsbeziehung zu einem Teil der Erde, der Gestalt des Landes und den dort wachsenden heimischen Pflanzen zu unterhalten, die so stark ist, dass wir lieber sterben würden, als sie aufzugeben.

Wer sich als moderner Mensch für den schamanischen Archetypus – die Vision von einer heiligen Erde, einer Offenbarungskraft der Rede und einem multidimensionalen Kosmos – begeistert, muss selbstverständlich über die zeitgenössische Gesellschaft und die sich beschleunigenden Prozesse globaler Zerstörung, die sie entfesselt hat, entsetzt sein. Doch er ist von den archaischen Traditionen abgeschnitten, die er sich vielleicht gern zu Eigen machen würde. Unsere Tradition verweigert uns anscheinend den Zugang zu spiritueller Vision, und uns ist die dem Indianer angeborene Beziehung zur natürlichen Welt als einem heiligen Wesen verloren gegangen.

Und dennoch, wenn der Schamanismus ein universales menschliches Phänomen ist, besitzen wir die angeborene Fähigkeit, alles uns verloren Gegangene wiederzugewinnen.

TEIL III

Hinterlass keine Spuren

KAPITEL 12

Ein kybernetisches Triebwerk

Die Fahrt von San Francisco nach Black Rock City führt durchs Flachland von Nevada, vorbei an der flimmrig-nervösen Leuchtreklamentraurigkeit von Reno. Mein Freund Adam und ich machten obligatorisch Halt beim letzten, rund um die Uhr geöffneten Supermarkt und Kasino, wo wir einen Vierteldollar in den letzten Spielautomaten einwarfen, ein winziges Opfer an das graue Leichentuch der uns erwartenden flachen Wüste. Im Einkaufszentrum begrüßten wir die anderen offenkundigen Burner*, die tätowiert oder im Gesicht gepierct waren oder gemustert gefärbte Haare hatten; ihre Lastwagen quollen über von ausrangierten PVC-Rohrteilen und Schrottplatzmaterial, präparierten Tieren, Weihnachtsbeleuchtungen, ramponierten Sofas, Massagetischen, Kostümen und Plattenspielern. Wir lernten Zwei Feder kennen, einen muskulösen Indianer mit Pferdeschwanzfrisur, der einen riesigen, glänzend kirschroten Hubschrauber steuerte. Mit seiner hinter ihm eingekeilten, blonden, reisemüden, österreichischen Freundin glich er einer puren Emanation Amerikas. Während seine staubbedeckte

* Brenner(in)/Verbrenner(in), Teilnehmer(in) beim Großevent Burning Man/ Brennender Mann (mit dem Höhepunkt des Burn, der Verbrennung der Mannsfigur).

und trotzdem noch erotisierende Partnerin zusah, band Zwei Feder Plastikkanister mit Poland-Spring-Mineralwasser am Hubschrauber fest. Er gab seine Website-Adresse bekannt und reckte die Faust hoch, bevor er Staubwolken aufwirbelnd entschwand.

»Sex!«, rief er lauthals zum Abschied.

Ab dem letzten Einkaufszentrum wird die Fahrt durch die Nacht immer surrealer. Es gibt nichts zu sehen außer schattigen Beifuß und den gelegentlichen selbstmörderischen Eselhasen, der unvermutet mit karikaturistischen Ohren und aufblitzenden Augen in die Scheinwerfer springt. Welches Lebewesen wäre denn angesichts einer solchen Vergessenheit nicht versucht, sich selbst zu vernichten? Jedes Jahr fahren ein paar Burner, vielleicht weil sie es den Eselhasen gleichtun wollen, ihre Fahrzeuge auf dieser letzten Etappe der Hipster-Pilgerreise zu Bruch.

Die Black-Rock-Wüste, ein prähistorischer Seegrund, ist als Ödland ganz einzigartig. Sie ist das planetarische Gegenstück zum Absoluten Nullpunkt. In dieser flachen, von Bergen umringten Ebene lebt keinerlei Pflanze, kein Vogel oder Insekt. Nichts bewegt sich außer dem sich ständig wandelnden Cecil-B.-De-Mille-Spektakel von Wolkenformationen sowie nachts dem Mond und seinem über den Weitwinkelhimmel hin entfalteten Banner schimmernder Sterne. Die lehmkrustige Oberfläche der Playa ist lunar und unwirklich, von einem Geflecht furchiger Linien und zickzackförmiger Muster durchzogen. Bei trockenem Wetter wippt diese Salztonebene elastisch unter den Füßen wie Astroturf-Stadionrasen. Die ortsansässigen Indianer machten Black Rock zum Mittelpunkt ihres Schöpfungsmythos. Heutzutage bildet dieses Ende-der-Welt-Ambiente häufig den Hintergrund für SUV-Anzeigen* oder -Werbespots.

* SUV = Sport Utility Vehicle, ein freizeitorientiertes geländegängiges »Spaßfahrzeug« mit Allradantrieb.

»Nichts lebt hier draußen, außer du zwingst es dazu«, sagte ein Burning-Man-Veteran. Die poröse Salzigkeit dieses fremdartigen, menschenfeindlichen Bodens verändert den Stoffwechsel, verschaltet ihn in gewisser Hinsicht neu. Schlaf wird völlig fakultativ. Die Wüste wirkt sich auch recht interessant auf die Kopfhaare aus: »Playahaar« entspricht der Verfassung, wo oben auf dem eigenen ungewaschenen Kopf ein grauer, sporenartiger Bewuchs aufkeimt.

Ich kampierte zusammen mit Adam, einem Redakteur beim *Wired*-Magazin in San Francisco, und seinen Freunden – Architekten, Designern, Ravern aus der Bay Area. Als wir wieder in San Francisco waren, informierte mich Adam nachträglich über die erotischen Verwicklungen und psychodynamischen Subtexte innerhalb der Gruppe – die zentralen Figuren waren Eheleute Ende zwanzig, mit zusätzlichem Geliebtem respektive Geliebter, die bequemerweise in einem nahe gelegenen Zelt untergebracht waren. Sympathisch, angespannt, fotogen, strahlten meine Kampiergenossen eine energetisch überschwängliche Vibration hochgepuschter Gemeinschaftlichkeit aus.

Wir kamen spätabends an. Am nächsten Morgen luden wir den gemieteten U-Haul-Truck aus und verbrachten viele Stunden damit, einen grünen Fallschirm in ein pilzförmiges Schutzschirmgebilde zu verwandeln, das von Drahtseilen gehalten wurde, die den wochenlangen Ansturm des Windes nur mit knapper Not überstanden. Die temporäre Stadt – die ihr Maximum mit rund 25 000 Einwohnern erreicht, was sie zum drittgrößten städtischen Zentrum in Nevada macht – erhob sich rings um uns rasch aus dem Boden. Stündlich tauchten neue Domes* und Zelte, neue Türmchen und Türme auf.

* Ein Dome (wörtl.: »Kuppel/Wölbung«) ist eine große, halbkugelförmige, mit Planen, Plastikfolien o. Ä. verkleidete temporäre Baukonstruktion – eine Art »Rundkuppelzelt« für Events, Ausstellungen etc.

Uns gegenüber, auf der anderen Straßenseite, befand sich der Erowid-Dome. Erowid ist eine der inhaltsreichsten Websites über Psychedelika. Sie bringt Tripberichte, Bezugsquellenlisten, Fotografien von Pflanzen, Diagramme von psychoaktiven Molekülen, gerichtliche Präzedenzfälle und noch vieles mehr. Ich lieh mir einen Hammer aus, um unter diesem Vorwand Erde und Feuer Erowid kennen zu lernen, das aus einem Ehepaar bestehende Team, das die Website betreut. Es endete damit, dass ich im Erowid-Zentrum saß und schwitzend die Nachmittagshitze von knapp 45 Grad über mich ergehen ließ, während laufend Leute hereinkamen, um die in der Erowid-Bibliothek zusammengestellten Bücher und Artikel zu durchstöbern und Geschichten von ihren eigenen Abenteuern miteinander zu teilen.

Die auf Erowid und anderen Websites ins Netz gestellten Tripberichte bieten Interessierten eine faszinierende Lektüre. Hier findet man zahlreiche Berichte von DMT-bedingten Begegnungen mit »Gottesanbeterinnen-Wesenheiten« und »Maschinenelfen«, LSD- und hustensaftbedingten Zuständen mystischen Zerfließens sowie kühne Erforschungen neuer chemischer und botanischer Funde. Wahrscheinlich die gesamte Geschichte hindurch, sicherlich aber vom Mittelalter an ist das Experimentieren mit Drogen eine geheime, hauptsächlich mündlich und im Verborgenen realisierte Subkultur, eine geordnete Gesamtheit von Kenntnissen, die sich durch Fabelbildung, Übertreibung und Gerüchtetratsch entfalten. Das Internet, das sich synaptisch selbst zusammenbauende globale Gehirn der Menschheit, hat diesem ehemals esoterischen Bereich System und Struktur verschafft. Die massenhaften Tripberichte erlauben eine kritische Durchleuchtung der Stichhaltigkeit und eine von verschiedenen Gesichtspunkten aus erfolgende Überprüfung und haben so wahrscheinlich viele Katastrophen verhindert. Einige der elektronischen Beiträge sind in loser Folge fortgesetzte Untersuchungen einer einzelnen Substanz – die Aufzeichnungen hoch qualifizierter Techniker, die sich immer wieder von Neuem einfinden, um irgendein wenig bekanntes schamanisches Rauschmittel zu erproben. Wie engagierte Alchemisten loten diese Sucher die Quintessenz eines speziellen chemischen Katalysators oder Pflanzengeists aus.

Andere Berichte, viele davon Geschichten mit einer Moral, schildern die Leidenschaft von Experimentierenden, die mehrere bewusstseinsverändernde Mittel miteinander mischen, in Erwartung einer Raketenfahrt zur fernen Gegenseite der Psyche. Die Tripberichte sind eine Straßenkarte spektakulärer neoschamanischer Erfolge, haarsträubender Fehlschläge und Desaster sowie absonderlicher Sightseeings auf der Wegstrecke. »Dein Kilometerstand kann schwanken« ist eine gängige warnende Anmerkung.

Auch ohne irgendwelche chemischen Zusätze ist Burning Man wahnsinnig bewusstseinserweiternd. Black Rock City ist die direkt unter die Haut gehende psychedelische Vision. Das Festival ist eine Huldigung an das spezielle Vermögen der Tryptamine, das Bewusstsein zu erweitern, Tummelplätze nie erträumten Potenzials aufzuschließen, den erotischen Kern aller Interaktionen zu enthüllen. Die Veranstaltung ist im Grunde genommen eine hoch entwickelte, hervorragend organisierte Wiederaufnahme und Fortführung der geselligen Massenzusammenkünfte und Happenings aus den Sechzigerjahren. Die kommunale Struktur der Veranstaltung und ihre ökologische Regel »Hinterlass keine Spuren« stammen von der gewissenhaften Politik der Diggers her, einer radikalen Gruppe, die in Haight-Ashbury Ende der Sechzigerjahre einen Free Store betrieben. Auf Burning Man schienen alle Subkulturen, die ich als banal oder uninteressant abgetan hatte – die der Gothics, Raver, des New Age, der Hippies, Paganen, des Punk und der Gepiercten, Jahrzehnte tristen subkulturellen Scheiterns – sich wie Elemente in einem Laborversuch zu vermischen und wieder zu verbinden, wobei sie zu neuen, proteischen Lebensformen verschmolzen.

»Was ist Burning Man? Burning Man ist ein kybernetisches Triebwerk, das mit Information gespeist wird«, sagte mir Danger Ranger, ein graubärtiger Gründervater des Festivals, später in jener Woche, während wir von seinem Lieferwagen aus das windgepeitschte Chaos überwachten. »Burning Man ist wie ein Programm, das abläuft. Es kommt zusammen, es verdichtet sich, und dann explodiert es.«

Als die Sonne schwächer wurde, umrundete ich Black Rock City mit dem Rad. Jedes Jahr setzt sich Burning Man aus halbkreisförmig angeordneten Ringen zusammen, die in Straßen mit thematischen Namen aufgeteilt sind. In diesem Jahr – 2000 – war der Körper das Thema. Die erste, nach der Playa zu liegende Straße war die Kopfstraße, gefolgt von der Hirn-, Hals-, Herz-, Eingeweide-Straße, dem Sex Drive, der Anal-Avenue, der Kniegasse und der Füßestraße. Vom Stadtzentrum führte eine lampenbeleuchtete Hauptavenue hinaus zu dem leuchtenden, sechzehn Meter hohen Mann selbst, der von sequenziell geschalteten Lichtringen umschlossen war. Auf dieser Hauptpiste, dem Burn-Gegenstück zu den Champs Elysées, radelte ich an einem riesigen Kopf mit drei Gesichtern vorbei: einem metallenen Gesicht, das brennende Tränen weinte, einem aus Treibholz angefertigten Gesicht und einem Tongesicht, das Wasser weinte. Da war ein gigantischer Tonphallus und eine entsprechende Yoni mit hell beleuchtetem Kitzler, und ein drei Stockwerke hohes interaktives Arschloch – man stieg die Treppe hinauf und schob sich durch leuchtendes Rektalgewebe hindurch, um dann auf der anderen Seite über eine steile Rutsche hinunter- und hinauszugleiten.

Abends verwandelt sich das Festival in ein Leuchtspektakel.

Es gibt generatorbetriebene Videoprojektoren auf sich blähenden Domes, Filme, künstliche Blitze, Flammenwerfer sowie Laser, die ihr Licht in vielen Farbtönen quer über den von Sternen erfüllten Wüstenhimmel wölben. Personenverzierung spielt die ganze Skala von Leuchtstäben und Elfenflügeln bis zu ungewöhnlichen elektrisch lumineszierenden Outfits aus zu wilden Tieren, Dämonen, Schlangen, Aliens oder Engeln geformten Blinkdrähten. Eines der besten Outfits, das ich sah, zeigte in Leuchtdraht die innere Anatomie des Trägers; es sandte Lichtschweife aus, die aus dem Herzen hervor die Adern entlangschossen, während andere sequenziell geschaltete Lichtblitze die Nervenfasern, erogenen Zonen und Chakrapunkte erhellten.

Außer Massen von Fußgängern und Leuten auf ihren leuchtenden oder mit Pelz überzogenen Fahrrädern promenieren liebevoll dekorierte Autos mit künstlerischem Anspruch und ausgeflippte Transportzüge mitten durch die Wüste. Im Jahr 2000 zählen zu den künstlerisch gestalteten Autos das Chromosom mit einem sich drehenden DNA-Strang; ein Piratenschiff, das speziell einen wilden Haufen betrunkener Seeleute herausstellt; eine Anzahl sich bewegender Sofas und Wohnzimmer und Klosettsitze; ein mit Pelz überzogener neonfarbener Katzenbus und ein fahrbarer Hummer. Am sagenhaftesten war ein langer, Feuer ausatmender Drachenzug, mit komplett eingerichteter Bar in einem seiner stets überfüllten Abteile.

Während meines ersten Besuchs schlief oder aß ich kaum, sondern radelte frenetisch hin und her über die Playa, und machte bei allem Halt, was meine Aufmerksamkeit auf sich lenkte. An einem Abend war es das Flammender-Lotus-Kollektiv, ein Team cooler Hippiebienen, die eine brennofenförmige Abschussrampe gebaut hatten, aus der karmesinrote Säulen biblischen Feuers dreißig Meter hoch in die Luft schossen, während die Zuschauer vor der Hitze zurückwichen. Nach jedem Flammenstoß schrien die Frauen »Jähji!« Sie sprangen auf und umarmten einander herzlich, zur gegenseitigen Bestätigung. Der Flammende Lotus war eine harmonische Mischung aus Power, Feuer und Weiblichkeit – eben die Art Spektakel, die man auf Burning Man findet und nirgendwo sonst.

* * *

AN EINEM ABEND machte die Nachricht die Runde, dass ein berühmter britischer DJ im Illuminaughty – einem der riesigen, am äußersten Rand der Playa gelegenen Rave-Camps mit glühend- purpurner Beleuchtung und digitalen Videobildschirmen – die Platten präsentierte. Da ich mein irgendwo abgestelltes Fahrrad momentan nicht finden konnte, machte ich mich zu Fuß auf den Weg zu dem Camp, eine etliche Kilometer lange beschwerliche Tour; ich verlor rasch meine sämtlichen Freunde. Es fiel starker Regen, der den Wüstenstaub in dickflüssigen Schlamm verwandelte. Während ich alleine dahinschritt, ließ das leuchtende Nachtpanorama von Black Rock City einen unheimlichen karnevalistischen Schatten erkennen, einen Unterton von Verzweiflung.

In bestimmten Augenblicken erinnerte mich Burning Man an Norman Mailers *Armies of the Night*, eine ambivalente Reaktion auf die Gegenkultur während des Marschs aufs Pentagon 1967. »Der Kostümball zog in den Krieg«, schrieb er. »Jetzt waren die Hexen hier und exorzistische Riten und schwarze Schrecken der Nacht … die Hippies waren von Tibet zu Christus bis ins Mittelalter gezogen, und jetzt waren sie revolutionäre Alchemisten.« Wie die meisten Literaten hasste der schwere Trinker Mailer Psychedelika: »Der Albtraum schwang mit im Nachhall jener Trips, die ihnen ihr Vergangenheits- und Gegenwartsgefühl zerbrochen hatten. … Die Geschichte der Vergangenheit wurde mitten in die

Gegenwart hinein zur Explosion gebracht: Vielleicht waren jetzt Lücken am Firmament der Vergangenheit, Löcher, wo einst die psychische Realität eines nunmehr entschwundenen Zeitalters gewesen war.«

Seit Mailers Buch ist Gedächtnisverlust – massenkulturelle Amnesie, grassierender Alzheimer, Abgetrenntheit von der Geschichte – zu unserem dominanten kulturellen Paradigma geworden. Burning Man hingegen feiert »die Geschichte der Vergangenheit«, so wie sie in die Gegenwart hinein explodiert ist – als kitschiges Spektakel, mythisches Bild oder, nach Benjamins Formel, »profane Erleuchtung«. Es ist möglich, oben auf einer Pappzikkurat ein in kompletter Kostümierung vollzogenes aztekisches Opfer mitzuerleben, sich einem nachgemachten ägyptischen Begräbnis zu unterziehen, das Bestattungsriten aus dem *Ägyptischen Totenbuch* verwendet, an einem shivaistischen Feuerritual teilzunehmen – und das alles in einer Stunde. Das Gesamtevent parodiert irgendeine für die Siebzigerjahre typische rückschrittliche Sciencefictionfantasie über postapokalyptischen Tribalismus, und die den krönenden Abschluss bildende Verbrennung des großen Mannes beschwört die uralten druidischen Opferriten aus den Untiefen des kollektiven Gedächtnisses herauf. Die spielerisch variierende, ostinate Einbeziehung der Vergangenheit erweitert das halluzinatorische Ambiente des Festivals. Wie bei der Wirkung bestimmter Chemikalien verändert sich unter dem Einfluss von Burning Man das eigene Zeitgefühl; so wird dann der mythische Unterbau, das Raunen der Ewigkeit unter dem gewöhnlichsten Augenblick erfassbar. Vielleicht hat Danger Ranger ebendies gemeint, als er mir sagte: »Ich hab' herausgefunden, dass es einen Weg gibt, wie dein Bewusstsein über das hinausgehen kann, was wir das Jetzt nennen, und ich bin auf der Druckwelle der umgekehrten Zeit gefahren.«

* * *

Auf der Playa lernte ich einen jungen Burschen aus Kalifornien kennen, hellblond mit einem Kindergesicht, der soeben in aller Eile aus dem Drachenzug geflohen war. »Heut' ist mein achtzehnter Geburtstag«, sagte er mir. »Ich war im Drachen, und diese freakige Biene mit ihren entblößten Titten gab mir einen dicken nassen Kuss. Dann sagte dieser nackte Freak namens Senfsaat: ›Ich möchte dich an einen Schandpfahl binden, du süßer kleiner Junge.‹ Ich sagte, dass ich jetzt gehe. Ich wollte mich nicht an einen Schandpfahl binden lassen. Ich hab' hier mehr Psychoscheiß erlebt als je zuvor in meinem Leben.«

Der Regen klatschte herab, als ich den Thunderdome erreichte, einen beliebten Zufluchtsort für Fans der Mad-Max-Filme, dessen überbordende Scheingewalt das genaue Gegenteil der Frieden-und-Liebe-Grundschwingung von Black Rock City war. Drinnen im Thunderdome prügelten sich zwei Gegner an Bungeeseilen mit schaumstoffumwickelten Knüppeln gegenseitig die Scheiße aus dem Leib, angespornt vom mörderischen Gekreisch und meschuggenen Gepfeife einer riesigen geifernden Menschenmenge, die von den metallenen Querverstrebungen der Kuppel rings herunterhing. Zwischen den Kampfrunden kam eine Opernsängerin in Begleitung von Feuerwirblern heraus, und ihre wagnerianischen Triller jagten mir Schauer übers Rückgrat.

Über Thunderdome hinaus war Emerald City, ein speziell auf das Thema Rave ausgerichtetes Camp, dessen Hauptattraktion ein gewaltiger Laser war. Dieses mehrere Millionen Dollar teure Kabinettstück war samt seinem großen Kühltank von zwei genialitätsversessenen Wissenschaftlern herbeigeschafft worden. Der Laser war nagelneu und in den Monaten vor dem Event konstruiert und gebaut worden; er schoss kompakte geometrische Muster in die Stratosphäre hinaus, projizierte fraktale Strukturen und heilige geometrische Formen auf die tanzenden Massen. Ein an seinen Strahl gehaltener Ballon warf Regenbögen gebrochenen Lichts quer über die dunkle Playa. Dieser magische Laser verstieß augenscheinlich gegen alle physikalischen Gesetze – aus einiger Entfernung schien er einen Stab aus kompaktem weißem Licht zu den Sternen hinzuschicken, der dann mitten in der Luft abbrach.

Vor den Lautsprechertürmen von Illuminaughty tanzten Hunderte unter einer Videoprojektion sich heftig bewegender fraktaler Muster. Aber die blechernen Beats des berühmten DJs ließen mich kalt – die süßlichen Grafiken des Rave und die amphetaminartig puschenden Widerholungsrhythmen sind einfach nicht mein Ding. Es war nachts nach zwei. Ich hatte den eisigen Regen satt und zog mich in die Nipple Lounge zurück, ein busenförmiges Zelt zum Abkühlen am Rand von Illuminaughty. Drinnen war es paradiesisch: Sofas, Kissen, kleine Teppiche, sich bauschende Stoffe, hektische Zwiegespräche, warme Körper. Ein glitzeriges Teenagergegenstück zu Edie von der Gruppe Moontribe lief herum, sie umarmte jeden, der ihr in den Weg kam. Sie redete über das Düsenjägergeschwader, das beunruhigend häufig quer über Black Rock hinwegfliege.

»Sie haben so große Angst vor uns«, sagte sie. »Sie wissen, dass wir die Power haben.«

Wahrscheinlicher war, dass die Piloten einfach nur einen flüchtigen Blick von dem Spektakel erhaschen wollten. Mich überkam allmählich ein sehr starkes Déja-vu-Gefühl – nicht in Bezug auf etwas, das ich selbst erlebt, sondern etwas, worüber ich gelesen und wovon ich gehört hatte. Am nächsten Tag stellte ich John Perry Barlow, einen ehemaligen Textdichter der Grateful Dead und Polemisierer gegen das Silicon Valley, die unumgängliche Frage: Ob dies hier in irgendeiner Hinsicht wie die Sechziger sei?

»Das hier ist viel, viel besser als die Sechziger. Bei weitem weniger zügellos und verzweifelt, bei weitem maßvoller«, antwortete Barlow. »Was du hier hast, ist ein großer Kreis von Leuten, die bedingungslose Liebe zu Fremden zu praktizieren versuchen und dabei größtenteils auch Erfolg haben.«

Ich traf Barlow in seinem gemieteten Wohnmobil an – einem der vielen Wohnmobile, die Spiral Oasis umsäumten, ein thematisch orientiertes Camp, zu dem, wie man mir versicherte, »die erfolgreichsten, vermögendsten Leute gehören, die du auf Burning Man überhaupt kennen lernen kannst.« Obwohl ihr Standort und Sitz weit weniger luxuriös war als die nahe gelegene »transhumanistische« Church of Mez – speziell arrangiert von hohen Projektmanagern der Firma Microsoft, besaß Mez als Hauptattraktion einen achtzehn Meter hohen DJ-Tower und einen achtzehnrädrigen Lastwagen, der zu einem Kostümladen und einer Küche umgebaut war, welche vom Fünfsterne-Küchenchef aus dem Hotel Vier Jahreszeiten von Seattle geführt wurde –, waren die temporären Bürger von Spiral begeisterte Propagandisten des Festivals.

»Das ist der Mittelpunkt von allem, was eben jetzt vor sich geht, der gesamten Fortentwicklung. Du erlebst sie hier in ihrer besten Form«, wurde mir von Ken Goldberg gesagt, einem Fachmann für Robotertechnik, der gerade ein Buch bei MIT* veröffentlicht hatte, als er mir liebenswürdigerweise unter einer Sonnendusche die staubverklebten Haare wusch.

»Es ist schon erstaunlich, wenn man das miterlebt, wie Jungfrauen in Black Rock ankommen«, fügte Mark Pesce hinzu, der Erfinder von VRML, einer Programmiersprache zur Beschreibung von dreidimensionalen Welten. »Und nach fünf oder zehn Minuten sagen sie dann: ›Ach du lieber Gott, danach hab' ich mein Leben lang gesucht.‹ Das hier ist das Epizentrum einer

* D. h. beim Verlag des universitären Massachusetts Institute of Technology.

freien Kultur.« Pesce hatte eine Gruppe namens »Church of the Motherfuckers« gegründet, auf der Basis eines unbekannten rauchbaren Pulvers, das offenbar in wenigen Minuten die psychedelische Erfahrung hervorruft, hinaus in den Kosmos zu explodieren. »Du lieber Gott, es ist erstaunlich«, sagte Pesce. Seine Mitpsychonauten konnten es nur als »thermonuklearer Kontakt mit dem Göttlichen« umschreiben.

Das Mittelstück von Spiral Oasis waren ein beliebtes Trampolin und eine Freilichtsonnendusche. Sein publikes Bauvorhaben war eine hypermoderne Fetischbar namens Alien Sex Club (die als Hauptattraktion einen Tank aufweisen sollte, worin mit Gummi überzogene Alien-Exhibitionisten ihre Bewegungen würden vorführen können; sowie eine Wand mit Tentakeln, die brüske Befummelungen der auf der anderen Seite stehenden unbekannten Personen ermöglichen sollte). Neben dem Silicon-Valley-Braintrust umfasste Spirals Einwohnerschaft auch noch Produzenten und Schauspieler aus Hollywood, schwedische Supermodels, Körperschaftsjuristen, einen Küchenchef und einen Frisör – insgesamt 130 Personen. Goldbergs Frau Tiffany Shlain hatte die »Webby Awards« geschaffen, einen jährlichen Schaukasten für die so genannten Digiterati während ihrer kurzen Blütezeit. Ebenfalls anwesend war Tiffanys Vater, Leonard Shlain, der einen weichen Rembrandthut trug. Er war der Autor von *The Alphabet Versus the Goddess*, einem Werk, das, dem New Age verpflichtet, einen prähistorischen Revisionismus vertrat, mit der These, das Patriarchat hänge historisch untrennbar mit der Schriftsprache zusammen, und die neue nicht mehr schriftzentrierte elektronische Kultur werde das Goldene Zeitalter der Verehrung der matriarchalen Göttin zurückbringen – was für mich doch etwas zweifelhaft klang. Ich sagte ihm, ich sei aus New York.

»Ach, New York – eine Stadt ohne Vorspiel«, sagte er. »Wenn

man dort ankommt, wird nicht erst geschmiert, nicht gezögert. Sie geben es dir direkt so.«

In Spiral war die Musik Teil der Umgebung, die Stimmung war heiter, die Bekleidung war freigestellt, und man konnte ohne weiteres in eine breit gefächerte Diskussion geraten, ausgehend von den durch das Roboterbewusstsein aufgeworfenen epistemologischen Scherzfragen bis hin zu den Theorien des Delfinforschers und Psychonauten John Lilly über die Metaprogrammierung des menschlichen Biocomputers sowie zu den anthropologischen Beweisstücken für einen alten Stamm von einst in den High Plains beheimateten Indianern, die den ganzen Tag lang DMT rauchten.

KAPITEL 13

Doktor MegaVolt

Burning Man ist dekadenter als Warhols Factory, glamouröser als das Berlin der Zwanzigerjahre, absurder als das verschwenderischste Busby-Berkeley-Musical, eindeutiger ein Liebesfest als Pepperland, anarchischer als Groucho Marx' Freedonia*, unwahrscheinlicher als jede Fata Morgana.

Das Festival verschaltet einem den Sinn für das jetzt Mögliche neu.

Aber vielleicht besteht ja der berauschendste Aspekt an Burning Man, wie Walter Benjamin dies hätte formulieren können, im Nachdenken über Burning Man. Auch im Träumen darüber – viele Besucher träumen das ganze Jahr hindurch davon, dass sie zur Playa zurückkehren. In meinen eigenen Träumen findet Burning Man in einem verlassenen, jetzt von glanzvollen Hipsters überlaufenen Fabrikgebäude in Queens statt; oder es hat »sich ausverkauft« und ist zu einem trostlosen Karneval in einer kleineren Stadt am Meer geworden; oder es ist die letzte euphorische Zusammenkunft der Menschen in einem verstrahlten Ödland;

* Fantasiestaat (mit Rufus T. Firefly/Groucho Marx als Diktator) in dem Film *Duck Soup/Die Marx Brothers ziehen in den Krieg*, 1933.

oder ich warte gerade allein darauf, dass der Tag über der lunaren Wüstenoberfläche heraufdämmert. Nach meinen Besuchen dort taucht das Festival monatelang fast jede Nacht in irgendeiner Form in meinem inneren Theater auf.

Ein paar Burner kehren nie zum Mainstream zurück. In New York lernte ich J. kennen, den ehemaligen Leiter der Anzeigenwerbung eines bedeutenden Businessmagazins. Nachdem er Burning Man besucht hatte, brach er seine Karriere ab und wandelte sich zu einem irr dreinblickenden Avatar für Partys im Freien und Trancemusik, der am unbürgerlichen Rand New Yorks wohnte – einem dünnen Rand heutzutage. Er taufte sich »Maschinenelf«, und erschien bei gesetzeswidrigen, die ganze Nacht dauernden Partys, die er unter den Brücken der Stadt inszenierte, im Outfit eines Sciencefiction-Schwarzmagiers mit Hörnern und Umhang.

Burning Man startete 1986, als Larry Harvey, ein kaum beschäftigter Landschaftsarchitekt und zu alt gewordener Fahrrad-Eilbote, nach einem schmerzlichen Zusammenbruch eine zweieinhalb Meter hohe Holzfigur eines Mannes baute und sie dann am Baker Beach in San Francisco abfackelte. Das tat ihm so wohl, dass er das Ganze im nächsten Jahr gemeinsam mit mehreren seiner Freunde wiederholte. Als sich ein regelrechter Event daraus entwickelte, wurde dieses ins aktuelle Infoblatt der Cacophony Society aufgenommen, einer lose verbundenen, in der Bay Area ansässigen Gruppe von »Kulturstörern«, Witzbolden, die die Botschaften der Unternehmensmedien verdrehen. Die Cacophony Society war aus der Auflösung einer früheren und isolierteren Gruppe hervorgegangen, dem Suicide Club, einem in den Siebzigerjahren etablierten, den Punk vorwegnehmenden, die Hippiebewegung hinter sich lassenden Underground-Netzwerk.

Harvey wollte mit der Mannsfigur und ihrer Verbrennung ein

frei flottierendes Symbol setzen: ein Bild der Vergänglichkeit oder spirituellen Erneuerung, ein Signalfeuer für einen neuen Posthumanismus, oder einen Fixpunkt für die Wiederentfachung der verbrauchten Energien einer verdrängten und deprimierten Gegenkultur am Ende der Achtziger unter Reagan. 1990 dann war die Verbrennung für den Strand zu groß geworden, und sie siedelten in die kahle Öde der Wüste von Nevada um.

»In dem Moment, als wir diese Wüste betraten, wusste ich, dass da ein ungeheures Wachstumspotenzial drinsteckte«, sagt Harvey. »Die Playa war wie eine riesenhafte weiße Leinwand.«

Harvey ist der Gründer von Burning Man und eine geliebte Gestalt in dessen sich selbst verewigender Mythologie. Ein ruppiger Kettenraucher mit Cowboyhut, leitet er die Veranstaltung gemeinsam mit einem zwölfköpfigen, das ganze Jahr hindurch vollbeschäftigten Mitarbeiterstab. Sie zahlen dem Bureau of Land Management rund 500 000 Dollar für die jährliche Nutzung des Geländes. Kartenverkäufe – Anfang des Jahres liegen die Preise bei 125 Dollar pro Karte, und für Zuspätkommende steigen sie bis über 200 Dollar – sowie auch zusätzliche Spenden decken ihre Kosten. Harveys aktueller Plan sind sich weltweit eigenständig reproduzierende Burning Mans, und seine Mitarbeiter geben übers Web und sonstige Kanäle ihre Sachkenntnis an örtlich begrenzte, kleinformatige Varianten des Festivals weiter.

»Damals, im ersten Jahr in der Wüste, kannten wir uns überhaupt nicht aus«, erinnerte sich Danger Ranger, der graubärtige Gründer der Black Rock Rangers, eines Vereins, der heute aus einer Truppe von zweihundert Freiwilligen besteht, die geschult sind zu vermitteln und Probleme zu lösen. »Es war so heiß, dass wir wie Eidechsen unter unsere Wagen krochen.«

Das rasche Anwachsen des Festivals und seine tadellose selbstregulierende Struktur sind direkte Resultate des Internets. Unter den auf Burning Man Anwesenden trifft man auf einen gewaltigen Braintrust von Wissenschaftlern und Technikern, Ingenieuren aus dem Silicon Valley und führenden Konzern-Vorstandsmitgliedern. Während Künstler zum Techniker-Braintrust des Events Zugang haben, der ihnen bei der Realisierung ihrer Projekte helfen kann – »Wir verfügen über Ressourcen technischen Wissens, die vielen Unternehmen abgehen«, sagte ein Bildhauer –, nutzen Wissenschaftler und Ingenieure die ritualisierte Verbrennung als ihr kreatives Betätigungsfeld. Kurzfristig Unternehmensjobs oder Universitätslabors entronnen, erleben sie es als Befreiung, ihr Rüstzeug vor einem lebendigen und jubelnden Publikum zur Schau stellen zu dürfen. »Black Rock City zeigt, dass es möglich ist, eine auf Spiel basierende Gesellschaft hervorzubringen«, sagte Russel Wilcox, ein für Lawrence Livermore Laboratories tätiger Laseringenieur, der dem Event seine Arbeit spendet – 2000 schuf er ein grünes, kreuz und quer verlaufendes Laserdisplay, das eine vom Weltraum aus sichtbare Burning-Man-Insignie bildete. »Einfach etwas zu tun, bei dem Spiel den Kern jeder Interaktion ausmacht, ist absolut politisch.«

Beim Herumwandern oder beim Aufenthalt im Café gewann ich großartige Freunde und verlor sie genauso plötzlich für immer. Abends, in den Themencamps, bildeten sich schlagartig gesellige Gruppierungen, die wenige Stunden lang hielten und sich dann ins Blaue hinein auflösten. Wie Fremde im Internet spielen Burner mit ihren Rollen, indem sie neue Identitäten, neue Freunde, neue Ideen mit Hypergeschwindigkeit annehmen oder aufgabeln und nicht minder schnell wieder fallen lassen. »Tagsüber bin ich Aladin auf einem fliegenden Teppich; nachts bin ich ein Flügelrochen«, sagte der in einen arabischen Kaftan gehüllte Creative Director von Adobe Photoshop. »Ich bin insgeheim ein ziemlich erstaunlicher Exhibitionist. Diese Veranstaltung befriedigt mein Verlangen, dass man mir sagt: ›Du bist wundervoll, du bist großartig.‹«

1995 kamen zwei Personen ums Leben – der eine anscheinend durch Selbstmord; der zweite, weil ihn ein vom Kurs abgekommener Wagen in seinem Zelt überfuhr. Das hatte natürlich Folgen: Die Organisatoren mussten eine Wahl treffen. Wollten sie, dass ihre Veranstaltung ein zügelloses Rodeo für Freaks blieb, oder wollten sie zur weiteren Entfaltung Grundlegendes verändern? Da sie sich für den Weg der Entwicklung entschieden, verboten sie Feuerwaffen, schafften unerlaubte Wagen aus der Playa weg, erhöhten die Eintrittskartenpreise und schufen Ordnung im Chaos. Die Jahre der Dot-Com-Seifenblase brachten Tausende neuer Teilnehmer, die über jede Menge Börsengang-Cash verfügten. Das Zerplatzen der Blase verringerte die Besucherzahl jedoch nicht. Das Burn-Festival von 2001 war offenbar noch wilder, extravaganter und erkundungsfreudiger als im Jahr zuvor, sofern das überhaupt möglich ist.

Einer der Bildhauer sagte mir: »Burning Man war die letzte bedeutende künstlerische Bewegung des zwanzigsten Jahrhunderts – und ist die erste bedeutende künstlerische Bewegung des einundzwanzigsten Jahrhunderts.« Obwohl Kunst integral zum Event hinzugehört, verliert sich die Individualität des einzelnen Künstlers in der alles mitreißenden Größenordnung des Festivals. Burning Man inszeniert die von dem deutschen Künstler Joseph Beuys stammende Konzeption der »sozialen Skulptur« – eine kommunale Ästhetik, die über privaten Egotismus hinausgeht. Im Gegensatz zu den bewusst sperrigen Werken der Insider-Kunstwelt in New York sind die auf Burning Man zur Schau gestellten Projekte ausgesprochen benutzerfreundlich, Pop-inspiriert, gemeinschaftsorientiert, erfahrungsfundiert. Sie sind nicht für Museen bestimmt. Sie sind zum Anfassen da – und dann zum Abfackeln.

Als postmoderne Pop-Art-Phantasmagorie verspottet und unterhöhlt Burning Man ständig seine eigenen Ansprüche. Es ist eine sich endlos ineinander verschachtelnde Imitation seiner selbst. »Alles hier draußen ist ein Mythos. Du erfindest dir deine Wirklichkeit selbst«, sagte mir einer der Künstler. »Das gehört wesentlich zur grandiosen Erfahrung. Wir schaffen diese großartigen Mythen, um mit ihr zu harmonieren.« Das Festival ist auch eine bewusste Parodie esoterischer Initiation, des ritualisierten Heineingeleitens in die auf der westlichen Welt zum letzten Mal in Eleusis erlebten Mysterien.

Am Samstag, dem Crescendo des Festivals, verirrte sich mein Freund Jon in den umherziehenden Massen. Er landete schließlich in der Chapel of Plastic, einem wunderschönen, durchscheinenden Bauwerk draußen auf der Playa, das vom Material her Buntglas ähnelt. Dort fand er sich in einer Massentrauung wieder. Ein Sexkolumnist traute jeden mit sich selbst. Jon war sich nicht sicher, ob er diese Art von Verpflichtung eingehen wollte, doch er legte das Gelübde ab. Später sah er den Vorbereitungen zum Niederbrennen des Mannes zu – einer sechzehn Meter hohen Skulptur, die mit Sprengstoffen gefüllt und dann in Brand gesetzt wird. Er hatte immer eindeutiger das sichere Gefühl, dass er die Mannsfigur sei – wenn sie sie niederbrannten, würden sie ihn gleichfalls vernichten. Er sah die Gesichter rings um ihn an und erkannte finstere Motive. »Plötzlich wurde mir klar, dass Burning Man diese nichts ahnenden Leute allesamt zur Teilnahme an einem diabolischen Teufelsanbetungskult zwang«, sagte er. Am Tag nach der Verbrennung wirkte er ruhig und rundum zufrieden. Die Flammen hatten seine Paranoia verzehrt. Falls er die Veranstaltung noch immer als satanischen Kult betrachtete, war er stolz darauf, daran teilgenommen zu haben.

Eine der symbolischen Darstellungen des Festivals ist Doktor MegaVolt, ein Paar rasselförmiger Teslatransformatorspulen, so ähnlich wie Filmrequisiten aus *Frankensteins Braut*: zwei Stockwerke hohe, auf einer erhöhten, mobilen Plattform aufgestellte Generatoren, die durch einen Zwischenraum voneinander getrennt sind. Mit fünfzigtausend Volt Energie geladen schießt MegaVolt violettrandige Blitzstrahlen ringsumher, die in augenblicklich sich verzweigenden und schlagartig verblassenden Zickzacklinien in die schwarze Nacht knistern wie elektrische Orgasmen. Wenn ein Mann oder eine Frau in einem Metallanzug zwischen den Teslatransformatorspulen steht, kommt etwas zum Tragen, das man in der Physik als das Faradaysche Gesetz bezeichnet, und dieses schützt sie vor dem Gebratenwerden, während sie die Arme ausstrecken, um Blitzstrahlen durch ihre Finger zu leiten, sie sich gegen den Helm zu schlagen, mit fünfzigtausend sichtbaren Volt zu spielen, wie ein Kind sich das wohl erträumen könnte, zum großen Ergötzen einer riesigen Menge von Nackten und Leuchtenden und voll Kostümierten, die immer wieder aus vollem Halse »MegaVolt! MegaVolt!« schreien, bis der letzte Tropfen Saft verbraucht ist.

Später sprach ich mit Austin Richards, dem Physiker aus Berkeley, der MegaVolt kreierte. »Es ist eine Synthese aus Kunst und Wissenschaft«, sagte er mir. »Es erzeugt zwischen Mensch und Maschine ein extrem interaktives Geschehen. Es ermöglicht uns, den Personen in den Anzügen, direkt mit der Elektrizität zu kommunizieren. Die Empfindung, dass Blitzbögen auf den eigenen Körper treffen, ist sehr zerebral.«

MegaVolt verkörpert die Essenz von Burning Man. Sofern man die Veranstaltung auf einen einzigen Begriff bringen kann, lautet dieser »Transformation«: Bewusstseinstransformation, Transformation von künstlerischer Kreativität in ekstatisches Gemeinschaftserleben, von Skulpturen in Flammen und Asche, von unsichtbarer Stromstärke in ein dem Tod trotzendes Spiel, von allen möglichen Energien ineinander.

Vor allem die Transformation des Selbst. Unter der unmittelbaren Nachwirkung des Festivals beginnen viele Menschen neue

Beziehungen oder beenden alte, wechseln den jeweiligen Kontinent oder Beruf, gestalten ihr Leben auf drastische Weise um. »Als mein Freund und ich letztes Jahr hinterher nach Calgary zurückkamen, sagten wir: ›Was machen wir jetzt mit unserem Leben?‹«, informierte mich eine junge Kanadierin, die im Zentralcafé ihre Gedichte verschenkte. »Wir gaben unsere Jobs auf und gingen vier Monate nach Mittelamerika.« Leider belohnt die moderne Welt ihre Sucher nicht immer: »Wir sind jetzt wieder in Calgary und versuchen, unsere Schulden abzuzahlen«, räumte sie ein. »Das ist schon ein bisschen traurig. Die Wirklichkeit stellte sich uns wie eine Ziegelmauer in den Weg.« Sie sagte, dass sie derzeit als Sekretärin arbeite.

Diese Transformationsenergie symbolisiert sich augenfällig in dem signifikanten Hobby des Festivals: dem Fire-Spinning*, bei dem ein (häufig in Gothic-Lederoutfit gekleideter) Burner an Ketten befestigte Fackeln um seinen/ihren Körper herumwirbelt, und zwar lautlos bis auf das Brausen der die feuerradartig kreisenden Flammen umsausenden Luft. Für die Dauer des Flammenkreiselns wird der/die Feuerdreher(in) selbst zum solitären Atom – einem Neutron, das zusammen mit vier flammenden Elektronen in einem feierlichen Balanceakt tanzt, der mich zunächst überhaupt nicht interessierte, bis ich dann anfing, ihn faszinierend und wunderschön zu finden.

Die Bevölkerung von Black Rock City setzt sich aus den unterschiedlichsten Typen zusammen: blasierten Silicon-Valley-Superstars, die mit Privatflugzeugen in die Veranstaltung einfliegen, Künstlern aller Art, High-Tech-Workern, Sex-Workern, Sozialaktivisten, geheimnistuerischen Okkultisten, ironisch-kühlen Nervenkitzelsuchern, finsteren Voyeuren. Und es gibt eine gesonderte Gruppe von Personen, die sich völlig von der herrschenden

* Wörtl.: Feuer-Herumwirbeln.

Kultur getrennt haben – Freaks, wenn Sie so wollen. Zu diesem Personenkreis zählen Frauen, die wissen, dass sie Hexen sind, die mit geheimen Strömungen der Nacht in Verbindung stehen, wie etwa Jenny Grünzahn – ihr Name ist aus einem Märchen geklaut –, die schilderte, wie ihr einmal auf einem von einer unbekannten Substanz ausgelösten Trip ein Yin-Yang-Symbol quer durch ihr Zimmer sausend ins Dritte Auge schoss und sie dadurch in meditativen Samadhi versetzte. Es gibt Männer mit schamanischer Veranlagung, die nach Hilfsmitteln zur Heilung der Entseelten suchen, wie etwa die beiden nackten Kerle, die auf dem Boden des Cafés saßen und Leuten die Tarotkarten legten; oder »Teddybärmann«, der in einem dicken Mantel aus zusammengenähten ausgestopften Tieren das Festival durchstreifte und dabei Umarmungen und weise Worte austeilte. Nach der Verbrennung machte sich Teddybärmann gleich daran, den Chumash-Indianern beim Errichten einer Schwitzhütte zu helfen – und schob damit den Wiedereintritt in die »wirkliche Welt« so lang hinaus wie irgend möglich.

* * *

SPÄTESTENS AM SAMSTAGMORGEN war dann die ganze Wüste ein Schlammhaufen, der unter meinen Turnschuhen bei jedem Schritt eine glucksende siebenschichtige Torte bildete. Die Band auf der Bühne im Zentralcafé ähnelte einer zeitgemäßen Nachahmung der Hippiegruppe The Fugs aus den Sechzigern. Sie trugen Indianerumhangdecken und indische Kaftane, lange Bärte und Hippieperlen. Ihr Gesang bestand aus einem einzigen eintönigen, immer wieder stereotyp wiederholten Singsang, in den die mehreren Hundert dicht gedrängten Zuschauer begeistert mit einstimmten:

»Verdammtes Stück Scheiße!
Verdammtes Stück Scheiße!
Verdammtes Stück Scheiße!«

An diesem Nachmittag begab sich das Department of Public Works auf seinen jährlichen Tag-der-Arbeit-Marsch mitten durch die Playa. Das DPW, das sich die Apokalypse-Kultur der Siebziger- und frühen Achtzigerjahre – Road Warrier, Devo, die Sex Pistols, die Plasmatics – zum Vorbild nimmt, ist die engagierte Rahmenorganisation für freie Arbeit des Black Rock. Ihr Slogan lautet: »Wenn du gleichgültig bist, ist uns das egal.« Harvey nennt sie »Geschwindigkeitsfreaks mit Powertools.« Sie bauen die Infrastruktur auf und reißen sie in den Wochen nach dem Event wieder ab. Da kreisten sie nun – rau, abgebrüht, blau, übergeschnappt – oben auf ihren Trucks und Gabelstaplern, Raupenfahrzeugen und schrottreifen Autos; sie kreischten der anerkennenden Menge Beleidigungen zu, spien lange trichterförmige Bierfontänen nach ihr, ließen fauchende Feuerschweife aus Flammenwerfern auf sie los. Ein schwarzbärtiger, rasputinartiger Kerl in einem kleinen Bobcat-Kompaktbagger krachte wiederholt gegen die arg lädierten Trucks; hochtourig jagte er auf sie los wie ein bissiger kleiner Hund, der versucht, sich an ein paar größeren abzureagieren.

»Geht wieder in eure Bürozelle! Geht wieder an euren Computer! Verschwindet aus unserer Wirklichkeit!«, psalmodierten die DPW-Leute.

Die Menge nickte anerkennend, rührte sich aber nicht von der Stelle.

KAPITEL 14

Große Roboterimperien

Bei meinem ersten Besuch von Burning Man verbrachte ich meine letzte Nacht sitzenderweise vor dem Heart of the Man. Das Herz war ein großer, aus dünnen Metallplatten zusammengeschweißter, wie ein Menschenherz geformter Ofen, neben dem Holzscheite zur Befeuerung lagerten. Wenn es in vollem Brand war und das Gebläse betätigt wurde, schlug das Herz tatsächlich dunkelrot. Gelbe Funken schossen aus seinen Kammern. In der kalten Wüstennacht verbreitete das Herz rings um sich eine Zone einladender Wärme, und ich ließ mich nieder und blieb da, inmitten anderer stiller Burner, um, ständig am Rande des Einnickens, bis zum Morgen zu meditieren.

Als ich wenige Tage später nach New York zurückkehrte, fand ich eine E-Mail vor, die mich wissen ließ, dass Dan Lieberman, der Botaniker, der mich nach Gabun gebracht hatte, verstorben war. Er war bei einem blödsinnigen Autounfall auf einem flachen südafrikanischen Highway umgekommen; er schlief auf dem Rücksitz, als der Unfall passierte. Es war an seinem dreiunddreißigsten Geburtstag.

Ich erinnerte mich daran, wie Liebermann sagte, man habe ihm auf seinem Iboga-Trip gezeigt, dass er nicht mehr allzu lange leben werde. Das hatte ihn sehr nachdenklich gestimmt. Ich hatte es leicht genommen. Es erschien mir zu jenem Zeitpunkt einfach unmöglich, dass eine Droge, ganz gleich, wie visionsfördernd sie sein mochte, das Schicksal von jemandem auch nur halbwegs genau voraussagen konnte.

Da war auch eine E-Mail-Adresse von Dans Eltern. Ich schrieb ihnen einen Beileidsbrief, in dem ich seinen Mut und seine innere Überzeugung lobte. Ich nahm nicht an, dass ich an diesem Tag noch heftiger mit dem Tod zusammenstoßen würde.

Später an jenem Nachmittag bekam ich ein paar besorgte Anrufe von Freunden meines Vaters. Schon seit über einer Woche hatte keiner was von meinem Papa gehört. Ich hatte zu Hause Botschaften für ihn hinterlassen, nahm aber an, er halte sich grade draußen auf dem Lande auf – er hatte kürzlich ein winziges Häuschen im nördlichen Teil des Staates New York erworben. Seine Freunde sagten, dort sei er nicht mehr. Mit einer immer beklemmenderen Vorahnung begab ich mich an jenem Abend zusammen mit der Polizei zu seinem Loft in SoHo*. Während ich unten im Haus mit Laura und zwei Malerfreunden meines Vaters wartete, drang die Polizei gewaltsam in die Wohnung ein und entdeckte die Leiche meines Vaters im Badezimmer. Von dem medizinischen Untersuchungsbeamten erfuhr ich, dass er einige Tage zuvor an Herzversagen gestorben war – vielleicht in meiner letzten Nacht auf Burning Man, während ich vor dem wärmenden Herzen saß. Er war achtundsechzig Jahre alt.

Mein Vater hatte schon seit mehreren Jahren ein Herzleiden. Aber er hatte niemandem verraten, wie ernst dieses Leiden war – ich glaube, dass er es am allermeisten sich selbst verheimlichte. In den letzten Monaten seines Lebens wirkte er ungewöhnlich heiter und ruhig, im Frieden mit sich selbst und frei von Beschwerden.

* Abk. für (das New Yorker Künstlerviertel) South of Houston Street.

Bei meinem Aufenthalt auf Burning Man dachte ich oft über meinen Vater nach. Mein Papa war ein abstrakter Maler. Er und seine Freunde waren New Yorker Überlebende. In England geboren, war er 1960 als ein typischer Vertreter der zweiten Welle des abstrakten Expressionismus in New York eingetroffen. Mein Papa schaffte nie den Durchbruch in der Kunstwelt. Mit seiner idealistischen Grundhaltung war er nicht im Stande, für sein Werk eine Strategie zu entwerfen oder kunstweltspezifische Winkelzüge zu machen. Jedenfalls galt nach dem Aufstieg des Pop und des Konzeptualismus aufrichtige abstrakte Kunst als schwerfällig und rückschrittlich. Außerhalb der Kunstwelt gestrandet, arbeitete er unaufhörlich – ein vom Malen Besessener, der unbeirrbar an den transzendenten Wert der Kunst glaubte. Ich verzweifelte oft, wenn ich an seine Leinwände dachte – an die jahrzehntelange Arbeit in seinem Loft, an seinen Solipsismus und seine Begabung, seine Liebe zum Handwerk und an seine einsame Jagd nach dem Ideal.

* * *

NACHDEM MEIN VATER in seinem Loft tot aufgefunden worden war und ich mich durch die nervenaufreibende städtische Sterbebürokratie, die ja selbst eine ganz spezielle Bestrafung der Lebenden ist, hindurchgekämpft hatte; nachdem ich den über Jahrzehnte angesammelten Plunder ausgeräumt und mich von dem anfänglichen Kummerschock erholt hatte, verbrachte ich viel Zeit mit seinen Werken. Er hatte in seinem Loft in der Greene Street über 230 Gemälde und 50 Skulpturen hinterlassen – die Relikte seiner lebenslänglichen Forschung. Einige von ihnen waren riesig, bis zu drei oder vier Meter fünfzig lang. Und eine zusammengerollte Leinwand maß über siebeneinhalb Meter.

Seine früheren Gemälde waren klar konturiert, kontrastreich

und geometrisch. Seine späteren Arbeiten gemahnten an kosmisches Chaos, nächtlich erhellte Abgründe, Fieberträume, die existenzielle Haft des Ich in seinem Gefängnisturm. Sie brachten Unbeholfenheit und Anmut, Strahlungskraft und Offenbarung, mystische Hoffnung und existenzielles Grauen zum Ausdruck. Sie erinnerten mich an Henry Miller, an sein völlig offenes und zugleich variierend-ostinates Sich-Einlassen auf Prosasequenzen über ein scheinbar x-beliebiges Thema – über einen Spaziergang, den er als Kind machte, über einen längst verlorenen Freund, oder wie er mit irgendeinem geistreichen metaphysischen Einfall glänzt. Millers Passagen gleiten mit unbekümmerter Wildheit auf den Rand des Zusammenbruchs zu, zirkeln dann aber zurück, um das von ihm Gemeinte präzise einzufangen. Verschrammt, unbürgerlich, fast trübsinnig und doch seltsam erlösend, hatten die Gemälde meines Papas jene Qualität einer durchgestandenen Krise, eines abgewendeten Unheils, beides aber nur gerade noch.

In seinen letzten Jahren übte er sich in der Freiheit von jemandem, der bedeutungslos geworden war. Von allen Moden und Trends übersehen oder nicht verstanden, gab er es auf, noch irgendetwas anderes zu verfolgen als seinen eigenen einsamen Weg. In den Gemälden raunte er immer wieder über das unsichtbare Geheimnis, das er zeit seines Lebens bei sich getragen hatte – von seiner frühen Kindheit in Brighton bis in die Jahre im aufs Geld versessenen Manhattan, wo er zum Anachronismus geworden war –, jenes Phantom von Sinn und Form, das ihm nie mehr aus dem Kopf ging. In der Einsamkeit arbeitend bewies er sich allein den Lehrsatz.

Seine Bücherregale waren voll gestellt mit Büchern über Physik und Philosophie und Buddhismus. Er las ständig – Blanchot, Derrida, Wittgenstein, Nietzsche. Populärwissenschaftliche Überblicke über schwarze Löcher und Superstrings, zusätzliche Dimensionen und die Chaostheorie. Einige seiner späten Gemälde konnte man als dichterische Metaphern für Quanten-Absonderlichkeit, molekulare Transformationen, die den Raum krümmende Kraft von Gravitationsfeldern ansehen. Seine Kunst war sein spiritueller Weg. Auf seinem Schreibtisch fand ich eine hingekritzelte Notiz mit dem lapidaren Wortlaut: »Das dringende Bedürfnis zu glauben.«

Vor seinem Tod hatte ich aus irgendeinem Grund nicht erkannt, wie sehr unsere Interessen übereinstimmten. Die sich wiederholenden Formen in seinen späteren Werken waren eindeutig archaisch-ursprünglich und elementar. Sie erinnerten an die schräg aufragenden Menhire von Stonehenge ebenso wie an grobe afrikanische Artefakte. Mein Vater suchte da irgendeinen mystischen, aus der zeitgenössischen Sackgasse hinausführenden Pfad.

Beim Lesen seiner Notizbücher wurde mir klar, dass er das Weiterleben ins neue Jahrhundert hinein sehr ambivalent beurteilte; er schrieb darüber, dass er das Gefühl habe, die Gesellschaft werde immer mehr entpersönlicht, immer unmenschlicher. Er besaß nie einen Computer, bekam nie eine E-Mail. Ihm graute vor dem, was er »die großen Roboterimperien des einundzwanzigsten Jahrhunderts« nannte. Er befürchtete, sein Glaubenssystem, die existenzielle und handgearbeitete Aura seines Lebens und Werks werde sich nicht in dieses neue Zeitalter übertragen lassen.

* * *

WÄHRENDDESSEN STELLTE ICH FEST, dass meine psychedelischen Erforschungen noch vorteilhaft nachwirkten. Viele Jahre lang hatte ich mich an fast keinen meiner Träume erinnern können, und jene wenigen, die mir wieder einfielen, waren klägliche Bruchstücke, graue Späne und fade Leerräume. Nachdem ich mich, wenn auch nur anfängermäßig, mit Bewusstseinserweiterung befasst hatte, entdeckte ich mein Traumleben wieder. Die Träume zeigten sich jetzt jede Nacht in voller Farbe und wurden länger, als ich anfing, sie zu untersuchen. Ich hörte auf, ins Kino zu gehen, weil ich diese nächtlichen Schauspiele nicht beeinflussen wollte. Die von meinem Unbewussten erzeugten Bilder waren unwiderstehlicher als kommerzielle Kost. Manchmal wachte ich viermal in einer Nacht auf, um die Traumhandlungen in mein Tagebuch zu kritzeln, bevor die Bilder verblassten.

In den Monaten nach dem Tod meines Vaters erschien er mir in einer Reihe von Träumen. Manchmal hatte er einen Herzanfall erlitten, aber überlebt, oder er kam nach einer Zeit der Abwesenheit heim. In anderen Träumen waren sowohl er als auch ich uns im Unklaren darüber, ob er noch lebte oder nicht. Häufig machte er sich Sorgen darüber, was aus seinen Gemälden werden würde. Einmal trafen wir uns in einer alten Bar im Stadtzentrum, und mir wurde plötzlich klar, dass wir uns in einem Traum befanden. Ich nutzte die Gelegenheit, um ihm nochmals zu versichern, dass ich mich um sein Werk kümmerte und es katalogisierte und lagerte, so gut ich konnte.

Im Januar, wenige Wochen, nachdem ich erfahren hatte, dass meine Freundin schwanger war, hatte ich diesen Traum:

> Mein Vater und ich saßen an einem See, und er sagte: »Schau dir das Licht an.« Draußen auf dem Wasser kräuselte sich Licht, ein grünes Licht, das sich um die Felsen herum zu Ringen brach. Das sah aus wie ein Effekt aus einem seiner Gemälde. Ich erfasste klar, dass mir eben jetzt ein letzter Besuch bei ihm vergönnt war.

Ich erwachte mit einem Gefühl der Dankbarkeit, glücklich, bei Laura zu sein. Dass wir ein Leben miteinander gestalteten und zusammen ein Kind gezeugt hatten.

Neun Monate vor dem Tod meines Vaters war einer meiner engsten Freunde an einer Überdosis Heroin gestorben. R, dreiunddreißig zum Zeitpunkt seines Todes, war ein brillanter Schriftsteller, ein magnetischer Verrückter, gut aussehend, stark und eigenwillig, Erbe eines riesigen Familienvermögens. Sein Urgroßvater hatte in den Südstaaten eine florierende Zeitungsdynastie gegründet. Aber R hatte ein ungesundes Faible für Alkohol und Drogen; er war auf Selbstzerstörung fixiert. Die Fahnenabzüge seines ersten Romans lagen auf seinem Schreibtisch, als er starb.

Ich hielt ihn nie für süchtig; ich dachte, er benutze Heroin und Alkohol, um der schrecklichen Angst zu entrinnen, die ihn verzehrte. Er hatte ständig das Gefühl, in irgendeiner Hinsicht verflucht, schicksalhaft zum Sterben bestimmt zu sein, und er inszenierte seine hysterische persönliche Schicksalsvision. Auf die Tafel hinter seinem Schreibtisch hatte er eine Zeile von Robert Stone gekritzelt: »Pissen und Stöhnen, Trauern und Weinen, das war der Wesenskern der Droge.«

In den Monaten nach Rs Tod hatte ich eine Reihe von Träumen über ihn, die meinen Monate später folgenden Vater-Träumen ähnelten. Zunächst herrschte große Unklarheit darüber, ob R wirklich tot war oder nicht. Ich hatte mehrere Träume, in denen er eine Überdosis nahm, aber überlebte. Einmal sprachen wir über diese Unklarheit auf einer Party. Ein andermal besuchte ich ihn im Krankenhaus. Ein paarmal wandte ich mich in meinen Träumen unter Tränen an ihn, betrübt, dass ich nichts unternommen hatte, ihm zu helfen. Ich sagte ihm, ich hätte einfach nicht gewusst wie. Als er noch lebte, hatte ich sogar davon fantasiert, ihn der Iboga wegen nach Gabun zu bringen, aber ich wusste, dass er dafür nicht aufgeschlossen sein würde.

Fast genau ein Jahr nach Rs Tod hatte ich einen Traum, in dem ich mich in »die Geistwelt« hinaufbegab – eine Art Übergangs- oder Schattenreich, das mithilfe einer Strickleiter erreichbar war –, um ihn zu besuchen. Er war augenscheinlich viel ruhiger als bei unseren früheren Begegnungen. Er saß vor einer alten Schreibmaschine. Ich fragte ihn, was er denn mit sich anstelle, jetzt, wo er tot sei.

»Ich schreibe«, sagte er. »Ich schreibe über mein Leben. Ich versuche zu begreifen, was passiert ist.«

»Das ist wirklich gut. Es freut mich, das zu hören«, sagte ich ihm, bevor ich ging.

Die meisten nehmen an, derartige Träume seien Manifestationen des persönlichen Unbewussten. Vor meinem Ibogain-Trip hätte ich das gleichfalls gemeint. Nach Gabun war ich bereit, andere Möglichkeiten in Betracht zu ziehen.

Im Lauf der Zeit begann ich es bei der näheren Untersuchung meiner Träume für möglich zu halten, dass die Geister meines Vaters und meines Freundes nicht bloß von meinem Denken und Empfinden erzeugte Phantome waren. Sie waren Besucher aus dem sich nach dem Tode auftuenden Reich, sich noch im Unklaren, bisweilen aufgebracht über ihren Verlust des Menschenstatus. Durch die transdimensionale Geistwelt der Träume waren sie im Stande, mich zu erreichen. Meine, noch an der Welt der Lebenden haftende, unbewusste Psyche (eben das, was in einigen Traditionen als »Astralkörper« bezeichnet wird) konnte ihnen helfen zu begreifen, was vor sich ging.

Das Kommunizieren mit dem Geistreich durch Träume oder Visionen ist in archaischen und Eingeborenen-Kulturen überall auf der Welt eine ganz alltägliche Tatsache. Nur wir im »rationalen« Westen widerlegen die Möglichkeit einer solchen Fühlungnahme – blockiert durch unseren blinden Glauben an den Materialismus. Die Schamanen der Tarahumara-Indianer sagten

Antonin Artaud, dass die Weißen von den Geistern verlassen worden seien. Vielleicht sind wir nur verlassen, weil wir die Geister wegstoßen.

Im heutigen Leben tun wir alles uns nur irgend Mögliche, um jegliche unmittelbare Erkenntnis oder intuitive Wahrnehmung der unsichtbaren Reiche abzuleugnen. Wir verstopfen unsere Sinne mit Smog, stören unser Denken und Empfinden durch massenmediale Überbelastung. Wir ertränken uns in Alkohol oder doktern uns mit Antidepressiva in rigoros künstliche Gemütszustände. Dann sind wir stolz auf unseren Zynismus und unsere innere Distanz. Vielleicht haben wir schreckliche Angst davor zu entdecken, dass unsere »Rationalität« selbst eine Art Glaube ist, ein Kunstgriff, dass unter ihr das unermesslich weite Territorium des Unbekannten liegt.

Was ist das Zeitalter, in dem wir leben, seinem eigentlichen Wesen nach?

Walter Benjamin bezeichnete den Kapitalismus als »eine Religion der Zerstörung«. Er ist eine Religion, weil er auf dem – vom einzelnen Anhänger nicht geprüften und nicht bewiesenen – Materialismus- und Rationalismus-Glauben basiert. Er ist eine passive Weltanschauung, eine negative Theologie. Schon in den Zwanzigerjahren erkannte Benjamin »die Zerstörung der Welt als das tatsächliche Ziel des Weltkapitalismus – seine systemimmanente Hoffnung und sein transzendentes Ideal.«

Das Zweifeln an jeder spirituellen Wirklichkeit setzt gleichfalls ein Glaubenssystem voraus. Das kapitalistische Denken und Empfinden nimmt die Welt ausschließlich im Hinblick auf zu seinem Nutzen verwertbare materielle Ressourcen wahr, um damit ohne Rücksicht auf langfristige Konsequenzen Produktivität und Profit zu steigern. Wenn noch immer ein vages und bedrückendes Gefühl von Schuld, von Unrecht und Unausgewogenheit vorhanden ist, dann spornt dieses nagende Schuldbewusstsein den Kapitalismus zu noch größeren konsumtiven Zerstörungsakten an, noch gewaltsameren Versuchen, die Natur zu unterjochen, noch umfassenderen Anstrengungen, Ablenkungen zu schaffen. Für das »rational materialistische« Denken und Empfinden ist der Tod das Ende von allem; dieser Gedanke nährt sein Wüten gegen die Natur, die es in diese verzweifelte Lage gebracht hat. Die Zerstörung der Welt ist Rache gegenüber einem verschwundenen Gott – und ein drastischer Versuch, die spirituellen Mächte zu beschwören.

Benjamin schreibt:

> Der Kapitalismus ist vermutlich der erste Fall eines nicht entsühnenden, sondern verschuldenden Kultus. … Es liegt im Wesen dieser religiösen Bewegung, welche der Kapitalismus ist, das Aushalten bis ans Ende, bis an die endliche völlige Verschuldung Gottes, den erreichten Weltzustand der Verzweiflung, auf die gerade noch *gehofft* wird. Darin liegt das historisch Unerhörte des Kapitalismus, dass Religion nicht mehr Reform des Seins, sondern dessen Zertrümmerung ist. Die Ausweitung der Verzweiflung zum religiösen Weltzustand, aus dem die Heilung zu erwarten sei.

Wenn der Kapitalismus eine Religion der Zerstörung ist – die ihr Ziel gegenwärtig mit alarmierender Effizienz erreicht, obwohl sie dabei hin und wieder von Rezessionen warnend durchgeschüttelt wird –, dann ist die derzeitige Erniedrigung des Planeten durchaus einleuchtend. Der Fehler in unserem Denken ist systemimmanent. Ohne eine traumatische Veränderung unserer Werte ist es absolut unmöglich, einen Angriff zu stoppen, der auf einer zutiefst unbewussten, ja metaphysischen Sehnsucht nach Rache beruht.

Vielleicht können wir nur durch das analytische Herausarbeiten des metaphysischen Grundprinzips, das im modernen Mythos der »Rationalität« verborgen liegt, begreifen, warum es keinen einheitlichen, stringenten Versuch gibt, die von uns in Gang gesetzten katastrophalen Prozesse unter Kontrolle zu bringen. Diese Prozesse – die globale Erwärmung, die Ausdünnung der Ozonschicht, die Störung des elektromagnetischen Spektrums, der Atommüll, der Zehntausende von Jahren radioaktiv bleibt, die riskante biotechnische Erzeugung neuer Organismen und Viren, die auf kurzfristige Befriedigung ausgerichtete Habgier und gleichbleibende moralische Blindheit – bedrohen immer mehr die elementare Struktur unserer Existenz. Die Einzelperson ist sich dieser Bedrohungen intuitiv bewusst. Doch unsere intuitive Erkenntnis wird von unseren Führern und Technokraten, diesen Marionetten im Dienste der Unternehmensinteressen, geleugnet. Sie haben keine Vision für die Zukunft.

Benjamins Kapitalismusdefinition erhellt klar die Funktion des Heroins im Leben von R und anderen Personen, die ich kenne, den Freunden und Bekannten, die an einer Überdosis starben, sowie auch jenen, die ihr Leben durch die Sucht ruinierten. Heroin durchflutet den Körper mit Lustgefühlen und setzt die Verstandestätigkeit zeitweilig außer Kraft. Es bewirkt einen vergnüglichen Rauschzustand, aber auch nicht viel mehr – schon dieses Vergnügen wird gedämpft durch starkes Unbehagen, durch die von der Droge hervorgerufene psychische Leere. Es trifft zu, dass Heroin körperlich süchtig macht, aber Behandlungsberatern zufolge entsprechen die physischen Auswirkungen der Überwindung dieser Sucht in etwa denen einer dreitägigen Grippe. Das synthetische Narkotikum Methadon, das Heroinsüchtige staatlich verordnet bekommen, macht, alarmierenderweise, weitaus süchtiger als Heroin. Genau genommen wurde es von den Nazis als ein Hilfsmittel zu sozialer Kontrolle hergestellt.

Heroinsucht, oder Heroinüberdosierung, ist oft eine Reaktion auf eine unaussprechliche spirituelle Notlage. Mein Freund R sowie auch andere Freunde, die an Heroin starben, litten unter einer spirituellen Krise, einer moralischen Hölle. R nahm Zuflucht zum Heroin, weil es als ein Ausweg erschien, ein simples, unkompliziertes Mittel zur Flucht aus dem von seinem Reichtum, seiner schrecklichen Angst und seinem Nihilismus geschaffenen Labyrinth. Es war eine Kapitulation vor der Ideologie der Zerstörung. Er hatte kein Mittel zur Bekundung eines transzendentalen Impulses – außer Selbstauslöschung. Wie viele vom nihilistischen Hintergrundgeräusch unserer Kultur angeregte Konsumenten der Droge romantisierte er den Vollstrecker seines Verderbens.

KAPITEL 15

Der Tränentempel

Die beste Skulptur auf Burning Man von 2001, überhaupt eines der besten zeitgenössischen Kunstwerke, die ich je gesehen habe, war der vielleicht sechs Stockwerke hohe und ganz aus geschnitzten Holzteilen gebaute »Tränentempel«. Die komplex gegliederten Streben, Ausläufer und Spitzen des Tempels erinnerten an Hinduheiligtümer, die ich einmal in Nepal besichtigt hatte. Die bei seiner Errichtung verwendeten rechteckigen Holzelemente waren die Hohlformen der Zuschnitte aus einer Fabrik, die Dinosauriermodelle für Kinder herstellte. In monatelanger, gewissenhafter Arbeit wurde der Tempel zum Andenken eines Freundes des Künstlers erbaut, der sich umgebracht hatte. Das Bauwerk war eine sakrale Erinnerungsstätte, offen für alle, die der Toten gedenken wollten. Innerhalb der Festivalwoche wurden die Wände völlig von gekritzelten Namen und Erinnerungen überzogen. Manche kreierten für ihre verlorenen Lieben ganze Schreine – mit Fotos, Erinnerungsstücken, langen Briefen. Jedes Mal, wenn ich den Raum betrat, tags oder nachts, war er voller Menschen jeden Alters, von denen viele still weinten, beteten, Weihrauch verbrannten, sich erinnerten. Butoh-Tänzer* gaben lautlose Darbietungen, indem sie draußen vor dem Eingang am Boden dahinkrochen. Ich fügte den Namen meines Vaters und den von R zu den Wandbeschriftungen hinzu.

Am Sonntag, dem letzten Tag des Festivals, wurde der Tempel abends abgefackelt. Auf dem Weg zu diesem Event verirrte ich mich zusammen mit drei Fremden in einem Staubsturm. Sehr lange, so kam es uns jedenfalls vor, zogen wir durch die Playa; den eingeschlagenen Weg erhellte nur der Vollmond, ein weißer leuchtender Ball hoch über uns, der die Erde magnetisch bannte. Wir waren von grauer Düsternis, von tiefem Nichts umgeben. Eine funkelnde Rakete explodierte in weißem Funkenregen. In der Ferne erblickten wir drei rote Schlusslichter, die ein Fahrzeug als bloße geometrische Form definierten. Die drei Fremden schienen einander gut zu kennen. Ich glaube, sie kamen aus irgendeinem in den abgelegenen Wäldern Oregons verborgenen Hippieparadies. Ohne mich zu beachten, setzten sie ein altes Gespräch fort. Von dessen Kontext brauchte ich nicht viel zu wissen, um zu verstehen, dass es sich um den Gesamtsinn des Lebens drehte, seine Poesie und Pornografie und sein Gift, so wie sie sich in dieser momentanen, an Beckett gemahnenden Situation herauskristallisierten.

Einer von ihnen sagte zu den anderen: »He, wie wär's denn damit: Und wenn es nun immer schon genauso war wie eben jetzt?«

Ich wollte wissen, was er meinte, aber ich verlor die drei aus den Augen, bevor ich fragen konnte. Dann fand ich den Weg zur Menge. Tausende Menschen waren in einem riesigen Kreis rund um den Tempel versammelt. Eine halbe Stunde lang herrschte lautlose Stille, bevor der Bau angezündet wurde: Majestätisch verbrannte er; gigantische Flammen sanken zu goldener Glut zu-

* Moderner japanischer (in den Sechzigerjahren entstandener) meditativer Ausdruckstanz.

sammen, Holzornamente schwebten einen Moment lang lose in der Luft wie Gespenstergesichter, ehe sie knisternd zu Asche und Ruß und grauem Rauch zerfielen.

Der Tempel brachte die verborgene Unterströmung des Festivals zum Vorschein – seine Traurigkeit, seine Trauer. Burning Man birgt, hinter der Fassade seiner lächerlichen Exzesse, öffentlichen Orgien, Kunstwagen-Rallyes auch einen Anflug melancholischer Bekümmertheit. Während sie tanzen, grämen sich die ausgelassen Feiernden zugleich (oder ist das nur eine Projektion meiner eigenen schwermütigen Wesensart?) wegen all des Geistlosen und der Leere – die scheußliche Medusenmaske unserer Kultur, die heruntergerissen und den Flammen übergeben werden muss. Manchmal entdecke ich auch mitten in diesem maskierten und manischen Karneval eine gewisse, von widerhallenden Techno-Beats akzentuierte, Ambivalenz hinsichtlich des Menschseins; ein Gefühl der Unzulänglichkeit, eine Sehnsucht nach Transzendenz.

Die größte Party der Welt ist auch eine Totenwache für diese Welt.

* * *

Am nächsten Morgen erwachte ich bei Tagesanbruch und trat vor mein Zelt hinaus. Ich schaute zum Wüstenhorizont, und in dieser Richtung war der Vollmond noch zur Hälfte sichtbar, während er jenseits der Berge über dem grauen Flachland aus dem Blickfeld abtauchte. Ich drehte mich um und sah genau die Hälfte des rot getönten Feuerballs der in der Gegenrichtung über der Playa aufgehenden Sonne. Sonne, Mond und Erde glichen drei sich drehenden Kreisgebilden in einem kosmischen Mechanismus.

Auf Burning Man wurde ich mit den Ideen Georg Iwanowitsch

Gurdjieffs, eines geheimnisvollen Okkultisten aus dem frühen zwanzigsten Jahrhundert, bekannt gemacht, und zwar von jemandem, den ich im Café kennen lernte – ich hatte mir in diesem übermäßig aufgeladenen Nirgendwo angewöhnt, mich täglich ganz gezielt mit Fremden zu unterhalten. Auf diese Weise erfuhr ich viele Dinge, die ich vorher noch nicht wusste.

Ursprünglich aus dem Kaukasus stammend, gründete Gurdjieff eine Schule in der Nähe von Paris, wo er 1949 starb. In Gurdjieffs System vollführen die Schüler Bewegungen und Tänze in einem Zustand erhöhten Selbst-Gewahrseins. In seiner Schule verwendete er ritualisierte Gesten, um überlebte Gewohnheiten – alte Haltungen, antiquierte Vorstellungen – auseinander zu brechen und neue Kräfte freizusetzen. Einige intellektuelle Verteidiger der Rave-Bewegung machen sich Gurdjieffs System zu Eigen, um von seinem Ansatz her die angeborene mystische Verbindung zu erklären, die Raver beim Tanzen verspüren. Gurdjieff war der Ansicht, der Zweck der menschlichen Existenz bestehe darin, bestimmte kosmische Energien umzuwandeln und zu übermitteln. Zweifellos ist der allnächtliche Überschwang von Burning Man, sein Spielen mit den Naturkräften Wärme und Licht – Feuer, Laser und Blitz – ein Versuch, sich, nach Benjamins Formulierung, »mit den kosmischen Kräften zu vermischen«.

Gurdjieff hatte viele visionäre Ideen, die recht seltsam anmuten. Er glaubte, eine Seele sei nicht etwas, das man einfach habe, sondern etwas, das man sich erarbeiten müsse. Er nannte seine Methodik »absichtliches Leiden« und »bewusste Arbeit«. Er glaubte, die Erde und der Mond seien lebende, sich entwickelnde Wesen – was auch eine schamanische Auffassung ist –, und die Menschheit sei dazu bestimmt, den evolutionären Zielen der Erde und des Mondes zu dienen. Die Menschen sind, seiner Theorie zufolge, die »Organe der Sinneswahrnehmung« für die Erde, und bei ihren fortwährenden Umgestaltungen dieses Planeten dienen sie den Bedürfnissen des Planeten und nicht ihren eigenen. »Die Menschheit, wie auch alles übrige organische Leben, ist auf Erden für die Bedürfnisse und Ziele der Erde da. Und sie ist zum gegenwärtigen Zeitpunkt genau so, wie sie für die Erfordernisse der Erde sein sollte.«

In seinem System gibt es viele feinstoffliche Materieabstufungen, die von der Naturwissenschaft nicht registriert werden – nicht nur Vorstellungen und Gedanken, sondern sogar eine Grundschicht des menschlichen Geistes sind danach Materialtypen. Unmittelbar nach dem Tod einer Einzelperson verzehrt, Gurdjieff zufolge, der Mond die feinstoffliche Materie des menschlichen Geistes. Er gleicht einem Magneten, der den psychischen Leichnam in sich hineinzieht: »Alles auf der Erde Lebende, Menschen, Tiere, Pflanzen, ist Nahrung für den Mond. Der Mond ist ein riesiges Lebewesen, das sich von allem ernährt, was auf der Erde lebt und wächst.« Eines Tages werde sich die Erde zu einem der Sonne gleichenden Wesen entwickeln, während der Mond sich zu einer zweiten Erde umwandeln werde. Die Menschheit sei bloß eine Stufe in diesem Prozess.

Nur durch eine intensive Bemühung um bewusste Evolution – was er als »Selbsterinnerung« bezeichnete – sei es einer Einzelperson möglich, sich davor zu retten, vom Mond gefressen zu werden. »Die Befreiung, die sich mit dem Wachstum mentaler Kräfte und Fähigkeiten einstellt, ist die Befreiung vom Mond.« Er behauptete, dass die Menschheit nicht wirklich bewusst sei, dass die Handlungen des Menschen völlig mechanisch seien: »Alles ›passiert‹, er kann nichts ›tun‹. Er ist eine Maschine, die durch zufällige, von außen kommende Schocks gesteuert wird.« Die Einflüsse der anderen Planeten bedingen Kriege, Revolutionen, technologische Durchbrüche und Umweltkatastrophen auf der Erdoberfläche. Beispielsweise wäre die rapide, starke Ausbreitung der physikalisch-energetischen Zelltechnologie für die Erde ein gangbarer Weg, ihre elektromagnetische Hülle zu verändern. In Gurdjieffs System ist sozialer Fortschritt eine Illusion: »Alles ist genau so, wie es vor Tausenden und Zehntausenden von Jahren war.«

Die meiste Zeit meines Lebens war ich an Städte gekettet, wo die Nacht größtenteils eine zum Schweigen gebrachte Leere ist und die Naturkräfte auf Abstraktionen reduziert sind. Andererseits wird einem in Manhattan ohne weiteres auf beklemmende Weise bewusst, dass man ein winziges Rädchen in einem unermesslichen Getriebe ist, einem »kybernetischen Triebwerk«, das sich außerhalb menschlicher Kontrolle beschleunigt. Während ich in der Black-Rock-Wüste über Gurdjieff nachdachte, spielte ich amüsiert mit der Vermutung, dass die kosmische Apparatur aus wirbelnden Sternbildern und Planetenkörpern und Strahlen aussendenden Monden einen direkten und kausalen Einfluss auf das Menschenschicksal ausüben könnte, dass jene Kräfte für den Betrieb des gesamten Mechanismus verantwortlich sein könnten. In gewissem Sinne war dies offenbar ein durchaus logischer Gedanke.

Ich kehrte nach New York City zurück. Zehn Tage nach der spektakulären Verbrennung des »Tränentempels« versorgten Laura und ich gerade unser drei Wochen altes Baby, als wir den lauten Antriebslärm eines niedrig fliegenden Flugzeugs und dann einen ekelhaften dumpfen Aufprall hörten. Wir zogen die Rollos hoch – und sahen einen der Türme des World Trade Centers in Flammen stehen und seitlich einen schwarzen Krater darin klaffen. Beim Einsturz des ersten Turms strömten dann schon benommene Menschenmengen unter unserem Fenster aus dem Stadtzentrum fort. Bevor der zweite Turm zusammenfiel, ging ich hinaus und nach Süden auf die Katastrophe zu, vorbei an Massen verängstigter Wall-Street-Finanzleute und -Sekretärinnen, durch die Flugzeug-Bomben traumatisierter College-Studenten, verstörter Hausmeister. Manche waren von Ruß überzogen. Viele stammelten in ihre Mobiltelefone. Draußen vor den Gerichtsgebäuden informierten Nachrichtensprecher live über den neuesten Stand der verheerenden Notlage. Polizisten versuchten, die Menschenmassen unter Kontrolle zu bringen.

Während ich das Chaos mit ansah, gingen mir Gurdjieffs poetische Visionen durch den Sinn. »Was ist der Krieg? Er ist das Resultat planetarischer Einflüsse«, sagte er. »Alles, was auf relativ globaler Ebene geschieht, wird von außen gelenkt, und zwar entweder durch zufällige Verknüpfungen von Einflüssen oder durch allgemein gültige kosmische Gesetze.«

Es war vormittags kurz nach elf. Droben am blauen Himmel, zwischen zwei Türmen, war ein Zweidrittelstück Mondopal deutlich sichtbar; es strahlte über der Stadt. Ich wunderte mich über seine Helligkeit mitten am Tag.

Plötzlich begriff ich, was da geschah, falls Gurdjieff Recht hatte:

Der Mond nahm Nahrung zu sich.

TEIL IV

Schamanismus und Moderne

KAPITEL 16

In Geheimnissen wandelnd

Und wenn nun der Ursprung der Kultur – das, was Carlo Ginzburg als den »Mutterboden aller möglichen Geschichten« bezeichnete – die schamanische Reise war? Dann wären Kunst und Literatur, Tanz und Theater vervollkommnete oder degenerierte Formen des ursprünglichen Impulses, die »anderen Welten« durch Trance und Ritual zu erreichen.

Vielleicht ist die neuzeitliche Kultur und die auf Glauben basierende Religion ein kurzfristiges Experiment innerhalb des größeren Schamanismus-Kontextes und seiner zahllose Jahrtausende andauernden Kontinuität: das Experiment des Sich-Abwendens von tatsächlicher visionärer Erkenntnis zugunsten kathartischer Spektakel, symbolischer Kodes und der mimetischen Techniken von Literatur und Film; der Preisgabe persönlicher Erkenntnis heiliger Wirklichkeiten für den Glauben, und schließlich, so weit es den säkularisierten Westen betrifft, der völligen Auslöschung des Glaubens zugunsten des radikalen Zweifels an jeglicher spiritueller Dimension der menschlichen Existenz.

Die »Wiederentdeckung« des Schamanismus ist nicht bloß ein New-Age-Phänomen. Die westliche Welt hat sich in mehrmaligen Anläufen darum bemüht, den Schamanismus zu verstehen, und ihn dabei häufig auf simple Quacksalberei zu reduzieren versucht. Das Vergessen und Wiederentdecken, Neubewerten und Verwerfen des Schamanismus ist ein Prozess, der schon jahrhundertelang fortdauert. Vom sechzehnten bis zum ausgehenden achtzehnten Jahrhundert schrieben Sibirien und die Neue Welt bereisende Forscher Berichte über Gaukler, Taschenspieler und Stammeszauberer, die von den Intellektuellen Europas begierig studiert wurden. Die Bandbreite dieser Darstellungen reichte von höhnischen Ausfällen gegen betrügerische Praktiken und scharfen Anprangerungen mutmaßlicher Teufelsanbetung bis hin zu objektiven und sogar einfühlsamen Studien schamanischer Heilpraktiken.

»Während einige Europäer sich weiterhin über das lustig machten, was sie für öffentliche Betrügerei und schändliche Leichtgläubigkeit hielten, begannen andere, die schamanistischen Praktiken sehr ernst zu nehmen«, schreibt die Historikerin Gloria Flaherty in ihrem Buch *Shamanism and the Eighteenth Century.* »Der Schamanismus schien für sie einen großartigen Zusammenfluss zeitloser, weltweit verbreiteter menschlicher Aktivitäten zu verkörpern.« Flaherty äußert die Ansicht, der sich entfaltende Geniekult, die Mozart oder Goethe zugeschriebenen magischen Verzauberungskräfte, sei aus Europas Faszination für die Schamanen entstanden.

Goethe, die archetypische Gestalt des Zeitalters der Aufklärung, häufte Informationen über Magie und Geister an und lehnte Newtons mechanistische Naturauffassung ab, glaubte er doch, die Natur sei von spirituellen Kräften beseelt. »Wir alle wandeln in Geheimnissen«, schrieb der Poet und Wissenschaftler einem Freund. »Wir sind von einer Atmosphäre umgeben, über die wir noch überhaupt nichts wissen. Wir wissen nicht, was sich in ihr regt und wie sie mit unserem Verstand verbunden ist. So viel ist sicher: Unter besonderen Bedingungen sind die Fühler unserer

Seele im Stande, über ihre physischen Begrenzungen hinauszugelangen.« Goethe integrierte viele Aspekte des Schamanenarchetypus – den Kontakt mit Geistern während der Walpurgisnacht, rauschgiftbedingte Trance, Reisen in die Welt der Toten etc. – in die Gestalt des Faust, des neuzeitlichen Magiers.

Im neunzehnten Jahrhundert erforschten Poeten der Romantik wie Samuel Taylor Coleridge, Edgar Allan Poe und Percy Bysshe Shelley obsessiv ihre Träume als eine Brücke zwischen dem Unbewussten und dem Bewusstsein. »Ich sollte mir fast wünschen, wie der indische Wischnu in die Lotosblüte gebettet auf einem unermesslichen Ozean dahinzutreiben und einmal in einer Million Jahren für wenige Minuten aufzuwachen – bloß, um zu wissen, dass ich gleich eine weitere Million Jahre schlafen werde«, schrieb Coleridge, dessen berühmtestes Poem »Kubla Khan« aus der Rekonstruktion eines Opiumtraumes hervorging.

Wie Schamanen waren die Dichter der Romantik praktizierende Techniker, die ihre eigenen Träume und Trancezustände untersuchten und dabei neben anderen Verfahren auch Drogen verwendeten, um in die entlegenen geistig-seelischen Regionen einzudringen. Sie schulten sich in der Hervorbringung hypnagogischer Bilderwelten – also der mental nur halb kontrollierbaren Halluzinationen, die unmittelbar vor dem Einschlafen aufsteigen können. Thomas De Quincey, der mit *Bekenntnisse eines Opiumessers* das moderne Genre des autobiografischen Drogenkonsumberichts begründete, bezeichnete diese Visionen als »auf das Dunkel gemalte heraldische Symbole«. Der traumspezifische Lyrikstil der Romantiker war ein Widerstandsakt gegen den rationalen Empirismus und die industrielle Revolution.

Während die Romantiker in ihren Traumwelten zu verweilen suchten, erforschten die Literaten der Moderne den Moment des Erwachens als das Grundmodell für einen neuen Bewusstseinstypus, der rationale und irrationale Prozesse miteinander verschmelzen konnte. Für Schriftsteller wie Marcel Proust, James Joyce und Virginia Woolf diente die vom Schlafenden unternommene Anstrengung, aus dem Traum zu erwachen, als Metapher für den objektiven Zwiespalt zwischen dem fortschrittlichen wissenschaftlichen und gesellschaftlichen Denken ihres Zeitalters und dem urtümlichen, ritualistischen Gemetzel des Ersten Weltkriegs. »Die Geschichte ist ein Albtraum, aus dem ich zu erwachen versuche«, verkündet Stephen Daedalus im Anfangskapitel von *Ulysses*, einem Buch, das ein hundertseitiges, in der »Nachtstadt« spielendes Drama enthält, die Transkription eines nur assoziativ zusammenhängenden Albtraums oder Gespenstertrips, der sich so liest, als sei er von dem Buch selbst geträumt.

Auf der Suche nach der verlorenen Zeit beginnt damit, dass Marcel Prousts Protagonist in seinem Bett liegt und sich von wirren und lebhaften Träumen aus der Vergangenheit löst. Prousts Einleitungssequenz enthüllt den Moment des Aufwachens als mystisches Übergangsverhältnis zwischen dem Ich und dem Nicht-Ich:

> …wenn ich mitten in der Nacht erwachte, ohne zu wissen, wo ich mich befand, konnte ich zunächst nicht einmal sicher sein, wer ich war; ich hatte nur das elementarste Seinsgefühl, wie es etwa in der Tiefe eines Tierbewusstseins lauern und flackern mag; ich war hilfloser ausgesetzt als der Höhlenbewohner; aber dann kam die Erinnerung – noch nicht an den Ort, wo ich mich befand, sondern an mehrere andere Orte, wo ich gewohnt hatte und jetzt durchaus hätte sein können – wie ein aus dem Himmel heruntergelassenes Seil, um mich aus diesem Abgrund des Nichtseins emporzuziehen, dem ich niemals von allein hätte entfliehen können: Im Nu durchquerte ich Jahrhunderte der Zivilisation, und aus einem verschwommenen Anblick von

Petroleumlampen, dann von Hemden mit offenen Kragen, fügten sich allmählich die ursprünglichen Bestandteile meines Ich zusammen.

Jede Nacht reist Prousts Erzähler von psychischer Auflösung zu Selbst-Beherrschung, von Zerstückelung zu erinnernder Wiederherstellung. Das Bild vom »aus dem Himmel heruntergelassenen Seil« ist dem schamanischen Motiv einer aus dem Himmel kommenden, zwischen dieser Welt und den anderen Sphären hin und her führenden Leiter sehr ähnlich. Das unermessliche unterseeische Reich des Schlafs stellte die Solidität der im Wachzustand erfahrenen Wirklichkeit in Frage: »Vielleicht ist die Unbeweglichkeit der uns umgebenden Dinge diesen durch unsere Überzeugung aufgezwungen, sie seien sie selbst und nicht irgendetwas anderes, also durch die Unbeweglichkeit unserer Auffassung von ihnen.« Die Krankheit, die Proust in ein mit Kork ausgekleidetes Zimmer verbannte, wo er keinen Kontakt mit anderen Menschen mehr hatte und eine Art Nachleben zu Lebzeiten führte, glich der einleitenden Krankheit und nervösen Gestörtheit des Schamanen, seiner Ehelosigkeit und seinem inneren Zwang, sich während der Erforschung der Geistbereiche von seinem Stamm zu trennen.

Die Literaten und Künstler der Moderne entliehen, wissentlich oder unwissentlich, Grundelemente vom schamanischen Archetypus. Wie Stammesschamanen betrachteten die Künstler sich selbst, nach Ezra Pounds Formulierung, als »die Fühler des Menschengeschlechts«. In einer weltlichen Kultur waren sie diejenigen, die in das Land der Toten reisten, die Bilder eines schwer fasslichen Erhabenen fertigten, die sich in ekstatische Inspirationszustände begaben. Sie glaubten, ihre Bildwerke und Zeugnisse enthielten, wie magische Fetische, die Kraft zur Heilung der spirituellen Leiden der Kultur. Schriftsteller wie Gertrude Stein,

Tristan Tzara oder James Joyce erkundeten Privatsprachen oder eindeutig aus Unsinnigem konstruierte Idiome – was wiederum der geläufigen Schamanengepflogenheit der Glossolalie ähnelt, dem Zungenreden während der Trance. Die Lieder des Schamanen wurden ihm von den Geistern beigebracht; die Sprechgesänge des modernistischen Poeten waren Äußerungen des Entfremdetseins von einer entmenschlichten und entmystifizierten Welt.

KAPITEL 17

Ich bin nicht hier

In den vergangenen kapitalistisch geprägten Jahrhunderten spiegelten sich industrieller Fortschritt und Rationalismus in einer Kulturgeschichte irrwitziger Visionen, symbolischer Exkursionen und rauschgiftbedingter Fluchten wider. Künstler und Intellektuelle forschten nach Gegenmitteln gegen den erstickenden Materialismus des Westens. Die Erkundung von chemisch herbeigeführten veränderten Gemütszuständen war eine der äußersten Grenzen, eines der wesentlichen Elemente der modernistischen Suche. Der Dichter Arthur Rimbaud rief nach »einer systematischen Verwirrung der Sinne«, und 1920 ließen sich die Surrealisten, seinem Beispiel folgend, von psychischen Störungen und extravaganten Schockeffekten inspirieren. In seinem Essay zum Surrealismus bemerkte der Kritiker Walter Benjamin: »Im Weltgefüge lockert der Traum die Individualität wie einen hohlen Zahn. Diese Lockerung des Ich durch den Rausch ist eben zugleich die fruchtbare, lebendige Erfahrung, die diese Menschen aus dem Bannkreis des Rausches heraustreten ließ.« Veränderte Gemütszustände ermöglichten Denkern, der überwältigenden, und berauschenden, Traumwelt des Kapitalismus zeitweilig zu entfliehen.

Künstler der Moderne strebten nach dem Abweichenden und Diskreditierten, spürten auf, was vom Westen abgelehnt, beiseite gestoßen, fremd gemacht worden war. Das Wiederaufleben des Interesses an den heiligen Stammesmedizinen, das sich zunächst bei ein paar engagierten und oft verzweifelten Suchenden bekundete, eröffnete eine neue Phase der modernistischen Erforschung kultureller Andersheit: den Versuch, mit den Visionserkenntnissen »primitiver« Gesellschaften in direkten Kontakt zu treten.

Die Literaten des zwanzigsten Jahrhunderts, die als Erste die psychedelische Ausreise unternahmen – unter ihnen Antonin Artaud, Henri Michaux, Aldous Huxley und William Burroughs –, stellten fest, dass die im Westen seit vielen Jahrhunderten gesetzlich tabuisierten und wenig bekannten Stammessakramente einen gespaltenen Charakter hatten. Einerseits erschlossen die Substanzen unermessliche Gebiete des Wahrnehmungsbewusstseins, weckten neue Ideen und entfesselten Visionen, die sich aus dem jungianischen kollektiven Unbewussten oder aus der Gedankenwelt eines übernatürlichen Tricksters zu entfalten schienen. Aber bei ihrer Verwendung machte man auch die Erfahrung der Hoffnungslosigkeit, Beängstigung und Hilflosigkeit.

Artaud reiste 1936 nach Mexiko, um an den Peyote-Ritualen der Tarahumara-Indianer teilzunehmen, eines versteckten Gebirgsstammes, der in von Mexiko-Stadt ein paar Tagereisen entfernten kahlen Gipfelregionen lebt. Der geplagte Dichter begab sich aus Verzweiflung in die Gebirgsregion der Tarahumara. Er sehnte sich nach der Wiedererlangung »jenes Gefühls des Heiligen, das dem europäischen Bewusstsein verloren ging, ... worauf ja unsere Miseren allesamt zurückzuführen sind«.

Artaud litt an innerer Verbannung aus seinem eigenen Gemüt und Sinn, seinen eigenen Gedanken, an »einem fundamentalen Makel meiner Psyche.« In seinen Schriften kam er immer wieder auf sein inneres Getrenntsein zurück, das er als schreckliche Angst, als radikalen Bruch, als Sehnsucht nach persönlicher Beziehung zu irgendeiner Wirklichkeit empfand.

»Ich bin nicht hier«, schrieb er einem Freund. »Ich bin nicht hier und werde es auch nie sein.«

Dichter, Schauspieler, Begründer des Theaters der Grausamkeit, der Inspirationsquelle für peinliche pseudo-tabuverletzende Spektakel, wie sie seit Generationen überall auf der Welt in Akademien der schönen Künste und auf experimentellen Bühnen zur Aufführung gelangen, steht er verdientermaßen im Ruf einer radikalen und theatralischen Persönlichkeit, die einst erklärte: »Alle Literatur ist Schweinekacke.« Einiges von Artauds Werk ist irres Gerede, und einiges ist äußerst schwere Kost, aber er war auch zu großer Klarheit fähig. Beim Forschen nach Schlüsseln zu seiner geistig-seelischen Verfassung sondierte er unter mystischen Traditionen, alchemistischen Verfahren sowie den aus seiner eigenen Innenwelt zusammengetragenen Scherbenstücken: »Es gibt einen auf den höheren Gesetzen der Welt beruhenden geheimen Determinismus; aber in einem Zeitalter einer zwischen den Mikroskopen sich nicht mehr zurechtfindenden mechanistischen Wissenschaft von den höheren Gesetzen der Welt zu sprechen erregt zwangsläufig den Hohn einer Welt, in der das Leben ein Museum geworden ist.« Sein Leben war eine Suche nach jenen höheren Gesetzen.

Eine Zeit lang gehörte Artaud zur doktrinären Surrealistengruppe: »Der Surrealismus bedeutete mir nie etwas anderes als eine neue Art Magie. Das Jenseitige, das Unsichtbare ersetzt die Wirklichkeit. Die Welt hält nicht mehr.« Für Artaud war der Surrealismus ein System von Techniken zur Erkundung irrationaler, mystischer und dissoziativer Gemütszustände – jener Bewusstseinsbereiche, die eine materialistische Kultur als unbrauchbar fallen lässt. Der Surrealismus zeigte, wie »aus dem richtigen Gebrauch der Träume eine neue Vorgehensweise bei der Orientierung des eigenen Denkens, eine neue Vorgehensweise beim Sichbeziehen auf die Erscheinungen, entstehen könnte«.

Er trennte sich von den Surrealisten, als sie sich dem Kommunismus zuwandten. Für Artaud bewies die Tatsache, dass sich die Surrealisten den Kommunisten anschlossen, nur, dass ihr revolutionärer Impuls nicht tief genug eingedrungen war. »Die revolutionären Kräfte jeder Bewegung sind ebenjene, die imstande sind, die gegenwärtige Grundlage der Dinge auszuwechseln, die Wirklichkeitsperspektive zu verändern.« Der Kommunismus war zum Scheitern verurteilt, weil er die »innere Welt des Denkens« nicht anerkannte, nicht transformierte.

Um zu den Tarahumara zu gelangen, durchreiste Artaud eine urtümliche Landschaft, die mit Symbolen, Zahlen und Bildern versehen war – verdorrten, wie gekreuzigte Männer aussehenden Bäumen, dämonischen, von Felsen herabguckenden Gesichtern. Später erlebte er, wie die Schamanen der Tarahumara diese Symbole zu einer lebendigen Kosmologie verwoben, die die Essenz ihrer mystischen Wissenschaft zum Ausdruck brachte. »Diese geheimnisvolle Wiedereinverleibung ist in der Ciguri (Peyote) mit enthalten, als Mythos vom Wiedererwachen, dann von der Vernichtung und schließlich der heil machenden Zurückführung im Sieb der höchsten Hingabe, was ja die Stammespriester bei ihrem Tanz ›Das Ganze der Nacht‹ auch unablässig rufen und bekräftigen.« Wie die Bwiti unterhielten die Tarahumara eine Symbiose mit ihrer Zauberwurzel. Als die Schamanen tanzten, begriff Artaud: »Sie tun, was die Pflanze ihnen befiehlt; sie wiederholen es wie eine Art Lektion, die sie mit den Muskeln befolgen.«

Europäische Künstler der Moderne wie Pablo Picasso und André Derain waren vom »Primitivismus« fasziniert. Kubisten, Fauves und Futuristen holten sich ihre formgeberischen Innovationen von afrikanischen Masken und Eskimototems. Trotz dieses

Interesses am Exotischen und Stammesbedingten hatte von all den europäischen Vertretern moderner Kunst nur Artaud genügend Verzweiflung oder Mut – die ja häufig ein und dasselbe sind –, sich in die Stammeswirklichkeit hineinzuwagen und selbst das Visionssakrament zu essen. Nur für Artaud ging es beim Erlangen dieser Erkenntnisse um Leben und Tod – oder sogar ums Jenseits. Er suchte nach keiner anderen Belohnung: »Ich hatte nicht kraft des Geistes diese unbesiegbare organische Feindseligkeit bezwungen …, um von ihr eine Kollektion antiquierter Bilder zurückzubringen, aus der dieses bis jetzt einem geschlossenen System treue Zeitalter allenfalls ein paar neue Ideen für Plakate und Vorlagen für seine Modedesigner hernehmen würde.« Seiner Zeit um dreißig Jahre voraus, beschwor Artaud vorhersehend die späten Sechzigerjahre, als Psychedelika massenhaft auf den Markt kamen und viele »antiquierte Bilder« für die Werbe-, TV- und Designmaschinerie hervorbrachten.

* * *

LA DANSE DU PEYOTL*, Artauds Text über seine Reise, den er, in psychiatrischen Kliniken leidend, über viele Jahre hin bearbeitete und umschrieb, ist ein zerklüfteter Erzählbericht aus Abbrüchen und neuen Anläufen, erschütternden Enthüllungen und gequälten Aufschreien. Sein Text, ein einzigartiges, Mythen schaffendes Meisterwerk, ist durchzogen von christlichen Kreuzigungs- und Erlösungsbildern, der Bedrängnis seines Wahnsinns, seiner Sehnsucht, die Welt wieder zu verzaubern. »Denn es gibt im Bewusstsein eine Magie, mit der man über die Dinge hinausgehen kann. Und Peyote verrät uns, wo sich diese Magie befindet

* *Der Peyotltanz/Peyotetanz*, erste Fassung in: A.A., *Au Pays des Tarahumaras*, La Nouvelle Revue Française, August 1937.

und nach welchen sonderbaren Vergegenständlichungen, deren Atem atavistisch gepresst und behindert ist, das Fantastische auftauchen und in unserem Bewusstsein noch einmal seine Phosphoreszenz und seinen Nebeldunst zerstreuen kann.«

Die Tarahumara, weit davon entfernt, in ihren Anschauungen primitiv oder rückwärts gewandt zu sein, suchten lebhaft Antworten auf die schwierigsten Fragen der Philosophie. »So unvorstellbar einem dies auch vorkommen mag – die Tarahumara-Indianer leben so, als seien sie bereits tot. Sie sehen die vordergründige Wirklichkeit nicht und schöpfen magische Kräfte aus ihrer Zivilisationsverachtung.« Die Indianer strebten auf direkte, instinktive Weise nach metaphysischer Erkenntnis, nämlich durch Tanz, Ritual und vor allem mithilfe von Peyote. »Das ganze Dasein der Tarahumara kreist um die erotische Peyotewurzel.«

Zuerst trieben die Tarahumara-Schamanen mit Artaud ihre speziellen Späße, wie dies Schamanen gerne tun. »Sie ließen auf mich diese alten Männer los, die dann plötzlich überschnappten und irgendwie schwul mit ihren Amuletten wackelten«, beklagte sich der Dichter. »Ich erkannte, dass sie mir Gaukler andrehten – keine Zauberer.« Zuerst wollten die Indianer nicht, dass er an den *Ciguri*-Ritualen teilnahm: »Peyote war, wie ich ja wusste, nicht für Weiße bestimmt. Man musste um jeden Preis verhindern, dass ich durch diesen Ritus ein Heilmittel erhielt, das dazu geschaffen wurde, auf die ureigene Wesensart der Geister einzuwirken. Und ein Weißer ist für diese roten Menschen jemand, den die Geister verlassen haben.«

Aber Artaud war hartnäckig. Er wartete einfach ab, bis sie einlenkten. Außerdem erfuhr er, dass die mexikanische Regierung die Peyoterituale zu unterbinden versuchte; er stellte den örtlichen Schulleiter deswegen zur Rede. Später erfuhr er, dass sich die Tarahumara des bevorstehenden Endes ihrer Überlieferung bewusst waren. Der Geist verließ sie – und alle Menschen.

»Die Zeit ist zu alt geworden für den Menschen«, sagte ihm ein Priester.

Er schloss Freundschaft mit einem Stammesangehörigen, der, zumindest Artauds Rückbesinnung gemäß, erklärte: »Peyote ruft im ganzen Nervensystem die Erinnerung an bestimmte höchste Wahrheiten wach, wodurch das menschliche Bewusstsein seine Wahrnehmung des Unendlichen nicht verliert, sondern ganz im Gegenteil wiedererlangt.«

Schließlich erschienen die echten Schamanen. Er durfte an ihrer die ganze Nacht dauernden Peyote-Zeremonie teilnehmen. Er war der erste weiße Mann, der erste westliche Intellektuelle, der dies tat.

Er aß eine Hand voll von der pulverisierten Wurzel und bekam daraufhin jene »gefährlichen Dissoziationen, die Peyote offenbar hervorruft und nach denen ich jahrelang mit anderen Mitteln gestrebt hatte.« Er sah zu, wie urtümliche Symbole aus seinen inneren Organen aufstiegen: »Die Dinge, die aus meiner Milz oder meiner Leber auftauchten, glichen in ihrer Form den von einem gewaltigen Mund ausgeplauderten Buchstaben eines sehr altertümlichen und mysteriösen Alphabets, das jedoch furchterregend, unklar, stolz, unleserlich, sehr bedacht auf seine Unsichtbarkeit war.« Er erlebte die feurigen, auf dem Boden eines Leerraums brennenden Buchstaben *J* und *E* – eines immensen Leerraums, der irgendwie in seinen eigenen Körper eingepasst war.

»Peyote führt das Ich zu seinen wahren Quellen zurück«, schrieb er. »Wenn man einmal einen derartigen visionären Gemütszustand erlebt hat, kann man nicht mehr die Lüge mit der Wahrheit verwechseln. Man hat erkannt, woher man kommt und wer man ist, und man bezweifelt nicht mehr, was man ist. Es gibt keine Gefühlsregung oder äußere Einwirkung, die einen von dieser Wirklichkeit abbringen kann.«

So mächtig diese Offenbarungen auch waren, sie konnten doch nicht seine inneren Spaltungen beheben. Sie konnten ihn nicht heilen. Artaud verbrachte die letzten zwölf Jahre seines Lebens in psychiatrischen Anstalten, wo er mit Elektroschocks behandelt wurde, paranoide Briefe sowie immer wirrere Tiraden schrieb und den Text seiner Offenbarungserlebnisse unter den Tarahumara überarbeitete. Wie bei einigen der psychedelischen Märtyrer aus den Sechzigerjahren endete Artauds Suche nach schamanischen Erkenntnissen in Selbstzerstörung. Aber was für ein anderes Schicksal war möglich oder sogar vorstellbar für den modernen westlichen Künstler, den ein über jede weltliche Ambition hinausgehender innerer Zwang dazu trieb, die spirituelle Öde zu durchqueren, sich und seine Kultur wieder zu sakralisieren?

KAPITEL 18

Eine Visionsorgie

Die Wassons machten die moderne Welt in den Fünfzigerjahren mit den Zauberpilzen bekannt, aber über Peyote wusste der Westen seit Jahrhunderten Bescheid. Vierhundert Jahre vor Artauds Pilgerfahrt ins Gebirge der Tarahumara stießen spanische Forschungsreisende und Inspektoren zum ersten Mal auf die indigene Verwendungsart der Kaktee. Der spanische Franziskanermönch Sahagun schrieb schon 1560 über die »entweder schreckliche oder lächerliche Visionen« hervorrufende Pflanze. »Sie ist so eine Art Delikatesse bei den Chichimeken«, bemerkte Sahagun, »sie gibt ihnen Kraft und Kampfesmut und nimmt ihnen die Angst und lässt sie weder Hunger noch Durst empfinden, und sie behaupten, sie beschütze sie vor jeder Gefahr.« Frühe Chronisten wie etwa Francisco Hernandez erwähnten auch die ihr zugeschriebenen medizinischen Nutzeffekte: »Zermahlen und auf schmerzende Gelenke aufgetragen, soll sie angeblich Erleichterung bringen.«

Frühe europäische Reisende und Mönche kosteten Peyote nicht selbst, oder falls sie es taten, schrieben sie nicht darüber, und die rituelle Verwendung der Kaktee wurde bald als primitiver Brauch abgetan und dämonisiert. 1620 verbot die »Inquisition gegen Ketzerei, Verderbtheit und Apostasie« in Mexiko-Stadt den Indianern, diese »als mit der Reinheit und Echtheit des Heiligen Katholischen Glaubens unvereinbar missbilligte« Delikatesse zu trinken. Die von der Pflanze hervorgerufenen Visionen wurden der »Eingebung und Mitwirkung des Teufels, des Urhebers dieses Missbrauchs …« zugeschrieben. Trotz der Gefahr der Verfolgung erhielten Indianergruppen wie etwa die Huichol und Tarahumara heimlich ihre Beziehung zu der Kaktee aufrecht – das Abbrechen dieser Verbindung wäre der völligen Zerstörung ihrer Kulturen gleichgekommen. Vom Fanatismus und der Ignoranz der Spanier überrannt, nahmen die Indianer das Christentum an, aber sie lernten, ihren alten Religionen im Geheimen weiterhin nachzugehen, und sie sahen darin keinen Widerspruch.

Meskalin, das Hauptalkaloid in der Peyote, sollte der erste psychedelische Grundstoff sein, den westliche Wissenschaftler aus einer Pflanze herauslösten. In den Achtzigern des neunzehnten Jahrhunderts isolierte der deutsche Wissenschaftler Louis Lewin die wirksamen Alkaloide. Im folgenden Jahrzehnt kursierten die harten, grauen, bitteren Knopfkörper der Kaktee, die mit Haarbüscheln versehen sind und oben spiralig angelegte geometrische Muster aufweisen, in Kreisen der Intellektuellenelite in Europa und den Vereinigten Staaten. Unter den Geistern, die in den Neunzigern des neunzehnten Jahrhunderts Peyote probierten, waren William James, der Magenschmerzen bekam, aber keine Visionen hatte, und W. B. Yeats, der eine haschischähnliche Wirkung konstatierte. Die weithin bekannten Psychologen S. Weir Mitchell und Havelock Ellis erprobten gleichfalls den Wirkstoff an sich selbst. Sie verfassten lange Beschreibungen der dadurch ausgelösten eigentümlichen Visionen.

Die Gemälde Salvador Dalís vorwegnehmend, sah sich Weir Mitchell unvermutet einer »riesigen Klippe« mit einer sie packenden »steinernen Vogelklaue« gegenüber. Von dem Bein dieses

Vogels »hing ein Bruchstück aus unbestimmtem Stoff herab. Dieses begann sich auseinander zu rollen und in eine Ferne hinauszutreiben, die meinem Eindruck nach sowohl die Zeit als auch die Unermesslichkeit des Raums darstellte. Hier erstreckten sich meilenweit gekräuselte Purpurtücher, halb durchsichtig und von unsagbarer Schönheit.« Grüne Vögel flatterten in den Abgrund hinab, und er sah »Steinhaufen, die von den Klauenkrallen in, wie es schien, meilenweiten Massen tief in die drunten liegende Unterwelt des schwarzen Schlundes hinunterhingen.« Nach dem Trip hatte er Kopfschmerzen und »akute, heftige Magenbeschwerden.« Die Erfahrung »war ein Kopf- und Bauchweh wert, aber kein zweites«, und er bezweifelte, dass großes therapeutisches Potenzial in ihr steckte.

Havelock Ellis bezeichnete seinen Trip als »eine Visionsorgie«. Zu einem bestimmten Zeitpunkt erlebte er sich so, »als ob ich mich in einem Lampion befände und durch meine Wange ins Zimmer hinausschaute.« Weir Mitchell und Ellis fanden ihre tief traurigen Halluzinationen, die den komplexesten Opiumfantasien von De Quincey ähnelten, zwar sehr interessant, hielten sie aber nicht für besonders bedeutsam. Weir Mitchell prognostizierte »eine gefahrvolle Herrschaft der Peyotesucht, sobald man sich diesen Wirkstoff problemlos beschaffen kann.« Ellis meinte, die Droge bereite zwar »ein unvergessliches Vergnügen«, sei aber in ihrer spezifischen Wirkung zu verstandesbezogen, um breiten Anklang zu finden.

Louis Lewin, der Verfasser des Buchs *Phantastica*, einem frühen Versuch, die Wirkungen verschiedener bewusstseinsverändernder Pflanzen zu klassifizieren, erkannte klar, dass die von Peyote hervorgerufenen farbenprächtigen Halluzinationen weniger bedeutsam waren als die anderen Wirkungen der Pflanze: »Das Bedeutungsvollste in dem ganzen Wirkungsmechanismus, der sich in der Hirnrinde abspielt, ist die geistige Zustandsänderung, die Änderung des Seelenlebens«, schrieb er in den Zwanzigerjahren. Peyote bewirke ein zuvor noch »nie erlebtes seelisches Geschehen, demgegenüber die Trugwahrnehmungen an Bedeutung zurücktreten.« Lewin war seiner Zeit weit voraus mit der von ihm verdeutlichten Ansicht, das häufig durch Peyote und LSD vermittelte transzendente Gefühl der Einigkeit, des Verbundenseins mit der Welt und der Auflösung des Egos sei bedeutsamer als jedes psychedelische Feuerwerk.

Obwohl eine Hand voll Künstler und Okkultisten mit Meskalin experimentierten, erregte die Entdeckung zu diesem Zeitpunkt oder in den darauf folgenden Jahrzehnten in Europa kein allgemeines Interesse. Ich vermute, dass das europäische Bewusstsein dieser von den späten Neunzigern des neunzehnten Jahrhunderts bis zum Ende des Zweiten Weltkriegs reichenden Ära auf den rigorosen Surrealismus, die sciencefictionartigen sensorischen Brüche in den von psychedelischen Drogen ausgelösten Erfahrungen nicht vorbereitet war. Den Europäern, die mit Peyote – oder Meskalin, der gereinigten und kristallinen Form des Halluzinogens – experimentierten, fehlte der für das Verständnis dessen, was sie da erlebten und sahen, nötige Kontext, und so bewirkte die Droge bei ihnen hauptsächlich seelische Entfremdung. Die Traum-Agitprop des Surrealismus, die aufkommende filmische Montagetechnik und das Trauma der beiden Weltkriege machten das westliche Denken und Empfinden aufgeschlossen für den psychedelischen Schock als Visionskatalysator.

Wer die Stammeshalluzinogene ohne sachgemäße Vorbereitung probierte, musste mit verheerenden Folgen rechnen. Jean Paul Sartre beispielsweise nahm 1935 in Paris während eines experimentellen klinischen Versuchs Meskalin. Über eine Woche lang – die physische Wirkung der Droge hatte schon längst nachgelassen – sah sich Sartre hilflos in einen nachklingenden Albtraum psychotischer Entsetzensangst und Paranoia gestürzt;

Schuhe drohten, sich in Insekten zu verwandeln, Steinmauern wimmelten von Monstern. Er war verwirrt, verängstigt – die körperliche Krankheit und seelische Qual haben ihn womöglich zu seinem Roman *La Nausée* angeregt, in dem die sich windende Rinde an einem einzelnen Baum das enthüllt, was er als den mechanistischen Schrecken der Natur erfasste.

* * *

»AUS DER ERDE IST nachgerade alles Exotische herausgewaschen«, klagte der junge Dichter und Maler Henri Michaux 1928 während eines Besuchs in Ecuador. »Wenn wir nicht binnen hundert Jahren Kontakt mit irgendeinem anderen Planeten oder, als das Nächstbeste, mit dem Inneren der Erde, aufgenommen haben (aber das werden wir ja), ist die Menschheit erledigt. … Wir leiden Todesschmerzen, sowohl wegen der Dimensionen, wie sie jetzt bestehen, als auch wegen des Mangels an jeglichen künftigen Dimensionen, zu denen wir Zuflucht nehmen könnten, jetzt, wo unsere Erdentour zu Tode geritten ist.« Wie viele Intellektuelle suchte Michaux nach dem sinnlosen Blutbad des Ersten Weltkriegs einen Fluchtweg hinaus aus dem Westen.

Wenn schon keinen anderen Planeten, so entdeckte Michaux doch immerhin wenige Jahrzehnte später einen inneren Fluchtweg, als er anfing, sich selbst mit Meskalin zu behandeln. Das war Anfang der Fünfzigerjahre, in einer Zeit, als Meskalin abermals bei westlichen Intellektuellen, Künstlern und gut betuchten Mystikern kursierte. »Eine Vergewaltigung, eine bestialische Hochspannung…, die die Verstandesmaschinerie zunichte macht« – so umschrieb Michaux seine Meskalinreisen. »Meskalin vervielfältigt, schärft, beschleunigt, intensiviert die inneren Bewusstwerdungsmomente«, schrieb er. »Gebannt, verständnislos siehst du ihrem merkwürdigen Fluten zu.« Ewig wiederholten sich Bilder, wie auf einer psychischen Tapete – ein Gesicht, eine Glastreppe, ein rosa Nilpferd. »Mit geschlossenen Augen bist du in der Gegenwart einer unermesslichen Welt. Nichts hat dich auf das hier vorbereitet. Du erkennst es nicht.«

Immer wieder, in Büchern wie etwa *Unseliges Wunder*, in seinen abstrakten Zeichnungen und Gemälden, suchte Michaux die endlosen Aufteilungen, die Ich-Zerspaltungen und imagistischen Explosionen, die ihm auf seinen Trips begegneten, einzufangen: »Ich glänzte, ich wurde zerschmettert, ich brüllte bis zu den Enden der Erde. Ich zitterte, mein Zittern war ein Gebell. Ich drängte vorwärts, ich jagte hinab, ich stürzte mich in Durchsichtigkeit, ich wohnte kristallin.«

Er verwendete die Chemikalie zur Zergliederung der inneren Regionen seines Bewusstseins und beschrieb unerhörte Beschleunigungen, Verlangsamungen, Wiederholungen, Seelendispersionen. Er mühte sich ab, den fremdartigen Sinn der Droge, ihre Eigentümlichkeit zu begreifen, aber sie blieb ihm letztlich unfassbar. Michaux' Meskalinuntersuchung war ästhetisch ausgerichtet, dem schamanischen Wissen der Huichol und Tarahumara völlig entfremdet. Die Indianer nahmen Peyote als Medizin für den Leib und die Seele ein und verfügten über kognitive Landkarten von den Geistbereichen, die sie enthüllte. Michaux erkundete die psychedelische Erfahrung in erster Linie als Stimulans für die künstlerische Produktion, und daher war sie von seinem Bezugspunkt aus zwangsläufig etwas Exotisches und Unpersönliches, inspirierend, aber nicht geheuer. »Jene Welt ist ein anderes Bewusstsein«, schrieb er. Aber das eigentliche Wesen dieser Andersheit entging ihm.

KAPITEL 19

Ein Meer aus geistigem Protoplasma

Artaud und Michaux berichteten über ihre halluzinogenen Ausflüge in zerrissenem modernistischem Stil. Der britische Romancier Aldous Huxley erzählte über seinen 1953 unternommenen Meskalintrip mit dem trockenen Witz und der sachlichen Klarheit eines englischen Kriminalromanschriftstellers oder eines Jugendbuchautors. In der Einleitung zu *Die Pforten der Wahrnehmung*, dem einflussreichsten Werk westlicher psychedelischer Literatur, verkündet Huxley seine Absicht, sich »den Spürhunden – Biochemikern, Psychiatern, Psychologen« – auf der Meskalinfährte anzuschließen.

Huxley machte seine Meskalinreise 1953, demselben Jahr, in dem die Wassons zum ersten Mal Psilocybin probierten. Den Verfasser zahlreicher Romane und literarischer Essays sowie auch von *Schöne neue Welt*, dem meistverkauften Werk sozialkritisch prognostischer Sciencefiction, faszinierte schon seit langem das Mystische. Diese Faszination bestand trotz, oder vielleicht wegen, der Tatsache, dass er selbst als Denker und Schriftsteller zu einer sehr produktiven, aber leicht trägen Rationalität tendierte. »Philip Quayles Verstandeskraft hatte etwas Amöbenhaftes«, schrieb Huxley in dem Roman *Kontrapunkt des Lebens*, und charakterisierte damit sein Alter Ego. »Sie glich einem Meer aus geistigem Protoplasma, das imstande war, in alle Richtungen zu fließen, jeden auf seinem Weg liegenden Gegenstand zu überfluten, in jede Spalte einzusickern, jede Hohlform auszufüllen.« Huxleys fast erstickende Klarheit zwang ihn dazu, zu Bereichen des Irrationalen und Unerkennbaren vorzustoßen. Einmal schrieb er einem Freund: »Es geht mir in erster Linie darum, irgendeine Art Gesamtverständnis der Welt zu erlangen…, das die Fakten erklärt.«

Schon lange bevor er etwas von Psychedelika wusste, faszinierten Huxley Psychopharmaka als potenzielle Mittel zu persönlicher Befreiung und sozialer Kontrolle – zwischen diesen beiden Extremen kippte sein Denken hin und her. Sich über das ambivalente Potenzial dieser Substanzen voll im Klaren, erfand er Soma, ein Narko-Halluzinogen, für *Schöne neue Welt*, seine vorhersehende Vision von einer hoch technisierten, autoritären Zukunft. Soma – ursprünglich das im *Rigveda* beschriebene gleichnamige entheogene Getränk, die Inspirationsquelle der hinduistischen Kosmologie – war in Huxleys Buch ein alles andere als harmloses Rauschmittel. Euphorisierende, sedative und halluzinogene Kräfte in sich vereinend, funktionierte es als präzise kalibriertes Werkzeug »repressiver Toleranz«, das dafür sorgte, dass die Bürger von Huxleys negativer Designer-Utopie vollgedröhnt und gefügig, süchtig und happy blieben.

Etwa um die Zeit, als er *Schöne neue Welt* schrieb, verfasste Huxley auch einen Essay, in dem er eingestand, sich nach einem Psychopharmakon zu sehnen, das das Gelangweiltsein, die tägliche Plackerei des gewöhnlichen Bewusstseins würde mildern können. »Wenn ich Millionär wäre, hielte ich mir eine Schar Forschungsarbeiter, die nach einem neuen Rauschmittel suchen müssten«, schrieb er 1931. Als er dann das Meskalin und später auch noch LSD für sich entdeckte, waren seine Gebete erhört. Er widmete das letzte Jahrzehnt seines Lebens der Erforschung dieser Chemikalien sowie dem Versuch, Anhänger für sie zu gewinnen. Im Gegensatz zu seinem erdichteten Soma und trotz größter Bemühungen der CIA hatten Meskalin und LSD den zusätzlichen Vorteil, dass sie als Mittel zu sozialer Kontrolle untauglich waren. Er sah jedoch die Entwicklung kulturell sanktionierter stimmungsaufhellender Drogen wie etwa Prozac und Ritalin voraus, die dann massenhaft verordnet werden würden: »Womöglich helfen sie dem Psychiater bei seinem Kampf gegen die Geisteskrankheit, oder womöglich helfen sie dem Diktator bei seinem Kampf gegen die Freiheit«, schrieb er. »Aber wahrscheinlicher ist (angesichts der göttlichen Unparteilichkeit der Wissenschaft), dass sie sowohl versklaven als auch frei machen werden, heilen und zugleich zerstören werden.« Huxley starb 1963. Auf seinem Sterbebett spritzte ihm seine Frau eine beträchtliche Dosis flüssiges LSD – ein Trip, der sich vielleicht sogar seiner Fähigkeit zu rationaler Analyse entzogen hat.

In *Die Pforten der Wahrnehmung* – der Titel ist entlehnt aus William Blakes Verszeilen: »Wenn die Pforten der Wahrnehmung offen wären, / Erschiene alles so, wie es in Wirklichkeit ist, Unendlich« – bleibt Huxleys Duktus selbstsicher, sein Stil klar. Selbst wo er drauf und dran ist, in Zusammenhangslosigkeit oder Unstimmigkeit abzugleiten, tut er das in glasklarer Prosa. Da schaut er beispielsweise einen Stuhl an und erblickt eine Wirklichkeit von solcher Intensität, dass sie sich mit dem christlichen Jüngsten Gericht vergleichen lässt – dazu äußerte er sich so: »Sie war unsäglich herrlich, herrlich in so hohem Maß, dass sie schon ans Furchtbare grenzte.« Blitzartig realisierte er, wie es einem ergeht, wenn man wahnsinnig wird, in die Höllen und auch die Paradiese der Schizophrenie stürzt. Er analysierte die Angst, »überwältigt zu werden, sich unter dem Druck einer Realität aufzulösen, die gewaltiger ist, als ein Gemüt und Verstand, gewohnt, die meiste

Zeit über in einer heimeligen Welt von Symbolen zu leben, womöglich ertragen könnte.« Huxley gesteht seine eigenen Grenzen ein. Er war seiner geistig-seelischen Konstitution nach nicht fähig, weit über seine »heimelige Welt von Symbolen« hinauszustreifen. Er kam nie an die fieberhafte Erregung von Artaud heran, der vom Rand des Chaos und Grauens her seine Peyoteoffenbarungen krächzte.

Die Pforten der Wahrnehmung war Propaganda, die für mystische Wahrnehmung als Lifestyle-Alternative warb. Obwohl Huxleys Psychedelika-Approach eher elitär-administrativ als midcult* war, bahnte *Die Pforten der Wahrnehmung* den Weg für Timothy Leary und die Entwürdigung des Themas zu Popkulturfutter. Huxley ist der Ansicht, dass man Meskalin oder ein psychedelisches Derivat davon innerhalb der Christenheit einsetzen könnte, um eben damit die transzendente Wirklichkeit unmittelbar zugänglich zu machen: »Aus dem alten Trott gewöhnlicher Wahrnehmung herausgeschüttelt zu werden, ein paar zeitlose Stunden lang die äußere und die innere Welt gezeigt zu bekommen, und zwar nicht so, wie sie einem vom Überlebenstrieb besessenen Tier oder einem von Worten und Vorstellungen besessenen Menschen erscheinen, sondern so, wie sie vom Denken und Empfinden in seiner Gesamtheit direkt und indirekt erfasst werden – das ist für jeden und ganz besonders für den Intellektuellen eine Erfahrung von unschätzbarem Wert.«

Mit einem Überzug von Verweisen auf Blake, Thomas von Aquin, Goethe, das *Tibetische Totenbuch* und andere illustre Quellen entfremdet *Die Pforten der Wahrnehmung* den Meska-

* D. h. der nach Umberto Eco so bezeichneten *Midcult* (*middle culture*), einer zwischen der hohen und der Massenkultur angesiedelten (»geistig poppigen«) »mittleren Kultur« verpflichtet/zugehörig

lintrip seinen stammesspezifischen und schamanischen Ursprüngen. Für die Indianer in der Native American Church ist Peyote der »Großvater«. Der bitter schmeckende Kaktus ist selbst ein spiritueller Abgesandter aus dem »Grünen Volk« der Pflanzenwelt. Die Indianer verwenden die Kaktee nur im Rahmen eines sorgfältig strukturierten Rituals. Peyote lässt erkennen, dass das natürliche Universum ganz und gar von spirituellen Kräften beseelt ist, und der pflanzliche Träger dieser Botschaft ist von deren Sinngehalt nicht zu trennen.

Fünfzig Jahre danach bleibt Huxleys zentrales Argument weiterhin völlig stichhaltig. Er erkannte klar, dass sich die moderne Welt immer mehr in ihren Konfliktregelungsgewohnheiten, ihrem fast verzweifelten Bemühen verfing, jedes Thema zu verfolgen außer personenbezogener Offenbarung:

> Ein Katalog, eine Bibliografie, die Standardausgabe der *ipsissima verba* eines drittrangigen Verseschmieds, ein fantastischer, alle bisherigen Indexe übertreffender Index – jedes echt alexandrinische Projekt wird mit Sicherheit genehmigt und finanziell gefördert. Aber wenn es darum geht herauszufinden, wie du und ich, unsere Kinder und Enkelkinder auffassungsfähiger werden können, uns stärker der äußeren und inneren Wirklichkeit bewusst, aufgeschlossener für den Geist, weniger dazu geneigt, uns durch psychologische Fehlgriffe physisch krank zu machen, und fähiger, unser vegetatives Nervensystem selbst zu steuern – wenn es um irgendeine Form von nonverbaler Erziehung geht, die grundlegender ist (und wohl einen wahrscheinlicheren praktischen Nutzeffekt hätte) als schwedische Gymnastik, wird keine achtbare Person in irgendeiner achtbaren Universität oder Religionsgemeinschaft diesbezüglich irgendetwas unternehmen.

Huxley befürwortete eine Art gesellschaftlicher Schocktherapie in einer Welt, die durch die von ihr selbst entfesselte Technologie immer mehr bedroht wurde: den massenhaften Gebrauch von Meskalin oder einem ähnlichen Wirkstoff als Hilfsmittel zur Bewusstseinsevolution, als chemischen Abkürzungsweg zu »direkter, möglichst unsystematischer, Wahrnehmung der inneren und äußeren Welt, in die wir hineingeboren sind«.

KAPITEL 20

Eine Hand voll Asche

Während moderne Künstler einen Notausgang aus der modernen Öde suchten, stellte sich die neue Disziplin Anthropologie die Aufgabe, die über keine Schriftkultur verfügenden Stammesgesellschaften zu studieren, eben als die Kolonialmächte sich beeilten, sie zu verseuchen und zu vernichten. Die Geschichte der Anthropologie besteht aus einer Reihe von Missverständnissen und Projektionen, bewussten Verdunkelungen, groben Schnitzern, Ausverkäufen und kriminellen Handlungen. Von Franz Boas bis zu Margaret Mead, von Claude Lévi-Strauss bis zu Napoleon Chagnon dient die Anthropologie als Zerrspiegel, in den der Westen hineinblickt und dabei vortäuscht, vom »Anderen« zu erfahren, während es doch nur endlose Spiegelbilder seiner selbst studiert. Auf die Eingeborenengesellschaften projizierten wir unsere lüsterne Besessenheit von sexuellen Beziehungen und dem Inzesttabu; unsere Faszination in Bezug auf Gewalt und das »Überleben des Tüchtigsten«. Wir studierten magische Praktiken, um sie zu entmystifizieren oder sie als Schwindel zu entlarven. Mithilfe unserer anthropologischen Abgesandten inszenierten wir unseren unwiderstehlichen Drang, das Exotische zu konsumieren und es, bei diesem Konsum, zunichte zu machen.

In seinem Erinnerungsbuch *Traurige Tropen* sann Lévi-Strauss über die Torheit der anthropologischen Suche nach – über die Unmöglichkeit, mit einer unverdorbenen Kultur in Berührung zu treten. Er stellt sich vor, in der Zeit zurückzugehen. Mit jedem Sprung nach hinten, so wird ihm klar, würde er verloren gegangene Bräuche wiedergewinnen, aber zugleich die Fähigkeit einbüßen, sie zu deuten: »Ich kann wie irgendein Reisender der fernen Vergangenheit sein, der sich einem fantastischen Schauspiel gegenübersah, das sich ganz, oder fast ganz, seinem Verständnis entzog, oder ihn, noch schlimmer, mit Geringschätzung und Abscheu erfüllte; oder ich kann ein moderner Reisender sein, der den Spuren einer dahingeschwundenen Wirklichkeit nachjagt.« Für den strengen Patriarchen des Strukturalismus bewies dieser Teufelskreis, dass die Anthropologie ihren Gegenstand nie erreichen kann.

In seinen dunkelsten Momenten gibt sich Lévi-Strauss dem Nihilismus hin. »Reisen, diese Zauberschatullen voll traumhafter Verheißungen, werden nie wieder ihre Schätze unbefleckt hergeben«, beklagt er. Die Errungenschaften der westlichen Welt, ihre »Ordnung und Harmonie« basierten auf Verschmutzung und Schadstoffemission in globalem Ausmaß: »Das Erste, was wir auf unserer Reise um die Welt sehen, ist der Dreck, mit dem wir das Antlitz der Menschheit besudelt haben.« Überall, wohin er schaut, entdeckt er apokalyptische Verwahrlosung, Entropie – das Wüste Land schlechthin. Er definiert die Anthropologie neu als »Entropologie«, das Studium einer verkommenden Welt.

Lévi-Strauss setzt die modische Leidenschaft für Reiseschriftstellerei – leicht verständliche Erzählberichte von Besuchen bei exotischen Kulturen – mit der »Machtsuche« von Heranwachsenden gleich, die sich in Stammesgesellschaften Initiationsritualen unterziehen. Die »benommenen, entkräfteten und delirierenden« Initianden gehen in die Wildnis, in dem Glauben, »dass ein magisches Tier, gerührt von der Intensität ihres Leidens und ihrer Gebete, gezwungen sein wird, ihnen zu erscheinen«. Dieser »absurde und verzweifelte Versuch«, durch das Ausreißen aus der sozialen Welt mit der geistigen Welt in Berührung zu treten, findet, Lévi-Strauss' Überzeugung nach, sein strukturelles Pendant in dem jungen Reiseschriftsteller aus dem Westen, der sich kurzfristig einer Extremsituation aussetzt und zurückkehrt, »ausgestattet mit einer Macht, die sich im Schreiben von Zeitungsartikeln und Bestsellern äußert … ihr magischer Charakter wird durch den Prozess der Selbsttäuschung erwiesen, der in der Gesellschaft wirksam ist und der das Phänomen in allen Fällen erklärt«.

Lévi Strauss' Werk, seine Bemühung, »den Haupt-Sinn zurückzuerobern«, ist von einem fieberhaften Drang nach Entmystifizierung beseelt. »Kann es sein, dass ich, der ältliche Vorläufer jener Dschungeldurchstöberer, der Einzige bin, der nur eine Hand voll Asche mit nach Hause gebracht hat? Ist meine Stimme die einzige, die von der Unmöglichkeit der Wirklichkeitsflucht Zeugnis gibt?« Seine entmythisierende »Wissenschaft« beteiligt sich am Werk der Zerstörung, an dem, was er das unabänderliche Resultat der menschlichen Geschichte nennt: »Die Menschheit hat sich für die Monokultur entschieden; sie ist dabei, eine Massenzivilisation zu schaffen, so wie man Runkelrüben in Massen anbaut«, schreibt er. »Künftig wird die Tageskarte des Menschen nur noch aus diesem einen Gericht bestehen.«

Sein Erinnerungsbuch ist die triumphierende Klage des manischen Rationalisten, der auf keine List, keine mystische Schwingung oder flüchtige Hoffnung hereinfallen wird, der uns keinerlei Fluchtmöglichkeit offen lässt. Aber diese albtraumhafte Vision von einer glorreichen Mechanisierung ist, wie man festhalten muss, gleichfalls ein Mythos.

In einem zentralen Kapitel von *Traurige Tropen* untersucht

Lévi-Strauss die komplizierte Körperbemalung der Caduevo-Indianer aus Brasilien: »Ihr Gesicht, und manchmal auch ihr ganzer Körper, war mit einem Netzwerk asymmetrischer Arabesken bedeckt, die mit subtilen geometrischen Mustern abwechselten.« Lévi-Strauss ist fasziniert von diesen grafischen Strukturen, die seinem Eindruck nach wie die Rückseiten europäischer Spielkarten aussehen. Die Indianer weigern sich jedoch, den Grund für ihre Verzierungen zu erklären. Schließlich kommt er zu der Überzeugung, dass die Körperbemalungen eine rein »soziologische Funktion« besitzen. Die Caduevo hatten keine komplexen sozialen Institutionen (keine *Académie Française*, keine *Bibliothèque Nationale*), und die »geheimnisvolle Anziehungskraft und scheinbar grundlose Komplexität« der Muster waren daher zu deuten als »das Phantasma einer Gesellschaft, die mit ungestillter Leidenschaftlichkeit nach einem Mittel suchte, die Institutionen symbolisch auszudrücken, die sie haben könnte, wenn ihr ihre Interessen und abergläubischen Anschauungen nicht im Wege stünden«.

Seine herablassende Einstellung gegenüber der indianischen Geisteskultur spiegelte fünfhundert Jahre kolonialer Unterdrückung und europäischen Snobismus' wider. Lévi-Strauss nimmt kaum Bezug auf den Gebrauch psychoaktiver Pflanzen bei den Indianern, obwohl dieser Gebrauch wahrscheinlich die Quelle für die Verzierungen ist, die ihn faszinieren. Er kommt nicht auf den Gedanken, dass die auf den Körper gemalten Muster ein spezifischer Umgang mit einer heiligen Wirklichkeit sein könnten, die den Indianern aufgrund ihrer eigenen Visionen vertraut war, ein Wissen, das sie ausländischen Eindringlingen lieber nicht verrieten.

Als in den Sechzigerjahren psychedelische Drogen plötzlich als eine Kraft im westlichen Bewusstsein hervortraten, begannen sich Anthropologen für ihren Gebrauch in Eingeborenengesellschaften zu interessieren. Ein paar Feldforscher wagten den Versuch, den Sinn der den Indianern bekannten halluzinogenen Offenbarungen eingehender zu ergründen. Einige von ihnen probierten im Rahmen ihrer Feldforschung die Pflanzen und Tränke auch selbst, aber dieses Austesten wurde immer nur beiläufig, nebenher erledigt, als Fußnote im Anhang zur eigentlichen Arbeit, die sie durchführten. Sobald diese Anthropologen deuteten, was sie sahen, kartografierten sie die visionäre Dimension wieder in das soziologische Koordinatensystem zurück, das sie an Universitäten erlernt hatten. Mit der Ideologie der Sozialwissenschaft ausgerüstet, mussten sie beweisen, dass das Visionserlebnis immer von sozialen Kodes strukturiert wird – sie mussten es beweisen, und sie taten es dann auch.

1969 verfasste der Anthropologe Gerardo Reichel-Dolmatoff eine Abhandlung über die Tukano-Indianer Kolumbiens und ihren Gebrauch von *Banisteriopsis caapi* (auch bekannt als Ayahuasca oder *Yagé*): »Für den Anthropologen ist es höchst interessant, dass die Indianer behaupten, alles, was wir als *Kunst* bezeichnen würden, sei durch die halluzinogene Erfahrung veranlasst und beruhe auf ihr.« Den Indianern zufolge basierte ihre gesamte Kultur auf Ayahuasca: »Sie haben nicht bloß visuelle Halluzinationen, sondern hören auch Musik und erleben Tänze mit.« Reichel-Dolmatoff probierte den Tukano-Trank. Er sah Ströme sich ständig verändernder Bilder: »wie Mikrofotografien von Pflanzen … wie Buntglasfenster. … Diese heranrückenden Dinge sind wie Körper … jetzt sind sie wie dick bepelzte Raupen mit einer Menge Federkielen … wie bestimmte geschmacklose Krawatten.«

Reichel-Dolmatoff war imstande, Bräuche und spirituelle Überzeugungen von Eingeborenen kompetent zu beschreiben und zu analysieren, aber er war außerstande, der Stichhaltigkeit seines eigenen Visionserlebnisses zu trauen. Trotz eines Trips, der erstaunlich kulturübergreifend anmutet und eine sorgfältige Auswertung verdient, besteht Reichel-Dolmatoff darauf, dass »die in einem Halluzinationszustand befindliche Einzelperson ihre kulturelle Erinnerung auf den wabernden Bildschirm aus Farben und Formen projiziert und somit bestimmte Motive und Gestalten ›erkennt‹.« Seine Ausführung, wie die Tukano ihre jeweiligen Visionen einander schildern, ergänzt der Anthropologe rasch folgendermaßen: »Dieses offene Austauschen von Erfahrungen könnte zu einem Konsens führen, zu einer Festlegung bestimmter Bilder; auf diese Weise ließe sich die Deutung der Vision, egal, was Letztere jeweils beinhaltet, an ein kulturelles Grundmuster anpassen.«

Ungefähr zur selben Zeit studierte Marlene Dobkin de Rios Ayahuasca-Heilrituale bei den Mestizen im peruanischen Iquitos für ihr Buch *Visionary Vine*. Während ihres eigenen Ayahuascatrips sah sie »sich sehr rasch bewegende Bilder, die große Ähnlichkeit mit Bosch-Gemälden hatten, … eine Reihe Erscheinungen mit Blattgesichtern … und anschließend die lebensgroße farbige Erscheinung einer Peruanerin, die mir zwar unbekannt war, aber höhnisch in meine Richtung grinste.« Hinterher schrieb sie: »Keine Dschungelgeschöpfe bevölkerten meine Visionen. … Die Visionen, die ich hatte, enthielten Symbole meiner eigenen Kultur.« Waren »Erscheinungen mit Blattgesichtern« wirklich ein Bestandteil ihrer Kultur? Mit der unbeirrbar aufrechterhaltenen Überzeugung, dass Ayahuasca-Visionen nur eine Projektion der »kulturellen Erinnerung«, eine Umgruppierung von »Symbolen« aus dem eigenen persönlichen Background sein können, vermittelt die Anthropologin geschickt den Eindruck wissenschaftlicher Objektivität und klammert zugleich ihre tatsächliche Erfahrung aus.

Ende der Fünfzigerjahre arbeitete der Anthropologe Michael Harner bei den Jivaro-Indianern im Amazonasgebiet. Zu diesem

Zeitpunkt war er sich »über die starke psychologische Einwirkung des *Banasteriopsis*-Tranks auf die Wirklichkeitsanschauung der Eingeborenen nicht voll im Klaren.« Er hatte keinen Sinn dafür, weil er ihn nicht trank. Ein paar Jahre später trank er selbst bei einem anderen Stamm, den Conibo im peruanischen Amazonasgebiet, eine gehörige Portion Ayahuasca: »Nach dem Trinken des Gebräus befand ich mich, wenn auch im Wachzustand, mehrere Stunden lang in einer Welt, die buchstäblich jenseits meiner wildesten Träume lag. Ich begegnete vogelköpfigen Menschen sowie auch drachenartigen Geschöpfen, die erklärten, dass sie die wahren Götter dieser Welt seien. Ich nahm die Dienste anderer Geister in Anspruch und versuchte, mit deren Hilfe durch die fernen Weiten der Galaxis zu fliegen.« Am nächsten Tag berichtete er einem blinden Schamanen über die Drachen, die behaupteten, sie hätten die Welt erschaffen. Der Schamane lächelte wissend. »Ach, das behaupten sie immer. Aber sie sind nur die Herren der Äußeren Dunkelheit.«

Harner war auf eine überwältigende, alternierende Welt gestoßen, die sich nicht ignorieren, wegerklären oder soziologisch einordnen ließ. »In einen Trancezustand befördert, in dem das Übernatürliche ganz natürlich anmutete, begriff ich, dass Anthropologen, ich inklusive, gründlich unterschätzt hatten, wie gravierend und prägend die Droge die Eingeborenenideologie beeinflusst.« Seit jener Nacht widmete sich Harner dem Verstehen des Schamanismus. Er gründete die Foundation of Shamanic Studies in den Vereinigten Staaten, die Leuten aus dem Westen schamanische Trommel- und Heiltechniken beizubringen versucht.

Harner war ein moderner Anthropologe, der, bewehrt mit dem ganzen Lévi-Strauss'schen Instrumentarium zur analytischen Distanzbewahrung, ins Forschungsfeld zog. Während Lévi-Strauss seine einwandfreie ironische Objektivität und seinen dementsprechenden Status eines Außenstehenden bewahrte, ging Harner, beseelt von dem wissbegierigen Geist einer anderen Generation, das berufliche Risiko ein, die heilige Wirklichkeit der Eingeborenen selbst zu prüfen. Dort fand er etwas viel Merkwürdigeres und Erstaunlicheres als eine »Hand voll Asche«. Er fand eine magische Bühne in seinem eigenen Inneren, auf der das Übernatürliche ein Schauspiel aufführte, das so real war wie die im Wachzustand erlebte Realität, greifbarer als jeder Traum. Dieses Schauspiel stand in keinem Zusammenhang mit seinen Erwartungen oder seinen Überzeugungen – es war kein Produkt seiner persönlichen Identität, seines freudschen Unbewussten. Es ergab sich nicht aus der falschen Verschaltung seiner Synapsen, denen die Sicherung durchbrannte. Es war die Offenbarung einer andersartigen Ordnung, einer unergründlichen und geheimnisvollen Andersheit. Die Offenbarung krempelte die gesamte Denksphäre Harners um. Sie verwandelte sein Leben.

Die Geschichte ist ein Prozess des Erwachens, der Einbringung des »noch nicht bewussten Wissens« vom Gewesenen ins mentale Gewahrsein. Die Pflanzen, die Visionen hervorrufen, können uns – soweit wir, die Erben der neuen Weltordnung des öden Materialismus, dank einer gehässigen Kultur, die uns nur Asche gibt, von unserem geistigen Erbe abgeschnitten sind – als die Wiedererkennenstalismane dienen, die uns innerlich zur Wirklichkeit erwachen lassen.

TEIL V

Die Medizin

Der Zweck der Einnahme [von Yagé] besteht darin,
in den Uterus zurückzugelangen …,
wo der Einzelne die Stammesgottheiten »sieht«,
die Erschaffung des Universums und der Menschen,
das erste Menschenpaar,
die Erschaffung der Tiere und die Einrichtung
der Gesellschaftsordnung.

Gerardo Reichel-Dolmatoff,
Flesh of the Gods

Wir haben den Soma getrunken;
wir sind unsterblich geworden;
wir sind ins Licht gegangen;
wir haben die Götter gefunden.
Was können uns jetzt der Hass und die Bosheit
eines Sterblichen noch anhaben,
o Unsterblicher?

Rigveda (ca. 1000 v. Chr.)

KAPITEL 21

Das Abführmittel

Ich war auf allen vieren und krümmte mich vor Brechreizanfällen«, schrieb William Burroughs an Allen Ginsberg in seiner Schilderung einer *Yagé*-Sitzung. »Ich konnte Würgen und Stöhnen hören, als ob ich jemand anderer wäre. Ich lag neben einem Felsen. Stunden mussten vergangen sein.«

Es war im Jahr 1953. Burroughs reiste nach Kolumbien hinunter, auf der Suche nach *Yagé*. Damals war die Droge im Westen praktisch unbekannt. Der neununddreißigjährige Burroughs hatte Gerüchte über sie gehört: dass sie »der absolute Kick« und ein potenzielles Heilmittel gegen Heroinsucht sei.

Burroughs war ein verzweifelter Mann. Ein alternder, durch ein Treuhandvermögen abgesicherter Bengel, heroinsüchtig, homosexuell, hatte Burroughs mehrere Jahre zuvor seine Frau umgebracht, ihr in ihrem gemeinsamen Haus in Mexiko-Stadt betrunken durch den Kopf geschossen. Es war ein schief gegangenes Partykunststück, aber Burroughs wusste, dass es noch mehr war als das. Er glaubte, dass er von bösen Geistern besessen sei, dass er verdammt sei. Auf der Suche nach *Yagé* reiste er ins Amazonasgebiet, in der Hoffnung, dass seine Visionen ihm irgendwie Erlösung bringen oder die bösen Geister austreiben könnten, dass das Halluzinogen ihn von seiner Rauschgiftabhängigkeit befreien würde. In Bogotá lernte er den legendären, in Harvard ausgebildeten Botaniker und Amazonasforscher Richard Schultes kennen. Die zwei ehemaligen Harvardstudenten vertrugen sich gut. Burroughs schloss sich einer von Schultes' botanischen Expeditionen an.

Er nahm das Pflanzengebräu bei verschiedenen *Brujos* im Amazonasdschungel ein. Nach einigen Fehlschüssen kriegte Burroughs seine Visionen – nichts von Licht und Leben und Selbsterneuerung, sondern Visionen von düster-tristen Verschmelzungen, Auflösungen und Schauerlichem. »Larvenwesen zogen vor meinen Augen in blauem Nebeldunst vorüber, von denen jedes ein obszönes, spöttisches Kreischen von sich gab (später erkannte ich, dass dieses Gekreisch das Quaken von Fröschen war)«, schrieb er Ginsberg nach einer der ersten Sitzungen, in der er sich sechsmal übergab.

»*Yagé* ist reisen durch Raum und Zeit«, schrieb er nach vielen Missgeschicken und traumatischen Trips aus Peru. »Die unmittelbare Umgebung scheint zu beben und zu zittern vor Bewegung. Das Blut und Substanzielle vieler Rassen, negrider, polynesischer, bergmongolider, wüstennomadischer, vielsprachiger nahöstlicher, indianischer – neuer, bisher nicht empfangener und nicht geborener Rassen, noch nicht verwirklichter Kombinationen zieht durch deinen Körper.«

Der Trank verschaffte Burroughs Zugang zu der »zusammengesetzten Stadt, wo alle menschlichen Potenziale auf einem weiten lautlosen Marktplatz ausgebreitet sind. … Die Stadt wird von Gewaltepidemien heimgesucht, und die unbestatteten Toten auf der Straße werden von Geiern gefressen.« Obwohl er *Yagé* nur ein paar Mal einnahm, kann man wohl behaupten, dass sich die *Yagé*-bedingten Visionen auf seine Erzählprosa viel stärker auswirkten als sein Heroingebrauch. Seine Amazonasvisionen von einer total verkommenen »zusammengesetzten Stadt« wurden zum Ambiente des wenige Jahre später geschriebenen *Naked Lunch*, mit seinen Identitätsauflösungen, städtischen Wüsten gärender Seuchen, Sexmanien und Freaks sadistischer Machtausübung. Auch die montageartigen Brüche, die seinen reifen Stil kennzeichnen, erinnern an die von dem Amazonasgetränk ausgelösten, sich überlappenden Halluzinationen.

Die endlose grummelnde Kette von Blicken auf städtische Verkommenheit, billige Kicks und leere Tode, die Burroughs unter *Yagé*-Einfluss entdeckte, war wahrscheinlich nicht die Vision, die er wollte. Aber sie war die Vision, die er brauchte.

* * *

ICH GLAUBE, DASS ICH, schon bevor ich Ayahuasca probierte, irgendwie seine Eigenart erahnte. Im Amazonasgebiet ist *Yagé* »die Medizin«, »das Abführmittel«, »die Ranke der Seelen«, »das Seil des Todes«. *Yagé* birgt den Stoff, der die Kosmologie der Amazonasindianer enthüllt, die Quelle der Eingeborenenweisheit. Die Schamanen des Amazonasgebiets behaupten, dass ihre gesamten, die Pflanzen und die Geistwelt betreffenden Kenntnisse von Ayahuasca stammen.

Wir leben in einer Kultur, wo alles zu unserer Bequemlichkeit oder Unterhaltung bestimmt ist, uns aber nichts befriedigt. Im Innersten bleiben wir unersättlich, ständig auf neue Waren und angenehme Sinnesempfindungen versessen, welche die Leere füllen sollen. »Das Leben schmeckt gut!«, verkündet eine Coca-Cola-Reklame. *Yagé* hingegen schmeckt äußerst schlecht. Das Gebräu ist ein bitterer Absud aus der Rinde einer Liane und den Blättern eines Strauchgewächses. Der Geschmack ähnelt der destillierten Essenz von Waldfäulnis. *Yagé*-Trinker übergeben sich und scheißen, frösteln und schwitzen und erleben gleichzeitig unerhört schöne Visionen. Der Trank ist ein Gegengift – in Anlehnung an Benjamin bin ich versucht zu sagen: ein dialektisches Heilmittel – gegen unser derzeitiges Leiden. Wie mir auf Burning Man ein Schamane aus der Szene sagte: »Weißer-Mann-Medizin bewirkt, dass du dich zuerst gut fühlst und später miserabel. Indianermedizin bewirkt, dass du dich zuerst miserabel fühlst und später gut.« Viele berichten, dass sie sich nach *Yagé* physisch und psychisch neu aufgeladen fühlten; auf mich trifft das jedenfalls zu.

Zum ersten Mal trank ich das Gesöff zusammen mit Fremden; wir trugen Inkontinenz-Wegwerfwindeln sowie eine Augenbinde und saßen in einer kleinen, tristen Wohnung mit Blick auf den East River. Eine New-Age-mäßig gemodelte Stammesmusik erklang aus dem Recorder. Anfangs sah ich, wie Burroughs, Bilder grauer Verwahrlosung – Leichen, die in der Gosse eines anarchischen Elendsviertels lagen, Schweine, die an ihnen nagten. Ich hatte eine flüchtige Vision von leuchtenden, smaragdgrünen Lianen, die vor einem blauen Wasserfall hin und her wehten. Danach kam dann lange Zeit nichts mehr. Ich hörte mir das Keuchen und Würgen der Frau an, die mir gegenübersaß. Sie musste stundenlang grauenvoll brechen. Die Guides versuchten ihr zu helfen, aber vergebens.

Die Indianer verehren Ayahuasca wegen ihrer Heilkräfte. Das reinigende Abführen von Parasiten und Toxinen gehört mit zum Heilprozess. Ich hatte das Gefühl, als ob eine fremdartige Intelligenz durch mich hindurchjagte und dabei meine Organe, Nerven und Zellprozesse überprüfte und subtile Änderungen vornahm. Es war so, als wäre ich ein Computer und Ayahuasca ein Programm, das Scanroutinen und Reparaturen ausführte. Als es seine Arbeit erledigt hatte, übergab ich mich – das Erbrechen war wie der Piepton beim Abschluss eines Programms.

Meine Gedanken wanderten ab. Ich beobachtete eine Szene, die sich in meiner Mentalsphäre abspielte. Partikel, die kleinen Lichteruptionen glichen, ballten sich zu Wolken zusammen, die aufwärts trieben – sobald sie aufstiegen, verlagerte sich der Fokus meines Gewahrseins schlagartig auf ein anderes Thema. Mir wurde klar, dass ich ein Modell des Denkens, des neurochemischen Prozesses meiner unterbewusst erschaffenden Gedanken, beobachtete. Diese Wolken waren synaptische Massierungen, neurale Netze; nacheinander trieben sie an die Oberfläche meines Bewusstseins. Sobald die Information eine genügende Dichte erreichte, bekam »ich« eine neue Wahrnehmung präsentiert.

Diese Vision war eine kleine Offenbarung. Mir wurde klar, dass die meisten Gedanken unpersönliche Geschehensabläufe sind, wie bei selbst-assemblierenden Maschinen in der Nanotechnologie. Sofern wir uns diesbezüglich nicht schulen, haben die uns durch den Kopf gehenden Gedanken wenig mit unserem Willen zu tun. Es ist schon merkwürdig, wenn einem klar wird, dass selbst die eigenen Gedanken vorbeiziehen wie die Szenerie draußen vor dem Fenster eines Busses, eines Busses, in den wir versehentlich einstiegen, obwohl wir doch ganz woandershin wollten. Die meiste Zeit über ist Denken ein autonomer Prozess, etwas, das außerhalb unserer Kontrolle geschieht. Diese Erkenntnis der maschinenhaften Beschaffenheit des Ich ist etwas, das vielen plötzlich aufgeht und das sie dann durch Meditation zu überwinden versuchen.

* * *

AYAHUASCA IST HÖCHST RAFFINIERTE Dschungelchemie. Der Trank aus dem Amazonasgebiet besteht normalerweise aus zwei Ingredienzien: der Rinde der Ayahuasca-Liane (*Banisteriopsis caapi*, die in dicken doppelhelixförmigen Spiralen um Regenwaldbäume wächst) und den Blättern von *Psychotria viridis* oder irgendeiner anderen Pflanze. Die Liane enthält eine Gruppe psychoaktiver und sedativer Drogen, so genannter Beta-Carboline, die auch Harmin und Harmalin umfasst. In den Blättern steckt Dimethyltryptamin (DMT), ein hochwirksames Halluzinogen, das auch im Körper des Menschen hergestellt wird; man findet es im untersten Teil des Rückgrats und im Gehirn. DMT wirkt zwar stark, wenn es als Extrakt geraucht wird, aber oral eingenommen hat es keine Wirkung. Monoaminoxidase-(MAO-)Enzyme im Darm spalten es auf, sodass es das Gehirn nicht erreicht. Man kann den Stoff pfundweise essen, ohne irgendeine Wirkung zu verspüren. Doch die Beta-Carboline in der Liane sind natürliche MAO-Hemmer, das heißt, sie gewährleisten, dass das DMT wirkt. Das Ayahuasca-Gebräu ist laut Santo Daime, einer brasilianischen Religion, die *Yagé* als ihr Sakrament auffasst, eine Verbindung aus der »Kraft« der Liane und dem »Licht« der Blätter.

DMT ruft separat geraucht ein blitzschnelles Visionserlebnis hervor, ein überwältigendes Eintauchen in eine äußerst fremdartige Welt, das weniger als zehn Minuten andauert. Die Beta-Carboline rufen separat eingenommen subtile einfarbige Halluzinationen hervor, die sanft, gefühlvoll und vermenschlicht sind. Ein Freund von mir beschrieb, wie er nach einer starken Dosis mitleidsvolle mütterliche Gesichter über sich dahintreiben sah. Als Mischungsbestandteil im Ayahuasca-Trank haben die Beta-Carboline anscheinend einen befriedenden und vermenschlichenden Einfluss auf die DMT-bedingten Visionen, wobei sie wie eine Schnittstelle funktionieren; und sie dehnen das Erlebnis von ein paar Minuten zu ein paar Stunden aus. Es ist unbekannt, wie mitten unter Hunderttausenden von Pflanzen lebende Urwaldindianer diese botanischen Ingredienzien, die normalerweise mehrere Stunden lang zusammen gekocht werden, miteinander zu verbinden lernten. Die Indianer sagen, die Ayahuasca-Liane hätte es ihnen beigebracht.

* * *

Je mehr ich über Ayahuasca erfuhr, desto faszinierter war ich davon. Selbst der Geschmack schien sich in meiner Erinnerung zu verändern: von etwas schlichtweg Scheußlichem zu etwas Scheußlichem, das ich sehnlichst wieder kosten wollte. Aber in New York ergab sich nur ganz selten eine Gelegenheit, an das Gebräu heranzukommen. Schließlich, ein Jahr nach jener ersten Sitzung, trieb ich die richtigen Ingredienzien auf und braute einen Trank für mich und zwei Freunde. Ich verwendete andere Pflanzen als die traditionell gebräuchlichen, im Amazonasgebiet heimischen. In den letzten Jahrzehnten stieß man auf viele weitere Pflanzen mit identischen, bisweilen in viel höherer Konzentration vorliegenden chemischen Verbindungen. Botaniker stießen auf DMT, ganz fachintern, in einem breiten Spektrum der Pflanzenwelt, unter anderem in einigen gewöhnlichen Gräsern. Mein Gebräu war hergestellt aus der rötlichen, DMT-haltigen Rinde von *Mimosa hostilis* und einem schwarzen, pulverisierten Extrakt von Steppenraute (*Peganum harmala*), einer nahöstlichen Pflanze, die, wie die Ayahuasca-Liane, ein Gemisch aus Beta-Carbolinen produziert. Im Nahen Osten reicht die rituelle Verwendung von Steppenraute bis ins Altertum zurück. Einige Forscher äußern die Ansicht, die Muster auf arabischen Teppichen sowie auch das arabische Mythenmotiv von den fliegenden Teppichen seien entstehungsgeschichtlich möglicherweise auf die durch den Verzehr von Steppenraute ausgelösten rötlichen, geometrisch gemusterten Halluzinationen zurückzuführen.

Ich hielt mich an die Rezepte von Jonathan Ott, dessen Buch *Ayahuasca Analoge* beschreibt, wie man der Ayahuasca ähnliche Mischungen unter Verwendung von Pflanzen aus jeder Hemisphäre herstellt. »Ich hoffe, dass die in diesem Buch beschriebene einfache Technologie für den Hausgebrauch den letzten Nagel in den Sarg des schlimmen und scheinheiligen … Kreuzzugs treiben wird, der diese spezielle Drogenart vom Angesicht der Erde tilgen will«, schreibt er in seiner Einleitung. »Möge die Entheogene Reformation sich gegen die Pharmakratische Inquisition durchsetzen. …«

Es kostete einen ganzen Nachmittag, das pflanzliche Material zu zerschneiden, es zu Pulver zu zermahlen und es einkochen zu lassen. Das Waldaroma der Brühe durchdrang die Wohnung. Eine Stunde nach dem Trinken des abscheulichen Zeugs erbrachen sich meine beiden Freunde heftig und mehrmalig. Sie dachten, ich hätte sie vergiftet.

Nur allzu bald ging dann auch ich schaudernd auf die Toilette und übergab mich. Danach spürte ich, wie sich eine herrliche Empfindung durch mich hindurch ausbreitete. Ich fühlte mich gereinigt und stark, während *Yagé* meine Visionsfähigkeit aufschloss. Ich lag auf dem Sofa, während mein psychisches Periskop in die bildlichen Reiche emporstieg.

Bilder rollten sich um die Klänge aus der Stereoanlage. Wir spielten javanesische Gamelanmusik, Ravi Shankar, Ornette Coleman, Bach. Die Wahrnehmung wurde aus der sie umgebenden abgestorbenen Haut gepellt, damit sich neue Ebenen sensorischer Differenziertheit auftun konnten. Die Musik war wie ein physisches, die Zellen durchdringendes Ereignis und erschloss mit jeder Phrasenänderung neue Pfade durch die Psyche.

Bilder drängten sich in meinen Sinn – matt, bruchstückhaft, flackernd. Ich betrat Dschungel voller Lianen, schoss durch die verlassenen Weiten des Weltraums. Abbildungen formten und zerstreuten sich mit hoher Geschwindigkeit. Geometrische Mandalamuster erschienen und verblassten. Ich beobachtete sich krümmende Formen, die wie Röhren, wie Tentakel gestaltet waren. Mit einem Mal befand ich mich augenscheinlich in einem Raumschiff. Die das Schiff steuernden Geschöpfe schüttelten zu mir hingewandt ihre langen, spindeldürren Gliedmaßen zur Begrüßung. Die Wesen waren pflanzenartig und ließen ihre Stängel und Blüten wogen, um mir ihre Anderswelt-Komödie vorzuführen.

Ich legte meine Augenbinde ab und blickte um mich. Das Zimmer schimmerte, von Lichtwellen durchpulst. Ich hatte den Eindruck, dass ich mich im Innern des flüssigen Materials, der fließenden unsichtbaren Strömungen meiner Träume, befand. Die Halluzinationen schienen in einem zwischen Wollen und Loslassen liegenden psychischen Raum zu erfolgen. Wenn ich die Visionen zu forcieren versuchte, verflüchtigten sie sich. Wenn ich ihnen nicht nachging, verschwanden sie gleichfalls. Es gab, so wurde mir klar, ein spezielles, für ihre Wahrnehmung nötiges Können, eine innerliche Leistung, die erforderte, dass man eine Form von visionärem Sehen einsetzte, die nichts mit dem normalen Sehvermögen zu tun hatte.

Ich führte ein metaphysisches Zwiegespräch, wobei ich mir nicht sicher war, ob ich mich mit irgendeinem höheren Aspekt meiner selbst oder dem Pflanzengeist oder beiden unterhielt. Ich versuchte, diesen schwer fassbaren »Anderen« über die Natur des Lebens und des Todes, das holografische Universum, die Geistbereiche auszufragen. Die Antwort glich in etwa einem unterdrückten Kichern.

Mir kam der Gedanke, dass das menschliche Bewusstsein wie eine Blume ist, die aus der Erde erblüht. Der von der Blüte verdeckte Stängel und die Wurzeln sind unsichtbare Stränge, ätherische Fäden, die zu einem größeren, extradimensionalen Dasein zurückführen. Unsere Getrenntheit von diesem umfassenderen Dasein war nur eine vorübergehende Einbildung. Das Universum war – wir wüssten es, wenn wir sein Wirken und Walten wahrnehmen könnten – zweckmäßig und gut.

Dann schaute ich hinauf aus meinem Grab, während lockere Erde auf meinen Sarg geworfen wurde. Aber dieser horrorfilmartige Blickwinkel störte mich nicht. Er bewirkte, dass ich mich beruhigte.

Wir lauschten Ravi Shankar, der, im Duett mit einer Frau, die Sitar spielte. Die Musik war eine verführerische Flüstergeschichte. Jeder langsame melodische Sprung kündigte sich an und ließ dann seine Botschaft durchblicken wie eine aufreizende sexuelle Möglichkeit. Bilder und Vorstellungen leckten hervor wie metamorphe Flammenzungen. Es gab zart regenbogenfarbene Tunnels, die mich vorwärts zogen, visuelle Anklänge an karikaturistische Karnevals sowie Seiteneingänge zu schizoiden Paradoxparadiesen. Gegen Ende der Nacht sah ich ganz deutlich einen vielarmigen Shiva vor mir tanzen. Er brach in flimmernde Krakenarme, sich schlängelnde Pflanzenformen auseinander. Bald danach endeten die Visionen.

In jener Nacht hatten meine beiden Freunde außer extremer Übelkeit und einer Erweiterung ihrer Sinne wenig zu vermelden. Später, nach weiteren erfolgreichen und missglückten Trips, begriff ich, dass dies einfach mit dazugehört, wenn man sich auf Ayahuasca einlässt. Im Vergleich zu anderen Psychedelika sind die Wirkungen des *Yagé*-Tranks äußerst unberechenbar und vielleicht vom Wetter, von dem, was man in der vorigen Nacht geträumt hat, oder vom Sternenstand abhängig. Er kann den schamanischen Regenbogen, den Zugang zu universaler Schlangenkraft, enthüllen, oder lediglich starkes Erbrechen, ohne irgendwelche Visionen, bewirken. Wunderlicherweise gehört dies, zumindest für mich, zu dem dazu, was das Gebräu so anziehend macht. Im Gegensatz zu LSD oder Pilzen oder Ecstasy lässt sich *Yagé* nicht als Entspannungsmittel vermarkten oder konsumieren; die auf ihm basierende Gnosis muss man sich verdienen.

KAPITEL 22

Mein schamanischer Urlaub

Im Oktober 2000, zwei Monate nach Burning Man, besuchte ich die Secoya-Indianer, einen kleinen 750-köpfigen Stamm im ecuadorianischen Amazonasgebiet. Die Secoya leben am Rio Aguarico, einem Fluss, der sich durch die größte, von keiner Straße zerschnittene Regenwaldfläche windet, die es heute auf der Welt noch gibt. Später erfuhr ich, dass die Secoya bei den benachbarten Indianergruppen wegen der Reinheit ihrer Ayahuasca-Tradition hoch geachtet sind. Wie viele Stämme des Amazonasgebiets wurden die Secoya während des letzten Jahrhunderts durch Krankheit und forcierte Akkulturation dezimiert. Ihr letzter bedeutender Schamane ist Don Caesario, ein kleiner und gebrechlicher Mann in den Achtzigern.

»Die Secoya-Kultur beruht auf dem Umgang mit den ›überirdischen Leuten‹, die entlang des Flusses und am Himmel leben«, sagte der Ethnobotaniker Jonathon, der meine Reise organisiert hatte. »Sie trinken *Yagé*, um sie sehen zu können.«

Don Caesario behielt normalerweise das distanzierte, aber hoheitsvolle Benehmen eines Menschen bei, der über die dunkelgeheimen mystischen Reiche gebietet. Mit seinen asiatischen Gesichtszügen und den großen Ohren der spirituell Fortgeschrittenen ähnelte er einem hohen tibetischen Lama. Oft saß er still auf einer Hängematte; dabei trug er sich überschneidende Halsketten aus bemalten Samen, eine knielange weiße Tunika und eine gelbe Krone – die traditionelle Tracht der Secoya.

An meinem ersten Morgen im Dschungel stand Don Caesario zwei Handbreit weit von mir entfernt in einem langen Einbaumkanu. Er strahlte keine Ruhe aus. Er bebte vor Wut und schwang drohend eine geladene Schrotflinte. Wenige Tage zuvor war ihm sein persönliches Kanu samt Außenbordmotor – im Wert von etwa 4000 Dollar, so viel, wie der Durchschnitts-Secoya in seinem Leben verdient – gestohlen worden. Der Schamane forderte Rache.

Die Expedition umfasste eine Gruppe männlicher Secoya, breit gefächert von Stammesältesten bis zu jungen Burschen. Außerdem ein paar von den bei Sentient Experientials, dem Reiseunternehmen, beschäftigten Mitarbeitern sowie auch vier törichten Touristen einschließlich meiner selbst. Am Steuerruder des Boots hielt John Bella, ein hellauf begeisterter Regenwaldaktivist und untergeordnetes Mitglied des Sentient-Stabs, ein Gewehr in der Hand – ich hoffte, er würde nicht versuchen, es zu benutzen. Der Sentient-Stab war eine nebulöse Gruppe, die einen Heiler aus Kalifornien, eine mürrische Masseuse aus Kolumbien, einen zottelbärtigen Koch, weitere Personen, deren Rolle ich nie herauskriegte, und einige Quechua-Indianer umfasste. Auch Pablo Amaringo reiste mit uns, ein wegen seiner wundervollen und vielschichtig-detaillierten Wiedergaben von Ayahuasca-Visionen bekannter Maler. Ein liebenswürdiger Mann und Kunsterzieher, war Amaringo seit vielen Jahren ein peruanischer *Ayahuasquero*, der jeden Tag *Yagé* trank. Er sagte, er hätte neuerdings Visionen von einer Hexe, die ihn jedes Mal, wenn er *Yagé* getrunken habe, zu töten versuche. Er war sich darüber im Klaren, dass er sie würde töten müssen, wenn er Schamane bleiben wollte. Stattdessen beschloss er, nicht mehr zu praktizieren.

Ich saß gleich neben Mark Miller, einem Psychologen in einem knüpfgebatikten T-Shirt.

»Was mach' ich hier eigentlich?«, fragte Mark, während das Kanu das Gewässer des Aguarico-Flusses, eines schlammigen, von Ecuador nach Kolumbien fließenden Wasserlaufs, aufwühlte. »Ich hab' eine Frau und ein kleines Kind daheim.«

Don Caesario hob seine Knarre. Auf Spanisch schrie er: »Ich bring' die Diebe um, wenn ich sie finde.«

Mark und ich waren von Jonathon Miller-Weisberger, einem in Berkeley geborenen, in Ecuador aufgewachsenen jüdischen Botaniker, der besonders gern taoistische Weisheiten zitierte, zur Mitreise eingeladen worden. Er hatte diese Tour organisiert. Er war auch der Gründer von Grupo Osanimi, einer Organisation, die bei ecuadorianischen Stämmen an Kulturerneuerungsprojekten arbeitet. Der finanzielle Ertrag aus dieser Reise würde größtenteils zum Nutzen der Grupo-Osanimi-Projekte verwendet werden. Jonathon wollte, dass wir während unseres zweiwöchigen Aufenthalts im Dschungel eine volle Dosis Amazonasleben abbekamen. Er erklärte, dass Diebstahl entlang des Aguarico, vormals fast beispiellos, nachgerade zu etwas Alltäglichem geworden wäre, da die Verhältnisse sich verschlechtert hätten: Mestizen siedelten jetzt auf isolierten Landparzellen zwischen den Territorien, die den Siona, den Secoya und den Quechua gehörten. Sie schlügen sich mühsam durch mit dem Anbau von Kaffeebohnen und Mais, und die Skrupellosesten unter ihnen versuchten, die Indianer zu übervorteilen.

Unterdessen pumpte die US-Regierung 1,5 Milliarden Dollar in den Plan Columbia; sie führte Krieg gegen die Guerillas und versuchte, die entlang der ecuadorianisch-kolumbianischen Grenze versteckten Kokafelder zu vernichten. Von Flugzeugen aus versprühten sie enorme Mengen Round-Up, ein tödlich giftiges, vom Monsanto-Konzern entwickeltes Herbizid, das offensichtlich große Streifen des Urwalds verwüstete und so unzählige Spezies, einschließlich der Ayahuasca-Pflanze auslöschte – und, den Indianern zufolge, die Fische in den Flüssen vergiftete. Es war unbekannt, in welchem Ausmaß die im Untergrund arbeitende Koka-Industrie durch diese undifferenzierte Umweltzerstörung beschädigt wurde. Die Secoya befürchteten, dass kolumbianische Guerillas nach Ecuador einsickerten – tatsächlich haben ja womöglich die Guerillas das Kanu gestohlen. Und was die Besorgnis noch steigerte: Wir waren in einer Region, wo Desperados seit längerem mit alarmierender Regelmäßigkeit amerikanische und europäische Angestellte von Mineralölgesellschaften kidnappten. Die Angespanntheit steigerte sich, der äquatorialen Feuchtigkeit entsprechend, während wir den lautlosen, stickigen Dschungel nach Feinden absuchten.

Nach mehreren Stunden stießen wir dann auf das Kanu, das vor einem baufälligen Gehöft angekettet war. Vom Flussufer führte ein Pfad zu strohgedeckten Hütten hinauf, die im Schatten des glänzenden Laubs von Kaffeesträuchern lagen. Familien – ein paar verschreckte Männer, Mütter, Kinder, Schwarze und Mestizen in billiger westlicher Kleidung – beobachteten uns unschlüssig von der Uferanhöhe aus. Man konnte unmöglich ihren Gesichtsausdruck deuten. Waren sie schuldbewusst und beschämt? Gerissen und hinterlistig? Visierten uns weitere Siedler, die Gewehre im Anschlag, aus der Deckung der Bäume an?

Don Caesario und einige von den Secoya sprangen ins Kanu und machten es los. Hitzige Worte wurden gewechselt. Die Lippen des wutentbrannten Schamanen zitterten, als er seine Schrotflinte hob und sie auf die verängstigten Anführer der Gehöftbewohner richtete.

Mark und ich sahen einander an. Wie es der Zufall wollte, befanden wir uns genau in der Visierlinie zwischen unserem Schamanen und seinen Feinden. Das war augenscheinlich kein sicherer Aufenthaltsort.

Jonathon sprang aus dem Boot und trat vor die Siedler hin. Die Secoya brachten den Motor auf Touren und lotsten Don Caesario davon. Schüsse erschallten – das Getön unseres spirituellen Führers, der seine Gewehrkammern in die Luft entleerte.

Wir lernten Jonathon in Quito kennen, Ecuadors Hauptstadt, wo der abrupte Wechsel des Landes zu einem auf dem US-Dollar basierenden Wirtschaftssystem, der wegen einer vom Internationalen Währungsfonds eingefädelten Schuldenkrise erfolgt war, massive Inflation und Krawalle anheizte. Unsere Gruppe war im Casa del Sol untergebracht, einem kleinen Hotel an der Avenida José Calama, dessen Personal sich ausnahmslos aus Quechua-Indianern zusammensetzte. Die Calama war die *Turista*-Zentrale, eine Straße aus Hotels, Bars und Herbergen. Seit kurzem ans Internet angeschlossen, beheimatete sie eine alarmierende Anzahl neuer Cybercafés – pool.net, papaya.net, earth.net –, die plärrende Popmusik dudelten und vielfarbig schillernde Fruchtdrinks verkauften. Junge Rucksacktouristen, breit gefächert von den hip gestylten und Dreadlocks tragenden bis zu den stinknormalen und solchen, denen man gleich die College-Vorschule ansah, saßen vor aufgereihten Terminals und schickten ihren Freunden daheim E-Mails über ihre Romanzen, Visumprobleme und Magenschmerzen. Aber dem multikulturellen Gesumm der Cafés setzten die schwarz uniformierten Wachposten einen Dämpfer auf, die mit Hunden und automatischen Waffen auf der Straße standen, zum Schutz der Gringos vor der stets vorhandenen Bedrohung durch Kidnapper und Diebe.

Jonathon hatte einen Bus gemietet, der uns von Quito wegbringen sollte. Auf einer holprigen, zwölfstündigen Fahrt durchquerten wir die Wolkenwälder der Anden und gelangten ins Amazonasgebiet hinunter. Diese Fahrt tätowierte die von der Mineralölindustrie verursachte Verwüstung auf unsere Augäpfel. Die von den Ölgesellschaften gebauten Straßen hatten den Dschungel Holzfällern und armen, verzweifelten Mestizensiedlern erschlossen. Alle Gedanken an visionäre Indianer und mystische Enthüllungen wurden von der schonungslosen Realität der Pipeline weggewischt, die unerbittlich neben der Straße verlief und, umgeben von erst kürzlich sauber kahl geschlagenem Land, wie eine Schlange das Mark aus dem Dschungel saugte.

Wir übernachteten in Lago Agrio, der Dodge City von Ecuador, Einwohnerzahl 25 000 und steigend. Es war eine ruppige Kleinstadt, die in zwei Industriezweigen boomte: dem Öl und der Prostitution. Zehn Jahre zuvor war die Gegend unberührter Regenwald; jetzt war sie zerfetzter und verbrannter Busch. Wenn er einmal zerstört ist, regeneriert sich der Regenwald nicht mehr, und das örtliche Klima wird schnell zu heiß und trocken für Landwirtschaft. Das Land wird praktisch unbrauchbar.

Unser Busfahrer und sein Kumpel kamen mit verlegenem Grinsen von einer Vergnügungsnacht in der Stadt zurück. Sie prahlten mit den Teenagerprostituierten, die man in den örtlichen Bordellen für zwei Dollar haben konnte. Ich dachte an die Kette der Entmenschlichung und Ausbeutung, die beim Profitstreben der Mineralölgesellschaft begann, der Gier des amerikanischen Verbrauchers nach billigem Sprit für SUVs, den korrupten, Abzahlungsmöglichkeiten suchenden Regierungen bankrotter Drittweltländer, und bei geplünderten Regenwäldern endete, und bei Teenagermestizinnen, die sich in desolaten, kulturlosen Drittweltzonen von betrunkenen Straßengrabenaushebern Aids zuzogen. Benjamins »Religion der Zerstörung« vollbrachte ihre guten Werke.

Am nächsten Tag fuhren wir vier Stunden lang in motorisierten Kanus auf dem schlammbraunen Rio Aguarico immer tiefer in den Dschungel, umgeben von seiner heimlichtuerischen grünen Dichte. Wir durchquerten die Territorien benachbarter Indianerstämme. Bei Einbruch der Nacht brachte man uns zu den Stufen aus unbehauenem Stein, die zum Haus von Don Caesario hinaufführten.

* * *

Im Lauf der letzten 300 Jahre hat die Population der Secoya ihre angestammte Heimat verloren und sich um 98 Prozent verringert. Dezimiert von den Krankheiten der spanischen Eroberer, versklavt und zur Arbeit auf Kautschukplantagen gezwungen, ist ein über 30 000-köpfiger Stamm auf armselige 750 Individuen zusammengeschrumpft. Von diesen lebt fast die Hälfte am Rio Aguarico, alle übrigen in den entlegenen Urwaldregionen Perus.

Für die Indianerkulturen im gesamten Amazonasgebiet bedeutete der Kontakt mit dem Westen schon immer Gefährdung und rasche Zerstörung. Unermessliche Schätze botanischen Wissens sowie sprachlicher und spiritueller Traditionen sind bereits verschwunden. Während die Indianer der Gewalt der Kolonialisten und ihrer christlichen Missionare, anschließend skrupellosen Kautschukzapfern und später dann noch skrupelloseren Mineralölgesellschaften hilflos unterlagen, verloren die Stammesschamanen ihre Autorität. Viele wurden, häufig von Missionaren, der Hexerei beschuldigt. Schamanen wurden sogar von Indianern ermordet, die nach einem Sündenbock suchten, den sie für den Zusammenbruch ihrer Welt verantwortlich machen konnten – das kommt auch heute noch vor.

In den Vereinigten Staaten und Europa werden Schamanen von Anthropologen, psychedelischen Avataren wie Terence McKenna und New-Age-Populisten als heroische Gestalten neu in Beschlag genommen. Aber Tatsache ist, dass der Schamanismus, wo immer er auftaucht, etwas Zweideutiges an sich hat. Die durch den disziplinierten Gebrauch von Ayahuasca erlangten magischen Kräfte lassen sich zum Guten oder Bösen hinwenden. *The Yagé Drinker* ist die Autobiografie des berühmten Secoya-Schamanen Fernando Payaguaje, die aus Interviews mit seinen Enkeln zusammengestellt wurde. Payaguaje sprach über die Versuchung der Zauberei: »Manche trinken *Yagé* nur so lange, bis sie die Kraft erreicht haben, Hexerei zu praktizieren; mit diesen Fertigkeiten können sie Menschen töten. Ein viel größerer Aufwand und *Yagé*-Konsum sind erforderlich, um die höchste Stufe zu erreichen, wo man Zugang zu den Visionen und Kräften des Heilens erlangt.« Michael Harner, der den Schamanismus der im Amazonasgebiet heimischen Jivaro (oder Shuar) untersuchte, bemerkte, dass Jivaro-Schamanen magische Wurfpfeile, *Tsentsak*, handhabten, die sich entweder zum Heilen oder zum Töten verwenden ließen. Wie die meisten Stammesgruppen lebten die Jivaro in ständiger Angst vor Hexerei. Zauberei ist die unvermeidliche Schattenseite des Schamanismus.

Der an einer neoschamanischen Renaissance arbeitende moderne Westen ignorierte bis jetzt die zweideutigen Aspekte des Schamanismus. Der amerikanische Anthropologe Michael F. Brown findet es beunruhigend, »dass das New-Age-orientierte Amerika sich den Schamanismus ohne irgendein Verständnis für seinen Kontext zu Eigen zu machen versucht. Für meine Bekannten aus Santa Fe ist kollektiv überliefertes Stammeswissen ein Supermarkt, aus dem sie sich einige Leckerbissen aussuchen, wohingegen sie andere verschmähen.« Bei den Indianern »bekräftigt der Schamanismus das Leben, bringt aber auch Gewalttätigkeit und Tod hervor. Der Schönheit des Schamanismus kommt seine Macht gleich – und wie alle in der Gesellschaft vorgefundenen Formen von Macht schürt er auf seine Weise die Unzufriedenheit.«

Menschen aus dem Westen, die Magie und Geist als Lebenstatsachen des menschlichen Daseins wiederentdeckt haben und durch die Kenntnisse in ihrem eigenen inneren Sein umgewandelt wurden, sehnen sich danach, die zeitgenössische Welt mit diesen Kräften wieder bekannt zu machen. Doch diese Elementarkräfte lassen sich nicht völlig vom Zweideutigen, vom Bedrohlichen trennen. Magie spielt in Hexerei hinüber, das Kommunizieren mit dem Geistesreich ist nur einen Schritt von okkulter Beschwörung entfernt. Will man diese Kenntnisse wieder ins zeitgenössische Leben einbringen, dann muss man dabei immer auch mit dunklen Kräften rechnen, ein heikler Balanceakt, der dem Schamanismus inhärent ist.

»Ayahuasca-Tourismus«, ein grassierendes Phänomen in ganz Südamerika, spiegelt das in den Vereinigten Staaten rapide ansteigende Untergrundinteresse an Ayahuasca wider. Genaue Zahlenangaben sind schwer zu bekommen, aber schätzungsweise gibt es wohl Hunderte Schamanen, variierend von authentischen über zweideutige bis zu betrügerischen, die jährlich Tausende westlicher Besucher empfangen. Auf die Liane spezialisierte Webseiten vervielfältigen sich ständig, zusammen mit neuen Büchern: *Die kosmische Schlange* von Jeremy Narby; *Ayahuasca: Human Consciousness and the Spirits of Nature*, herausgegeben von Ralph Metzner; und *Ayahuasca Visions* von Pablo Amaringo und Eduardo Luna, um nur einige zu nennen. Zeitschriften wie *Shaman's Drum* veranstalten Gruppentouren, auf denen man Mestizenschamanen im gesamten Amazonasgebiet ein paar Wochen lang zum Fasten und »Reisen« besuchen kann.

Einige Kritiker attackieren diese Exkursionen, weil diese die Eingeborenenspiritualität vermarkten und die im Amazonasgebiet heimischen Traditionen weiter korrumpieren würden. Die Anthropologin Marlene Dobkin de Rios, Autorin von *Visionary*

Vine, einem Buch über *Yagé*-bedingtes Heilen in Peru, glaubt, dass Amerikaner durch das Syndrom des »leeren Ich«, der aus unserer materialistische Kultur resultierenden Leere, zu schamanischen Abenteuern veranlasst werden. In der Einleitung zu seinem Buch *Ayahuasca Analoge* beklagt Jonathan Ott den Ayahuasca-Tourismus im Amazonasgebiet, »der nur den sich verflüchtigenden Überrest einer schriftlos tradierten Religiosität zerrütten kann, die darum ringt, sich einen Platz in der modernen Welt zu schaffen, während er zugleich bewirkt, dass Ayahuasca die falsche Art von politischer Aufmerksamkeit auf sich zieht.«

Mir scheint, dass diese Ausblicke kurzsichtig sind, nicht nur weil die Schamanen selbst die Wunschvorstellung haben, ihr Wissen mit Menschen aus dem Westen zu teilen, sondern auch weil der *Yagé*-Tourismus, wenn er gewissenhaft durchgeführt wird, eine Kraft ist, die mithelfen kann, Eingeborenentraditionen zu diesem Zeitpunkt zu konservieren. Ebendies geschieht anscheinend bei den Secoya. Es wird bald keine »reinen« Indianerkulturen mehr geben, mit Sicherheit keine schriftlosen. Nachdem sie jahrzehntelang miterlebten, wie ihre Kulturen von Missionaren demoliert, von westlichen Staaten überfallen, von Unternehmenshabgier überrollt wurden, müssen die Indianer unbedingt erfahren, das bestimmte Gruppen reicher Leute aus dem Westen ihr Wissen und ihre Geschichte hoch schätzen. Genau genommen sind die *Yagé*-Touren für beide Seiten vorteilhaft: Die Schamanen brauchen ganz dringend die Einkünfte, und wir brauchen, ebenso dringend, die Offenbarungen.

Sentient Experientials nutzten *Yagé* nicht ausdrücklich als zugkräftiges Werbemotiv für ihre Reisen ins Secoya-Territorium. Don Caesario wurde für seinen Schamanismus nicht bezahlt; vielmehr wurde er für seine Gastfreundschaft mit Geschenken, wie etwa seinem Haus und Kanu, entschädigt. Niemandem zu Dank verpflichtet, konnte er die Zeremonien ganz fortlassen, wenn ihm die Einstellung der Gruppe missfiel.

Ich hoffte inständig, dass er uns das nicht antun würde.

* * *

NACH DER WIEDERERLANGUNG des Bootes richteten wir uns auf einen zwölftägigen Aufenthalt ein. Die Frauen bauten Zelte auf, während die Männer fast alle in Hängematten unter dem Reetdach des Schamanen schliefen, wo auch die Stammesältesten und eine ständig wechselnde Anzahl von Secoya-Familien hausten. Mehrere Male kam ich am Nachmittag zu meiner Hängematte zurück und fand darin ein winziges schlafendes Baby vor.

Überraschenderweise setzte sich unsere Gruppe, ein Haufen hoffnungsvoller Psychonauten, größtenteils aus lebhaften Frauen mittleren Alters zusammen – Sozialarbeiterinnen, Therapeutinnen, Akademikerinnen und Hausfrauen – einige davon weißhaarig; die meisten trugen Gürteltaschen und Teva-Sandalen. Zwei waren Graduierte des California Institute of Integral Studies, einer Art New-Age-Denkfabrik. Außerdem war da Octavia Martin, eine nachdenkliche nordamerikanische Indianerkünstlerin, die in einem Reservat in Massachusetts lebte. Augenscheinlich waren wir keine geeigneten Kandidaten für einen langen, gefährlichen Fußmarsch in den tiefen Dschungel; unser Lagerplatz war eine dreistündige Kanufahrt weit von einem Telefon oder Krankenhaus entfernt. Besondere Sorgen machte ich mir wegen Annie Bush, einer Psychotherapeutin, deren voluminöser Körper auf die sanften Exzesse des Vorstadtlebens schließen ließ (später hängte sie mich beim Wandern durch den Wald locker ab). Es gab noch zwei weitere Typen in den Dreißigern, die einer persönlichen »Visionssuche« nachgingen.

»Ich tue, was mir der Große Geist zu tun befiehlt«, sagte Mark, nur halb im Scherz. Er hatte sich zusammen mit einer Huichol-Schamanin auf eine sechzehnhundert Kilometer lange Peyotejagd begeben, den Jahresritus der Huichol-Indianer in Mexiko. Ganz flippig wegen *Yagé*, bezeichnete er die Einnahme von Psychedelika als »Hineingehen ins ›Mysterium‹.«

Andrew Doxer, ein zaundürrer Lehrer in einem Bostoner After-School-Programm, besuchte regelmäßig einen Mestizenschamanen in Peru, um *Yagé* einzunehmen und zu fasten. Er wollte dem »schamanischen Pfad« folgen. Andrew sagte, als er das erste Mal das Gebräu trank, hätte er erlebt, wie ein sichtbarer Energiestrom vom Boden herauf in ihn hineingeflossen sei. Es sei ihm blitzartig klar geworden, dass er mit Kindern arbeiten sollte. Danach hätte er, frustrierenderweise, keine Visionen mehr gehabt. Doch nun sei er zu einer weiteren Dosis bereit.

Zu unserer Gruppe gehörte auch Tamara Swingle, eine fröhliche, dreiundzwanzigjährige Botanikstudentin aus dem Staat Washington, klein, blond und muskulös. John Emerson, ein viel gereister Imker aus Hawaii, ähnelte mit seinem Panamahut und Khakianzug einem Spion aus einem Roman von Graham Greene. Jean-Michel Taub, ein französischer Geschäftsmann, erinnerte mich an Pepe Le Peu, den unausstehlichen französischen Skunk aus Zeichentrickfilmen von Warner Bros. Jean-Michel mokierte sich zwar über das amerikanische Wirtschaftsprinzip möglichst hoher Konsumtion, doch er selbst brachte ein tragbares satellitengesteuertes Positionsbestimmungsgerät mit in den Dschungel. (Er erbot sich, Don Caesario seine Funktionsweise zu erklären: »Nein, danke«, erwiderte der Schamane schroff. »Ich weiß schon, wo ich bin.«)

Fast augenblicklich begann unsere Gruppe den Dschungelbedingungen zu erliegen. Am zweiten Tag fing sich Tammy, die scheinbar Fitteste von uns allen, einen tobenden Magenbazillus ein. Hae Soog Jo, eine Akademikerin aus Berkeley, zog sich eine schlimme Infektion am Fuß zu. Ein paar weitere stolperten in ein Bienennest und wurden von den wütenden Insekten attackiert. Die Opfer krochen in ihre Zelte oder Hängematten zurück, wo sie, ganz benommen von der starken Mittagshitze, liegen blieben, was freilich bewirkte, dass wir Übrigen uns vom Glück begünstigt fühlten.

KAPITEL 23

Lern die Schlange kennen

Jeremy Narby war ein junger Anthropologe, der die Ashaninca-Indianer im peruanischen Amazonasgebiet studierte, als er Mitte der Achtzigerjahre zum ersten Mal Ayahuasca einnahm. Die Indianer hatten ihm gesagt, dass Ayahuasca die Quelle ihrer Pflanzenkenntnisse sei. Sie nannten den Trank »Waldtelevision«. Narby war interessiert, aber zugleich skeptisch.

Eine Stunde nach dem Trinken des Gebräus war er dann weniger skeptisch, als er sich unvermutet von zwei riesigen Schlangen, fünfzehn Meter langen Boas, umgeben sah, die telepathisch mit ihm sprachen und ihn in seine Schranken wiesen: »Sie erklären, dass ich bloß ein Mensch bin. Ich spüre, wie mein Verstand Sprünge bekommt, und in den Rissen erkenne ich die bodenlose Arroganz meiner gedanklich-begrifflichen Grundannahmen. Es trifft völlig zu, dass ich bloß ein Mensch bin und meistens den Eindruck habe, alles zu verstehen, wohingegen ich mich hier in einer mächtigeren Wirklichkeit befinde, die ich überhaupt nicht verstehe und von der ich, in meiner Arroganz, nicht einmal vermutete, sie könnte existieren.« Später sagt ihm der Schamane, die Schlangen seien als »die Mutter von Ayahuasca« bekannt.

Ayahuasca ist, wie Ralph Metzner schrieb, ein »gnostischer Katalysator«. Der Trank öffnet die Pforte zu jenen okkulten Dimensionen der psychischen Realität, die vom modernen Rationalismus energisch geleugnet werden. Wie schon Michael Harner eine Generation zuvor, sah sich Narby nach dem Trinken von *Yagé* gezwungen, seine anthropologische Haltung und seine eigenen Überzeugungen neu auszuwerten. Sein Buch *Die kosmische Schlange* ist ein Versuch, die von Ayahuasca erschlossenen Visionsbereiche so zu interpretieren, dass die Deutung mit einer wissenschaftlichen Weltanschauung vereinbar ist. Er stellt fest, dass das Schlangenmotiv, insbesondere das von zwei gepaarten Schlangen – wie beim Heroldsstab des Hermes und dem Äskulapstab, dem Emblem der westlichen Medizin – weltweit in archaischen Schöpfungsmythen auftaucht, und als Kundalini, das hinduistische okkulte Symbol der Lebenskraft. Narby bringt die große Schlange respektive die ineinander gewundenen Schlangen, wie man sie unter der Einwirkung von Ayahuasca häufig erblickt, mit den gewundenen und paarigen Spiralen der DNA in Verbindung. Er nimmt an: »In ihren Visionen gelingt es den Schamanen, ihr Bewusstsein auf die Molekularebene herunterzubringen.« Narby zufolge empfangen Schamanen Bilder und Informationen von der DNA. Die DNA, ein schlangenartiger Doppelstrang kodierter Daten, ist auch ein vier Atome umfassender aperiodischer Kristall, der Photonen ausstrahlt. »Das globale Netzwerk des auf der DNA basierenden Lebens sendet ultraschwache Strahlungswellen aus, die sich mit derzeitigen Messmethoden noch nicht eindeutig erfassen lassen, die wir aber dennoch … in Halluzinationen und in Träumen wahrnehmen können«, schreibt er. Er nimmt an, dass diese Informationsübertragung die »vegetabilische Gnosis« und das kollektive Bewusstsein der natürlichen Welt ist.

Auf dem Umweg in die Molekularbiologie erforscht Narby die Genetik und die darwinistische Theorie der natürlichen Auslese.

Er stellt fest, dass Darwins Theorie offenbar nicht auf die Entwicklung des genetischen Kodes zutrifft, einer unglaublich komplexen, mit einem hochtechnologischen Transkriptionsprogramm verbundenen Sprache, die vor 3,5 Milliarden Jahren zusammen mit den ersten Bakterien auftauchte. Zudem muss die Theorie der natürlichen Auslese wesentlich weiter ausgelegt werden, wenn sie die plötzliche Tierspezies-Explosion erklären soll, die in der Vergangenheit vor 543 Millionen Jahren einsetzte.

»In der ganzen durch Fossilien dokumentierten Evolutionsgeschichte treten Spezies offenbar schlagartig auf, vollständig ausgebildet und mit allen möglichen spezialisierten Organen ausgestattet, um sich dann in dieser Form Millionen Jahre lang zu halten«, schreibt Narby. Andere psychedelische Avatare teilen Narbys Vermutung, dass das, was in der Evolution vor sich geht, mehr ist als nur das Ergebnis endloser chemischer Reaktionen. Wie der Pionierarbeit leistende, methodisch LSD einsetzende Psychoanalytiker Stanislav Grof schrieb: »Die Wahrscheinlichkeit, dass die menschliche Intelligenz ihren ganzen, im chemischen Schlamm des Urozeans beginnenden Entwicklungsgang allein durch zufällige Abfolgen zufälliger mechanischer Vorgänge bewältigte, hat man treffend mit der Wahrscheinlichkeit verglichen, dass ein Tornado durch einen gigantischen Schrottplatz fegt und dabei zufällig einen 747er Jumbo-Jet zusammenbaut.«

Selbst Francis Crick, einer der Entdecker der DNA-Doppelhelix, hielt es für nötig, die These vorzubringen, dass die Bausteine des organischen Lebens auf Meteoriten ankamen, um so zu erklären, wie der genetische Kode sich hatte entwickeln können. Wie die Theorie, dass Außerirdische uns zu Experimentierzwecken züchteten, löst eine derartige Hypothese natürlich nichts und vergrößert nur das Rätsel.

Narby äußert die Ansicht, das wissenschaftliche Festhalten an der Theorie der natürlichen Auslese sei eine Form von Glauben.

Sein Buch gehört hinein in »den blinden Fleck des rationalen und fragmentierten Blicks der zeitgenössischen Biologie.« Gegen die Postulate des reduktionistischen Materialismus meint Narby, dass »die DNA im Besonderen und die Natur im Allgemeinen denk- und empfindungsfähig sind. Das steht im Widerspruch zum Grundprinzip der Molekularbiologie und somit zur gegenwärtigen Orthodoxie.« Er vermutet, dass die Ayahuasca-Liane möglicherweise genau das ist, was die Schamanen von ihr behaupten: der fühlende Geist der Natur, das Denk- und Empfindungsvermögen des Waldes, der über diese chemische Schnittstelle direkt mit den Menschen kommuniziert.

Narby bemüht sich bei seiner Ayahuasca-Untersuchung lobenswerterweise, lieber zu akzeptieren, dass die *Ayahuasqueros* über wirkliches Wissen verfügen, als anzunehmen, wie dies die meisten Leute aus dem Westen seit Jahrhunderten tun, die Schamanen seien entweder schizophren, verblendet, Simulanten oder bestenfalls Fabulanten. Es wird immer offensichtlicher, dass schamanische Praktiken effektive Wirkkraft besitzen – unter anderem zur Heilung, zur spirituellen Erneuerung und zur telepathischen Kommunikation. Wissenschaftlern fällt es nach wie vor schwer, das Thema rational anzupacken, weil Schamanen mit unsichtbaren psychischen Strömungen, »übersinnlichen« Kräften, arbeiten und die Existenz solcher Kräfte, wie etwa der von östlichen Traditionen anerkannten feinstofflichen Strömungen, jenseits der Grenzlinien dessen liegt, was unsere Instrumente zum gegenwärtigen Zeitpunkt messen können. Die Existenz von etwas nicht Quantifizierbarem wird von westlichen Wissenschaftlern, die vergessen, dass »das Fehlen von Beweismitteln kein Beweismittel für das Fehlen ist«, nicht nur ignoriert, sondern vehement bestritten. Wie kann die rationale Perspektive des Westens eine Technologie begreifen, die sich unsichtbarer und anscheinend unmessbarer Kräfte bedient? Mit diesem Thema wird sich die

Forschung des neuen Jahrhunderts wohl befassen müssen. Wie Terence McKenna schrieb: »Schamanen reden von ›Geist‹ so, wie ein Quantenphysiker von ›Charm‹ reden könnte; es ist ein metaphorisch-behelfsmäßiger Fachausdruck für eine hoch komplizierte Konzeption.«

Die kosmische Schlange belegt, als ein Beispiel unter vielen, das neuerdings häufige Bemühen westlicher Denker, den Sinngehalt des Ayahuasca-Schamanismus für die neue Weltordnung umzudeuten. In *Shamanism, Colonialism, and the Wild Man* interpretiert der Anthropologe Michael Taussig den *Yagé*-Schamanismus in Kolumbien, wo im Gefolge der grausamen Exzesse des Kolonialismus uralte Rituale neue Bedeutungen annahmen. Taussigs Eingeborenenzauberer exorzieren das Erbe kolonialistischen Terrors durch Gelächter und Improvisation, »wobei sie neokolonialistische Heilrituale gestalten und umgestalten, in denen das Schicksal Gott aus den Händen gerissen und in eine Sphäre des Zufällig-Möglichen und Etwaigen übertragen wird«. Die meisten Anthropologen sind der Meinung, alle Rituale zielten darauf ab, die Gesellschaft zu ordnen und zu einen. Taussig stellt bei *Yagé* das Gegenteil fest: Die Zeremonien erschließen einen transzendenten Raum für das Chaos. Er bezieht sich auf Roland Barthes' *Image, Music, Text* und die darin dargelegte Idee von einem »dritten« oder »stumpfen Sinn« außerhalb dessen, was sich sprachlich ausdrücken oder kulturanalytisch bestimmen lässt:

> ... der stumpfe Sinn erstreckt sich anscheinend über die Kultur, das Wissen und die Information hinaus; analytisch gesehen, haftet ihm etwas Lächerliches an; weil er diese Unendlichkeit der Sprache erschließt, mag er gegenüber der analytischen Vernunft borniert erscheinen; er gehört zur Familie der Wortspiele, der Possen, der nutzlosen Verausgabungen. Von moralischen oder ästhetischen Kategorien (dem Trivialen, dem Be-

langlosen, dem Unechten, dem Pastiche) unberührt, steht er auf der Seite des Karnevals.

Nach Taussigs Auffassung bewahrt der Schamanismus einen Freiraum für Wissen, das heilen kann, weil es aus jedem System herausfällt. *Yagé*-Visionen erschließen Konstellationen des Unbekannten, vielerlei stumpfen Sinn sowie »Zufällig-Mögliches und Etwaiges«.

Narby stellte einige der nuancierteren Berichte über schamanische Praktiken in einer *Shamans Through Time* betitelten Anthologie zusammen. Bei chronologischer Lektüre geht aus den Essays in dem Buch klar hervor, dass der kategoriale Bezugsrahmen für die Untersuchung von Spiritualität, Schamanismus und Mystik sich von Grund auf zu verändern beginnt. Zu den Texten neuesten Datums zählt auch ein Beitrag von der Anthropologin Edith Turner, die sich daran erinnert, wie sie während eines Exorzismusrituals in Sambia »eine Geist-Gestalt« sah:

»Ich sah mit eigenen Augen einen großen grauen Plasmatropfen aus dem Rücken der Kranken herausquellen«, schreibt sie. »Da wusste ich, dass die Afrikaner Recht hatten, dass es Geist-Heimsuchung gibt, dass es sich dabei um nichts Metaphorisches oder Symbolisches, ja nicht einmal um etwas Psychologisches handelt. Und ich begann zu erkennen, inwiefern Anthropologen im Hinblick auf die vielen Geist-Ereignisse, an denen sie – allerdings in liebenswürdiger Verstellung – teilnahmen, eine endlose Reihe von Herabwürdigungen begangen haben.« Durch ihre eigenen Erfahrungen innerlich umgewandelt, prangert Turner die »religiöse Frigidität« moderner Anthropologen an.

Die Anthropologin Françoise Barbira Freedman studierte die Lamista-Indianer im peruanischen Amazonasgebiet. In dem Buch *The Ayahuasca Reader* erzählt sie, wie sie Lehrling eines Stammesschamanen wurde, dann Ayahuasca einnahm und auch von den örtlichen Spannungen zwischen Zauberern und Schamanen erfuhr. »Während ich mich in meiner Lehre fortentwickelte, wurde mir beängstigenderweise immer deutlicher bewusst, dass es schlicht unmöglich war, eine neutrale Haltung einzunehmen«, schreibt sie. »Ich war jetzt mit im Geschäft.« Auf einem ihrer Ayahuasca-Trips erlebte sie in eigener Person die Verwandlung in ein Tier. Sie wurde ein Jaguar, der durch den Wald pirschte. Der frühere Schamane besuchte sie in Gestalt eines Adlers, der telepathisch mit ihr kommunizierte. »Nichts, was ich je über schamanische Tiermetamorphose las, hätte mich auf die totale Involvierung meiner Sinne, meines Körpers, meines Denkens und Empfindens in diesen Vorgang vorbereiten können.« Diese Vision war ein Zeichen für die innere Aneignung bestimmter schamanischer Kräfte, aber ihr wurde vom Schamanen mitgeteilt, dass das auch Gefahren mit sich bringe. Falls sie weiterlernen wolle, müsse sie sich von nun an ständig mittels Magie vor Zauberern und übel wollenden Geistern schützen. Freedman beschloss, ihre Lehre an diesem Punkt zu beenden. »Für mich als Anthropologin kam keine andere Warte mehr in Frage als die des schamanischen Regenbogens«, notiert sie. Es interessiert sie brennend, wie die Moralstrukturen der westlichen Kultur diese uralte und zweideutige Praxis denn absorbieren oder adaptieren können.

Narby wiederum ist der Meinung, Ayahuasca könnte zu einem wertvollen Werkzeug für den modernen Biologen werden, der die Substanz gebrauchen könnte, um den »Geist der Natur« direkt auszufragen. Vor kurzem brachte Narby drei europäische Molekularbiologen zu einem Schamanenbesuch ins Amazonasgebiet. Während ihrer Trancen versuchten sie, direkte, ihre Forschungsgebiete betreffende Fragen an den Geist der Ayahuasca zu stellen. Alle bekamen Antworten auf ihre Erkundigungen. Eine Genforscherin beispielsweise sah sich in ein Protein verwandelt, das über einem langen DNA-Strang dahinflog, und war auf diese

Weise imstande, den Sinn bestimmter Muster in dem, was man vormals für »Junk-DNA« gehalten hatte, zu verstehen:

> Sie sah spezielle, als »CpG-Islands« bekannte DNA-Sequenzen, über die sie sich bei der Arbeit den Kopf zerbrochen hatte und die man in der Upstream-Sequenz von etwa sechzig Prozent aller menschlichen Gene vorfindet. Sie sah, dass sie sich von der umgebenden DNA strukturell unterschieden, und dass sie dank dieses strukturellen Unterschieds leicht zugänglich waren und deswegen als »Landerampen« für Transkriptionsproteine dienen konnten, die an das DNA-Molekül andocken und Kopien korrekter genetischer Strukturen herstellen.

Die Biologen waren allesamt fasziniert von dem, was sie herausfanden, und zwei von den dreien glaubten, dass sie mit einer »unabhängigen Intelligenz« kommuniziert hätten.

Als der Botaniker Dennis McKenna, Terences Bruder, zusammen mit Angehörigen der Uniao do Vegetal, einer brasilianischen synkretistischen Religion, die Ayahauasca als ihr Sakrament gebraucht, ebendieses Gebräu trank, wurde er in ein empfindungsfähiges Wassermolekül im Dschungelerdboden verwandelt und durchs Wurzelwerk einer Liane hinaufgezogen, um dann in ihren Blättern die wunderbaren Molekularprozesse der Photosynthese zu erleben. »Irgendwie vernahm ich – obwohl keine Worte beteiligt waren – dass die *Banisteriopsis*-Liane die Verkörperung der Pflanzenintelligenz sei, die die Erde umfange und bedecke«, erinnerte er sich. Am Ende seiner Vision sagte ihm eine Stimme: »Ihr Affen meint ja bloß, dass ihr die Dinge steuert.«

Yagé erschließt eine spielerische Zone des »Zufällig-Möglichen und Etwaigen«, doch anscheinend vermittelt das Gebräu besondere Botschaften über die biologische Welt und erzeugt häufig präzise Modelle natürlicher Prozesse. Mehr als andere Psychedelika löst Ayahuasca offenbar die starren kategorialen Barrieren auf, die die moderne Kultur zwischen Dichtung und Wissenschaft, Medizin und Magie, den das Ich betreffenden Erkenntnissen und den das Universum betreffenden Erkenntnissen aufgerichtet hat. Wenn die »Ranke der Seelen« ein regulärer Markenartikel wäre, hätte ich sie mir als offizielle Sponsorin dieses Buchs gewünscht.

KAPITEL 24

Die ganze Energie im Universum

Jonathon Miller-Weisberger lernte Don Caesario vor sieben Jahren auf einer Konferenz kennen, die in La Garta Cocha, dem nahe beim Quellgebiet des Amazonas liegenden Stammland der Secoya, abgehalten wurde. »Ich habe mich mit diesem alten Kerl köstlich amüsiert«, sagte Jonathon, der sich im einen Moment wie ein Dandy von der Westküste geben konnte und im nächsten wie ein tief ernster Erforscher mystischer Phänomene. »Ich verbrachte drei Wochen bei ihm daheim; wir lachten die ganze Zeit und schliefen unter demselben Moskitonetz. Sein Haus war eingestürzt, und er wohnte bei seinem Sohn. Er bat mich, ihm zu helfen, ein neues Haus zu bauen.«

Jonathon hatte schon in seiner Kindheit von den Secoya erfahren, damals in Quito, wo seine Mutter ein vegetarisches Restaurant betrieb. In einem Buchladen stieß er auf eine Ansichtskarte von einem Secoya. »Ich erblickte diesen absolut toll aussehenden Indianer, der diese gelbe Krone trug, mit Blumen um den Arm, Perlenschnüren, und ich dachte: Mannomann, den Kerl würd ich sehr gern kennen lernen!«, erinnerte er sich. Jahre später hörte er eine Geschichte über einen Secoya, der sich eines Nachts im Wald verirrte und auf dem Wipfel eines Baumes schlief: »In der Nacht machte sich ein böser Geist daran, den Baum zu fällen. Der Secoya fing an zu singen. Er sang für die Blüten, die an dem Baum blühten. Sie verwandelten sich in überirdische Wesen, die den bösen Geist davon abhielten, ihm Schaden zuzufügen.«

Jetzt, mit dreißig, trug er Bluejeans, ausgelatschte Keds-Turnschuhe und ein mit den »Om«-Schriftzeichen besticktes T-Shirt. Er praktizierte Tai Chi und dozierte ernsthaft über östliche Weisheit und Eingeborenenmystik. Er war etwa im selben Alter wie Daniel Lieberman, mein Guide in Gabun. Wie Lieberman war er Jude, dunkelhaarig, mager, ein idealistischer Außenseiter mit buddhistischer Ausrichtung. Erst die Begegnung mit Lieberman und dann die mit Weisberger – das hatte den Anschein, als ob mir zufällig ein zeitgenössischer Archetyp untergekommen wäre: der junge Ethnobotaniker als umherirrender jüdischer Weiser.

Jonathons eigenen Worten zufolge war Don Caesario »ein Heiliger des *Yagé*«, der »spirituelle Unsterblichkeit erreicht« hatte. Er sagte uns, dass Don Caesario der letzte bedeutende Schamane des Stammes sei, ein einst renommierter Führer, der seine Autorität verloren habe. Mit Ausnahme weniger Älterer hatte der Stamm im Lauf der vergangenen dreißig Jahre aufgehört, sich nach dem Schamanismus zu richten. Sogar Caesarios Sohn Caesar war ein von den Missionaren bekehrter Evangelist. Obwohl Caesar der Gemeindevorsteher des Stammes war, trug er wie die meisten jüngeren Secoya westliche Kleidung. Er trank nie *Yagé*.

Bei einer abendlichen Zeremonie trafen wir die letzten Wahrer der Tradition, die Stammesältesten, einen erlesenen Kreis würdevoller Herren in farbigen Tuniken und mit gelben Kronen auf dem Kopf, die durchschnittlich knappe eineinhalb Meter groß waren. Don Esteban, mit dem Spitznamen Magico, ist ein Cofan-Indianer, der in die Secoya-Sippe einheiratete. Esteban trug einen traditionellen gefiederten Kopfschmuck und eine irisierende Papageienfeder durch die Nase. Don Augustin, mit dem Spitznamen Tintin, war der Schamanenlehrling. Tintin war äußerst wortkarg – unentwegt näherte er sich mir, um sich dann in schelmisches Gelächter aufzulösen. Don Emilio, so sagte man uns, war der Meister des Waldes, mit enzyklopädischen Pflanzen- und Pflanzenheilmittelkenntnissen. Dieses Zusammentreffen mit den Stammesältesten gab mir die Gewissheit, dass ich gefunden hatte, wonach ich suchte, was ich mir gewünscht hatte, während ich auf dem vertrauten Straßenpflaster von New York City dahinstampfte: So absolut gegenwärtig sie auch waren – die Stammesältesten hatten zugleich die exzentrische Aura von Mystikern, von Weisen, die weit hinein in ferne Visionswirklichkeiten reisten und zurückkehrten, um nonchalant darüber zu kichern.

Don Esteban stand auf und erzählte uns die Geschichte seines Lebens. Er war in seiner Jugend Schamane gewesen, aber als die Missionare eintrafen, nahm er an, das Christentum hätte größere Macht. Er gab seine traditionelle geistige Kultur auf und wurde ein Christ, der bei den Missionaren arbeitete. Sie sagten ihm, er solle kein Ayahuasca einnehmen, also ließ er es sein. Aber nach einiger Zeit wurde ihm klar, dass er als Christ nicht mehr fähig war, irgendjemanden zu heilen. Ein Neffe von ihm starb, und er wusste, dass er ihn mit Ayahuasca hätte heilen können. Er kam zu dem Schluss, dass das Christentum nicht über alle Lösungen verfügte und kehrte nach dreißigjähriger Unterbrechung zu Ayahuasca zurück. Er sagte auch, er habe LSD probiert, das ihm ein Tourist gegeben habe, und dass er es gleichfalls zum Heilen verwenden könne. »LSD ist starke Medizin«, sagte er. Er versprach, uns zu helfen, zu den »tiefen spirituellen Reichen« zu gelangen.

Ich war bereit.

Aber an dem für unsere erste *Yagé*-Zeremonie geplanten Tag gab Don Caesario bekannt, dass er sich nicht wohl fühle. Und was noch schlimmer war: Er hatte in der Nacht schlecht geträumt. Träume gehören zur Berufsausrüstung des Schamanen. Die Zeremonie wurde verschoben.

Schamanismus ist eine delikate Angelegenheit. Dicke Spiralen der Ayahuasca-Lianen wuchsen in der Nähe des zentralen Zeremonienhauses. An jenem Morgen gingen ein paar von uns, ich mit inbegriffen, in aller Frühe zu den Lianen hinauf und sahen sie sich an. Wir befingerten sie sogar. Beim Frühstück erfuhren wir, dass unsere Untersuchung Don Caesario, der uns nicht zugesehen hatte, rasende Kopfschmerzen bereitete. Auch menstruierende Frauen störten den Schamanen – Caesario ist verheiratet, aber um seinen Geist reinzuhalten, lebt er seit Jahrzehnten zölibatär –, und über die Hälfte der Frauen in unserer Gruppe hatten gerade ihren »Mond«. Diesen Frauen wurde untersagt, sich irgendwo in die Nähe der *Yagé*-Pflanzen zu begeben oder an den Zeremonien teilzunehmen.

Einige von uns trösteten sich mit einer langen Wanderung unter der Führung von Don Emilio, dem Maestro des Waldes. In dem feuchten, von einem Lianenbaldachin überwölbten Dschungel taperten meine Mittouristen und ich in Gummistiefeln und Wanderkluft hinter unserem geräuschlosen barfüßigen Guide her wie riesenhafte Sumpfeibische. Don Emilio zeigte uns den Drachenblutbaum und schnitt mit seiner Machete in die Rinde, um den blutroten Saft herausrinnen zu lassen. Aus dem Holz einer dicken Lianenranke schnitzte er einen Augentropfer, mit dem er uns langsam den Pflanzensaft in die Augen träufelte – die Dschungelvariante von Visine-Tropfen. Er machte uns auf Heilpflanzen aufmerksam, die an den Bäumen wucherten.

In jener Nacht konnte ich nicht schlafen. Die Wanderung war mein erster wagemutiger Vorstoß in die Tiefen des Regenwalds, und der Dschungel war selbst ein Trip. Bilder von endlosen Pflanzenformen und sich wiegenden Lianen blitzten auf meinen geschlossenen Augenlidern auf wie Fotoabzüge. Unterdessen führte die nach Öl gierende Occidental-Petroleum zehn Kilometer von meiner Hängematte entfernt eine Probebohrung durch.

Der winzige Rest des Secoya-Stamms kämpfte ums Überleben. Diebe waren nur eine von vielerlei Gefahren: Die Indianer fürchteten sich vor Guerillas und den Unmengen von Herbiziden, die die US-Regierung entlang der Grenze versprühte. Die allergrößte Gefahr war jedoch die brutal eindringende Mineralölgesellschaft.

In einer Szene, die direkt aus *Apocalypse Now* hätte sein können, tat sich da mitten im tiefsten Dschungel eine große quadratische Rodung auf, mit einer installierten Bohrplattform von sechzig Meter Durchmesser, über der Hubschrauber kreisten, während sie Versorgungsmaterial in das Camp abwarfen. Die Bohrung, die seit Ende des vergangenen Jahres andauerte, war gegenwärtig 2650 Meter tief, und die Gesellschaft war noch nicht auf Öl gestoßen. Sollte sie tatsächlich Öl finden, dann wird Occidental-Petroleum eine direkt zu dem Bohrgelände führende Straße bauen. Die Zerstörung des umliegenden Waldes und der Secoya-Kultur wird sehr bald darauf erfolgen.

Von Occidental und der ecuadorianischen Regierung unter Druck gesetzt, bewilligten die Secoya den Zugang zu ihrem Land gegen 700 000 Dollar, eine armselige Summe, wenn man die Hunderte von Millionen bedenkt, die eine erfolgreiche Ölbohrung abwerfen konnte. Jedenfalls führen die von den Mineralölgesellschaften ausgeteilten Bestechungsgelder doch recht häufig zur Destabilisierung von Indianergruppen, die in Wirtschaftsplanung ungeübt sind. Es liegt auf der Hand, dass Eingeborenengruppen, die vor fünfzig Jahren noch nicht mit der modernen Welt vertraut waren – die noch immer eine völlig andere Land- und Eigentumsvorstellung haben als wir, nämlich eine gemeinschaftliche, und zudem keine Tradition des Geldgebrauchs –, nicht mit juristischen Teams von den Mineralölgesellschaften verhandeln können. Aber das war einige Zeit lang so üblich.

Anfang der Neunzigerjahre arbeitete Jonathon an territorialer Grenzfestlegung bei den Huarani mit, einem zwölfhundertköpfigen Stamm von Jägern und Sammlern im Amazonasgebiet, denen eigentumsrechtlich rund 810 000 Hektar Regenwald zugesprochen wurden. »Noch nie behandelte mich jemand so wie die Huarani«, sagte er. »Sie waren die anständigsten Menschen, die mir jemals begegneten.« Jonathan hatte den Eindruck, dass die Huarani in einer Zone spiritueller Vollkommenheit existierten: »Sie waren völlig losgelöst von allem. Sogar von ihrem eigenen Leben.« Er freundete sich mit Wepe an, einem hundertjährigen Huarani, der hundert Männer getötet hatte. Wepe sagte ihm: »Die Spitze meines Geistes durchschneidet alles.« Die Huarani waren die einzigen Indianer in der Region, die keine Halluzinogene zu sich nahmen – sie brauchten sie nicht.

Zu dem Zeitpunkt schien es so, als hätten die Huarani mit dem rechtlich verbrieften Eigentum an Land einen bedeutenden Triumph errungen, aber immer wenn die Regierung von Ecuador Eingeborenengruppen Land übereignet, zwingt sie sie dazu, Bodenuntergrundrechte abzutreten. Das einst urtümlich-reine Territorium wurde jetzt kreuz und quer von einem Straßennetz durchschnitten, das die Mineralölgesellschaften sowie die nachfolgenden Nutzholzgesellschaften gebaut hatten. Der Stamm hauste in von der Gesellschaft erbauten Baracken.

Über zwanzig Jahre hin werden die Bohrlöcher so viel Öl fördern, dass der US-Bedarf damit höchstens zwei Wochen lang abgedeckt ist.

»Ich hab' volle vier Tage über die Huarani geweint«, sagte Jonathon. »Ich hab' geweint, bis ich nicht mehr weinen konnte.«

Der die Secoya umgebende Dschungel ist dem gleichen Vorgang kurzsichtiger Ausplünderung ausgesetzt. Die systematische

Zerstörung der Regenwälder des Amazonasgebiets, die sich in Millionen Jahren Evolution herausgebildet haben, der gewachsenen Lunge des Planeten, bedeutet eine immer schneller werdende Klimaänderung. Ich habe gelesen, dass einige Indianerstämme in Nordamerika die Folgen ihrer Handlungen im Hinblick auf sieben künftige Generationen zu bedenken pflegten. Unsere »fortschrittliche« Gesellschaft hingegen ist offenbar nicht einmal fähig, sich die Folgen ihrer Handlungen hinsichtlich weniger kommender Jahre zu vergegenwärtigen.

* * *

ZWEI TAGE SPÄTER, als sich die Spannungen gelegt hatten, gab Don Caesario bekannt, dass wir heute Nacht *Yagé* trinken würden. Beim Frühstück erzählte ich Pablo Amaringo meinen Traum aus der vorherigen Nacht. Ich träumte, dass ich zum Kriegsdienst eingezogen wurde. Teilweise spielte der Traum in der Rekrutengrundausbildung, aber er war durchweg ganz freundlich. Amaringo lächelte. »Dein Traum bedeutet, dass du gerade in die Armee der Geister einberufen wirst«, sagte er mir.

Bei Sonnenuntergang versammelten wir uns im Zentralbau, einem langen, reetgedeckten Gebäude mit Pfosten zum Aneinanderreihen von Hängematten. Der Schamane lag in der Mitte des Raums, sein ihm assistierender Gehilfe Tintin befand sich neben ihm. Die Secoya mit ihren Kronen und Perlen und verflochtenen Blumen lagen in Reihen auf der einen Seite von ihm, die Besucher auf der anderen. Insgesamt waren wir dreißig Personen, die da in ihren Hängematten schaukelten. Mehrere junge Secoya, einschließlich Caesarios halbwüchsigem Enkel, tranken zum ersten Mal *Yagé*. Immerhin hatten sie für diese eine Nacht ihre Basketballshorts und Turnschuhe gegen altmodische Secoya-Tuniken und -Kronen ausgetauscht.

Ich war sehr traurig wegen Annie und der anderen Frauen, die ihren »Mond« hatten. Sie waren bis hierher gelangt, bloß um strikt um die Chance gebracht zu werden, *Yagé* zu probieren. Jean Michel, der Franzose, stieg aus, vielleicht weil er befürchtete, das Psychedelikum könnte seine starren gallischen Vorurteile untergraben.

Nacheinander wurden wir zu Don Caesario gerufen, der uns einen Kokosnussbecher voll *Yagé* gab, in den er zuvor leise Gebete blies. Schauder unterdrückend, kippte ich das bittere Gebräu hinunter. Begierig, mich möglichst weit zu puschen, zwang ich mich später in der Nacht dazu, mir noch zwei Becher voll Dschungeldüsternis von dem Schamanen zu holen, wobei ich jedes Mal Abscheuanfälle zu bewältigen hatte.

Ich legte mich in meiner Hängematte zurück, während sich die Aktivitäten hinter meinen Augenlidern langsam verstärkten. Kälte hüllte mich ein. Ich fühlte mich wie eine Raupe im Puppenstadium, bewegungsunfähig, rezeptiv, und kämpfte dabei mit dem Aufruhr in meinem Magen. Die Zeit schien sich zu verlangsamen und zu dehnen.

Mit geschlossenen Augen sah ich ein Gitter, das sich in alle Richtungen erstreckte. Geometrische Formen stroboskopisch blitzender Kugeln und Pyramiden entstanden an sämtlichen Verbindungspunkten des Gitters. Diese Formen wichen metamorphen geometrischen Mustern, dann konkreteren Bildern. Ich sah die verschwommene, an Maya-Gottheiten erinnernde Gestalt eines Gottes mit Tierschnauze und indianischem Kopfschmuck. Ich versuchte, ihm zu folgen, aber er löste sich in Luft auf. Ich blickte in eine in der Mitte meines Gesichtsfelds befindliche wirbelnde Schlangengrube, wo große Schlangen einander umglitten und umringelten. Die Schlangengrube verwandelte sich in ein Feld, auf dem Pflanzen in unglaublicher Geschwindigkeit wuchsen, immer wieder und wieder erblühend und dann verwelkend. Eine endlose Fülle von botanischen Formen stieg empor, florierte ekstatisch, starb ab und verrottete. Dies enthielt offenbar eine Botschaft – dass eine Pflanze, wie jedes Lebewesen, eigentlich aus Energie bestehe, dass die Form, die wir sehen, bloß eine provisorische Momentaufnahme, eine illusorische Unterbrechung des beständigen Strömens, der Bewegung des Geistes, sei.

Von Zeit zu Zeit wurden die Bilder durch das spasmodische Gekeuche von jemandem gestört, der sich grade in den Büschen übergab. Ich musste nicht brechen. Wie ich bereits auf meinem *Yagé*-Trip in New York bemerkt hatte, enthielten die Visionen eine skurrile Komik. An einem bestimmten Punkt sah ich zu, wie in einer Reihe hintereinander gehende Raumfahrer langsam Mann für Mann ein schwarzes Raumschiff bestiegen. Es war ein trüber, melancholischer Anblick. Plötzlich begriff ich, was dieses Raumschiff bedeutete. Meine Eingeweide rumorten grimmig, und ich musste dringend den Außenabort aufsuchen. Ich torkelte hinaus in den Dschungel. Die Sterne droben waren heiter und hell, die Bananenpalmen und schwebenden Bäume schienen mich freudig ins spirituelle Universum aufzunehmen, während ich meine Raumfahrer expedierte.

Die Secoya sangen die Nacht hindurch unglaubliche Weisen. Lieder von heilsamer Magie, Psalmodien in einer Sprache, die ihnen die Geister beigebracht hatten. Manchmal imitierten die Lieder humorvoll Brechreizgewürge oder das Brüllen eines Keilers. Don Esteban stand auf und stieß aus voller Kehle lange, sich entrollende Freudenschreie aus, die in ihrer manischen Wildheit archaischen Schlachtrufen glichen. Ein Zittern durchschauerte die Wirklichkeit – wenn ich die Augen öffnete, konnte ich es sehen, wie elektrische Impulse –, und die Lieder passten genau zu dem schnellen, stotternden Rhythmus dieses Zitterns.

Es war, als ob das Zeremonienhaus ein Boot oder Raumschiff geworden wäre, das, mit dem ruhigen Don Caesario am Steuer, über dunkles Gewässer glitt. Die Musik glich dem Steuerruder, das unseren Kurs bestimmte. Ich spürte kitzelnde Vibrationen in meinen Zähnen, und überall in meinem Körper konnte ich wie ein magnetisches Zerren Strömungen fühlen, die den Richtungen folgten, in die uns die Lieder gerade trugen.

Die Halluzinationen begannen sich zu intensivieren und drangen nunmehr zu einem Bereich vor, den ich nicht erkennen konnte und zu dessen Beschreibung mir die Worte fehlen. Ich sah mich quer durch einen schimmernden Raum streifen, zusammen mit Wesen, die sich unaufhörlich veränderten – Stachelschweinstacheln-besetzt, Fangzähne-bewehrt, vielzüngig, amöbisch, aber auch diese Attribute umschreiben allenfalls annäherungsweise Wesenheiten, die man mit den abgründigeren Fantasiegeschöpfen von H. P. Lovecraft vergleichen könnte. Der Schamane und die Stammesältesten schienen diesen Raum zusammen mit mir zu bewohnen. Ihre im Widerschein des Feuers glühenden Gesichter wirkten wie von einer fast außermenschlichen Inbrunst beseelt. Sie sangen, in unverständlichem Wortlaut, diese Kreaturen an und interagierten so mit ihnen in mystischem Umgang. Offenbar war dies das Ziel der Ayahuasca-Zeremonie, der Ankunftspunkt. Diese Wesen waren die »überirdischen Leute, die himmlischen Wesen«.

Don Caesario trank einen weiteren Becher von dem bitteren Gebräu, den sein Gehilfe Tintin für ihn hergerichtet hatte. Dann sang er allein. Sein Gesang schien die unbändigste und persönlichste Ode zu sein, ein Einsamkeitspsalm, der das Geheimwissen seiner Seele erkennbar werden ließ. Er flüsterte gerade noch. Er hauchte in die Sterne. Dann kehrte die Melodie zurück, und seine Stimme schwoll an. Für mein gesteigertes Gehör schien er eine subtile Darlegung über die Wirklichkeit zu weben und dabei den Sieg der Form über die Leere zu schildern. Während er sang, verführte er ein Geist-Geschöpf, das zu wachsen begann und sich in ein Gespinst aus Zuckerwattefäden einspann. Dann begann Tintin gleichfalls zu singen. Aber er schien den metaphysischen Standpunkt des Schamanen stark anzuzweifeln, machte er doch geltend, dass die Leere letztendlich über die Form triumphiere. Don Caesario pflichtete dem traurig bei, und die Zuckerwatteschöpfung wurde freigegeben, wieder ins Leere zurückzufallen. Bestürzt von der Konkretheit dieser Halluzinationen, führte ich rasch eine Realitätskontrolle durch, indem ich meine Augen der Nacht öffnete. Der Schamane legte sich, von den Flammen beleuchtet, zurück, die anderen Touristen verschnauften oder schliefen nah bei mir in ihren Hängematten.

Ich hatte keine Zweifel mehr, dass die Secoya extradimensionale Erforschung betrieben und dabei Ayahuasca als ihr psychisches Teleskop und Beförderungsmittel verwendeten. Ebendies bezeichnete Jonathan als »spirituelle Wissenschaft des Amazonasgebiets«. Für die Indianer, so erkannte ich klar, gab es keinen Unterschied zwischen der natürlichen und der übernatürlichen Welt. Ihre Lieder waren die Psalmodien von Geistern, die sich inbrünstig-kommunikativ an andere Geister und Elementarkräfte richteten und dabei die Astralsphären durchwirkten.

Später erfuhr ich, dass die Secoya-Stammesältesten behaupten, sie könnten gelegentlich mit ihrem Gesang neue Pflanzen entstehen lassen. So mag Don Caesario am Ende einer langen Nacht reiner Trance auf seine Faust runterschauen und unvermutet feststellen, dass er einen Samen oder Keimling in der hohlen Hand hält. Dieses Geschenk von den überirdischen Wesen gräbt er in seinem Garten ein. In wenigen Monaten entwickelt es sich zu einem Heilkraut, das das umfassende Secoya-Herbarium um ein neues Mittel bereichert.

* * *

Am Morgen tauschten wir unsere Erfahrungen der *Yagé*-Nacht aus. Einige der Reisenden waren enttäuscht. Einige fühlten sich geheilt oder verjüngt. Tammy war ihre Krankheit los und kicherte nur über das »irre Zeug«, das sie in der Nacht gesehen hatte – abstrakte Formen, geometrische Wirbel, bebende Wesenheiten. »Es war total amüsant, aber ich bin mir nicht sicher, dass es irgendwas bedeutete«, sagte sie.

Mark und Andrew mussten sich unter nicht enden wollendem (man muss *Yagé* einnehmen, um richtig beurteilen zu können, was »nicht enden wollend« eigentlich heißt) Brechreiz immer wieder übergeben und bekamen keine Visionen. Weil sie im letzten Moment irgendwie der Wille oder Wagemut im Stich ließ, hatten sie sich nicht kraftvoll genug gezwungen, noch mehr zu trinken. »Das ist nicht meine Droge«, bekundete Mark achselzuckend. Er schrieb es den schwer erfassbaren Eigenheiten des »Großen Geistes« zu und war augenscheinlich erleichtert, die Sache hinter sich zu haben, bereit, nach Hause zu fahren. Andrew jedoch bemühte sich krampfhaft, seine Frustration darüber, dass er auch diesmal wieder keine Visionen hatte, durch Lachen zu überspielen. Wie ein heimlichtuerischer Magier, der sich partout nur einen einzigen Trick abluchsen lässt, wollte ihm die Pflanze einfach nichts Neues zeigen. Jedes Mal, wenn er davon trank, attackierte sie seine Eingeweide noch heftiger als zuvor.

Octavia sagte, sie sei wie eine Rakete durch visionäre Wirklichkeiten gesaust. Sie wurde in einem Museum archaischer Artefakte herumgeführt, zu einem kleinen Würfel aus glühendem weißem Licht. »Heb' es auf«, drängten sie die Geister. »Was ist das?«, fragte sie. »Das ist die ganze Energie im Universum.« Sie beschloss, das Ding in Ruhe zu lassen.

Barbara Nelson und Kerry Locklear, eine Psychologin und eine Sozialarbeiterin, hatten eine gemeinsame Vision von einer kleinen Eule, die sie beobachtete. Drei andere, einschließlich einer Quechua-Indianerin, sahen Delfine, die sich in einem blauen Ozean spiralförmig bewegten. (Solche »transpersonalen« Sichtungen sind unter *Yagé*-Einfluss durchaus normal; als die Droge von Leuten aus dem Westen in den Zwanzigerjahren entdeckt wurde, gaben ihr Wissenschaftler den Namen Telepathin.)

Als ich Don Esteban über meine Nacht zu berichten versuchte, lachte er. »Deine Seele flog außerhalb deines Körpers umher«, sagte er. »Wenn deine Seele so fliegt, kannst du dich überallhin begeben, wohin du willst. Du kannst alles sehen, was du sehen willst.«

Jonathon stürzte ins Zeremonienhaus mit Tränen in den Augen. Auch ohne Teilnahme am *Yagé*-Umtrunk war er die ganze Nacht auf gewesen, gepeinigt von Bildern brutal vorrückender Mineralölgesellschaften, mordgieriger Guerillas, des dem Untergang geweihten Stammes.

»Wo sonst wirst du jemals alte Dandys wie diese finden, die die ganze Nacht aufbleiben, um für dich zu singen und dich zu heilen?«, fragte er. »Aber immerhin, nichts stirbt ja jemals wirklich aus. Wir könnten meinen, das müsste es, aber es gibt eine Million Milliarden Universen da draußen. Alles, was aus unserer Welt verschwindet, wird woanders wieder geboren.«

TEIL VI
LSD und die Sechzigerjahre

»Glauben Sie,
dass Drogen eine spirituelle Erscheinungsform
des Glücksspiels sind?«
»Aber ja.«

Aus dem Film *Sympathy for the Devil*,
von Jean-Luc Godard

KAPITEL 25

Das mannigfaltige millionenäugige Monster

Die Krankheit schlägt zu in Beatnikbuden am
Küstenstreifen und in den Schlafsälen von
College-Vorschulen; an der University of California,
Los Angeles und auf dem University-of-California-
Campus in Berkeley wird sie nachgerade zu einem
Besorgnis erregenden Problem.
Und überall ist die Diagnose dieselbe:
psychotische Erkrankung infolge unerlaubten,
nicht-medizinischen Gebrauchs der Droge LSD-25.

TIME, *März 1966*

Ich wurde 1966 geboren, war also zu jung, um von dem elektrisierenden Knistern des sozialen, sexuellen und neurochemischen Aufruhrs jener Ära mehr mitzukriegen als eine verschwommene Kindheitsrückblende – irgendwie erinnere ich mich vage an einen Protestmarsch oder zwei und habe auch noch lebhaft eine Szene vor Augen, in der mein Babysitter aufgeregt die elektrostatisch anklebende Plastikhülle von dem neuen Beatles-Album *Abbey Road* abzieht. Ich muss wohl als Kind ständig in den Schallwellen der Beatles gebadet worden sein, denn noch heute wirken ihre Harmonien, wie vertraute Wiegenlieder, augenblicklich beruhigend auf mich. Die ersten paar Jahre meines Lebens wohnten meine Eltern am Saint Mark's Place, mitten im Gegenkulturchaos, obwohl sie eine Generation älter waren als die Hippies. Meine Mutter, ein ehemaliger Beatnik, war Lektorin bei McGraw-Hill, wo sie Abbie Hoffmanns erstes Buch *Revolution for the Hell of It* sowie auch »Movement«-Werke von schwarzen Revolutionären, Feministinnen und marxistischen Organisatoren auf eine ansonsten konservative Editionsliste manövrierte. In ihrem Erinnerungsbuch *Minor Characters* schrieb sie aber:

> Die Sechziger waren nie wirklich meine Zeit. Trotz all ihrer Feuerwerke tendierten sie offenbar zum Abstieg. Irgendein möglicher Höhepunkt war torpediert worden. Ich erlebte mit, wie Hippies Beatniks ablösten, Soziologen Poeten, die leere Leinwand den abstrakt-expressionistischen Kline. Wenig begeistert beobachtete ich, wie der »Lifestyle« aufkam. Die alten Heftigkeiten entschärften sich zu »Mach dein eigenes Ding« – dem Gebot einer kampf-amputierten Freiheit. Die Ekstase war chemisch geworden, das Vergessen gab es auf Rezept.

Mein Geburtsjahr war das Jahr, in dem die Regierung nach einer Reihe dringlicher, von einer Panikstimmung beherrschter Hearings im Senat LSD und weitere Psychedelika für ungesetzlich erklärte. Gleichzeitig kehrte sich die Mainstream-Meinung aufgrund der übertriebenen, von den Massenmedien verbreiteten Horrorgeschichten gegen LSD, das in wenigen kurzen Jahren von der »Wunderdroge« zur »Horrordroge« wurde. Obwohl LSD sich früheren Studien zufolge als »erstaunlich sicher« erwies, war jetzt jeder Krisenzustand, jeder Notaufnahmebesuch oder Selbstmordversuch, der sich mit dem Gebrauch der Droge in Verbindung bringen ließ, eine hochaktuelle Nachricht. Und natürlich versuchten die Medien keineswegs, solche Daten in den Kontext viel erdrückenderer Statistiken von Unglücksfällen und Verbrechen zu stellen, die durch gesellschaftlich anerkannte Substanzen wie etwa Barbiturate, Zigarettennikotin und Alkohol verursacht wurden.

So schreibt Jay Stevens in *Storming Heaven*: »Spätestens im Herbst 1966 deuteten dann Gegner an, dass LSD wahrscheinlich eine langfristige Schädigung des Gehirns hervorrufe. Ihre Beweisgrundlage? Die Tatsache, dass so viele Jugendliche, nach der LSD-Erfahrung, wenig Verlangen zeigten, sich dem korporativ-provinziellen Lebensstil anzupassen, den ihre Eltern sich zu Eigen gemacht hatten.« Eine weitere, von den Zeitungen im ganzen Land rasch aufgegriffene Studie deutete darauf hin, dass LSD die Chromosomen beschädigte – obwohl die Beweisführung dieser Studie rasch widerlegt wurde, blieb das Bild doch im Gedächtnis der Öffentlichkeit haften. Norman Mailer, der durchaus verständiger hätte sein können, reitet in *Armies of the Night* wiederholt darauf herum und stellt sich dabei die Hippies vor: geprägt von »zwanzig, vielleicht in ihre Chromosomen eingravierten, Generationen begrabener Hoffnungen«, und dass sie »jetzt, so lässt sich denken, wie Reisigbündel in den geheimen Inquisitionsfeuern des LSD verbrennen.« Noch heute glauben viele, dass LSD und andere Psychedelika entweder das Hirn oder die Gene schädigen, obwohl es keine Beweismittel zur Erhärtung eines der beiden Standpunkte gibt. Anscheinend besteht die einzige ernsthafte Gefahr des LSD-Gebrauchs darin, dass er ein vorher vorhandenes psychotisches Leiden aufdecken kann. Trotz schwarzseherischer Berichte sind Flashbacks offenbar Chimären – selten auftretend und kaum gefährlich. Aber natürlich sollte man LSD wie alle wirkungsvollen Werkzeuge, auch wenn es legalisiert wäre, nur mit Vorsicht verwenden.

Bislang liegen zwei exzellente Bücher über die Geschichte von LSD und der Gegenkultur vor: Stevens *Storming Heaven: LSD and the American Dream* und *Acid Dreams: The Complete History of LSD: The CIA, the Sixties, and Beyond* von Martin A. Lee und Bruce Shlain. *Storming Heaven* verfolgt größtenteils die abenteuerlichen Eskapaden von Aldous Huxley, Timothy Leary, Ken Kesey, Allen Ginsberg und anderen psychedelischen Avataren, die das LSD-Evangelium verbreiteten, der Polizei und FBI-Agenten entwischten, nach persönlicher Erleuchtung strebten und quer über den Globus stromerten und strolchten. *Acid Dreams* hingegen deckt eine abgründigere Unterströmung auf; es erforscht die enge Beziehung der CIA zum LSD, die die Droge im Rahmen von MK-ULTRA, ihrem Geheimprogramm zur Gehirnkontrolle, zu nutzen versuchte. *Acid Dreams* legt klipp und klar dar, dass die CIA und das Militär für die gezielte Hochkonjunktur von LSD an Forschungskrankenhäusern und in akademischen Studien verantwortlich waren – Ken Kesey und Allen Ginsberg sowie auch andere probierten LSD zum ersten Mal unter den Auspizien staatlich finanzierter Studien.

Die hinsichtlich eines möglichen Höhepunkts torpedierten Sechzigerjahre waren zwischen Extremen polarisiert: einerseits den politischen und persönlichen Experimenten der jungen Leute; andererseits den vom Staat weitergetriebenen Kriegen und neuen Systemen sozialer Kontrolle; einerseits dem populistischen Kampf von Guerillarebellen in Drittweltländern; andererseits der immer größer werdenden Reichweite des globalen Kapitalismus.

In seinem Essay »Zur Periodisierung der Sechzigerjahre« zeigt der Kritiker Frederic Jameson auf, wie die utopische Leidenschaft und Gegenkultur der Ära die Entfesselung neuer Formen von Unterdrückung und neuer ökonomischer Gewalten verschleierte und in gewissem Sinne widerspiegelte. Jameson datiert den Beginn der Sechzigerjahre auf »die große Dekolonisationsbewegung im britischen und französischen Afrika« sowie die geglückten Revolutionen der Dritten Welt, insbesondere den Algerienkrieg und die kubanische Revolution von 1959, die ankündigten, dass die Sechziger eine Ära radikaler Brüche und rapider Innovationen sein würden.

Doch Jameson modifiziert: »Die Vorstellung von den Dritte-Welt-Sechzigern als einem historischen Moment, wo auf der ganzen Welt Ketten und Fesseln typisch imperialistischer Art in einer mitreißenden Welle ›nationaler Befreiungskriege‹ abgeschüttelt wurden, ist eine insgesamt mythische Vereinfachung.« Während der Sechzigerjahre wandelte sich die Vorherrschaft der Ersten Welt in ihrer Form und Methode um – von direkter Kolonisierung zu einem neuen, subtileren, aber letztendlich effektiveren Neokolonialismus. Heute wird diese Umwandlung durch Institutionen wie etwa die Weltbank und den Internationalen Währungsfonds symbolisiert. Dieser Prozess verwandelte weite Teile der Dritten Welt auf Dauer in Schuldnerländer. Die »Grüne Revolution« – die Industrialisierung der Landwirtschaft, bei der lokale Wirtschaftssysteme und Eingeborenenkulturen zerrüttet wurden – rief zwangsläufig Guerillarebellen und Widerstandsbewegungen auf den Plan.

In den Sechzigerjahren, wo die Hippies sich einstimmten und aufdrehten, zog sich der Kapitalismus nicht zurück. Er erweiterte und veränderte sich rapide, entdeckte neue Produktionsmittel, schuf neue Märkte, verfeinerte seine Kontrollverfahren:

> Der Spätkapitalismus im Allgemeinen, und die Sechzigerjahre im Besonderen, bilden einen Prozess, in dem die letzten noch verbliebenen inneren und äußeren Zonen des Vorkapitalismus – die letzten Überreste von althergebrachtem oder nicht zur Ware gemachtem Raum innerhalb und außerhalb der fortschrittlichen Welt – jetzt schließlich ihrerseits durchstoßen und kolonisiert werden. Der Spätkapitalismus lässt sich daher um-

schreiben als der historische Moment, wo die letzten Spuren der Natur, die bis in den klassischen Kapitalismus hinein fortbestanden – nämlich die Dritte Welt und das Unbewusste –, endlich beseitigt werden. Die Sechziger sind daher wohl die bedeutsame Transformationsperiode, in der diese systemimmanente Umstrukturierung in globalem Umfang stattfindet.

Auf dem kulturellen Feld (dem, was für Marxisten im Vergleich zur ökonomischen Basis/Infrastruktur der so genannte Überbau ist) waren die »Sechziger« von dem Gefühl gekennzeichnet, alles sei möglich und die Welt funktioniere nach magischen und mystischen Gesetzen ebenso wie nach rationalen. Diese zeitweilige Wiederkehr »wunderbarer intuitiver Erkenntnis«, um eine Shakespearesche Formulierung zu entleihen, wurde teilweise durch die umgestaltenden Spannungsstöße des LSD vorangetrieben. Mit Jamesons Worten: »Dieses Freiheits- und Möglichkeitsgefühl ... lässt sich vielleicht am besten von den faktischen Überbauphänomenen Bewegung und Spiel her erklären, die durch den Übergang von einem bestimmten Basissystem oder systemimmanenten Stadium des Kapitalismus zu einem anderen ermöglicht wurden. In diesem Sinne waren die Sechziger eine enorme und inflationäre Vergabe von überbaulichem Kredit.«

Der Übergang zwischen weltwirtschaftlichen Systemen öffnete eine zeitweilige Lücke ideologischer Unbestimmtheit, und in dieser Lücke spannte die Fata Morgana der kulturellen und gesellschaftlichen Revolution der Sechziger ihren Regenbogen aus. Die Periode der Sechziger enthüllt sich letztlich als ein »echt dialektischer Prozess, in dem ›Befreiung‹ und Herrschaft unentwirrbar miteinander verbunden sind.« Jameson schrieb diesen Essay in den Achtzigerjahren. Heute ist es noch klarer, deutlicher, wie das explosive Potenzial der Sechziger »zu starken Wiederherstellungen der sozialen Ordnung und einer Erneuerung der repressiven Gewalt der verschiedenen Staatsapparate« führte. Der unter Präsident Nixon begonnene dreißigjährige Krieg gegen Drogen war und ist eines der wirksamen Werkzeuge jener Repression (allein im Jahr 2000 wurden 1,6 Millionen Amerikaner wegen Drogendelikten verhaftet und über 600 000 wegen des Besitzes von Marihuana). Der neue Krieg gegen den Terrorismus, der die zentralisierte Sammlung privater nachrichtendienstlicher Informationen erlaubt, kann sich leicht als ein weiteres entpuppen.

Natürlich interessiert sich Jameson, wie die meisten Marxisten, nicht für Drogen. Die Tatsache, dass physikalische Materie, Pflanzen und Chemikalien das menschliche Bewusstsein grundlegend umwandeln können, fällt aus dem Gesichtskreis traditioneller marxistischer Analyse heraus (wenngleich die marxistische Dialektik einen mystischen Zug aufweist). Jameson ignoriert die Rolle, die LSD bei der Umwandlung des Überbaus gespielt haben könnte, obwohl die Natur und das Unbewusste, diese letzten Bezugsgrößen des Traditionalismus, die der Kapitalismus schließlich beseitigen sollte, gerade die Kräfte sind, die von Psychedelika in mythisch umgestalteter Form enthüllt werden. Nur ein abtrünniger Mystiker-Marxist wie Walter Benjamin konnte sich erlauben, die Beziehung zwischen Rausch und gesellschaftlicher Realität zu erforschen, und dabei darlegen, inwiefern die repressiven Mechanismen der modernen Gesellschaft vom Erzwingen der rauschhaften Trance des modernen Lebens abhängen.

Die von Leary, Ginsberg und anderen unterstützte Politik der Ekstase verwirrte die hundertfünfzigprozentigen Radikalen der Sechzigerjahre nur, die sich sorgten, dass LSD womöglich ein falsches Bewusstsein hervorrief und dem politischen Kampf Energie entzog. »Wir befürchteten, völlige Freizügigkeit würde den noch schwach ausgeprägten Sinn der amerikanischen Jugend für ihre moralische Verpflichtung gegenüber den Unterdrückten der Welt torpedieren«, schrieb Todd Gitlin, ehemaliger Vorsitzender von Students for a Democratic Society, in seinem Buch *The Sixties: Years of Hope, Days of Rage*. »Dieses hippe Jugend-Drogen-Ding, was immer es auch war, lag außerhalb unserer Kontrolle, und wir müssen gespürt haben, dass die Regeln der Politik (einschließlich unserer eigenen) Gefahr liefen, auf der Strecke zu bleiben.« Andererseits wurden viele Anhänger der Bewegung zu Radikalen, nachdem sie Marihuana und LSD probiert hatten. Die Tatsache, dass der Staat den Gebrauch dieser Substanzen umgehend verbot, war für viele der Beweis, dass den Regierenden nicht ihr Bestes am Herzen lag.

Acid Dreams legt dar, dass Befreiung und Herrschaft nie enger verbunden waren als in der Story vom Aufstieg und Fall des LSD. Ziemlich unromantisch bezeichnen die Verfasser LSD als einen »unspezifischen Verstärker psychischer und sozialer Prozesse«. Als in den Fünfzigerjahren CIA-Agenten und das Militär sich für die Droge begeisterten und demzufolge sich sowie auch ahnungslosen Opfern Dosen davon verabreichten, erlebten die meisten von ihnen keine mystischen Offenbarungen. Vielmehr drehten sich ihre Trips um barocke James-Bond-Szenarios, wie etwa darum, dass sie Chemikalien in Castros Schuhe steckten und ihm dadurch der Bart abging, oder um Attentatskomplotte, um das Sichten von Bombentrefferbildern beim imaginären Überflug über Nordvietnam. Möglicherweise kam es durch LSD zu einer dauerhaften Verzerrung der taktischen Denkausrüstung der CIA. Lange nachdem ihre Liebesaffäre mit LSD zu Ende gegangen war, hatte die CIA immer noch ein großes Faible für zur Gehirnkontrolle geeignete Drogen, und viele Jahre lang führte sie ein Geheimprojekt weiter, das sich mit außersinnlicher Wahrnehmung befasste.

Acid Dreams gibt zu verstehen, die CIA habe spätestens Ende der Sechzigerjahre durch heimliche Maßnahmen sichergestellt, dass für die Radikalen der Gegenkultur nach wie vor ein billiger

LSD-Nachschub verfügbar war: »Einem ehemaligen Vertragsangestellten der CIA zufolge half Behördenpersonal Untergrundchemikern bei der Einrichtung von LSD-Labors in der Bay Area, um so Vorkommnisse im Acid-Getto ›überwachen‹ zu können. … Ein CIA-Agent, der von sich behauptet, er sei in das verborgene LSD-Verteilungsnetz eingesickert, … erwähnte das Haight-Ashbury-Stadtviertel in seinen Ausführungen als ›Farm für menschliche Versuchskaninchen‹.«

Nicht nur die CIA, sondern auch die Ideologien radikaler linksgerichteter Gruppen – wie etwa der Weather Underground, der White Panthers und anderer Organisationen – wurden unter den Einwirkungen von LSD immer militanter, paranoider und größenwahnsinniger. »Der [von den Radikalen] gehegte Größenwahn steigerte sich bis zu dem Punkt, dass einige glaubten, sie seien mit magischen Kräften ausgestattet«, schreiben Lee und Shlain in *Acid Dreams*. »Sie wollten augenblicklich die Welt verändern, oder zumindest so schnell, wie LSD das Bewusstsein eines Menschen verändern konnte.« Sie äußern die Ansicht, dass die CIA das Vordringen von LSD in die radikale Linke vorausahnte – begrüßte, förderte und unterstützte: »In ihrer vollgedröhnten Hybris missdeuteten die Yippies, die White Panthers und die Weather Underground die Tragweite der kulturellen Revolution und deren Auswirkungen auf die politische Situation in Amerika. Ihr Wahn über die Allmacht der Bewegung rührte zum Teil von ihrer Erfahrung mit psychedelischen Drogen her.«

* * *

NACHDEM DAS LSD entdeckt worden war, entzog sich über ein Jahrzehnt lang sein potenzieller Nutzen den Kategorisierungsversuchen von Wissenschaftlern, Geheimdienstlern und Seelenklempnern. Psychologen konnten seine Relevanz für die Psychologie um keinen Deut besser ergründen, als die CIA seine Verwendbarkeit im Spionagegewerbe herauskriegen konnte. Acid passte für keinen der vorhandenen Parameter. Geschmacklos, geruchlos, mit in Mikrogramm gemessenen Dosen, war LSD, nach Ansicht vieler erfahrener Kapazitäten, die bislang stärkste bewusstseinsverändernde Substanz, aber seine Wirkungen waren gänzlich unvorhersagbar und unwiederholbar.

Psychologen gebrauchten es zuerst als »Psychotomimetikum«, ein Schulungswerkzeug, das ihnen ermöglichen würde, vorübergehend psychotische oder schizophrene Zustände zu erleben. Aber das erwies sich als unhaltbar; da die LSD-spezifisch alterierten Bewusstseinslandschaften mit voller Erkenntnis der durch die Droge verursachten Veränderungen genossen und erfasst werden können, sind seine Wirkungen vollkommen anders als die der Psychose. Durch Herumprobieren lernten Psychologen allmählich, was ihnen jeder Schamane hätte sagen können: »Set und Setting« – die unmittelbare Umgebung und die geistig-seelische Einstellung des/der die Droge Nehmenden zu Beginn des Trips – bestimmen das LSD-Trip-Erlebnis der Einzelperson. Ende der Fünfzigerjahre begannen einige Psychologen, LSD mit erstaunlichen Ergebnissen in der Therapie einzusetzen.

Bis Mitte der Sechzigerjahre, als die Drogen eingeschränkt und dann gesetzlich verboten wurden, galten die psychedelischen Verbindungen als die vielversprechendsten Werkzeuge zur Erforschung des menschlichen Geistes, auf die die Psychologie je gestoßen war. Viele der besten und wissbegierigsten Köpfe in dem Fachgebiet machten sich begeistert diese neue Richtung zu Eigen. Bevor LSD für gesetzwidrig erklärt wurde, erschienen mehr als tausend Abhandlungen, die über etwa vierzigtausend Patientenfälle berichteten – Zeugnisse erstaunlicher Erfolge und tief greifender Herausforderungen an die vorherrschenden Modelle der menschlichen Psyche: »Jederlei Wahnsinn, jederlei parapsychologisches Phänomen, jederlei mystische, ekstatische Erleuchtung, jungianische Archetypen, vergangene Leben, Präkognition, Psychose, Satori-Samadhi-Atman, Einswerdung mit Gott«, schreibt Stevens in *Storming Heaven*, »das alles stand da in dem wissenschaftlichen Bericht.«

Spätestens 1968 hatte die FDA* jede weitere Forschungsarbeit auf dem Psychedelika-Sektor verboten. Überall auf der Welt wurde das Thema mit einer unüberwindlichen Barriere umstellt und so aus dem Gebiet legitimer Wissenschaft ausgegrenzt. Wie Dr. Stanislav Grof, ein Pionier in der LSD-Psychotherapie und -Theorie, konstatierte: »Psychedelische Forschung klärte … viele vorher rätselhafte historische und anthropologische Daten bezüglich Schamanismus, Mysterienkulten, Übergangsriten, Heilzeremonien und paranormalen Phänomenen, bei denen der Gebrauch von heiligen Pflanzen eine Rolle spielt. … Das Experimentieren mit psychedelischen Drogen hat das konventionelle Psychotherapieverständnis, die traditionellen Modelle der Psyche, das Bild vom Wesen des Menschen und sogar Grundanschauungen über das Wesen der Wirklichkeit zerschlagen.«

Nicht nur die moderne Gesellschaft, sondern auch die moderne Psychiatrie war zu einem solchen Paradigmenwechsel einfach nicht bereit. Seitdem erleben wir eine Beschränkung und einen Rückzug auf ein immer engeres und normativeres Modell der Psyche. Heute nehmen die meisten Psychiater an, dass Geisteskrankheit in fast allen Fällen eher eine biologische oder genetische Grundlage hat als einen sozialen, psychologischen oder gar spirituellen Ursprung.

Die unterbrochene Geschichte der LSD- und Psilocybin-Therapie umfasst auch Behandlungsprogramme, in denen Alkoholikern große Einzeldosen LSD verabreicht wurden, was eine

* Abk. für Food and Drug Administration – die US-Gesundheitsbehörde.

hohe Heilungsrate zur Folge hatte – ungefähr 50 Prozent laut Dr. Humphrey Osmond, einem Wissenschaftler, der in den Fünfzigerjahren die strukturelle Ähnlichkeit zwischen dem Meskalinmolekül und Adrenalin entdeckte und der an mehreren Krankenhäusern klinische Abteilungen für psychedelische Therapie leitete. Selbst Bill Wilson, der Gründer von Anonyme Alkoholiker, erkannte das gewaltige Potenzial von LSD als einem Behandlungsmittel für zwanghafte Trinker. In Learys Harvard-Projekt wurde Häftlingen des Massachusetts Correctional Institute in Concord, einem Hochsicherheitsgefängnis, Psilocybin verabreicht. Dieses Experiment scheint ähnlich erfolgreich gewesen zu sein. Während der kurzen Lebensdauer des Concord-Programms verringerte es, zumindest Learys Berechnungen nach, die Rückfallrate für Häftlinge, die die Droge probierten, von 80 auf 25 Prozent.

Leary schildert diese Episode in seiner Autobiografie *Flashbacks*. Zum ersten Mal war er im Gefängnis, zusammen mit einem Bankräuber auf dem Psilocybin-Trip; er schreibt dazu: »Ich konnte ihn viel zu deutlich sehen, jede Pore in seinem Gesicht, jede Verunstaltung, die Haare in seiner Nase, den grässlichen grüngelben Schmelz seiner faulenden Zähne, das Glitzern seiner verschreckten Augen, jedes Haar auf seinem Kopf, das so groß ausschaute wie ein Baumzweig.« Leary sagte dem Strafgefangenen: »Ich hab' Angst vor Ihnen«, und der Strafgefangene antwortete: »Is' ja komisch, Doc, weil ich hab' Angst vor Ihnen.« »Warum haben Sie Angst vor mir?«, fragte Leary. »Ich hab' Angst vor Ihnen, weil Sie'n verdammt irrer Wissenschaftler sind.« An diesem Punkt mussten Leary und der Häftling lachen – eine Verbindung war hergestellt worden, »ein bisschen heidnische Magie hatte gewirkt«. Laut Leary waren die Gefängnissitzungen von da an ein Erfolg.

Ein typisches Manifest der psychedelischen Therapiebewegung Anfang der Sechzigerjahre umschrieb das therapeutische Modell wie folgt: »Die behandelte Person arbeitet ständig verdrängtes Material und Unwirklichkeitsstrukturen, verkehrte Auffassungen, Ideen und Einstellungen auf, die sich durch ihre Lebenserfahrungen angesammelt haben. Folglich scheint eine Form von psychologischer Reinigung die subjektbedingten Bilder zu begleiten. … Allmählich gelangt die behandelte Person dazu, sich nicht mehr als ein Individuum mit ›guten‹ und ›schlechten‹ Eigenschaften zu sehen und zu akzeptieren, sondern als jemanden, der einfach existiert.« Wie andere psychedelische Therapeuten schreckten die Verfasser dieses Manifests nicht vor den spirituellen Aspekten der therapeutischen LSD-Begegnung zurück:

> Die zentrale Wahrnehmung offenbar aller, die bei ihren Erkundungen tief vordringen, ist, dass es hinter der augenscheinlichen Mannigfaltigkeit von Dingen in der Welt der Wissenschaft und des gesunden Menschenverstandes eine einzige Wirklichkeit gibt, für deren Verbalisierung sich wohl am ehesten Worte wie unendlich und ewig eignen.

Hatte ein Patient einmal diese tiefe Wahrnehmung ewiger Einheit erreicht, dann, so stellten die Therapeuten fest, verschwanden in neun von zehn Fällen seine oder ihre sonstigen Probleme. Die transzendenten Dimensionen des LSD-Trips beunruhigten die meisten zum Mainstream gehörenden Wissenschaftler, die darin geschult waren, Mystik und Wissenschaft als zwei gesonderte Klassen zu betrachten, die sich nicht überschneiden sollten.

Weitgehend so wie dann Prozac in den Neunzigerjahren war LSD die psychologische »Wunderdroge« der frühen Sechzigerjahre. Die LSD-Therapie regte Berichte an, die sofort zu Bestsellern wurden und den in den letzten Jahren populären Erinnerungsbüchern über lebensverändernde therapeutische Begegnungen mit Antidepressiva ähnelten. Constance Newland veröffentlichte 1962 *Myself and I*, einen Bekenntnisbericht von ihrer LSD-Therapie gegen sexuelle Frigidität. Newland, eine Frau mittleren Alters, die aus der sexuellen Repression der Fünfzigerjahre hervorging, gebrauchte LSD, um ihre erogenen Zonen zu finden (die erste Halluzination, die sie in ihren dreiundzwanzig Sitzungen hat, ist eine von ihr selbst: als »verschlossene Muschel«, allein auf dem Meeresgrund) und ihre Neurose zu knacken.

Mittels LSD-bedingter Halluzinationen lotete Newland die Tiefen ihres stereotyp freudschen Unbewussten aus. Nochmals in frühe Traumen zurückgehend, erfuhr sie, dass »ich, außer bewusst eine liebevolle Mutter und achtbare Bürgerin zu sein, unbewusst auch eine Mörderin, eine Perverse, eine Kannibalin, eine Sadistin und eine Masochistin war.« Diese Entdeckungen heiterten ihr Seelenleben auf. Sie wurde ihre Neurose los. »Ich erlebte zudem die schönste sexuelle Erfüllung.« Nach der Therapie hatte ihr Leben »neuen Reiz, neuen Sinn, neue Rätselhaftigkeit.« Newlands massenhaft verkauftes Erinnerungsbuch bietet heute, wo sowohl LSD als auch das freudsche Unbewusste nur mehr Marginalien sind, eine frappierend aufschlussreiche Lektüre.

* * *

Anfang der Sechzigerjahre glaubten die Avatare der aufkommenden psychedelischen Bewegung, dass LSD die Einzelperson – und durch erweiterte Anwendung die Welt – radikal verändern könnte, indem es Patienten von beschränkenden Anschauungen und Neurosen »dekonditionierte«. Die Psychedelika-

Verfechter meinten, dass sie die Chance hätten, die öffentliche Auffassung von diesen neuartigen Verbindungen zu formen, eine Gelegenheit, die sie sich sehr bald jedoch entgehen ließen. Gordon Wasson, der Investmentbanker, der den mazatekischen Pilzkult entdeckte, befand snobistisch, dass der Gebrauch dieser Sakramente in der modernen Welt überhaupt nichts zu suchen habe (außer wenn er sie gemeinsam mit seinen Freunden einnahm). Aldous Huxley, Al Hubbard, Alan Watts und Myron Stolaroff, neben anderen, bevorzugten einen elitär-administrativen Ansatz. Sie hatten vor, die Drogen diskret an einflussreiche und über gute Beziehungen verfügende Leute im Geschäftsleben, Kunst- und geisteswissenschaftlichen Bereich und in Regierungskreisen zu verteilen. »In der relativen Ungestörtheit wissenschaftlicher Zeitschriften, der dezenten Unklarheit moderat intellektueller Bücher« würden, Huxley zufolge, die Mandarine den Diskurs formen und dann die Information langsam die Gesellschaftsschichten hinunter durchsickern lassen. Bevor sie diese von ganz oben nach unten verlaufende Indoktrination umsetzen konnten, holten die Geschehnissen sie ein.

KAPITEL 26

Eine jämmerliche Clownnummer

Die wirksamste Methode,
die Spielstruktur des westlichen Lebens
zu durchschneiden,
ist der Gebrauch von Drogen.
Drogenbedingtes Satori.
Unter den richtigen Umständen lässt sich der
Kortex in drei Stunden frei räumen.

LEARY *in seinem Vortrag auf dem Kongress für angewandte Psychologie, Kopenhagen, Dänemark 1961*

Ein Psychologieprofessor der Harvard University auf regulärem Weg zur Vollanstellung, war Timothy Leary fast vierzig Jahre alt, als er während eines Urlaubsaufenthalts in Cuernavaca, Mexiko, zum ersten Mal auf einen Trip ging. Es war im Sommer 1960. »Ich war durch das mittelständische Berufsspielbrett gelaufen und noch drüber hinaus. Es gab keine Überraschungszüge mehr. Selbst die Lockung von Ehrgeiz, Macht und Sex ließ mich mittlerweile völlig kalt. Das Ganze war ein Monopolyspiel – leicht zu gewinnen, aber bedeutungslos«, schrieb er später. Seit dem Besuch der Wassons bei Maria Sabina hatte sich die Kenntnis von

Teonanacatl, dem »Fleisch Gottes«, weit verbreitet. Ein mit Leary befreundeter Anthropologe spürte welches auf einem Dorfmarkt auf. Leary war alles andere als begeistert. »Es roch nach zerfallenden Baumstämmen oder gewissen Kellergeschossen in New England, und es schmeckte widerlicher, als es aussah.« Doch dieser erste Trip stieß ihn die evolutionäre Leiter hinunter – »Schlangen-Zeit, Fische-Zeit, Hinab-durch-Riesen-Dschungel-Palmen-Zeit, Grüner-spitzenartiger-Farn-Zeit« – und überzeugte ihn davon, dass sein sorgfältig gestaltetes Ego und seine akademische Laufbahn nur Farcen waren:

> Für die meisten ist es ein lebensverändernder Schock zu erfahren, dass ihr Alltagswirklichkeitsstromkreis sich unter Dutzenden von Stromkreisen befindet, die, wenn sie eingeschaltet werden, ebenso wirklich sind, durchpulst von seltsamem Formen und rätselhaften biologischen Signalen. … Da psychedelische Drogen uns unterschiedlichen Wahrnehmungs- und Erfahrungsebenen aussetzen, ist ihr Gebrauch letztendlich eine philosophische Unternehmung, zwingt er uns doch dazu, das Wesen der Wirklichkeit und das Wesen unserer zerbrechlichen subjektiven Anschauungssysteme zu vergleichen. Wir entdecken schlagartig, dass wir all diese Jahre einer Programmierung unterlagen, dass alles, was wir als Wirklichkeit akzeptieren, bloß soziale Erdichtung ist.

Er hatte das Mittel gegen seine dumpfe Desillusion und Langeweile in einer widerlich schmeckenden Pilzportion gefunden. Als er in jenem Herbst nach Harvard zurückkehrte, begann er zusammen mit seinem Fachkollegen Professor Richard Alpert (der seinen Namen später in Ram Dass umändern sollte) das Psilocybin-Projekt, bei dem die synthetisch hergestellte, über Sandoz bezogene Chemikalie Hunderten von graduierten Studenten, Hausfrauen, Poeten und anderen Testpersonen verabreicht wurde. 1962 wurden das Ziel der Experimente sowie auch die methodische Vorgehensweise bereits von der Harvarder Univerwaltung untersucht, als Leary von Michael Hollingshead, einem schmerbäuchigen Engländer, Besuch bekam. Hollingshead hatte ein mit zehntausend Schuss LSD geladenes Glas Majonäse bei sich. Eine Zeit lang widerstand Leary der Lockung des Majonäseglases, aber schließlich nahm er einen Löffel voll. LSD trieb ihn weit über die Bereiche des »kuschligen Erkenne-dich-selbst-Psilocybins« hinaus und ließ so sein Ego detonieren:

> Alle Formen, alle Strukturen, alle Organismen, alle Vorkommnisse waren Fernsehproduktionen, die aus dem zentralen Auge hervorpulsten. Alles, was ich je erlebt und worüber ich je gelesen hatte, tanzte blasenartig vor mir wie eine Vaudevilleaufführung aus dem neunzehnten Jahrhundert. Meine Illusionen, die Komödienkostüme, die sonderbaren, sich ständig verändernden Bühnenrequisiten: Bäume und Körper und Theaterkulissen … Von dieser ontologischen Konfrontation habe ich mich niemals erholt.

Nach LSD, machte sich Leary später klar, »war es unumgänglich, dass wir Harvard verlassen würden, dass wir die amerikanische Gesellschaft verlassen würden.«

Ich habe Leary immer für einen Hauptschurken in der psychedelischen Saga gehalten. Mit Sicherheit war er naiv, charismatisch, rührselig, auf Eigenwerbung bedacht und hatte sich nicht in der Gewalt. Andere Forscher und Psychologen – wie etwa Stanislav Grof, Myron Stolaroff und Oscar Janiger –, von denen viele schon jahrelang mit Psychedelika gearbeitet hatten, bevor Leary sich hektisch in den Kampf einmischte, hatten bewusst Zurückhaltung geübt. Sie erkannten die potenziell revolutionäre und zu einem Paradigmenwechsel führende Besonderheit ihrer Arbeit und waren sich darüber im Klaren, dass sie langsam vorgehen oder mit der Ausschließung aus dem Mainstream rechnen mussten. Leary, der verspätet zur psychedelischen Forschung stieß, machte diese vorsichtige Taktik zunichte.

Angeregt von Allen Ginsberg, aber vor allem seinem eigenen knallig aufdringlichen Naturell folgend, zog Leary es vor, die chemische Bewusstseinserweiterung als Massenware zu vermarkten, und bediente sich dabei der Medien, um die LSD-Botschaft so schnell wie möglich zu verbreiten. Wie andere psychedelische Therapeuten stellte er sich vor, dass sich Psychedelika in einem fachspezifischen und staatlich sanktionierten Rahmen gebrauchen ließen. Er trat für staatliche Beschränkungen des Psychedelika-Gebrauchs ein und für die Ausbildung von offiziellen, als Mystiker und Therapeuten gleichermaßen qualifizierten Guides. In gewissem Sinne stellten sich Leary und seine Anhänger einen neuartigen Berufsschamanen vor, jemand, der darin ausgebildet sein würde, die psychedelischen Drogen als Werkzeuge zur psychischen Transformation zu verwenden.

Könnte psychedelischer Schamanismus in einer modernen Bürokratie als gesetzlich geregelter Beruf florieren? Könnte der Westen psychedelische Erforschung institutionalisieren, statt sie zu verbieten? Vielleicht werden wir nie erfahren, ob eine solche Bemühung reale Erfolgschancen hat – oder vielleicht doch. Gegenwärtig werden die europäischen Drogengesetze in erstaunlichem Ausmaß liberalisiert. Selbst in den Vereinigten Staaten hat die FDA vor kurzem eine Pilotstudie genehmigt, in der Ecstasy bei der Behandlung von posttraumatischer Belastungsstörung eingesetzt wird, und zugleich auch Psilocybinerprobungen zur Behandlung von Zwangsstörungen.

Oder ist der echte schamanische Impuls doch so anarchisch, dass er sich in unserer postmodernen Welt, dieser verworrenen

»sozialen Erdichtung«, nicht artikulieren kann? Wie Ken Kesey es formulierte: »Psychedelika zielen darauf ab, die konditionierten Reaktionen der Menschen in Erfahrung zu bringen und sie ihnen dann drastisch vor Augen zu führen. Nur so kriegt man die Menschen dazu, Fragen zu stellen, und solang sie keine Fragen stellen, werden sie konditionierte Roboter bleiben.« Keseys Ansatz war radikaler – weniger therapeutisch, aber vielleicht schamanischer – als der Learys. Für Kesey, der LSD zum ersten Mal als Forschungs-Testperson kostete, und seine Prankster-Jünger in ihrem Zauberbus hatte die LSD-Einnahme eine antiautoritäre Schärfe, etwas »Aufstand-der-Versuchskaninchen«-Artiges. Ihr Motto war: »Freak freely.«* Als die Merry Pranksters Leary und seine Getreuen in dem luxuriösen Milbrook Estate besuchten, fanden sie Learys Verwendung von Bach, seine Meditationsräume und die pseudoreligiöse Atmosphäre widerwärtig. Sie nannten seine Art intellektueller Psychedelia spöttisch den »Kryptatrip«.

In den Jahren nach seiner Entlassung aus der Professur in Harvard wurden Learys öffentliche Verlautbarungen immer schriller. Er, mit seinem durch exzessive LSD-Erforschung aufgeblähten Ego, benutzte die Massenmedien zur Verbreitung erschreckender und radikaler Botschaften, die eine vorhersagbare Angstreaktion auslösten: »Ich finde, unsere Gesellschaft ist momentan so geisteskrank, dass selbst wenn das Risiko fifty-fifty stünde, dass man mit der Einnahme von LSD bleibend geisteskrank wird, es sich meiner Meinung nach trotzdem lohnt, das Risiko einzugehen, solange der Betreffende weiß, dass er genau das riskiert«, sagte er auf dem Gipfel seiner Niedertracht einem Interviewer.

* »Flipp ungezwungen aus« – Slogan der Merry Pranksters (Lustigen Witzbolde).

Als der selbst ernannte, auf dem Machttrip befindliche »Hohepriester« des LSD benutzte Leary die gleichen Mechanismen des Spielchen-Spielens und der Imagemanipulation, dank derer er im vorpsychedelischen, zugeknöpften Fünfzigerjahremilieu von Harvard hatte florieren können. Es überrascht nicht, dass Leary behauptete, jedes Mal, wenn er LSD einnehme, durchlebe er wieder »eine erneut auftretende sciencefictionartige Paranoia. Plötzlich bin ich auf Sendung in einer uralten Fernsehshow. ... Meine ganzen eingespielten Lebensprozeduren eine jämmerliche Clownnummer.«

Leary bestand darauf, dass junge Leute quer durch Amerika den LSD-Trip mithilfe seiner oberflächlichen Neufassung des *Tibetischen Totenbuchs* als programmierte Egozerstörung nutzen sollten. Er proklamierte dreist ein simplifizierendes, sechs Worte langes Motto als Richtlinie für verwirrte Teenager und Collegestudenten: »Turn on, tune in, drop out.«* Berauscht von seinem Eigendünkel erkannte Leary nicht, dass es schon ein großer Unterschied ist, ob ein vierzigjähriger Harvarder Psychologe beschließt, seine gesellschaftliche Rolle aufzugeben, oder ein sechzehnjähriger Jugendlicher die gleiche Entscheidung trifft.

Die von Leary befürwortete Zertrümmerung des Ego war für viele Tripgeher ein scheußlich nihilistisches Unterfangen. Learys flotten, oberflächlichen Konstrukten fehlte der tiefgründige Bezugsrahmen der Absonderung, Transzendierung und Wiedereingliederung, den schamanische Kulturen im Lauf von (plus/minus) 75 000 Jahren entwickelt hatten. Der »Hohepriester« der Psychedelia führte seine Getreuen in die Irre und ließ sie im Stich, sodass sie in einer hirnverrenkten Leere dahintrieben. John Lennon war eines von Learys Opfern. Lennon ging Ende der Sechziger-

* »Dreh auf (= Törn dich an), stimm dich ein (= mach mit), steig aus (aus dem/jeglichem System).«

jahre über tausendmal auf den LSD-Trip, was zu einer langen Untätigkeitsperiode führte: »Auf Acid kriegte ich eine Botschaft, dass man sein Ego zerstören sollte«, gab er später zu. »Ich las grade dieses blöde Buch von Leary und all den Scheiß. Wir machten da ein ganzes Spiel durch, das jeder durchmachte, und ich richtete mich zugrunde.«

Wie die meisten Avatare der frühen psychedelischen Bewegung erkannte Leary die Relevanz, die Psychedelika als dekonditionierenden und deprogrammierenden Wirkstoffen zukommt. Psychedelika ermöglichen den sie Gebrauchenden, »die Ambitionen, die symbolischen Triebe und die mentalen Verbindungen loszuhaken, dank denen man nach dem unmittelbaren Stammesspiel süchtig und an es gefesselt bleibt.« Sie durchbrechen die Trance der Konsenskultur. Aber weder LSD noch Leary konnten Antworten auf die inhaltsschwerste Frage liefern, die vom LSD-Trip offen gelegt wurde: Wenn das individuelle Ego einmal von seiner sozialen Rolle, von den ausgefahrenen Gleisen der Spielmaschinerie der westlichen Gesellschaft befreit war – was sollte es dann eigentlich tun?

Diese quälende Frage bricht sich und hallt klanglich-verbal wider im gesamten psychedelischen Rock jener Ära, im pedalgesteuerten Wa-wa-Sound seiner Elektrogitarren. Psychedelischer Rock oszilliert zwischen zwei gegensätzlichen Impulsen. Da gibt es das dionysische Verlangen, sämtliche Grenzen von Raum und Zeit zu zermalmen – Jimi Hendrix' Sehnsucht, den Himmel zu küssen oder einen Berg mit der Handkante umzuhauen. Aber dem Gefühl magischer Superstärke wirkt ständig sein komplementärer Pol entgegen, eine kindliche Hilflosigkeit, wie man sie im Kinderreim-Seelsorgertum von »See Emily Play« der Pink Floyd oder »Mother Nature's Son« der Beatles findet.

Der psychedelische Rock erreichte seinen bedauerlichen Endpunkt in verzerrten Klanglandschaften psychischer Auflösung, pubertären Fantasias wie etwa der »Revolution Number Nine« der Beatles, mit den Pink Floyd der späten Sechzigerjahre und den Doors. Die Musik spürt dem traurigen Prozess psychischen Verfalls nach und wirbelt hinunter zu dem, was Freud »das Ozeanische« nannte, eine Zone präinfantiler Entdifferenzierung. Die Platten beschreiben missglückte Initiationsversuche – torpedierte Drogentouren, ohne Straßenkarte oder Führer unternommen, mit Learys gefährlichem Handbuch als einziger Orientierung.

Von den Fans als Avatare einer neuen und potenziell revolutionären Romantik wahrgenommen, machten sich die Rockstars jener Ära ihre Rolle begierig zu Eigen. Sid Barrett, Jimi Hendrix, Janis Joplin, Brian Jones, Jim Morrison und Brian Wilson zählten zu jenen, die sich durch unsaubere Orgien exzessiven Rauschgiftgenusses und schamanischer Rückentwicklung physisch oder psychisch zerstörten. In ihrem öffentlichen Auslöschen spielten sie die Krise ihrer Generation zu Ende. Sie gebrauchten Drogen, um ihre Wahrnehmung zu puschen, ihr Ego zu dekonditionieren, sahen sich aber außerstande, zur »Konsensrealität« zurückzukehren.

In den Sechzigerjahren blieb das Streben nach schamanischem Wissen letztlich erfolglos, weil man mit zu wenig Ernst, Gründlichkeit und Sachkenntnis vorging. Produkte einer Konsumentenkultur, neigten die Hippies und Blumenkinder dazu, Psychedelika und Spiritualität als neuartige Waren zu betrachten. Die LSD-bedingten sofortigen psychischen Transformationen verleiteten sie zu glauben, Erleuchtung ließe sich schnell erlangen. Stattdessen erzeugten einige von ihnen, da sie ohne schamanischen Beistand und zum Spaß auf den Trip gingen, in sich das, was die Mazateken »Gemütsschatten« nennen – negative spirituelle Energie –, und wie zerstörerische Dämonen zwangen diese Gemütsschatten sie in abgründige trügerische Bereiche hinein.

Die psychedelische Kultur florierte wenige kurze Jahre lang

und hinterließ ein chaotisches Erbe torpedierten Glanzes und schizoider Tragik. Einige Gestalten – Allen Ginsberg, Bob Dylan und Abbie Hoffman – fingen das halluzinatorische Element in seiner ganzen karnevalesken Eindringlichkeit ein. Ginsbergs synästhetische Metaphorik – »Wirklichkeitssandwiches«, »Wasserstoffjukebox« etc. – ahmte die halluzinogenbedingten sensorischen Verzerrungen nach. Dylans durch LSD angeregte Songs aus der Mitte der Sechzigerjahre bieten mentale Traumlandschaften oder Bühnenbilder dar, wo mythische Gestalten und Archetypen mit umhertreibenden Bruchstücken der realen Welt interagieren. Auf Peyote sah Ginsberg Visionen von einem weltvernichtenden Moloch; auf LSD begegnete er einem millionenäugigen Monster. Dylans Psychedelia war gleichermaßen ätzend und hartkantig. Er beschrieb, wie er ein Rauschgesöff trank, eine Mischung aus »Texasmedizin« und »Eisenbahngin«:

Un' wie ein Blöder mischte ich sie
Un' es scharrte mir das Hirn zusammen
Un' jetzt werden die Menschen bloß noch hässlicher
Un' ich hab' kein Zeitgefühl

Abbie Hoffmans durch LSD angeregte Einsicht bestand darin, die Logik von Ginsbergs surrealer Poesie herzunehmen und sie in direkte Handlungen umzuwandeln, Medienereignisse, die die strukturierende Logik des Kapitalismus lächerlich machten und untergruben. Acid brachte ihm bei, dass »Handlung die einzige Wirklichkeit war.« Als die Yippies auf der Wall Street Geld verbrannten, war das ein umgekehrt wirkender Zaubertrick, bei dem sie durch die Rückverwandlung von Banknoten in Papierfetzen den symbolischen Wert des Dollars hernahmen und aufhoben; so machten sie die okkulte Macht des Geldes lächerlich.

LSD befeuerte geniale Schöpferkraft – Ken Keseys *Einer flog über das Kuckucksnest* wurde durch Trips angeregt, der schwarze Humor von Pynchon hatte einen deutlichen psychedelischen Anflug, der Cartoonist R. Crumb fand unter dem Einfluss von »fuzzy acid« zu seinem unverwechselbaren Stil –, und es ruinierte auch Gehirne. Die Ära hinterließ eine Anzahl rein psychoanalytischer Selbstporträts, die die drei Phasen psychedelischer Zusammenbruch, Paranoia und Regression minuziös herauspräparieren.

Ende der Sechzigerjahre kam es zur Apotheose des paranoiden Zugs im amerikanischen Leben. Wie Thomas Pynchon es formulierte, löste die Ära »ein Delirium tremens aus, ein Zittern, das die Pflugscharen des Verstandes aus den Furchen warf.« Spätestens nach Ablauf der Dekade verschmolzen halluzinatorische Hysterie und Konsensrealität zu einem unauflöslichen Ganzen, und diese innige Verbindung besteht nach wie vor. Es war eine Ära messianischer Fantasien, von Gewaltakten und pubertären Rasereien, von Spannungsstößen zur Freiheit hin und von in den Wahnsinn führenden Pleiten. Die Schubkraft von alledem war eine Suche nach Initiation – ein Versuch, mit Ginsbergs Worten, »eine verloren gegangene Kunstfertigkeit oder ein verloren gegangenes Wissen oder ein verloren gegangenes Bewusstsein wieder zum Leben zu erwecken.« Das Ziel war, den benommenen und entfremdeten Bewohnern einer entheiligten modernen Welt ein lebendiges Wissen vom Heiligen zurückzugeben.

Psychedelika erweckten den Wunschtraum von einer die Massen ergreifenden gesellschaftlichen Umorientierung hin zu einer auf Spiritualität, Sexualität und der Rückkehr zu einer arkadischen Natur basierenden neuen Ordnung (die Yippie-Bewegung forderte »Erwerbslosigkeitspflicht für jeden. Lasst die Maschinen die Arbeit machen!«). Das Scheitern dieser idealistischen Vision gesellschaftlicher Umwandlung bedeutete einen zeitweiligen Sieg für die Warenkultur, die das hypnotisierende Bildarsenal der Halluzinogene in ihre Vermarktungs- und Werbemethoden mit aufnahm und so die Psychedelia zu einem weiteren, jeglichen Inhalts entkleideten Verkaufsinstrument umfunktionierte. Das zeigt sich noch immer augenfällig in den wirbelnden Grafiken, die heute tausendfach in der Auto- und E-Commerce-Reklame verwendet werden.

Hunter S. Thompsons *Angst und Schrecken in Las Vegas* fing die für die Hipster der Nachsechziger typische Einstellung zu Drogen ein und war für ihre präzise Bestimmung hilfreich: »Heutzutage lässt sich nur eines gut verkaufen, nämlich das, was dich versaut – alles, was dir dein Hirn torpediert und es so lang wie irgend möglich lahm legt«, schrieb er 1972. »Der Gettomarkt hat sich in die Vorstadt hinein ausgebreitet.« Thompson inspirierte Generationen von Selbstbeschimpfern aus Collegevorschulkreisen. Er brachte die für die neue Ära typische abgestumpft-übersättigte Einstellung zu chemisch bewirkter Bewusstseinserweiterung auf den Punkt:

> Das war der verhängnisvolle Fehler an Learys Trip. Er stürmte durch ganz Amerika und verkaufte »Bewusstseinserweiterung«, ohne sich jemals über die grausamen Fleischerhaken-Realitäten Gedanken zu machen, die all denen auflauerten, die ihn zu ernst nahmen … aber es ist keine große Genugtuung zu wissen, dass es für ihn selbst ganz schlimm ausging, weil er zusammen mit sich noch so viele andere zu Fall brachte.
>
> Nicht, dass sie es nicht verdienten: Zweifellos kriegten sie alle, was ihnen zukam. All jene erbärmlich begierigen Acidfreaks, die dachten, sie könnten sich für drei Dollar pro Dosis Frieden und Verstehen kaufen. Aber ihr Schaden und Schiffbruch ist auch unserer. Was Leary zusammen mit sich zu Fall brachte, war die Hauptillusion eines ganzen Lebensstils, den zu kreieren er mitgeholfen hatte … eine Generation von auf Dauer Verkrüppelten, gescheiterten Suchern, die nie den fun-

damentalen uralten mystischen Trugschluss der Acid-Kultur begriffen: die verzweifelte Annahme, dass irgendjemand – oder zumindest irgendeine Kraft – sich um jenes Licht am Ende des Tunnels kümmert.

Thompsons Zynismus war cool und proto-punkig, eine Einstellung, die sich künftige Generationen mühelos aneignen konnten. Aber der Fehler in seinem Argument ist viel gravierender als der Learys.

Wenn wir das Wesen unseres Inneren nicht so tiefgreifend wie möglich erforschen und dabei alle uns verfügbaren Hilfsmittel verwenden – was für eine Welt dürfen wir dann zu erschaffen hoffen?

Was für eine Welt schaffen wir eben jetzt?

KAPITEL 27

Das Licht am Ende des Tunnels

Diejenigen, die (LSD) häufig oder ständig gebrauchen, ziehen sich zwangsläufig aus der Gesellschaft zurück und beginnen ein solipsistisches, negativistisches Leben zu führen. Diese von ihren Kollegen anschaulich als Acidköpfe bezeichneten Individuen lassen sich fortwährend auf durch Drogen ausgelöste Selbstbebachtungsorgien ein und sind mithin keine konstruktiven, aktiven Mitglieder der Gesellschaft mehr.

Zeugenaussage aus dem Senatsunterausschuss-Hearing, 1966

Eines Nachts im späten Frühling hatte ich einen lebhaften Traum, in dem ich eine kräftigende Dosis von Albert Hofmanns Spezialrezept einnahm, und zwar auf einer die ganze Nacht dauernden, gesetzeswidrigen, »psychedelische-Trance«-Party unter der George-Washington-Brücke, nahe bei der Nordspitze des Betoneilands emporstrebender Gier und stählern-gläserner Monolithe, wo ich, damit privilegiert und zugleich gestraft, zeit meines Lebens daheim bin.

Hypnotisiert von dem Wasser, das wie ein Strom schimmernder Juwelen unter den Lichtern der in der purpurnen Ferne wie eine euphorische Albtraumvision oder ein märchenhaftes Oz erglühenden Skyline von Manhattan umherwirbelte, schwelgte ich in einer heimlichen Introspektionsorgie und notierte mir dabei die tiefsinnige, oder vielleicht sinnlose, Offenbarung:

»Das Universum ist das prozesshaft zum Bewusstsein seiner selbst gelangende Grundmuster.«

Mit anderen Worten, ich dachte, einen kurzen Moment lang, ich verstünde, inwiefern auch ich das Grundmuster im Akt der Bewusstwerdung war, dass der Kosmos durch mich seiner selbst gewahr wurde. Bei diesem Wahrnehmungsakt hatte ich das Gefühl, als würde ich eine nützliche, aber unpersönliche Funktion erfüllen. Ich schrieb auch: »Als ob jeder Moment endlos aufgenommen und abgespielt wird – und er geschah doch nicht einmal.«

In den Stunden vor Tagesanbruch saß ich unter den gewaltigen, orangefarbenen Bauteilen der Brücke, hörte deren tiefe elektrisierende Mehrfachechos und starrte weiterhin wie hypnotisiert auf die gleitenden Oberflächen silbernen Wassers, das leuchtende Gewirbel und Gestrudel, während ich in meinen Gedanken die Grundmuster und Kräfte überblickte, die psychischen und die unpersönlichen, die geologischen und die anthropologischen und die mystischen sowie die alten und neuen Strömungen der Geschichte und des Schicksals, die mich zu diesem Punkt in der Zeit gebracht hatten – wobei diese Kräfte alle in den Strömungen, die sich wie Kräusel bildendes Glas quer über den Fluss bewegten, den mit Graffiti übersäten Steinblöcken unten, der stählernen Weite oben, ihre bildliche Entsprechung fanden –, bis mich die Gesamtheit der Gewahrwerdung einen Augenblick lang auslöschte wie eine Kerze, die der Wind ausbläst.

Dieses plötzliche Satori war ein wunderbarer Schock. Ich verschmolz mit der Fülle, der Leere – und gelangte dann wieder zurück in mich. Zum ersten Mal begriff ich das buddhistische Paradox, dass die Ausweitung des Bewusstseins zu einer höheren Stufe gleichzeitig das Verschwinden des Bewusstseins war, das Aufgehen des Selbst im Kosmos.

Zu einem anderen Zeitpunkt wurde ich bewusst gewahr – Nachhallschatten des raschen DMT-Transports –, dass der fühlende Gesamtorganismus mich betrieb und steuerte. Mit dem winzigsten Schnipser eines Schalters konnte er mich an- oder abstellen, wann immer er wollte. Er wies mich warnend darauf hin. Gedemütigt und beglückt dankte ich dem Selbst-webenden kosmologischen Firmament dafür, dass ich, ein kümmerliches Fädchen Geist-Stoff, in seinem Webstuhl gesponnen werden durfte. Ich durchlaufe oft eine solche Alttestamentarischer-Gott-Phase des LSD-Trips – ein Programm, das vor oder nach dem Abschnitt mit der wimmelnden, vieltentakeligen, millionenäugigen hinduistischen/buddhistischen zornvollen Gottheit abläuft, der gleichfalls Standardkost ist.

Ich schloss die Augen, und halluzinatorische Bereiche schwärmten in mein Sichtfeld. Japanische Tempeldrachen schüttelten ihre regenbogenfarbenen Mähnen und Leguanschwänze. Ich spionierte herum in befremdlichen Szenen – irgendwie an die Sechziger erinnerndes, mit weißem Dekor überformtes Plastikmobiliar, durchgängiger Wandspiegel –, Szenen unmenschlicher Sexualüberschreitungen, die italienischem, von einer außerirdischen Rasse produziertem Porno ähnelten – fleischig strotzende pinkfarbene und rote organische Formen, die verschmolzen und wogten. Ich besichtigte eine extradimensionale, dem Siliziuminterieur eines Computerspeichers gleichende Telefonzentrale, wo sekündlich eine Million Leitungen in neue Anschlüsse eingestöpselt wurden.

Ich bat um irgendeine von den Ahnen stammende jüdische Weisheit, und plötzlich, aufs Stichwort und wie zum Hohn auf meine Wünsche, ergoss sich ein Hochgeschwindigkeitsschwall heiliger hebräischer Buchstaben aus einem trichterförmigen geometrischen Mandala. Auf die Buchstaben folgten Judensterne, Lebensbäume, Ströme goldenen Lichts. Plötzlich verschwanden die mystischen Zeichen und wurden abgelöst von einer Horde schwarzer Katzen, jede fehlerlos mit den gleichen glitzernden Augen. Die schwarzen Katzen füllten alles aus, bis ich auf Schwarze-Katze-Tapete blickte, ein Universum aus schwarzen Katzen.

Ich öffnete die Augen. LSD stößt die Tore zur Pleroma auf, dem gnostischen Bereich kosmischen Überflusses. Die Materialmenge, die durch diese Tore strömt, ist überwältigend und zugleich ärgerlich trivial und seelenlos.

Nachdem ich meine introspektive Orgie beendet hatte, griff ich meinen Plan wieder auf: den Versuch, das Wesen von LSD aus dem Innern des LSD-Trips heraus zu ergründen.

Ich ging zurück, auf die Tanzenden zu, ihre Bewegungen eine fragile, spillerige Roboterpoesie in der frischen Vor-Morgendämmerung. Sie schwankten und taumelten zu kritzlig-krakligen Trancemusikkompositionen unterhalb einer Videoprojektionsleinwand, auf der umherschwärmende Rhizome und flimmernde Szenen aus dem kollektiven psychedelischen Unbewussten zu sehen waren – der visuelle Kitsch der Trancewelt. Ich legte mich auf eine Decke und schloss wieder die Augen. Sofort überzogen vielfarbige Geometrien meinen inneren Sichtbildschirm, die sich mit unheimlicher Geschwindigkeit drehten und veränderten.

Was war der Sinn dieser Muster und hyperrealen halluzinatorischen Formen? Die blasse wissenschaftliche These – dass sie bloß selbsterzeugte Nebenprodukte einer Überstimulierung des Neocortex seien – erklärt nicht ihre durchgestaltete Präzision. Sie waren ebenso vollständig verwirklicht wie die visuellen Daten der mit offenen Augen erfassten Welt.

Auf dem Trip überblickte ich die mit der Entdeckung des LSD

unmittelbar zusammenhängenden Ereignisse. 1938 arbeitete Albert Hofmann, ein Schweizer Chemiker, für Sandoz, eine pharmazeutische Firma. Hofmanns Auftrag bestand darin, eine Reihe von Derivaten des Mutterkorns – eines vorwiegend auf Roggenähren, seltener auch auf Weizen wachsenden Schlauchpilzes – zu synthetisieren. Sandoz suchte nach Verbindungen, die Muskelkontraktionen auslösten. Mutterkorn hat eine lange Geschichte als heilendes Mittel. Vielleicht Tausende Jahre lang verwendeten Hebammen und weise Frauen Mutterkorn zum Einleiten der Wehen. Aber Mutterkorn war auch die Quelle des Veitstanzes, einer schweren, Abstiege in Wahnsinn und Tod verursachenden Krankheit, die wie eine Seuche zuschlug, wenn die Bevölkerung eines Dorfs oder Gebiets ahnungslos Brot aus mutterkornbefallenem Getreide aß. Mit anderen Worten: Wie die Geschichte von LSD selbst hatte die Wechselbeziehung zwischen Mutterkorn und Mensch positive und negative Aspekte. LSD und Mutterkorn waren zweischneidige Werkzeuge.

Lysergsäurediäthylamid war LSD-25, das fünfundzwanzigste in einer Reihe von Synthetika, die Hofmann aus Mutterkorn herstellte. Die Verbindung wurde an Tieren getestet. Sie hatte offenbar keine nützlichen Auswirkungen, und sie wurde, zusammen mit Tausenden anderer nutzloser Verbindungen, scheinbar für immer zu den Akten gelegt. Hofmann jedoch ging diese besondere Chemikalie nicht aus dem Kopf. Er träumte von ihr und hatte, wie er sich erinnerte, »ein eigentümliches Vorgefühl«. Etwas an ihrer Molekularstruktur zwang ihn, sie nochmals herzustellen – das einzige Mal, dass er eine Verbindung, von der augenscheinlich nichts zu erwarten war, neuerlich synthetisierte. Fünf Jahre später, 1943, stellte er in seinem Labor in Basel einen neuen Schwung LSD-25 her. Auf irgendeine Weise, er weiß nicht, wie es passierte, nahm er eine geringe Menge von der Substanz zu sich oder bekam welche auf die Haut – und wurde flugs auf den ersten Acidtrip getrieben. Auf seinem Sofa liegend beobachtete er einen »Strom fantastischer Bilder von außerordentlicher Plastizität und Lebendigkeit, verbunden mit einem intensiven kaleidoskopischen Farbenspiel.« Er nahm an, er sei verrückt geworden. Ein paar Tage später entschloss er sich zu einem gezielten Test der psychopharmakologischen Eigenschaften von LSD und nahm eine, wie er dachte, winzige Menge zu sich – vermeintlich zu gering, um ihn zu affizieren –, aber tatsächlich war es eine Mordsdosis: 250 Mikrogramm. Nach einer heute legendären Fahrradfahrt zu seiner Wohnung fand er sich an seiner Zimmerdecke wieder, schwebend auf seinen eigenen Körper hinunterstarrend, überzeugt, dass er gestorben war.

Warum eigentlich machte sich da ein Chemiker nochmals daran, eine von Tausenden Verbindungen, die er hergestellt hatte, fünf Jahre danach neuerlich zu synthetisieren, eine, die seine Firma schon als wertlos fallen gelassen hatte? Und wie merkwürdig, dass dies 1943 im Mittelpunkt Europas geschehen sollte, als die Nazis sich ernsthaft auf die systematische Umsetzung der Endlösung vorbereiteten. Am eigenartigsten ist vielleicht, dass die Entdeckung von LSD nur ein Jahr nach der ersten von Menschen initiierten, kontrollierten Kettenreaktion erfolgen sollte, und als die ersten Atombomben in Entwicklung gingen.

Bevor er auf es zurückkam, träumte Hofmann wiederholt von der Molekularstruktur des LSD-25. Es ist ein beachtenswertes Faktum der Wissenschaftsgeschichte, dass viele wissenschaftliche Einsichten sich zuerst in Träumen und Visionen zeigen. Beispielsweise träumte der deutsche Chemiker Friedrich Kekulé von einer sich in den Schwanz beißenden Schlange und erfasste so die Molekularstruktur von Benzol: ein geschlossener Ring aus Kohlenstoffatomen. Der französische Mathematiker Jules-Henri Poincaré sah während einer schlaflosen Nacht mathematische Symbole miteinander kollidieren, bis sie sich zu Gleichungen verbanden. Diese Intuitionsstufen spontaner Einsicht, sei diese nun wissenschaftlich oder künstlerisch, fungieren wie die prophetischen Träume von Schamanen oder wie die Lehren, die »Geistschätze«, die tibetische Lamas manchmal durch bewusste Träume von Vorgängern erhalten, die schon Hunderte oder Tausende von Jahren tot sind. Dem Physiker David Bohm zufolge bleibt das Wesen spontaner Einsicht außerhalb der Reichweite unseres Verstehens. »Die Einsicht kommt wahrscheinlich aus immensen Subtilitätstiefen – unserer derzeitigen Kenntnis nach vielleicht sogar aus einem Bereich jenseits des Organismus«, sagte er. »Der Denkreflex sträubt und schützt sich ständig gegen sie, weil die Einsicht ja als eine Bedrohung für die Struktur aufgefasst werden kann, die man beibehalten will.« Hofmanns Entdeckung des LSD war eine derartige Einsicht – ein Blitz aus einer tieferen Ordnung des Selbst oder vielleicht aus einer gänzlich außerhalb des Selbst liegenden Sphäre.

Nach meiner Ankunft in Gabun hatte ich Lieberman gefragt, was die Bwiti von Iboga dächten. Mir wurde gesagt, sie hielten es für »eine überbewusste geistige Wesenheit, die die Menschen lenkt.« Damals tat ich das natürlich als unmöglich ab. Später war ich mir nicht mehr so sicher. Während des Iboga-Trips hatte ich den Eindruck, dass etwas – etwas, das ich nur als Kraft oder sogar als Wesenheit bezeichnen könnte – mich bei der Hand nahm und mich durch mein ganzes Leben bis zu jenem Zeitpunkt führte. Dieses Wesen war anscheinend fähig, durch die Zeit zu navigieren und die Daten aus der holografischen Kartei meiner Erinnerungen so leicht in ein System zu bringen, wie ich etwa imstande wäre, um die Kunstwerke in einer Museumshalle herumzugehen. Ich erinnerte mich an die Tatsache, dass ich eine golemartige, aus Holz gehauene Statue gesehen hatte und mir ein Bwiti-Schamane versichert hatte, dass dies der Geist von Iboga selbst sei, »der herauskommt, um dich in ein Gespräch zu ziehen.«

Und wenn das nun buchstäblich stimmte?

Wenn Iboga nun ein fühlendes Wesen war, ein Geist oder eine extradimensionale, an menschlichen Angelegenheiten beteiligte Intelligenz?

Terence McKenna erforschte in seinem Buch *Speisen der Götter* die Geschichte der Beziehung zwischen Menschen und psychoaktiven Pflanzen. Er bezeichnete halluzinogene Pflanzen als »Verwahrbehälter lebendiger pflanzlicher Gnosis.« Wie die Bwiti erkannte er die schamanische Ansicht an, dass diese Pflanzen Mittel zur Kontaktaufnahme mit höherdimensionalen Wesenheiten sind, die, auf mehr oder minder freundliche Art, dem menschlichen Versuch, ein höheres Bewusstsein zu entwickeln, wohlwollend gegenüberstehen. Er schrieb: »Mit dem Eintreten in die Sphäre der Pflanzenintelligenz erlangt der Schamane, in gewissem Maße, den Vorzug einer höherdimensionalen Perspektive hinsichtlich der Erfahrung.«

Vielleicht verband mich das Essen der Iboga-Rinde irgendwie mit einer »geistigen Wesenheit«, die so zielgerichtet auf den versteckten Mutterboden meines Lebens zurückzugreifen und ihn bloßzulegen vermochte, weil sie, in gewisser Hinsicht ein extradimensionales Wesen und daher nicht durch unsere Gesetze des Raumes und der Zeit gefesselt war. Psilocybin und Meskalin waren ebenfalls derartige chemische Katalysatoren – die Indianer behaupteten sogar, Peyote sei »eine Pflanze, die in sechs Dimensionen erkennt«.

McKenna hielt es für möglich, dass eine archaische Zusammenarbeit mit halluzinogenen Pilzen den menschlichen Spracherwerb beschleunigt habe und zudem die Grundlage des religiösen Impulses im Menschen sein könnte. Außerdem spekulierte er darüber, dass die von diesen Pflanzen ausgeschütteten Alkaloide so etwas wie »Exopheromone« sein könnten, Chemikalien, die von dieser oder jener Spezies eigens zur Verhaltensmodifizierung einer anderen produziert werden. Vielleicht erschienen – und verschwanden – zu verschiedenen Zeitpunkten in der Geschichte diverse psychoaktive Wirkstoffe, um die Menschen anzutreiben, bestimmte Fähigkeiten zu entwickeln.

Könnte ich meinen Zweifel an der Möglichkeit, dass es solche an menschlichen Angelegenheiten beteiligte extradimensionale Wesen gibt, nur einen Moment lang in der Schwebe halten, dann wäre es offenbar sinnvoll, das rechtzeitige Erscheinen von LSD als Einschaltung in unsere Sphäre aufzufassen. Der chemische Katalysator war eine verbindende Schnur oder so etwas wie eine Einwählverbindung zu einer höherdimensionalen, ein bisschen kalten, aber im Kern empathischen, Voraussicht spendenden und Erkenntnisse beschleunigenden Wesenheit von enormer Intelligenz. Das »Andere« hatte sich Hofmanns bedient, um über ihn in unsere Welt zu gelangen.

Während ich, dem fahrig schlitternden Beat der Trancemusik lauschend, mit geschlossenen Augen auf der Decke lag, ohne mich um die quietschvergnügten, Leuchtstäbe schwingenden Freaks, die in der Nähe tanzten, zu kümmern, nahm ich hypothetisch an, dass die fast momentgenau getimte Koinzidenz der »Entdeckung« von LSD mit der Endlösung, dem Holocaust und dem Bau von Kernwaffen alles andere als zufällig sein könnte. Vielleicht kam es in der Geschichte des Kosmos viele, viele Male zu dieser genau abgestimmten Abfolge von Ereignissen. Vielleicht sind quer durch die öden Sternenweiten des Universums zahlreiche Planeten verstreut, auf denen sich eine empfindungsfähige, Werkzeug benutzende Spezies aus dem evolutionären Unrat erhebt, um instrumentelle Vernunft, mechanistische Wissenschaft zu entwickeln, und dann geradewegs zu dem gefahrvollen Punkt spurtet, wo sie die Kraft des Atoms entfesselt. Vielleicht erzwingt dieses Berauschtsein von mechanischem Rationalismus in einer Art dialektischem Prozess von Zeit zu Zeit eine temporäre Amnesie, das Verlorengehen der Verbindung zu archaischem, spirituellem Wissen. Genau in diesem gefährlichen und schwierigen Übergangsmoment wird eine Sonde aus den Extradimensionen herabgeschickt. Diese Sonde gestaltet sich zu einem Molekül mit der Macht, das Wesen des Bewusstseins grundlegend zu transformieren. Im Gegensatz zu den örtlichen Pflanzengeistern, die über Tausende von Jahren hin die Evolution weiterdrängten, muss dieser neue Katalysator massenproduktionsfähig, einfach zu synthetisieren und zu verteilen sowie extrem wirksam sein. Die molekulare Sonde oder Katalysatorinstanz ermöglicht die Wiedererlangung verloren gegangener Bewusstseinsebenen, deckt Lücken und Mängel der mechanistischen Weltanschauung auf und forciert ein aus dem Innern des Bereichs der beschränkten »Rationalität« heraus erfolgendes nochmaliges Überdenken der Natur der Wirklichkeit sowie auch des Verhältnisses zwischen »subjektivem« Gewahrsein, Bewusstsein und »objektiver« Welt. LSD lässt die Wirklichkeit als so flexibel, neu-formbar und neu-erfindbar erkennen, wie dies kein Mensch auch nur ansatzweise zu wissen vermag.

McKenna schrieb: »Die Unterdrückung der natürlichen menschlichen Faszination für veränderte Bewusstseinszustände und die gegenwärtige, gefahrvolle Situation allen Lebens auf der Erde sind eng und kausal miteinander verknüpft.« Über all seine anderen Botschaften hinaus erhärtet der LSD-Trip die Kernwahrheit dieser Aussage. Obwohl die westliche Wissenschaft weiterhin eine solche Möglichkeit verwirft und ignoriert, bleibt die subjektive Perspektive des menschlichen Bewusstseins das einzige Verbindungsglied – oder, wenn man so will: Schlupfloch – zu anderen Bereichen und höheren Dimensionen. LSD und die sonstigen Psychedelika deuten mit bemerkenswerter Beharrlichkeit darauf hin, dass der Mensch noch mehr über seine Stellung im Kosmos erfahren muss – das setzt Entdeckungen voraus, die man nur durch inneres Erleben und das Studium des Selbst machen kann.

Aber wenn LSD ein derart umgestaltendes Werkzeug ist – warum hatten dann die Sechziger im Ruin geendet? Warum hatten die Menschen die Umgestaltung ihres innersten Wesens nicht erlangt?

LSD trieb den Westen an, den mystischen Impuls wieder zu entdecken, und es half mit, persönliche Befreiung und Umweltbewusstsein massenhaft auf breiter Front in Gang zu setzen, aber gleichzeitig regte es die versteckte Kontrollapparatur von Geheimdienstbehörden an, ihre fürchterlichsten Fantasien in »Fleischerhaken-Realitäten« zu verwandeln. Mit anderen Worten: LSD katalysierte und beschleunigte beide Seiten der Dialektik von Befreiung und Herrschaft. LSD hat schöpferische Durchbrüche bewirkt und latente Psychosen aktiviert. Es ist ein zweischneidiges Werkzeug.

Es gibt eine Geheimgeschichte von Psychedelika erkundenden Wissenschaftlern, die noch aufzudecken und zu untersuchen wäre. Unter Wissenschaftlern und Ingenieuren werden LSD und andere psychoaktive Chemikalien weiterhin als Hilfsmittel zur Katalysierung von Einsichten benutzt. Beispielsweise gebrauchte der Genforscher Kary Mullis, Nobelpreisträger für seine Entdeckung der Polymerase-Kettenreaktionen, LSD für Visualisierungen und zur Problemlösung. Mullis ist einer der wenigen, die sich öffentlich zu ihrem Psychedelikumgebrauch bekannten. Mark Pesce führt seine Beiträge zur Erarbeitung von VRML, einer Programmiersprache zur Beschreibung von dreidimensionalen Welten, auf Einsichten zurück, die er durch Psylocibin gewann. Viele der für die Schaffung des Personalcomputers und des Internets verantwortlichen Computerprogrammierer und Fachingenieure waren in ihrer Jugend eifrige Acidköpfe, und die jüngere Generation tritt in ihre Fußstapfen. Dass der Braintrust von

Silicon Valley sich jährlich auf den halluzinatorischen Karneval von Burning Man hinunterbegibt, zeigt augenfällig die enge Verbindung zwischen psychedelischer Wahrnehmung und modernster Computerwissenschaft.

Den Tänzern auf der Tranceparty zusehend dachte ich an eine Idee Henri Bergsons, eines Philosophen des Industriezeitalters. Bergson meinte, das Universum sei »eine Maschine zur Erschaffung von Göttern.« Die mechanistische Metapher war schrill, aber der zugrunde liegende Gedanke – dass die Menschheit in ihrer Gesamtheit, trotz des gegenteiligen äußeren Anscheins, mit erhöhter Geschwindigkeit auf irgendein besonderes Endziel zusteuert – ist zwar eindimensional, aber offenbar einleuchtend. Indem es die Lücken in der materialistischen Weltanschauung aufdeckt und jederlei Gewissheit mit heimlichem Gelächter untergräbt, legt LSD mit absoluter Klarheit dar, dass unsere gegenwärtige Zivilisation nicht »das Ende der Geschichte«, nicht die endgültige Erscheinungsform ist, zu der sich unsere Evolution gestalten wird.

Psychedelika enthüllten Terence McKenna »eine wunderliche literarische Beschaffenheit, die sich durch die Oberfläche des Daseins zieht.« Für einen formalistischen Kritiker ist ein Gedicht »eine aus Worten hergestellte Maschine«, dafür konzipiert, eine bestimmte Wirkung zu erzeugen. McKenna zufolge ist unter schamanischem Blickwinkel die Welt letztendlich aus Sprache hergestellt, aus dem Mythos gewoben – mit anderen Worten: eine vergegenständlichte Bewusstseinsäußerung.

Die Ansicht, dass die materielle Welt eigentlich eine verdichtete Bewusstseins-Erscheinungsform ist, gehört zu den Grundaxiomen des Buddhismus. Für Buddhisten ist die physikalisch-natürliche Wirklichkeit nur relativ wirklich, und die Materie hat letztendlich so viel oder so wenig essenziell inhärente Wirklichkeit wie die Gegenstände, denen wir in einem luziden Traum begegnen können. Wie Lama Anagarika Govinda in *Grundlagen tibetischer Mystik* schreibt, ist der Körper »das geronnene, kristallisierte oder materialisierte Bewusstsein aus der Vergangenheit.« Er ist die von subtilen Ebenen des Geistes ausgeformte Materialisation angesammelten Karmas. Auf meinem Trip konnte ich mühelos mein eigenes Leben – und das aller anderen – als eine Art kosmischer Fabel, ein gnostisches Comicbuch oder ein Passionsspiel wahrnehmen, woran wir alle schrieben. Mehr und mehr glaube ich, dass Buddhisten und Schamanen Recht haben. Wir leben in einer aus Sprache hergestellten, aus Bewusstsein gewobenen Welt, ob wir uns dies nun wissen lassen oder nicht.

TEIL VII
Entheobotanik

Andere Echos
Bewohnen den Garten. Sollen wir ihnen folgen?

T.S. Eliot

KAPITEL 28

Weiße Blüten

Eines Abends, als ich draußen vor einem Bungalow des friedlichen Hotels Chan Kah in Palenque, Mexiko, saß, lernte ich Douglas kennen, einen Reisenden aus British Columbia. Douglas war hoch gewachsen und langgliedrig, hatte schwarze Dreadlocks, weit offene Augen mit schweren Lidern und die gefällig abgemilderten Züge eines Bocks. Er war kein eingeschriebenes Mitglied des Symposiums, an dem ich hier teilnahm, der nach insgesamt dreizehn Jahren letzten Visionary Entheobotany Conference. »Entheobotanik« ist eine exzentrische Wortprägung, in der die Ethnobotanik mit »entheo« (wörtlich: »in Gott«) verquickt ist, um so eine neuartige Disziplin ins Leben zu rufen: das Studium Gott-freisetzender Pflanzen. Diese siebentägige Zusammenkunft war früher eine Hauptquelle für neueste bahnbrechende Kenntnisse hinsichtlich unbekannter Rauschmittel, kunstgeschichtliche Hinweise, archäologische Entdeckungen und Pflanzenrezepte, aber das Internet hat einige dieser Funktionen geschluckt. Zu ihr pilgerte turnusmäßig eine gut betuchte Zuhörerschaft begeisterter Psychonauten. Douglas kam als Gasthörer aus Pan-Chan, einer beliebten, preiswerten Unterkunftsstätte an der Straße zu den nahe gelegenen Maya-Ruinen. Mit zwei Restaurants, drei

Zeltplätzen, Herbergen und Bungalows sowie auch abendlichem Feuertänzer- und Didgeridoospieler-Entertainment, ist Pan-Chan eine Hippie-Institution, wo Collegekids und abgebrannte Wanderer sich kleine Hütten mieten oder in gemeinschaftlichen Runden unter riesigen Zelten schlafen. Im Vergleich dazu ist das Hotel Chan Kah ein Luxuspalast.

Douglas erzählte mir, wie er als Zwanzigjähriger mit seiner Freundin nach Florida hinuntergetrampt war. Sie verließ ihn in Key West, wo ihm das Geld ausging. Mehrere Monate lebte er in einem Park zusammen mit anderen obdachlosen Kids und ging die Leute anschnorren, um zu überleben. Eines Abends sagte ein Freund von ihm: »He Kumpel, wir haben kein Cash, aber ich hab von dieser Blüte gehört, die man essen kann, und das macht dich dann richtig high.« Sie zogen los, um danach zu suchen. Sie stießen auf eine hohe Staude mit weißen, länglichen, herabhängenden, trompetenförmigen Blüten, ebensolchen, wie man sie seinem Freund geschildert hatte. Sie pflückten die Blüten, und jeder aß drei davon.

Die Staude war eine Datura. Datura, auch als Stechapfel bekannt, wird seit undenklichen Zeiten von Indianern in Nord- und Südamerika bei Initiationsritualen und anderen Zeremonien gebraucht. In Nordamerika war sie, unter vielen anderen Stämmen, den Navajao, Zuni und Algonkin heilig. Mancherorts nahmen Heranwachsende regulär eine große Einzeldosis ein und »entlebten ihre früheren Leben«. Am Ende des zweiwöchigen Trips schilderte der Initiierte seine Visionen dem Schamanen. Gestützt auf diese Visionen, ermittelte dann der Schamane, welche Rolle der Initiierte im Stamm spielen würde und auch seinen künftigen Lebensverlauf.

Datura ist in Asien ebenso berühmt. »Wenn Buddha predigte, besprenkelte der Himmel die Pflanze mit Tau oder Regentropfen«, heißt es in Richard Schultes' und Albert Hofmanns *Pflanzen der Götter.* »Eine taoistische Legende behauptete, dass Datura metel einer der Zirkumpolarsterne ist und dass von diesem Stern zur Erde kommende Abgesandte eine Blume des Planeten in der Hand tragen.«

In Indien werden die Samen von gelb-gewandeten Asketen und Anhängern Shivas geraucht – die Blüte findet man an vielen Shiva-Statuen, als Blumenschmuck in seinen langen Haaren. Datura enthält die gleichen Alkaloide wie Nachtschattengewächse, beispielsweise Tollkirsche, Bilsenkraut und Mandragora, die maßgeblichen Ingredienzien in den »Flugtränken« europäischer Hexenkunst. Datura produziert Skopolamin und andere Toxine, die direkt auf das Zentralnervensystem einwirken. Ich habe viele Berichte von Datura-Trips gelesen, und sie stimmen eklatant überein. Die Wirkung hält lange an und ist fürchterlich. Es gehört zur besonderen Logik des US-amerikanischen Kriegs gegen Drogen, dass man Datura, eine gefährliche und dissoziative Droge, die einen tatsächlich töten kann, legal besitzen und gebrauchen darf, während Marihuana, eines der am wenigsten schädlichen Rauschmittel, nach wie vor gesetzlich verboten ist und dämonisiert wird. Im Gegensatz zu Ayahuasca, Pilzen oder LSD ist Datura das echte Horrorfilm-Halluzinogen – wer die Pflanze zu sich nimmt, findet sich in unwirklichen Psychosewelten wieder, die absolut überzeugend wirken. Der Geist der Pflanze erscheint oft als gackernd lachende Hexe oder wunderschöne Frau. Flugträume, Träume von der Verwandlung in irgendein Tier und satanische Orgien sind gang und gäbe. Unvorbereitete Tripgeher beenden ihre Reise oft in der Zwangsjacke.

»Drei Tage«, sagte Douglas, »hatte ich keine Ahnung, was mit mir passierte. Ich erinnere mich noch, dass ich zu irgendeinem Zeitpunkt einen Berg erkletterte und mich dabei Fels um Fels, Hand über Hand nach oben arbeitete. Dann kam ich wieder zu mir – und kroch in Wirklichkeit auf Händen und Knien den Bürgersteig entlang.« Unter ständiger Mundtrockenheit und konstant dissoziativ führte er lange Gespräche mit Freunden, Familienangehörigen und Fremden, aber später fand er heraus, dass keine dieser Unterhaltungen wirklich stattgefunden hatte. »Zum Glück fand uns dieser Typ, den ich kannte. Er wusste über Stechapfel Bescheid und kriegte heraus, was mit uns los war. Er brachte uns in sein Haus und passte auf uns auf, bis die Wirkungen nachließen.« Nach zweiundsiebzig Stunden war Douglas wieder ganz bei Sinnen. Ein paar Monate später kehrte er heim nach Kanada. »Eines war danach schon sonderbar«, sagte er, »ich hab' Datura zwar nie mehr probiert, es aber dauernd tun wollen, dran gedacht, und mehrere Male versucht, Freunde dazu zu überreden, sie gemeinsam mit mir einzunehmen, indem ich ihnen erzählte, wie cool das sei.«

Sieben Jahre vergingen, bevor Douglas nach Mexiko runterfuhr, um einen anderen Freund zu besuchen. Der lebte bei den Huichol, dem Stamm, der in den Sechzigerjahren durch Barbara Meyerhoffs Buch *Peyote Hunt* berühmt wurde. Die Huichol begeben sich jedes Jahr auf eine lange, heilige Wallfahrt, in der sie zu einer fernen Wüste reisen und Peyote-Vorräte anlegen. Sein Freund lernte gerade die Sprache der Huichol und durfte, zum Entgelt für seine intensive Mitarbeit, deren Traditionen studieren. Er brachte Douglas dazu, sich mit dem Schamanen des Stammes zu treffen, einem kleinen, runzligen Mann in den Siebzigern. Der Schamane sah ihn einen Moment lang an, wandte sich dann an seinen Freund und sagte ein einziges Wort in der Stammessprache, das sein Freund dann übersetzte: »Datura.«

Douglas war verdattert. Peinlich berührt von Erinnerungen an seinen damaligen dissoziativen, total unkontrollierten und generell uncoolen Zustand, hatte er den höllischen Trip gegenüber seinen Freunden nie erwähnt. Der Schamane erkannte sofort, dass er Datura begegnet war, dass er von dem arglistigen

Pflanzengeist geschädigt worden war. Datura hatte seine Psyche verwundet, und diese Wunde war nie kuriert worden. Der Schamane erklärte sich bereit, den Schaden zu beheben. In einer Zeremonie sang der Alte über Douglas' Körper, saugte an seiner Haut und spuckte aus – die brüsken Techniken traditionellen schamanischen Heilens. Stundenlang, bis er überzeugt war, dass das Heilen gewirkt hatte, sang der alte Schamane, spritzte Tabaksaft und Meskal über Douglas' nackten Torso und vertrieb so die böse Geistpräsenz. »Ich fühlte mich nicht schlagartig anders, aber so nach und nach lief mein Leben offenbar besser als vorher«, sagte er. »Ich weiß nicht, ob diese Zeremonie der Grund für die veränderte Sachlage war oder nicht.«

Ich hörte viele solche Geschichten während meiner Woche in Palenque, Geschichten von Pflanzen mit speziellen Kräften, von Schamanen, die mit ihnen kommunizieren und Heilungen vollbringen konnten. Als Hauptattraktion bot die Visionary Entheobotany Conference jeden Tag mehrere Vorträge. Die Vortragenden waren ein wunderlich gemischtes Völkchen aus Chemikern, psychedelischen Forschern, Hipster-Anthropologen, Ethnobotanikern und Kunsthistorikern. Nach den Sechzigerjahren, als Psychedelika das Interesse so vieler Menschen erregten, dass sie rasch für ungesetzlich erklärt und verboten wurden, wurde das Studium bewusstseinsverändernder Pflanzen in die kulturellen Randzonen verbannt. Ich wusste es nicht, als ich mich für das Thema zu interessieren begann, aber außerhalb des Mainstreams wurde das Gebiet nie aufgegeben. Eine Gruppe brillanter Forscher und Sucher, unabhängige Einzelgänger, verfolgen das Thema mit zielstrebiger Leidenschaft und Sorgfalt. Viele von ihnen publizierten ihre Erkenntnisse im Selbstverlag in bemerkenswerten, dicken Wälzern. Ich hatte die Gelegenheit, einige von diesen Suchenden kennen zu lernen.

KAPITEL 29

Das spezifisch Aufschlussreiche

Ein promovierter Chemiker in den Sechzigern, der seine Karriere als Mitarbeiter bei Dow Agro Sciences begann, widmet sich Sasha Shulgin dem Aufspüren und Analysieren neuartiger bewusstseinsverändernder Verbindungen. Er ist ein Mann von großer Statur, trägt gern lose Hawaiihemden und hat eine warmherzige, weihnachtsmannartige Ausstrahlung.

»Ich ging nach Harvard, passte da aber nicht rein, also ging ich zur Navy«, erinnerte er sich in Palenque. »In der Navy dachte ich zum ersten Mal über den Zusammenhang zwischen Psychologie und Chemie nach, als man mir nach einem Unfall Morphium gab. Die Schmerzen waren zwar noch da, aber sie machten mir nichts mehr aus. Ich fand das faszinierend: Wie konnte ich Schmerzen haben, ohne dass es wehtat?« Als Erstes probierte er 1960 Meskalin – »prachtvolle Kristalle, lang, nadelförmig.« Er beschrieb die Erfahrung in seinem Buch *PIHKAL*: »Mehr als alles andere versetzte mich die Welt in Erstaunen, weil ich sie nämlich so sah wie einst als Kind. Ich hatte die Schönheit, den Zauber und die Klugheit von ihr und mir vergessen.« Was bei ihm vor allem haften blieb, war die klare Erkenntnis, dass »diese Ehrfurcht gebietende Wiedervergegenwärtigung durch einen Grammbruchteil von einem weißen Festkörper bewirkt worden war.« Die Farben der Welt, das Wiedergewinnen von Kindheitsempfindungen, war nicht in dem Pulver. Die Chemikalie deckte nur auf, was in ihm selbst war.

»Ich begriff, dass unser ganzes Universum im Seelisch-Mentalen und im Geist enthalten ist. Wir mögen vorziehen, keinen Zugang zu ihm zu finden, wir mögen sogar sein Vorhandensein abstreiten, aber es ist tatsächlich in uns, und es gibt Chemikalien, die seine Verfügbarkeit katalysieren können.« Er synthetisierte eine meskalinähnliche Chemikalie, indem er die Position eines einzigen Atoms veränderte. »Dieses Mal zerriss ich die Blume, satt sie anzustarren.« Er war verblüfft, dass eine so geringe Veränderung in einer Verbindung so gänzlich andere Aspekte seines eigenen Denkens und Empfindens aufdecken konnte. Fasziniert begann er »eine ganze Kaskade weißer Feststoffe« zu synthetisieren – er hatte sein Forschungsgebiet gefunden.

Wenn die Gegenkultur ein Pendant zum Nobelpreis verliehe, wäre Shulgin ein aussichtsreicher Kandidat für die Ehrung. Er zog MDMA, Ecstasy, aus dem Abfalleimer ignorierter alter Chemikalien – es wurde ursprünglich von einer deutschen Firma in den Zwanzigerjahren hergestellt und dann vergessen. Ende der Sechzigerjahre resynthetisierte Shulgin MDMA, registrierte dessen prickelige, empathische Eigenschaften – »Es fehlte ihm der für Psychedelika typische visuelle oder sinngebende Aspekt, aber die Leichtigkeit und Wärme des Psychedelikums war voll da und durchaus beachtlich. … Der Stoff nötigte mir großen Respekt und tiefe Bewunderung ab« – und katapultierte es auf die dreißig Jahre umfassende Flugbahn, die zu der smiley-gesichtigen Ravekultur führen sollte, die wir heute erleben, sowie auch zu einer wirkungsvollen, häufig heruntergespielten Tradition des psychotherapeutischen Gebrauchs. Aber das war nur eine von Shulgins Leistungen. Er stellte das lang wirkende Psychedelikum DOM her, dem man später den Straßennamen STP gab (»serenity, tranquillity, peace« oder, Shulgins Reminiszenz zufolge: »too Stupid To Puke«*). Wie es bei Shulgin oft der Fall war, entdeckte er die Chemikalie, erprobte ihre Wirkungen selbst und analysierte diese, publizierte eine Abhandlung darüber und stellte dann später fest, dass Dealer sein Rezept geklaut hatten und es in viel zu hohen Dosierungen auf der Straße absetzten. STP ist ein Hochleistungs-Hirnumkrempler – Shulgins bedauerlicher Beitrag zum Chaos der späten Sechzigerjahre. Seine Wirkungen halten lang (zehn bis sechzehn Stunden) an, brauchen aber Stunden, bis sie einsetzen – Jugendliche nahmen daher häufig eine Pille, warteten eine Zeit lang und meinten, es passiere nichts, dann nahmen sie noch eine. Wenn sich die Doppeldosis bemerkbar macht, landeten desorientierte Tripgeher für gewöhnlich in der Notaufnahme. Shulgin fand rasch heraus, was vor sich ging. Ironischerweise wurde er zur gleichen Zeit, in der er neue Chemikalien erfand, auch von der DEA** eingestellt, um neue, von der Polizei zutage geförderte Drogen zu analysieren.

Zusammen mit seiner Frau Ann brachte Shulgin zwei Bücher im Selbstverlag heraus: *PIHKAL* (»Phenethylamines I Have Known and Loved«) und *TIHKAL* (»Tryptamines I Have Known and Loved«)***, dicke Kompendien seiner Untersuchung und Entwicklung Hunderter neuer psychoaktiver Chemikalien. Er publizierte seine Erkenntnisse wegen des warnenden Beispiels von Wilhelm Reich, des einst hoch geschätzten, deutschen Psychoanalytikers, Befürworters der sexuellen Befreiung und des Orgasmus, der in die Vereinigten Staaten kam, um der Verfolgung

* »zu dumm zum Kotzen«

** Abk. für Drug Enforcement Agency/Administration – die US-Drogenüberwachungsbehörde.

*** »Phenethylamine (bzw. Tryptamine), die ich kennen und lieben lernte.«

durch die Nazis zu entgehen. Die Geschichte von Reichs späterem Leben ist tragisch und voll bitterer Moral: Bei der Fortführung seiner Forschung in den Vereinigten Staaten glaubte er, dass er eine regenerative, biologische Kraft freigelegt hätte, die er Orgon-Energie nannte. In den Fünfzigerjahren vermarktete Reich, fortgerissen von etwas, das möglicherweise der Enthusiasmus eines Spinners war, Orgon-Kästen, die ein bisschen wie Telefonzellen aussahen, als Vorrichtung zur Konzentrierung dieser Leben spendenden Kraft. Er glaubte, seine Kästen böten Schutz gegen Krebs und andere Gesundheitsrisiken. Die FDA brachte Reich mit der Anklage, dass er unbewiesene Behauptungen hinsichtlich des gesundheitlichen Nutzens seiner Kästen aufstelle, hinter Gitter, und er starb innerlich gebrochen im Gefängnis. Nach seinem Tod beschlagnahmte die US-Regierung, im Bann des kulturellen McCarthyismus, Reichs Archive unpublizierter Abhandlungen und vernichtete sie. Shulgin wurde klar, dass ein solches Schicksal jedem Wissenschaftler blühen konnte, der weit außerhalb des Mainstreams arbeitete, insbesondere auf seinem vielfach dämonisierten Terrain, und er beschloss, sein Wissen zu verbreiten, um sich eben dadurch selbst zu schützen.

Shulgins chemische Forschungsmethodik ist viel exakter als die verquaste Pseudowissenschaft hinter Reichs Orgon. In den Büchern untersucht er separat aufgegliedert zwei Gruppen von Chemikalien, die jeweils mit einem der maßgeblichen Neurotransmitter des Gehirns verknüpft sind: Serotonin, das ein Tryptamin ist, und Dopamin, ein Phenethylamin. Zu den natürlich vorkommenden Tryptaminen zählen DMT, LSD, Psilocybin und Bufotenin. Zu den weithin bekannten Phenethylaminen zählen Meskalin, MDMA und MDA – das einfache Molekül, Phenethylamin selbst, ist ein wichtiger Bestandteil von Schokolade.

»Ein Molekül ist wie ein baumelndes Sechseck«, sagte Shulgin. »Ich frage mich: Wie viele Dinge kann ich daran befestigen. Es ist so, wie wenn man Verzierungen an einem Weihnachtsbaum anbringt. Man kann auf sechs verschiedene Weisen vorgehen. Ich versuche, sämtliche Alternativen auszuprobieren. Wenn du auf einer bestimmten Intensitätsstufe auf ein kleines Etwas stößt, verdoppelst du nicht die Menge, wechselst nicht sprunghaft zu einer neuen Stufe über. Anfangs versuchte ich in meiner Forschung immer, die stärksten Verbindungen zu finden. Später ließ ich das bleiben und suchte vielmehr nach dem Interessantesten und Aufschlussreichsten. Die Stärke ist weniger wichtig als das spezifisch Aufschlussreiche.«

Ich habe es mir nicht entgehen lassen, ein paar von den in Shulgins Büchern analysierten Mixturen zu kosten. Am faszinierendsten – genauer gesagt so faszinierend, dass es jetzt (leider!) Schedule One* ist – war 2CB, eine Verbindung, die man mir gegenüber, völlig zutreffend, als »Super-Urteilsfähigkeits«-Droge bezeichnet hatte. 2CB, eine der einzigartigen Kreationen, die in Shulgins Version eines Fünf-Sterne-Bewertungssystems eine »+++++« bekommen sollten, ist bekanntermaßen sehr dosisempfindlich. Eine winzige Erhöhung der eingenommenen Menge um 5 oder 10 Milligramm kann eine spektakuläre Steigerung oder radikale Umwandlung der Wirkung hervorrufen. In niedrigen Dosen, so wie ich es probierte, steigert 2CB die mentale und sensorische Wahrnehmungsschärfe. Gedanken schwirren auf Hochspannungsleitungen im Verstand herum. Licht zeigt sich als Präzisionsglühfäden, als lange, dünne Strahlenbrechungsgeflechte. Wäre 2CB legal erhältlich, dann wäre es, in niedriger Dosierung, ein faszinierendes, höchst produktives Werkzeug für schwierige Geistesarbeit.

Für jene Forscher, die voll und ganz auf die psychedelische Kultur stehen – was mir persönlich dann doch zu weit geht –, gibt

* Siehe Kapitel 5, S. 62.

es einen als »Poly-drugging«* bezeichneten Trend, bei dem mehrere Chemikalien vermischt und aufeinander abgestimmt werden. Der Berufspsychonaut Jonathan Ott nennt dieses Verfahren die »Bioprobe«. Er betrachtet es als wissenschaftliches Experimentieren. In dieser, von den Akademien aufgegebenen, Terra incognita ist das eigene Gehirn und Nervensystem das einzig mögliche Experimentierfeld. Ich bin zwar ein psychonautisches Küken, habe aber immerhin einen derartigen chemischen Cocktail probiert – einen Martinimix MDMA mit einer wermutspritzergroßen Spur 2CB. Ich werde bei der Wahrheit bleiben. Diese Zusammenstellung war eine magische Trumpfkombination aus Wärme, Euphorie und klarem Licht. So ein Bewusstsein muss ein Luft-Elementar oder Sylphe besitzen. Ich möchte gleich hinzufügen, dass ich trotz der betörenden Anwandlung dieses luziden, hell-reinen Gemütszustands keinen Drang verspürte, den Trip zu wiederholen. Er hatte keine süchtig machende Anziehungskraft; er war, wie Huxley das Meskalin bezeichnete, eine »grundlos gewährte Gnade«, mit einem beißenden Hauch Chemie. Während ich unter dem Einfluss dieses Tranks in einem nebelverhangenen Wald herumwanderte, erkannte ich plötzlich genau, wer Shulgin ist: Mit seinen buschigen Augenbrauen, aus denen ein paar erstaunlich lange Strähnen abirrend herausstehen, und seinem weißen krausen Bart ist er die zeitgenössische Reinkarnation von Merlin, dem Urdruiden und archaischen Alchemistengenie der britischen Inseln. Shulgin ist ein Alchemist: ganz in Anspruch genommen von der zeitlosen Suche nach dem bewusstseinserweiternden Elixier oder Stein der Weisen.

PIHKAL und *TIHKAL* sind Texte, die Shulgins einzigartigem intellektuellen Wagnis gewidmet sind, und nicht bloß einschlägige Informationsquellen, sondern auch Memoiren, philosophi-

* Wörtl.: »Einnehmen vieler Drogen«.

sche Traktate, Essays über die fragwürdige Politik des Drogenkriegs, Meditationen über das Wesen des Bewusstseins, Chemielektionen und Rezeptbücher. Trotz Überwachung durch die FDA und staatlicher Razzien in seinem Labor wurde Shulgin bislang nie inhaftiert und glaubt unerschütterlich daran, dass Drogen ganz naturgemäß wichtige Werkzeuge zur Selbsterforschung sind. In der Einleitung zu *TIHKAL* charakterisiert er das Eindringen der Psychedelika in das Bewusstsein des Westens als einen neben der Entdeckung neuer Vernichtungstechnologien verlaufenden Parallelvorgang – ein Eros komplementär zum technobürokratischen Thanatos. Shulgin konstatiert, dass die radioaktive Strahlung 1897 entdeckt wurde, ein Jahr bevor Arthur Heffter in Leipzig Meskalin probierte.

»Da fast alle Entdeckungen über die physikalisch-natürliche Welt sowohl zu förderlichen als auch zu tödlichen Zwecken genutzt werden können, ist es lebenswichtig, dass wir anfangen, eine Methode zur Erforschung und Erfassung jener Kräfte innerhalb unseres unbewussten Selbst zu entwickeln, die unvermeidlich jene Entscheidungen treffen werden«, schreibt er. Während er einerseits Forscher warnend dazu ermahnt, sich erfahrene Guides zu suchen und der Gefahren bewusst zu sein, merkt Shulgin andererseits an, dass psychoaktive Verbindungen die schnellsten Mittel zur Selbsterforschung sind und unser eigenes Bewusstsein angesichts der immer größer werdenden Gefahren der modernen Technologie sowie auch der rapiden Zunahme autoritärer Kontrollen Quantensprünge machen muss, um Schritt zu halten. »Diese Werkzeuge – die psychedelischen Drogen und Pflanzen – bieten, verglichen mit den diesbezüglichen klassischen Alternativen, eine viel raschere Methode zur Erreichung der Ziele, nach denen wir streben: bewusste Kenntnis unserer inneren Funktionsweise und größere Klarheit hinsichtlich unserer Verpflichtung gegenüber unserer eigenen Spezies sowie allen anderen Kreaturen, mit denen wir diesen Planeten teilen.«

In den Büchern stellt er jedes einzelne Molekül grafisch dar, beschreibt den Prozess von dessen Synthetisierung, berichtet dann seine Selbsterprobung des Wirkstoffs, bei der er jeweils mit einer niedrigen Dosis begann und dann die Dosen schrittweise steigerte. Sofern sich die Verbindungen in irgendeiner Hinsicht als eindeutig interessant erwiesen, teilte er sie jeweils mit seiner Frau und einem engen Kreis psychonautischer Freunde – über Jahre hin fortgesetzte Wochenendexperimente, die nachgerade zum Stoff von Untergrundlegenden wurden. Einer meiner Favoriten unter diesen trocken-unpersönlichen Berichten lautet folgendermaßen: »Zirka zehn Sekunden nach Inhalieren des letzten rauchbaren Rests setzte ein rasch ansteigendes Gefühl von Aufregung und Staunen ein mit einem Unterton von ›Jetzt hast du's geschafft‹, aber dominiert von der Empfindung: MANN, das ist es!«

Er hat Drogen entdeckt, die nur auf einen der Sinne einwirken, wie etwa DIPT, das Veränderungen des Gehörs hervorruft, einen Kollaps jeglichen Tonbewusstseins. Er hat faszinierende Versuche mit Zyklotronmaschinen durchgeführt, die die überraschende, innerkörperliche Bewegungsbahn bestimmter bewusstseinsverändernder Verbindungen anzeigten – beispielsweise affiziert die lang wirkende Verbindung DOB das Hirn, obwohl sie von der Lunge absorbiert wird. »Wir sahen, dass DOB direkt in die Lunge ging, nicht ins Gehirn. Es gibt Neuronen in der Lunge, und dann, während es dort war, wandelte sich DOB in etwas anderes um.« Shulgin hat im Verlauf seiner Karriere einen Werkzeugsatz zur Erforschung des Bewusstseins – sowie auch der Sinne, des Verstandes und der Emotionen – ausklamüsert. Da Psychopharmaka, bis auf Ego-kontrollierende SSRH wie Prozac, verboten sind, gibt es nirgendwo auf der Welt eine größere Forschungseinrichtung, an der die Verwendungsmöglichkeiten dieser Werkzeuge ausführlicher untersucht würden, es sei denn die CIA hält sich in dieser Angelegenheit bis heute bedeckt.

Shulgin glaubt, dass Psychedelika für den Mentalbereich, unser Inneres, das sind, was das Teleskop für die astronomische Forschung oder das Mikroskop für die Biologie war. Sie sind Instrumente, die die Grundlagen für neue Entdeckungen schaffen. Er setzt die anhaltende Feindseligkeit gegenüber der Erforschung des Mentalbereichs mittels Chemikalien der Reaktion der Kirche auf Galileis Hypothese gleich, die Erde sei nicht der Mittelpunkt des Sonnensystems. Vor dreihundertfünfzig Jahren, so merkt Shulgin an, verkündete die Kirche: »Die Erde ist der Mittelpunkt des Universums, und jeder, der etwas anderes behauptet, ist ein Ketzer.« Heute verkündet der Staat: »Alle Drogen, die das Bewusstsein erweitern können, haben keine medizinische oder soziale Berechtigung, und jeder, der sie gebraucht, ist ein Krimineller.« Zu Galileis Zeiten sagten die Autoritäten: »Wir brauchen nicht wirklich durch diese mysteriöse Vorrichtung zu schauen.« Jetzt sagt der Staat: »Man braucht diese mysteriösen Verbindungen nicht wirklich zu probieren.« In der Vergangenheit sagte die Kirche: »Wie kannst du behaupten, die Erde sei nicht der Mittelpunkt des Universums?« Heute sagt der Staat: »Wie kannst du behaupten, ein Gottesverständnis sei in einem weißen Pulver zu finden?«

Er zitiert Voltaire: »Es ist gefährlich, in Angelegenheiten Recht zu haben, hinsichtlich derer die etablierten Autoritäten Unrecht haben.«

KAPITEL 30

Das Elfenvolk

Die an der Konferenz Teilnehmenden waren eine Mischung aus Hedonisten und Wissenschaftlern, Staatsschullehrern und englischen Aristokraten, Vorstadthausfrauen und Therapeuten, Hexen und Befürwortern ausgefallener Drogen, Werbetextern und Anfänger-Schamanen. Da war Paul, ein altkluger Neunzehnjähriger aus Utah, langhaarig, blass und zerbrechlich, der offenbar ganze Archive von Informationen über psychoaktive Verbindungen, den Geist und Moleküle auswendig gelernt hatte. Für Paul war die Welt eine auf vielen Ebenen ablaufende kosmisch-gnostische Verschwörung. Er warnte mich vor einer durch hohe Fluoridspiegel im US-Trinkwasser hervorgerufene Verschlechterung des Geisteszustands, für die es sichere Anzeichen gebe, und sagte mir, ich solle ein sechsbändiges Sammelwerk über frühere Zivilisationen und UFO-Kontakt lesen. Wenn ich im Speiseareal, wo er mit Shulgin oder anderen Experten konferierte, an ihm vorbeikam, gab Paul anscheinend ständig Kommentare ab wie etwa diesen: »Also der Aufbau dieses Benzolmoleküls interessiert mich wirklich, wenn man noch diesen speziellen Indolring hinzufügt.«

Da war Psycho Tim, ein schwarz-schnurrbärtiger Chemie-Ingenieur mittleren Alters – im richtigen Leben arbeitete er für den

Monsanto-Konzern und bastelte dort neuartige stimmungsverändernde Drogen –, der für diese Woche ungezügelter Psychoaktivität subkulturelle, mit Aliens, Eidechsen und Pilzen bedruckte T-Shirts zum Einsatz brachte. Dara, eine Hexe aus Tennessee, war bei der katholischen Kirche als Gärtnerin angestellt und dann wegen ihrer heidnischen Anschauungen gefeuert worden; jetzt kämpfte sie in einem langwierigen Gerichtsverfahren verbissen um ihre Wiedereinstellung. Dara hatte eine nervöse Gereiztheit, eine erkennbar zweideutige, hexenhafte Gebeuteltheit an sich. Es überraschte nicht zu erfahren, dass sie Datura zu ihrer Bundesgenossin erkoren hatte. Da war die entzückende, bekloppte, farbenprächtige Designeroutfits tragende Lady Neipath, mit Ehemann Lord Neipath im Schlepptau. Lady Neipath hatte wegen ihres offen bekannten Glaubens an die einst unter aztekischem Adel übliche Trepanation eine gewisse schaurig-traurige Berühmtheit erlangt. Einfach ausgedrückt ist Trepanation die Praktik, ein nicht unbeträchtliches Loch in den Schädelscheitel zu bohren, um so, wie man meint, durch das Beschleunigen der Hirndurchblutung Intelligenz und mystische Kommunikation zu steigern. Die Neipaths stellten nicht nur eine Webseite über das Thema ins Netz, sie unterzogen sich auch beide der Prozedur – genau genommen hatte sich Lady Neipath in ihrer blauäugigen, unbürgerlichen Jugend schon selbst trepaniert.

Es gab Gerede auf der Konferenz, über William Pickard, einen Harvarder Akademiker und Freund von Lord und Lady Neipath. Der vor kurzem in Kansas verhaftete Pickard war angeblich für die Errichtung einer LSD-Fabrik in einer verlassenen, auf Privatgrund befindlichen, unterirdischen Atomraketenabschussrampe verantwortlich, die monatlich ungefähr zehn Millionen Dosen LSD produzierte (nach einer Schätzung war das ein Drittel des gesamten in den Vereinigten Staaten produzierten LSDs). Der Londoner *Times* zufolge war die Abschussrampe mit einem Whirlpool-Bad, Fliesen aus italienischem Marmor und einer 60 000 Pfund teuren Hi-Fi-Anlage ausgestattet.

Es gab nur eine einzige Droge, die ich, wenn sie sich irgendwo in den zwielichtigen Randzonen der Konferenz auftreiben ließ, unbedingt testen wollte. Und zwar die synthetische, chemisch reine Variante von Dimethyltryptamin. Durch beigemengte Pflanzen wie etwa *Psychotria viridis* ist DMT ein Bestandteil der Ayahuasca-Tränke. Es ist auch in den psychoaktiven Schnupftabaken vorhanden, die von Stämmen wie etwa den Yanomamo Brasiliens genommen werden – berühmte Filme von den Yanomamo zeigen die bis auf ein Penisfutteral nackten Stammesmänner, wie sie sich gegenseitig durch lange Röhren Pulver in die Nasenlöcher pusten, dann, in heftige Trance versetzt, den Kopf schütteln und dabei viel dicken grünen Rotz absondern. Nach allem, was ich darüber gelesen hatte, war die synthetische DMT-Variante, die man – ohne all den Rotz – rauchen oder sich spritzen konnte, offenbar der bedeutendste Beitrag der modernen Wissenschaft zur archaischen Spiritualität des Amazonasgebiets: Angeblich verschaffte sie einen sofortigen Durchbruch in ein außerkörperliches Visionserlebnis – du gehst hoch wie eine Rakete und bist in weniger als zehn Minuten wieder unten. Über die letzten Jahrzehnte hin wurde gerauchtes synthetisches DMT von dem unlängst verstorbenen Terence McKenna als der Ego-Zermalmer erster Wahl populär gemacht.

McKenna beschrieb seine DMT-Flashs wortgewandt als »Hineinplatzen in einen von fröhlichen, elfenhaften, sich verwandelnden Maschinengeschöpfen bewohnten Raumbezirk. Dutzende dieser freundlichen fraktalen Wesenheiten, die wie sich selbst dribbelnde, auf dem Rebound befindliche Fabergé-Eier aussahen, hatten mich umlagert und versuchten, mir die verloren gegangene Sprache wahrer Poesie beizubringen. Augenscheinlich schwatzten sie in einer sichtbaren und fünfdimensionalen Form von ekstatischem Nostratisch, wie sich aus der eindrucksvollen Gefühlsintensität dieses gnomenhaften Geplappers folgern ließ. Spiegelflächige, sich wälzende Ströme aus geschmolzenem Sinngehalt umflossen mich.« McKenna war bis zu seinem Tode der Starreferent und die größte Attraktion der Visionary Entheobotany Conference; danach hatte die Veranstaltung anscheinend ihren Schwung und ihre Kraft verloren, und die Besucherzahl ging um mehr als die Hälfte zurück.

Wenn ich mich recht entsinne, äußerte McKenna die Ansicht, überall, wo in Mittel- und Südamerika eine Tryptaminquelle gefunden wurde, habe ein Indianerstamm gesiedelt, der Jahrhunderte hindurch seine eigene Sprache, Kosmologie und sein spezielles schamanisches System entwickelte. Und das Eintauchen in den DMT-Zustand sei für die betreffenden Populationen das höchste spirituelle Ziel gewesen. Das ist freilich eine Sichtweise, welche die komplexen stammes- und siedlungsgeschichtlichen sowie ethnologisch-kulturellen Fakten hemmungslos exzentrisch simplifiziert, ja mythologisiert. Fest steht vielmehr, dass die meisten der mittel- und südamerikanischen Stämme keine tryptaminhaltigen Pflanzen gebrauchten, wenngleich offenbar alle Stämme, die Zugang dazu hatten, sie auch verwendeten.

Obwohl man es aus zahlreichen botanischen Rohmaterialien – generell verfügbaren Pflanzen wie etwa Glanzgras, Akazie und *Mimosa hostilis* – synthetisieren kann, gibt es etwas seltsam Unzugängliches am reinen DMT. Wenn ich mich nicht irre, hat rauchbares DMT, der materielle Stoff sowie auch das von ihm enthüllte bizarre Umfeld, doch offenbar eine koboldartige Natur. Manchmal kreuzt DMT auf, wenn man nicht dazu bereit ist – »sofortigen Zugang zur Anderswelt? Natürlich bin ich dankbar für das Angebot, aber weißt du, ich hab da morgen diesen Zahnarzttermin« –, und dann, wenn man schließlich darauf gefasst ist abzuheben, verschwindet es spurlos. Auf meiner Suche nach dem Stoff traf ich immer wieder Leute, die ihn hatten oder stolz verkündeten, sie hätten welchen, aber irgendwas zu murmeln begannen oder wegschauten, wenn ich tatsächlich um einen winzigen Brocken von ihrem Vorrat bat. Nicht viel ist mehr als genug; eine Vollration fürs ganze Leben wäre wohl kleiner als ein Stück Hotelseife. Ich kenne andere DMT-Sucher, die warteten, planten, es schließlich auftrieben – auch das richtige Set und Setting, die erforderliche Glaspfeife samt Butan-Feuerzeug, den schamanischen Helfer und die richtige astrologische Transitkonstellation – und dann so unvermutet wie unwillkürlich das kostbare Gasgemisch aushusteten, bevor sie genug davon in sich aufnehmen konnten, um abzuheben. Wie mir Mark Pesce auf Burning Man sagte: »Ich konnte den Rauch noch nie lange genug drin halten, um durch die Glas-Chrysantheme* durchzukommen.«

Da sich DMT nicht sofort materialisierte, begab ich mich mit einem anderen Konferenzteilnehmer, einem Rechtsanwalt aus der Bay Area, der in einer Strategiekommission für Bildungspolitik arbeitete, auf eine Jagd nach Pilzen, der örtlichen Spezialität. Versuche, Drogen zu erstehen, sind immer Übungen in Erniedrigung. In diesem Fall mussten wir Einheimische, alte verhutzelte Damen, die auf der Straße Süßigkeiten verkauften, bitten, uns zu zeigen, wo es zu *los hongos* ging. Sie deuteten auf einen unbefestigten Pfad, und den marschierten wir belämmert entlang, bis uns ein junger Bursche auf einem Esel einholte. Auf feierliche und

* Nach Auskunft/Vermutung des Autors eine »private Metapher« Mark Pesces. Wörtlich könnte sie sich auf das eingravierte Chrysanthemenmuster (Blumensternmuster) im Glaspaneel mancher (Haus-)Türen beziehen; metaphorisch umschreibt sie hier eindeutig die Trennlinie/Pforte zur visionären, spirituellen Dimension/Welt.

professionelle Art sagte er uns, wir sollten warten, und holte dann Plastiktüten voller schwarzer Düsternis, in denen ein Matsch aus Pilzen herumtrieb – höchst unappetitlich. Durch das ganze Geschäft irgendwie beschämt, vergaßen wir, ihn von seiner hohen Preisforderung herunterzuhandeln.

Vor den Pilzen, die wir in einer Suppe mexikanischer Schokolade zu uns nehmen wollten, warfen wir noch als ersten Gang Moclobemid ein, ein (jedenfalls in Mexiko) rezeptfreies Antidepressivum, das auf einem Monoaminoxidase-Hemmer basiert. Wie bei Ayahuasca-Verbindungen lag der Nutzeffekt dieses MAO-Hs in der Wirkungssteigerung des im Pilz enthaltenen Tryptamins. Eine solche Kombination hatte ich noch nie zuvor probiert, und ihr prickeliges chemisches Drum und Dran störte mich.

Wenige Jahre früher, als ich mein Interesse an Psychedelika wieder auffrischte, durchlebte ich zunächst eine fröhliche Pilzverzehr-Phase. Ich war beeindruckt davon, wie niedrig dosierte Pilzportionen dem normalen bewussten Leben Ebenen und Schichten hinzufügten – Farben und Klänge intensivierten sich, eine Struktur aus Licht und Schatten konnte so schön anmuten, dass es fast unerträglich wurde, meine eigenen empathischen und emotionalen Fähigkeiten waren augenscheinlich feiner eingestellt. Nach Einnahme höherer Dosen sah ich mit geschlossenen Augen jene aztekisch gestalteten, sciencefictionartigen Zivilisationen mit Düsenjägergeschwindigkeit an mir vorbeifliegen, wie McKenna sie schilderte, obwohl ich nie die Megadosis von fünf Gramm einnahm, die, McKenna zufolge, zu direkter Kommunikation mit einem redseligen »Pilzmann« führt. Die aztekisch-futuristischen Bilder ließen sich aber offenbar immer noch auf so etwas Ähnliches wie einen optischen Effekt zurückführen, ein rasches Feuern neuronaler Impulse, das durch eine auf Neurotransmitter einwirkende Droge hervorgerufen wurde.

In jener Nacht, auf dem Pilze-plus-Moclobemid-Trip in Palenque, sah ich etwas, das ich absolut nicht sehen wollte – etwas so Lächerliches, so peinlich Berührendes, dass ich zögere, davon zu berichten. Ich lag mit geschlossenen Augen auf einem Bett in einem abgedunkelten Zimmer und sah zu, wie rasche Bänder aus Grün und Blau über meinen inneren Sichtbildschirm flimmerten, typische optische Effekte, aber diese grünen Schemen rückten plötzlich – unterm Knöpfedrehen meines inneren Empfangsgeräts – in Scharfeinstellung, bis ich völlig unvermutet eine Gruppe lachender, grüner Zwerg-Elfen – regelrechte Wichtelmännchen – anstarrte, die in einer Reihe dastanden.

Es waren viele. Eine Sippschaft kleiner Leute in traditioneller grüner Kluft und mit Zipfelmützen. Die Wichtel hüpften auf und nieder und jubelten. Als ich sie erblickte, konnte ich ihre Beifallsrufe schwach in meinen Ohren hören – »Hurra!« Offenbar hießen sie mich willkommen, überglücklich und aufgeregt, weil ich sie erblickt hatte. Das Beunruhigende an dieser Erscheinung war, dass sie einer fotografischen Projektion glich: Die Wichtel waren für mein inneres Sehvermögen so deutlich wie die Bilder eines Films.

Wie konnte das geschehen?

Es gibt natürlich viele mögliche Antworten. Die Wichtel könnten irgendeine Art hochauflösender Täuschung gewesen sein. Vielleicht machten mich meine früheren psychedelischen Bemühungen anfällig für neue Formen von Beknacktheit. *Sollte ich nun gleich halluzinieren*, dachte ich, bevor ich die Pilze aß, *dann zeig mir etwas, das mit den majestätischen Ruinen von Palenque zu tun hat, ruf die grausamen und stummen Mayagötter herbei*. Stattdessen trat mir hier ein Haufen glücklicher Wichtelmännchen gegenüber. Das war Koboldkitsch, eine herausgegriffene Szene aus einem Disneyfilm. Ich hatte kein Interesse an Wichteln, und ihr unerwarteter Anblick verwirrte mich. Vielleicht hatte irgendein Grundbestandteil meines Unbewussten sich auf den »Wichtel-Archetypus« kapriziert und ihn aus meiner Kindheit hochgezogen. Ich kannte McKennas Schrift über DMT und war möglicherweise davon beeinflusst; allerdings verwandelten sich diese Zwerg-Elfen nicht und waren nicht im Mindesten maschinenartig. Sie waren bloß normale Wichtelmännchen, die gewöhnliche Garten-Spielart.

Eine weitere, zu berücksichtigende Alternative:

Maria Sabina, die berühmte mazatekische Schamanin, bezeichnete die Pilze, die sie beim Wahrsagen und Heilen gebrauchte, als »die heiligen Kinder«. Sie sagte, dass ihr, wenn sie die Pilze gegessen habe, diese Kinder erschienen und diese ihr zeigten, wie man Menschen heilt, ihr sagten, welche Pflanzen sie verwenden solle, und ihr generell bei allen Unternehmungen behilflich seien.

Vielleicht gewährte man mir gerade einen flüchtigen Eindruck von »Sabinas Kindern«. War es meine kulturelle Befangenheit oder ein universelles Phänomen, dass sie allem Anschein nach mit dem traditionellen »Elfenvolk« oder den »guten Nachbarn« identisch waren – jenen archaischen Geistern der ländlichen Gegenden von Wales und Irland, die Dr. W. Y. Evans-Wentz in seinem wundervollen, nach der vorletzten Jahrhundertwende verfassten Buch *The Fairy Faith in Celtic Countries* erschöpfend auflistete und beschrieb?

Evans-Wentz nahm Hunderte Zeugenaussagen von Leuten vom Land und örtlichen Sehern auf, die Begegnungen mit den Elfen gehabt hatten – genau genommen gab es offenbar verschiedenartige Hierarchien übernatürlicher Ortsansässiger, unter anderem die Sidhe, die »hochgewachsenen Leuchtenden«, und pygmäenhafte Elfen wie etwa Gnome, Kobolde und das »Kleine Volk«, zu dem auch die Wichtel gehören. Dem restriktiven Dogmatismus des modernen Rationalismus widersprechend, behauptete Evans-Wentz, diese eigentümlichen Bewohner in ihren Waldeswelten müssten in gewisser Hinsicht real sein, weil so viele sonst vernünftige Kelten mit ihnen Bekanntschaft gemacht hätten und sie ganz augenfällig einen so universellen Grundbestandteil der Weltfolklore bildeten.

KAPITEL 31

Warum hast du uns gegessen?

Wer sich auf das Unterfangen einlässt, solche »magischen« Reiche zu erforschen, gelangt dabei zwangsläufig über die Grenzen der »Konsensrealität« der westlichen Wissenschaft hinaus und kann unmöglich zurückkehren. Sobald Sie einmal »die Tür in der Wand«, den Spiegel, die Glas-Chrysantheme durchschritten haben, sind Sie ein(e) Dauerverbannte(r) und für immer auf der anderen, der Rückseite – genau wie jene armen kleinen, in meiner Mentalsphäre eingefangenen Wichtel, die hektisch winkten, um meine Aufmerksamkeit zu erregen, und mir mitzuteilen versuchten, dass auch sie existieren, wenn auch auf eine Weise, die wir nicht ergründen können. Sobald Sie einmal die Wichtelmännchen erblickt haben, könnten Sie eigentlich auch noch Ihren Schädel trepanieren, um den Prozess zu vollenden.

In der hoch entwickelten zeitgenössischen Welt ist es offenbar unsinnig, den Gedanken zur Diskussion zu stellen, dass die verworfenen und in Ungnade gefallenen psychedelischen Verbindungen wirkliche Zugänge zu benachbarten Dimensionen sein könnten und es innerhalb jener anderen Bereiche Wesen gibt, mit denen wir Kontakt aufnehmen können und die nur darauf warten, uns mit konsternierender, überschwänglicher Freude willkommen zu heißen. Es ist freilich noch unsinniger, die Ansicht zu äußern, dass einige jener Wesen deswegen den in unserer Folklore vorkommenden Archetypen ähneln, weil in erster Linie sie die Quelle ebendieser Archetypen sind.

Jenseits der frühen Kindheit lernen die meisten von uns, ihren Verstand und Sinn konstant gegen die Möglichkeit abzuschotten, dass es noch andere Welten gibt jenseits dieser scheinbar festen, deterministischen, die wir als die Wirklichkeit anerkennen. Wir werden geschult, indoktriniert, jene Aspekte unseres Seins auszuscheiden, die zu den Bereichen der Einsicht, Intuition, spirituellen Manifestation und des Traums gehören. Unser eingeschränktes »Erwachsenen«-Bewusstsein ist so etwas wie eine strikt umgrenzte Trance, die uns von der Welt, die wir geschaffen haben, fortwährend aufs Neue eingeprägt wird. Würden wir die Sache untersuchen, dann könnten wir womöglich entdecken, dass unsere modernen rationalitätsorientierten Annahmen völlig auf Informationen aus zweiter Hand angewiesen sind, auf den Glauben an das, was uns »Fachleute« sagen. Substanziell haben sie mit der »Wirklichkeit« nicht mehr zu tun als ein lebhafter Traum oder eine Kinderfantasie.

Ich sah den erregbaren Wichtelmännchen nur wenige Minuten zu. Das Spektakel stresste mich existenziell. Während die Wirkungen der Pilze nachließen, stand ich auf und machte einen Spaziergang mit Robert, meinem neuen Freund, der mir von seinem Leben erzählen wollte.

Ich hatte Robert beim Anstehen am Buffet in der Mittagspause kennen gelernt. Graubärtig, Anfang fünfzig, ähnelte er ein wenig einer jovialen Variante des alten Hemingway. Er sagte mir, dass er in Hawaii und Massachusetts als Schamane praktiziere und dabei das »Ayahuasca-Analog« *Mimosa hostilis* plus Steppenraute gebrauche.

»Die Ayahuasca-Liane hat eine lange Geschichte im Amazonasgebiet«, erklärte Robert. »Diese andere Medizin hat keine Geschichte – sie wurde erst vor zehn Jahren entdeckt. Wir Menschen aus dem Westen können also ganz von vorn beginnen. Wir können unsere eigene Tradition schaffen.«

Ich sagte ihm, ich hielte es für unmöglich, dass Menschen aus dem Westen Schamanen werden. Uns fehlten die Disziplin und die traditionellen Schulungsmethoden, die lange Perioden der Ehelosigkeit und des Fastens sowie obendrein einen ausgiebigen, fast tödlichen Konsum von Tabaksaft und Kräutertränken mit einschließen. Robert sagte ruhig, das alles habe er selbst auf seine Art durchgemacht.

Robert wuchs in Massachusetts auf. Er sagte, seine Heimatstadt sei der Ort, in den die übrig gebliebenen Hexen umzogen, nachdem die Hexenprozesse von Salem sie in den Untergrund getrieben hatten, und hier habe sich Hexerei, der europäische Rest des Schamanismus, als tradierte Praxis bis zum Tod der letzten Hexe 1950 gehalten. Jahre nachdem er weggezogen war, erfuhr er, dass das Haus, in dem er aufwuchs, ihre Wohnstätte gewesen war, ein örtlicher Orientierungspunkt in der Stadt. Robert sagte, seine Familie lebe schon seit der Kolonialzeit in Massachusetts. Einer seiner Vorfahren kam sogar auf der *Mayflower* herüber. Als junger Mann begann er, durch Träume und Fingerzeige einen »Ruf« zum Schamanismus hin zu verspüren.

»Ich war Mitte zwanzig, als mich meine Frau mit zwei kleinen Kindern sitzen ließ«, erinnerte sich Robert. »Sie lief davon. Später stellte ich fest, dass das Haus, in dem wir wohnten, auf einer Ley-Linie stand; wahrscheinlich war das der Grund für einige unserer Probleme. Wie dem auch sei, eines Nachts hatte ich diesen Traum. In dem Traum erschien eine Gewitterwolke über meinem Kopf. Es streckte sich ein gewaltiger, muskulöser Arm herunter, packte mich und zog mich hoch zu der Wolke hin. Ich sträubte mich und schaffte es gerade noch, mich loszureißen, bevor ich in die Wolke hineingenommen wurde. Ich stürzte zurück zur Erde, und in diesem Moment wachte ich auf. Ich schaute zum Fenster hinaus. Der Nachthimmel war klar, voller Sterne, aber genau draußen vor meinem Fenster war eine einzelne Gewitterwolke. Die Wolke ließ drei Donnerschläge ertönen – *Wumm! Wumm! Wumm!* – und trieb davon.«

In den nächsten Monaten entdeckte Robert, dass mit ihm zwei ungewöhnliche Dinge zugleich passierten: »Zuallererst begann ich zu bemerken, dass ich eine Frau wurde. Mir wuchsen Brüste, und meine Hormone gerieten völlig durcheinander. Meine damalige Freundin verließ mich, weil ich, wie sie sagte, meine ›männliche Energie‹ verloren hätte.«

Während ihm seine Männlichkeit verloren ging, erlebte er zugleich einen weiteren verwirrenden und unwahrscheinlichen Vorgang: Er entwickelte die Fähigkeit, über das Wetter zu gebieten.

»Natürlich hab ich das nicht geglaubt, wer schon? Aber ich hab es ständig erprobt, und es hat ständig funktioniert. Immer wenn ich an Regen dachte, zogen sich Wolken zusammen, und es fing an zu regnen. Immer wenn ich an die Sonne dachte, verzogen sich die Wolken, und die Sonne kam hervor.«

Allmählich begriff er diese Situation – und begann unterdessen seine Brüste zu verlieren. Er kehrte zur Männlichkeit zurück, und er konnte nicht mehr über atmosphärische Kräfte gebieten. Die ganze Episode dauerte fünf Monate. »Vielleicht fünf oder sechs Jahre später bekam ich dann zufällig ein Buch über nordamerikanische Indianerkulturen in die Hand.«

Richard las von den Lakota, die eine traditionelle Gestalt namens Hekoya hatten. Der Heyoka war eine Art Schamane, der in einiger Entfernung vom Stamm auf einem nahe gelegenen Hügel wohnte, wobei der Eingang zu seinem Tipi in die entgegengesetzte Richtung zeigte. »Der Heyoka trug immer Frauenkleider, und nach traditioneller Meinung hatte er die Macht, über das Wetter zu gebieten.«

»Du wurdest also ein Heyoka?«

»Die Lakota glauben, es gebe Gewitter-Wesen, die in den Wolken wohnen, und die wollen, dass Menschen diese Heyoka-Rolle übernehmen. Jetzt blicken Gewitter-Wesen in die Runde, und sie bekommen keine Indianer zu sehen. Sie nominierten mich als geeigneten Kandidaten.« Er glaubt, wenn er sich in dem Traum nicht aus dem Griff des Donner-Wesens herausgewunden hätte, hätte er unentrinnbar in der Heyoka-Rolle festgesessen. »Nach alldem würd' ich schon gern wissen, wie viele Menschen wohl in Nervenkliniken hocken, weil irgendeine spirituelle Wesenheit versuchte, in gewisser Hinsicht durch sie zu wirken oder mit ihnen zu kommunizieren.«

Ende zwanzig, als er noch in Massachusetts wohnte und als Gärtner arbeitete (eine Zeit lang war er Gärtner bei den Kennedys), hatte Robert einen Traum, in dem er in seinem Garten hinterm Haus eine Gruppe rotgelber Pilze stehen sah, sie sammelte und aß. Mehrere Monate später ging er in seinen Garten hinterm Haus und stieß auf ebendieselben Pilze, die genau dort wuchsen, wo sie sich in dem Traum befunden hatten. Er informierte sich über die Pilze in einem Buch und erfuhr, dass es sich dabei um eine amerikanische Art des Fliegenpilzes oder der *Amanita muscaria* handelte (die amerikanische Art ist rot und gelb, während die asiatische Variante rot und weiß ist).

Fliegenpilze, mit ihrem weiß gepunkteten, leuchtend roten Hut, sind die berühmten Pilze des sibirischen Schamanismus. In Pilzhandbüchern häufig als tödlich giftig gekennzeichnet, rufen die Pilze bekanntermaßen eine Reihe abnormer Wahrnehmungsveränderungen hervor. Sie können Gegenstände der Außenwelt als viel größer oder kleiner erscheinen lassen, eine Wirkung, die Lewis Carroll in *Alice im Wunderland* literarisch umsetzte (es ist unbekannt, ob Carroll persönliche Kenntnis vom »pilz-verdrehten« Zustand hatte). Gordon Wasson behauptete, *Amanita* sei das Soma des *Rigveda*.

Und folgendermaßen wurde der Fliegenpilz zum realen Ausgangspunkt der Weihnachtsmann-Legende, insbesondere ihrer angelsächsischen Santa-Claus-Version: In Sibirien waren die Pilze sehr selten und äußerst wertvoll – offenbar konnte ein einzelner Pilz dasselbe kosten wie ein Rentier. Ibotensäure und die anderen wirksamen Bestandteile des Pilzes konzentrieren sich im Urin, und bis zu sieben oder acht Personen können sich gemeinsam berauschen, indem sie ihre Pisse herumgehen lassen. Viele sibirische Stammesleute nahmen sie sogar lieber zu sich, da sie weniger Magenbeschwerden verursachte. Auch Rentiere tranken sehr gern den nach dem Pilz riechenden Urin. Ein sibirischer Nomade brauchte wirklich nur ein bisschen davon auf den Boden zu schütten, und schon kamen ringsumher Rentiere aus kilometerweiter Entfernung angaloppiert. Diese urtümliche symbiotische Beziehung – Rentier, rot-und-weiße Hüte tragende Wesen, die Gaben aus der Anderswelt bringen, die gefrorene Tundra – wurde, ob nun bewusst oder unwissentlich, der Geschichte vom Weihnachtsmann zugrunde gelegt.

Robert trocknete die Pilze aus seinem Garten und verabredete mit einem Freund, sie gemeinsam zu essen. Eines Abends aßen dann beide je drei Pilze. Eineinhalb Stunden vergingen. Es passierte rein gar nichts. »Wir waren enttäuscht. Ich ging in die Küche, um ein Bier aus dem Kühlschrank zu holen«, erinnerte er sich. »Ich nahm das Bier heraus, drehte mich um, und quer durch die Küche starrten mich drei riesige Pilze an – ein hundertfünfzig Zentimeter hoher, ein hundertzwanzig Zentimeter hoher und ein neunzig Zentimeter hoher. Die Pilze waren rot und gelb, und sie hatten kleine Augen und kleine Münder. Sie sahen genauso kompakt und wirklich aus wie ich oder du.«

Er starrte die Pilze an. Die Pilze starrten ihn an. Schließlich redete der größte von den Pilzen mit ihm.

»Warum hast du uns gegessen?«, fragte er.

Er dachte einen Moment lang drüber nach. »Ich bin einfach meinem Traum gefolgt.«

Die Pilze berieten sich untereinander. Schließlich schien seine Antwort sie doch überzeugt zu haben. »Aber bist du auch gewillt, diesem Pfad zu folgen?«, fragte der größte der Fliegenpilze.

Robert antwortete intuitiv und ohne zu zögern: »Ja, das bin ich.« Woraufhin die Pilze verschwanden. Fünfzehn Jahre vergingen, bevor Robert sich darüber klar wurde, dass der Pfad, dem zu folgen er sich bereit erklärt hatte, Pflanzenschamanismus war. Er erzählte mir eine Geschichte über einen Freund, der Jahre später Fliegenpilze aß. Die Pilzgeister tauchten auf dieselbe erstaunliche Art auf und stellten dieselbe Frage: »Warum hast du uns gegessen?« Sein Freund sagte: »Ich wollte dadurch high werden.« Die Pilze sagten: »Also, wenn du das jemals wiederholst, werden wir dich töten.«

Robert war jetzt der Meinung, dass die Fliegenpilze zu irgendeiner andersdimensionalen Zivilisation gehörten. Sie waren Besucher unserer Welt, unterwegs auf ihrer eigenen Reise durch den Kosmos. Und in begrenztem Umfang, wenn es ihnen passte, engagierten sie sich für menschliche Angelegenheiten. In *The Long Trip*, seiner gesamthistorischen Monografie über Visionspflanzengebrauch, die Robert unbekannt war, schildert Paul Devereux typische Merkmale des *Amanita*-Rauschs: »Die Geister der Pilze könnten dem Betreffenden erscheinen und sich direkt mit ihm unterhalten. Er könnte sogar das Gefühl haben, dass er sich selbst in einen Pilzgeist verwandelt. Die Pilzgeister tragen in der Regel breite Hüte auf Köpfen, die ohne dazwischen liegenden Hals auf stämmigen zylindrischen Körpern sitzen, und wie viele der Betreffende sieht, hängt davon ab, wie viele Pilze er gegessen hat.«

Ich fragte mich, ob ich Roberts Geschichten glaubte, und ich kam zu dem Schluss, dass ich es tat. Ich meine damit nicht, dass ich glaubte, er glaube sie; ich meine, dass ich glaubte, die von ihm geschilderten Dinge hätten tatsächlich stattgefunden. Meinen existenziellen Gewissheiten wurde gerade eine weitere wesentliche Richtungsänderung gegeben. Es war mittlerweile spät nachts. Wir spazierten in den Parkanlagen des Hotels herum, saßen an einem Bach, in dem kleine, mir unbekannte Tiere dahinflitzten, quecksilbrige Blitze, die am Rand des schwarzen Wassers knabberten. Robert wandte sich von Pilzgeistern und Gewitterwesen ab und begann, über Amerika zu reden, seinen rücksichtslosen Materialismus und seinen eingefleischten und unbewussten Hass auf die Spiritualität der Eingeborenen.

Wenn du die Taktiken der USA gegenüber den Indianern mit ihrer Verfahrensweise gegenüber den Schwarzen vergleichst, kannst du einen Unterschied erkennen«, sagte er. »Nachdem die Sklaverei zu Ende war, durften die Schwarzen als Amerikaner leben. Und zwar deswegen, denk' ich, weil ihre angestammten spirituellen Traditionen völlig getilgt waren. Sie stellten keine Bedrohung mehr dar. Die Indianer hingegen verloren nie ihre direkte Verbindung mit der geistigen Welt. Das, denk' ich, ist der wirkliche Grund, weshalb unsere Regierung sich so große Mühe gibt, sie zu vernichten.«

Vor Jahren besuchte Robert einen in Massachusetts ansässigen Stamm zusammen mit Freunden, die gerade eine weiter südlich gelegene Kommune für biologischen Landbau – im zeitgenössischen Fachjargon: eine »Intentional Community« – gründeten. Sie wollten sich über die nachhaltige, zerstörungsfreie Landwirtschaft informieren, wie sie die Indianer seit Jahrhunderten betreiben. »Als wir dann die Stammesleute trafen, sagten sie sogleich:

›Oh, wir wissen, wer ihr seid. Ihr seid die Baum-Leute!‹ Offensichtlich haben sie eine ganze Reihe Prophezeiungen darüber, was in den nächsten Jahrzehnten passieren wird, und streichen beim Aufkommen irgendwelcher Entwicklungen oder Trends einfach immer die jeweiligen Punkte aus ihrer Liste.«

Robert akzeptiert die Eingeborenenkosmologie mit ihren Geisterreichen und mannigfaltigen Elementarwesen. Er meint, dass Amerika trotz seiner sich stark vermehrenden christlich-fundamentalistischen Bewegungen und Spinner-Kulte spirituell verödet ist. Uns haben die Geister verlassen, wie dies der Tarahumara-Schamane dem armen Artaud sagte.

Schamanismus ist ein Phänomen, das durch die Erde heraufkommt, wenn Menschen mit ihrer Heimat verbunden sind. Über die Zeit hin manifestiert sich diese Verbindung mit dem heimatlichen Grund und Boden auf übernatürliche Weise. Weil Roberts Familie schon seit der Kolonialzeit in Massachusetts war, wurde ihm von den örtlichen Elementarkräften eine schamanische Rolle angeboten. Er war ein Sonderfall. Spätestens wenn sie erwachsen werden, sind die meisten modernen Staatsbürger derart sich selbst und der Erde entfremdet, von den Medien indoktriniert und von den »falschen Bedürfnissen« der Konsumkultur irregeführt, dass sie kaum eine Chance haben, mit den sie umgebenden Anderswelten in Verbindung zu treten.

»Ich musste meinem eigenen Sohn eine riesige Dosis von der Medizin geben, um seinen Geist aufzuwecken«, erinnerte sich Robert. »Ich brachte ihn fast um. Er ging so weit hinaus, dass ich ihn lange nicht wieder zu sich bringen konnte. Ich schob ihn unter die kalte Dusche und hielt ihn dort fünfzehn Minuten fest. Schließlich kam er zurück.«

Robert entwickelt selbst immer noch schamanische Fähigkeiten. Eines Nachts wurde eine Frau in seiner Ayahuasca-Gruppe von feindlich gesinnten Kräften in Besitz genommen. Unwillkürlich machte er Gesten, sie geschahen plötzlich – »ich hatte das Gefühl, dass ich ihren Geist in ihren Körper zurückwarf«. Anscheinend sprang die sie umgebende ätherische Energie von ihr weg und hüpfte in seinen Bauch. Aus seinem Bauch würgte und spuckte er sie in Schleimbatzen wieder aus. Diese Umwandlung von Böser-Geist-Energie in ekelhaftes materielles Zeug ist eine Prozedur, die in vielen Büchern über Schamanismus beschrieben wird (ich habe inzwischen erlebt, wie Stammesschamanen sie durchführten), aber noch nie zuvor hatte mir ein westlicher Insider davon berichtet.

»Vermutlich bin ich ein ausführendes Organ für irgendwelche unbestimmten, spirituellen Kräfte, die ich vertrete«, sagte er. »Manchmal fühle ich mich eher wie ein ausführendes Organ, weniger wie eine Person. Mit meinen Patienten kommuniziere ich psychisch – sie sagen mir in meinen Träumen, was ich ihrem Wunsch nach tun soll, und das tu' ich dann.« Er drückte seine Zigarette aus. »Du wirst das für verrückt halten. Ich habe diese langen Träume, wo man mir Privatrundgänge durchs Weiße Haus gewährt und der amtierende Präsident mich zum Dinner einlädt. Ich hatte einige gute Zusammenkünfte mit Clinton, sogar mit Reagan. Aber Bush konnte ich nie erreichen, und ich bezweifle, dass ich zu seinem Sohn durchkommen werde.«

»Was, glaubst du, bedeuten diese Träume?«

»Durch die Träume bin ich wie ein Botschafter für diese anderen Kräfte, der sich für sie einzusetzen versucht.«

Ich lauschte halb uninteressiert Roberts schamanischem Geschwurbel, als mir plötzlich klar wurde, was ich seit meiner Reise nach Gabun eigentlich trieb: Ich arbeitete die ganze Zeit über daran, meinen Geist aufzuwecken. Mein intellektueller Verständnistrieb war der Deckmantel für meine geistige Entwicklung. Genau genommen hatte die Bwiti-Initiation einen halb autonomen Prozess in Gang gesetzt, der mir immer mehr Zugang zu dem gewährte, was ich nur für »die Geistwelt« halten konnte. Andeutungen, Spuren davon bekam ich durch meine Träume sowie die sich intensivierenden, durch Ayahuasca und andere Psychedelika ausgelösten Visionen. Auch die Zwerg-Elfen zeigten augenfällig, dass meine Kanäle für neue Frequenzen offen waren – die Wichtel, fand ich, hatten sich nur manifestiert, weil ich für sie reif war.

Zu dem Zeitpunkt, wo ich aus Gabun zurückkehrte, war mir der Bwiti-Trip wie ein Witz vorgekommen, später wie eine äußerst persönliche Offenbarung; jetzt wurde mir klar, dass er etwas völlig anderes war. Durch Iboga hatte ich mein »Selbst« als etwas Gegenständliches gesehen, als eine Projektion aus irgendeiner tieferen Ordnung. Ich hatte klar erfasst, dass ich mit einer transpersonalen Wirklichkeit, irgendeiner außerhalb der linearen Zeit existierenden Quelle, verbunden war. Das bewirkte, dass sich, im Verlauf mehrerer Jahre, meine innere Überzeugung und Gewissheit zunehmend verstärkte. Dem extrem begrenzten Umfang meiner diesbezüglichen Anfangskenntnisse entsprechend, funktionierte die »Geistwelt« offenbar nach unpersönlichen oder unbewussten Prinzipien. Sie glich einer kosmischen Bürokratie, die ihre eigene PR-Abteilung, ihre eigene krause Traumlogik, ihren eigenen abgedrehten Humor walten ließ. Dauernd spielten die Geistkräfte mit menschlichen Grenzen und stellten unserem armseligen Gegrapsche nach Erkenntnis ständig verlockende Möglichkeiten in Aussicht.

Natürlich war Robert Gärtner von Beruf. Natürlich war er der Gärtner der Kennedys. Mein neuer Archetyp fürs Begreifen der Welt enthüllte ein Muster, das auf allen Ebenen zum Tragen kam. Wenn das Wahnsinn war, war es ein irrsinnig logischer Wahnsinn. Die Pflanzen, und das umgestaltende Wissen in ihnen, bilden den Kern der Geschichte – »den Mutterboden aller möglichen Geschichten«, wie Ginzburg es bezeichnete.

»Du musst deinen Garten bebauen«, schrieb Voltaire. Am Ende von *Candide* wird der Aphorismus als melancholischer Trost vorgebracht, aber jetzt war er offenbar das Gegenteil. Für Voltaire, der im nicht-psychedelischen Zeitalter der Aufklärung lebte, waren die in grünen Gewächsen verborgenen Potenziale für psychische Transformation schlichtweg undenkbar.

Eine weitere Vortragende auf der Konferenz in Palenque war Kathleen Harrison, eine Ethnobotanikerin, Exgattin von Terence McKenna. Bildschön, schwarzhaarig, Ende vierzig, arbeitete sie bei den Mazateken und lebte dort jedes Jahr ein paar Monate mit einer Heilerfamilie zusammen. Die mazatekische Sprache und Kultur waren bislang geschützt, weil der Stamm unzugängliche Berge bewohnt. Harrison redete über das Leben im Gebirge weit abseits von Verkehrswegen. »Wenn man auf einem Steinpfad geht, schaut man, registriert man alles mit wachsten Sinnen. Jeder Tag ist eine Pilgerfahrt, ein Zyklus.« Unzugänglichkeit schützt Eingeborenenkulturen, Verkehrswege hingegen bedrohen sie mit Akkulturation und Traditionsverlust.

Die für mazatekische Traditionen zentralen Pilze treten in vielen Spielarten auf. Jede Variante hat ihren eigenen Zweck. »Die Pilze sind unterschiedliche Wesen«, sagte sie. Einer wird zum Wahrsagen gebraucht, ein anderer zum Heilen, ein weiterer als Glücksbringer beim Start einer neuen Unternehmung. Diese akribische Differenzierung erinnerte mich an die Indianer im Amazonasgebiet, die viele verschiedene Arten der Ayahuasca-Liane kennen, von denen jede einzelne andersartige Visionen auslöst. Diese Unterschiede sind selbst für sehr geschulte westliche Botaniker nicht wahrnehmbar. Wie Lévi-Strauss in *Das wilde Denken* beschrieb, sind Indianer auf botanische Subtilitäten so fein abgestimmt, dass es unser Fassungsvermögen übersteigt.

Harrison sprach von einer anderen Visionspflanze, von *Salvia divinorum*. Die Lippenblütlerpflanze aus der Gattung der Minzen wurde vom Westen erst in den Fünfzigerjahren entdeckt. Informationen über *Salvia* verbreiten sich bislang recht langsam, und das passt, da die von dieser Pflanze ausgelösten Erfahrungen subtil sind – den Mazateken zufolge ist ihr Geist »scheu wie ein Reh«. Ich hatte *Salvia* mehrere Male in New York probiert und fand sie ziemlich unberechenbar; die ausgelöste Empfindungsskala reichte von dissoziativ bis empathisch. Sie hatte eine sonderbar rechtwinklige Wirkung, als ob sie einem einen Ausblick in ein Universum gäbe, das mit dem unseren in einem merkwürdigen diagonalen Winkel verknüpft ist. Bei meinem ersten Versuch hatte ich das Gefühl, ich sei für immer in einer Zeitschleife eingefangen, obgleich das ganze Erlebnis weniger als fünf schreckenerregende Minuten dauerte.

Wenn man psychoaktive Pflanzen untersucht, werden botanische Details bedeutsam. Die Persönlichkeit der Pflanze, oder ihr Geist, äußert sich in ihrem Wuchs, den Eigenheiten ihrer Entwicklung, der Geschichte ihrer Nutzung durch den Menschen. *Salvia* ist eine Pflanze mit vierkantigem, geradlinig nach oben wachsendem Stängel und paarigen, gegenständig angeordneten Blütenständen und Blättern. Sie ist ein reines Cultigen, das heißt, sie kommt nicht wild wachsend vor. Die Pflanze wurde erst von Gordon Wasson in den Gärten einer Hand voll mazatekischer Heiler entdeckt. Obwohl sie weiße Blüten treibt (auf einem von Harrison projizierten Dia sah die *Salvia*-Blüte spektakulär, engelhaft aus), bringt *Salvia* nie, oder fast nie, Samen hervor. Um sich fortzupflanzen, wächst sie, bis sie eine bestimmte Höhe erreicht, fällt dann um, und wo sie hinfällt, schießt eine neue Pflanze auf. Die Mazateken haben keine Mythologie, keine mündliche Folklore, die über *Salvia* Aufschluss gäbe – sie nennen sie auch Ska Pastora, die Blätter der Schäferin, und bringen sie mit der Jungfrau Maria in Verbindung –, und es ist nicht bekannt, wie lang sie

sie schon gebrauchen. Die Pflanze ist von einer feinen Aura der Verschwiegenheit umgeben.

Der psychoaktive Bestandteil von *Salvia*, Salvinorin A, ist bereits in Mikrogramm-Dosierungen hochwirksam, also ähnlich stark wie LSD. Im Allgemeinen wirken nur stickstoffhaltige Verbindungen auf das Gehirn ein, aber das Salvinorin-A-Molekül basiert nicht auf Stickstoff. Fachintern ist die Chemikalie ein so genanntes Neoclerodan-Diterpenoid, das sich aus Kohlenstoff-, Wasserstoff- und Sauerstoffatomen zusammensetzt. Die neurochemische Grundlage ihrer Wirkung auf das menschliche Bewusstsein ist völlig unbekannt.

Ein Jahr vor ihrem Besuch der Mazateken hatte man bei Harrison Arrhythmie, einen unregelmäßigen Herzschlag, diagnostiziert. Ihre Ärzte wollten sie medikamentös oder chirurgisch behandeln. Sie verschob eine eventuelle Behandlung bis nach ihrer Reise. In Oaxaca empfahlen die Schamanen eine *Salvia*-Zeremonie. Sie aßen eine dicke Zigarre aus frischen Blättern, die über zwanzig Zentimeter lang werden können. »Wir vollzogen das Ritual in totaler Dunkelheit«, erinnerte sie sich. »Sie sagten mir, ich müsse laut mit ihnen beten, um den Beistand des *Salvia*-Geistes zu erflehen, und dass ich nicht lachen soll. Sie erklärten, Lachen verscheuche den Geist.«

Plötzlich war sie nicht mehr in dem dunklen, grobwandigen Tempel. Sie sah, dass sie in einem großen Garten war. Am andern Ende des Gartens bewegte sich »eine bildschöne, weiß gekleidete und etwa drei Meter hohe Frau« geräuschlos auf die Pflanzen zu. »Während ich mich umschaute, sah ich, dass ich in der letzten Pflanzenreihe dicht neben dem Schamanen und seiner Frau stand. Sie sagten mir, ich solle weiterbeten. Ich erkannte klar, dass auch wir Pflanzen in dem Garten der Frau waren.« Die Hochgewachsene – der *Salvia*-Geist – kam langsam an Harrison heran. In der Vision führte der Geist seine Hand direkt durch sie hindurch.

»Es war ein wundervolles Gefühl, eine prickelnde Wärme, die durch mich hindurchging«, sagte sie. »Ich wünschte mir, dass ich mich immer so fühlen würde.« Die Gartenvision begann zu verblassen. Sie bat den Geist um Führung, fragte, was sie als Botanikerin mit ihrer Arbeit vollbringen solle. Leise wurde ihr mitgeteilt: »Zeig ihnen den Rand des Gartens.« Wieder zurück in den Vereinigten Staaten, ging sie ins Krankenhaus, wo man ihr dann mitteilte, ihr Herzproblem sei spurlos verschwunden. In einem Rollentausch hatte die Pflanze sich als Menschengärtnerin offenbart.

Im Internet gibt es viele Berichte von Personen, die *Salvia* ohne irgendwelche Kenntnisse vom rituellen Sinn oder Gebrauch der Pflanze einnahmen. Ein Bericht schilderte die sofortige Beförderung ins *Salvia*-Reich nach dem Konsum von zwei Schuss eines Extrakts:

> Ich spürte, wie eine hochgewachsene, weibliche Wesenheit mir die Hand auf die Schulter legte und … mich körperlich rückwärts zog. Dann wurde ich gewahr, dass mehrere dieser seltsamen Wesenheiten zugegen waren; augenscheinlich umgaben sie mich in einem Kreis oder Halbkreis. Ich erinnere mich, dass ich hörte, wie deutlich artikulierte Sätze in irgendeiner mir unbekannten Sprache geäußert wurden. Diese Wesen wollten, dass ich mir über irgendetwas absolut im Klaren war: Ich denke, es war ihr Name. … Ich weiß, dass sich das total bescheuert anhört, aber er klang wie »Divorum« und/oder »Divinorum – Salvia divinorum.« … Ich hatte das Gefühl, als würde ich von einem Gremium höherer Lebensformen verhört. … Ich glaube, der Geist versuchte, mir vor allem eines unmissverständlich klar mitzuteilen: dass Salvia wirklich göttlich – »von den Göttern« – ist, und man sich ihr nur mit Achtsamkeit und Respekt nähern darf.

Geschichten wie etwa die von Kat und Robert sind sicherlich vielsagend, aber was genau besagen sie? Sind sie zulässige Beweise für irgendeine Art anderer Ordnung, die sich durch die verloren gegangenen Herrschaftsbereiche der Natur manifestiert? Oder sind sie im Grunde das Gleiche wie Berichte von Gesundbetern oder spiritistischen Medien, Alien-Entführungsopfern oder Visionären, die auf nicht quantifizierbare verborgene Fähigkeiten oder Eigentümlichkeiten des menschlichen Denk- und Empfindungsvermögens hinweisen? Wenn wir akzeptieren können, dass sie keine Massenselbsttäuschungen oder Schwindeleien oder synaptische Ausraster sind, dann enthüllen alle diese Phänomene, insgesamt gesehen, tief liegende und komplexe Ebenen der Wechselwirkung zwischen der menschlichen Mentalsphäre, der physikalisch-materiellen Wirklichkeit und der natürlichen (und übernatürlichen) Welt.

Vielleicht tragen die folgenden Worte von einem peruanischen Schamanen zum Verständnis der zwischen Heiler und Kräutern bestehenden Beziehung bei: »Der *Curandero*, der die Kraft der Pflanzen in den Bereich seiner Heilkraft hineinbeschwört, beeinflusst sie eben dadurch auch. Er überlagert die Pflanzen mit seiner persönlichen geistigen Stärke und verleiht ihnen so jene Zauberkraft, welche zu der, sagen wir mal, Macht wird, die Pflanzen deswegen enthalten, weil sie in der Erde wurzeln und an deren magnetischer Wirkkraft teilhaben. Und da der Mensch ein Grundbestandteil der Erde ist, verströmt er mit der Kraft seines Verstandes dieses Wirkungsvermögen über die Pflanzen. Die Pflanzen nehmen diesen Einfluss auf und leiten ihn zum Menschen hin zurück, zum Einzelnen, und zwar in dem Moment, wo er beschwört. Mit anderen Worten: Der gesamte Geist der Pflanzen wird durch die Einflüsse des Menschen angereichert – die verstandesmäßigen, geistigen und humanen. Der Mensch ist es, der das magische Wirkungsvermögen der Pflanzen gestaltet.«

Harrison zufolge glauben die Mazateken, dass »die Blätter einer Pflanze Energie in sich bergen und übertragen.« Sie sind der Ansicht, »dass Pflanzen tatsächlich an der Energieübertragung beteiligt sind. Hinter vielen ihrer Rituale steckt letztendlich die irgendeinem bestimmten Pflanzenmaterial innewohnende Eigenart und Energie«. Die Energie der Pflanzen ist eine echte Heil-Quelle.

Es war mir ein großes Vergnügen, Harrison über die Mazateken, die Eingeborenenbeziehung zu Pflanzen, die spektakulären Kräfte der Pflanzenmedizin reden zu hören. Die nagelneue Psychedelia-Gnosis in der westlichen Welt war in ihrer flüchtigen, erst hundertjährigen Geschichte bislang durchgehend ein männerbeherrschtes Territorium, mit Texten von Leary und Castaneda und Kesey, vertont von den Pink Floyd und Jim Morrison. Harrison rückte das Thema in einen anderen Zusammenhang, sie erfasste es aus einer Perspektive weiblichen Tiefgangs und Mitgefühls; wie ein erklingender Glockenschlag ist ihr Ton ein wirklich neuer in dem Diskurs.

Sie sprechen zu hören bedeutete, eine Ahnung davon zu bekommen, was aus diesem Pflanzenweisheitsbereich werden könnte: nicht irgendein marginaler New-Age-Bestandteil oder Mittelstandsalbtraum, sondern eine Quelle erlösender Energie für eine ihre effektive Wirkung auf den Planeten hartnäckig ableugnende und in spiritueller Verzweiflung befindliche Gesellschaft. Sie redete über die Bedeutsamkeit einer Ritualbasis beim Psychedelikagebrauch; dass es wichtig sei, irgendeine Art Bezugsrahmen, klar ausgerichteten Zweck und »heiligen Ort« zu schaffen, statt sich nur einfach vollzudröhnen. »Ich sehe so viele Menschen sich in Verwirrung und körperlicher Selbstzerstörung ergehen, die aus einer Kultur stammen, wo sie nicht adäquat geschult werden, und nichts mit sich anzufangen wissen. Ich kann nicht erkennen, dass die derzeitige Vorgehensweise dem Einzelnen oder dem Kollektiv in irgendeiner Hinsicht hilft.«

Robert war ebenfalls dieser Ansicht. Die Gründer der Entheobotanik-Konferenz, unter ihnen McKenna, hatten wertvolle Arbeit geleistet, indem sie die Welt nach neuartigen Zauberpflanzen durchstöberten, von den Schamanen lernten und neue Kombinationen von Kräuterauszügen und Chemikalien aus verschiedenen Gegenden erprobten. Aber nunmehr stellt sich die Nutzenfrage: Was soll man mit dem Erlernten machen?

In seinem Vortrag sagte Jonathan Ott, der Autor von *Pharmocotheon*, einem enzyklopädischen Quellenbuch über schamanische Rauschmittel, dass Menschen aus dem Westen keine Schamanen im traditionellen Sinne werden könnten. »Ich glaube nicht, dass es irgendjemandem aus unserem Kulturkreis möglich ist, Schamane zu sein. Sie sind die Wissenschaftler der schriftlosen Kulturen. Was ihnen in unserem Kulturkreis noch am nächsten kommt, sind Leute wie Sasha Shulgin, Terence oder ich.«

Robert überzeugte mich davon, dass Ott sich irrte. Learys und Alperts hedonistisch-therapeutisches Modell des Psychedelika-Gebrauchs – oder gar das quacksalberisch-wissenschaftlich-mystische Modell von McKenna und Ott – hatten ihre Grenzen. Vielleicht kann man über diese Grenzen nur dadurch hinausgelangen, dass man sich in den als spirituelle Praxis gelebten, praktizierten Schamanismus stürzt, so wie Robert. McKenna schien das selbst zu erkennen: »Die letzte große Hoffnung, die steilen Mauern kultureller Unbeweglichkeit, die uns augenscheinlich zum wahren Ruin hinlenken, noch auflösen zu können, ist wiederaufgenommener Schamanismus«, schrieb er. »Durch die Wiederherstellung von Kanälen direkter Kommunikation mit dem Anderen, der mentalen Instanz hinter der Natur, durch den Gebrauch halluzinogener Pflanzen, werden wir einen neuen Satz

Objektive erhalten und damit klar unseren Weg auf der Welt erfassen.« Der Schamanismus ist zwar aus der westlichen Welt eliminiert, aber dennoch ein universales Phänomen, ein integraler Bestandteil der menschlichen Beziehung zu dem Planeten, der uns das Leben spendet. »Er kommt aus der Erde herauf«, sagte Robert.

KAPITEL 32

Weggeworfenes Wissen

Ich beurlaubte mich einen Nachmittag von den Vorträgen, um die Ruinen von Palenque zu erkunden. Palenque war bis ins neunte Jahrhundert ein bedeutendes Zeremonialzentrum, eine riesige Stadt sowie ein Tempelkomplex der Maya und wurde aus unbekannten Gründen auf dem Gipfel seiner Macht verlassen. Bis zu ihrer Wiederentdeckung im späten achtzehnten Jahrhundert war die Stadt im Dschungel verschollen, überwuchert und von allen vergessen, außer von den örtlichen, heimlichtuerischen Lacandon-Indianern. Die meisten ihrer Bauten müssen erst noch ausgegraben werden oder sind zur Hälfte vom Dschungel aufgezehrt. Wandert man abseits des regulären Wegs, dann stößt man auf große Steinhaufen, die zerfallenen Überreste alter Tempel. Oben auf dem Tempel des Rauchenden Gottes befindet sich ein sagenhafter Fries von einem affektiert grinsenden, schamanischen Meister, der eine lange Pfeife in der Hand hält, aus der kringelnde Rauchranken quellen – etwas DMT gefällig? Ein anderes berühmtes, im Museum von Palenque aufbewahrtes Steinbildwerk ist die Deckplatte des Sarkophags von Pakal, Palenques großem König. Das reich verzierte Relief stellt entweder dar, wie Pakal durch die kieferartig aufklaffenden Tore der Unterwelt hinunterstürzt, oder, dem UFO-Forscher Jacques Vallée zufolge, die Steuerung eines mit Juwelen geschmückten Raumschiffs bedient. Ein weiteres Steinbildwerk zeigt Priester, die sich um eine kleine, als einer der »Götter« identifizierte Wesenheit drängen. Dieses propfenförmige und andersweltliche Geschöpf ähnelte den kaum fasslichen extradimensionalen Wesen, die ich während der *Yagé*-Zeremonien der Secoya gesehen hatte.

Möglicherweise wurde Palenque, zusammen mit vielen anderen Hauptsitzen der Maya, aufgrund irgendeiner Prophezeiung, irgendeines göttlichen Befehls oder vielleicht wegen einer kalendarisch vorhergesagten Katastrophe verlassen – niemand weiß das mit Sicherheit. Bekannt ist hingegen, dass in Mittelamerika Astronomie und Astrologie hoch entwickelte Unternehmungen waren. Jahrhunderte später erwarteten die Azteken wegen auf astronomischen Konjunktionen beruhender Prophezeiungen das Erscheinen eines »Weißen Gottes« zu genau dem Datum, an dem Cortez eintraf – ebendeshalb gelang es ihnen trotz ihrer gewaltigen zahlenmäßigen Überlegenheit nicht, erfolgreich Gegenwehr zu leisten.

Angeregt von psychedelischen Visionen studierte McKenna das beschleunigt auftretende Neue unter eingehender Berücksichtigung des *I Ging* und sagte eine bisher unvorstellbare Summierung davon für das Jahr 2012 voraus. Später stellte er fest, dass der Mayakalender das Ende des gegenwärtigen historischen Zeitalters und den Beginn eines neuen Zyklus für 2012 prophezeit, und zwar für den Zeitpunkt, wo unsere Sonne mit dem galaktischen Zentrum vorübergehend zur Deckung kommt.

McKenna nahm an, dass die lineare Struktur der Zeit eine temporäre Trugwahrnehmung sein könnte und dass die Zeit realiter womöglich eine fraktale oder spiralige Wellenform sei. Er verwendete die »König-Wen-Reihenfolge« der Acht Trigramme des *I Ging*, um die Zeit als Wellenform zu konzipieren, aus der sich eine zunehmende Komplexität oder der »Zustrom von Neuem« in das menschliche Bewusstsein ersehen lässt. Er spekulierte, dass wir in den letzten Jahren, die zum Scheitelpunkt und Zusammenbruch dieser Welle führen, eine im Eiltempo durchgespielte Wiederholung der gesamten menschlichen Geschichte als karikaturistische Farce erleben könnten. Nach dieser Logik könnte die Zerstörung des World Trade Centers »in Resonanz« mit dem Turm von Babel stehen, während die globale Militärkampagne der Vereinigten Staaten mit der raschen Ausweitung und dem ebenso rapiden Zusammenbruch des römischen Imperiums oder der Kreuzzüge mitschwingen könnte. Er gab zu bedenken, dass der gegenwärtige Simultanprozess von technologischem Fortschritt und globaler Zerstörung so etwas Ähnliches wie ein Puppenstadium sein könnte, in dem der Mensch die Technologie ausbrüte und dabei einen Dimensionswechsel erwarte oder einer Bewusstseinsevolution den Weg bereite.

Unter Verwendung mathematischer, in dem Computerprogramm »Time Wave Zero« herausgearbeiteter Berechnungen legte McKenna 2012 – den 21. Dezember, um genau zu sein – als bedeutenden Transformationszeitpunkt in der menschlichen Geschichte dar. Mit dem womöglich Geschichte, wie wir sie kennen, enden würde. Er schilderte das als etwas potenziell Positives, als Eintritt in den Hyperraum und das galaktische Bürgertum. Der »Zeitpunkt des Zusammenwachsens« könne »der Höhepunkt einer menschlichen Methodik, einer Methodik der Werkzeugherstellung« sein, schrieb er in seinem Buch *The Invisible Landscape*. »Das Erscheinen eines hyperdimensionalen Körpers im normalen Raum-Zeit-Kontinuum, der einem umgewandelten und gleichzeitig wieder zum Leben erweckten menschlichen Willen gehorcht, … mag schon ziemlich apokalyptisch sein.«

McKennas Schriften über das Jahr 2012 tragen zu einem besorgniserregenden Trend im psychedelischen Denken bei – den ich zugegebenermaßen auch in mir selbst verspüre –, zu der Neigung, Prophezeiungen von apokalyptischem Unheil oder nahe bevorstehender Weltumwandlung zu machen. Das könnte deswegen der Fall sein, weil Psychedelika so viele neue Potenzialitäten aufdecken, einem so viele verschiedene Geschwindigkeiten und mögliche Ebenen der Bewusstseinstätigkeit vermitteln, dass der Menschenverstand automatisch versucht, aus dem Wirrwarr eine eschatologische Erzählung zu konstruieren. Ganz pauschal gesehen, bringt die simpelste Erzählung vor, dass unsere gegenwärtige technologische Entfaltung uns mit schwindelerregender Schnelligkeit zu einem nahe bevorstehenden Abschluss oder Umbruch befördert.

Bis zum April 2000, wo er an einem Hirntumor starb, war McKenna der führende Prophet und Bekehrer, der oberpäpstliche Nonstopdogmatisierer für die zeitgenössische psychedelische Bewegung. In *Wahre Halluzinationen* schreibt er, dass er sich nach jahrzehntelangem Psilocybingebrauch »offenbar zu einer Art Sprachrohr für den Fleisch gewordenen Logos entwickelt hatte. Ich konnte mit kleinen Personengruppen allem Anschein nach effektiv elektrisierend reden.« Tatsächlich war McKennas Stimme eine eigentümlich einprägsame Kreissäge. Es gibt Tonbandmitschnitte diverser Konferenzvorträge von ihm; da redet er in nasalem, gleichbleibenden Hochgeschwindigkeitston zwanzig Stunden oder mehr in einem Stück.

McKenna wuchs in einer Kleinstadt in Colorado auf, ging dann in den Sechzigerjahren nach Berkeley, wo er sich an der so genannten Bewegung beteiligte, dem politischen Flügel der Gegenkultur, und zum ersten Mal DMT rauchte. Von Berkeley ging er in den Fernen Osten, um dort zu leben. In Nepal machte er Schamanen der Bön-Tradition ausfindig, die dem tibetischen Buddhismus zeitlich vorausging, und versuchte bei ihnen noch mehr über den schamanischen Gebrauch von Visionspflanzen zu erfahren. Das Streben nach Psychedelia war für ihn eine politische Wahl: »Wir hatten die ideologischen Alternativen durchforstet und wir hatten beschlossen, unsere ganzen Chips auf das psychedelische Erlebnis als den kürzesten Weg zum friedvollglücklichen Zeitalter zu setzen, das wir aufgrund unserer Politik leidenschaftlich erhofften.« Er, sein Bruder Dennis und ein paar Freunde beschlossen, ins Amazonasgebiet zu reisen, weil sie hinter einem aus DMT-haltigen Pflanzen hergestellten Schnupftabak her waren, den dort heimische Indianer gebrauchten. Am Ende befassten sie sich dann ganz und gar nicht mit dem Schnupftabak. Vielmehr ließen sie sich auf eine fieberhafte Recherche über *Stropharia cubensis* ein, »einen der größten, stärksten und sicherlich am weitesten verbreiteten alle bekannten psilocybinhaltigen Pilze«, der aber, aus von den McKennas nie untersuchten Gründen, bei den Einheimischen nicht beliebt war.

Psilocybin wurde zum Katalysator für McKennas exzentrische Laufbahn. Obwohl Learys Harvarder Projekt mit Psilocybin begann, rückte die Droge völlig in den Hintergrund und wurde von der Gegenkultur fast vergessen, als LSD in massenhaften Mengen auftauchte. Gegenüber LSD war Psilocybin in den Sechzigerjahren ein nur schwer erhältliches und selten synthetisiertes Gourmet-Psychedelikum. Faktisch waren McKenna und sein Bruder die Ersten, die eine zuverlässige Methode zur Heim-Aufzucht von Psilocybinpilzen ausklamüserten. 1976 veröffentlichten sie unter den Pseudonymen O.T. Oss und O.N. Oeric eine kleine Druckschrift über ihre Anbautechnik. Die noch immer vorrätige Broschüre wurde über hunderttausendmal verkauft.

Wahre Halluzinationen, McKennas Bericht über seine Amazonas-Eskapade von 1971, ist ein Ende-der-Sechziger-Märchen, eine gequälte Geschichte von außerirdischer Fühlungnahme und psychedelischem Wahn, einschließlich dödeliger Aufblitzer von Telepathie und sogar Allwissenheit. »Alchemie war die Gnosis materieller Transformation. Anhaltspunkte gab es offenbar überall; alles war miteinander verwoben in einem magischen Gewebe aus Sinn und Bestätigung und Unerklärlichkeit.« Die McKenna-Brüder glaubten, ihr Pilzverbündeter kommuniziere mit ihnen, gebe ihnen Hinweise über das Ende der Welt und die Zukunft ihrer Spezies. Unter dem, was der Pilz ihnen mitzuteilen schien, war auch die Information, dass er eine uralte außerirdische Intelligenz sei, eine Art Sonde, ausgesandt, der Menschheit bei ihrer Evolution zu helfen, und eine symbolische Partnerschaft anbiete.

»Wir konnten die Gegenwart irgendeiner unsichtbaren hyperräumlichen Wesenheit spüren, eines Verbündeten, der die Situation zu beobachten und gelegentlich aktiv zu beeinflussen schien«, rekapitulierte McKenna später über sein Jugendexperiment.

> Die außerirdische Grundstimmung der Tryptamintrance, ihre augenscheinliche Betonung der Themen außerirdisch, insektenhaft und futuristisch sowie frühere Erfahrungen mit Tryptamin, in denen insektenhafte halluzinatorische Menschen-Verwandlungen beobachtet wurden, veranlassten uns zu der Vermutung, dass die Rolle der präsenten Wesenheit in etwa der eines Anthropologen entsprach, der gekommen war, um der Menschheit die Schlüssel zur galaktischen Bürgerschaft zu geben.

Die sich ansatzweise auftuenden, andersweltlichen Visionen, die in La Chorrera, dem kolumbianischen Indianerdorf, wo sie wohnten, die Luft erfüllten, waren schlicht zu viel für das Begriffsvermögen und zu komplex, um sie hier zusammenzufassen, aber der Schatten jener anfänglichen Offenbarungen inspirierte die McKennas bei all ihren weiteren Erkundungen.

Sind die Menschen von außerirdischen Wesen kontaktiert worden? McKenna war der Meinung, das typische Modell extraterrestrischer Kontaktaufnahme – glupschäugige Außerirdische gehen in einem schimmernden UFO auf die Erde nieder – könne nicht zutreffen, weil es ganz offenkundig ein Produkt unserer eigenen technologischen Fantasien sei. Andere UFO-Theoretiker kamen in den letzten Jahrzehnten zu demselben Schluss. Einige äußern die Ansicht, die UFOs und ihre Mannschaften seien eigentlich Reisende aus anderen Dimensionen, uralte geistige Wesen, die sich ins Gewand moderner Fantasievorstellungen kleideten. Der Schriftsteller Michael Talbot vertritt die Ansicht, dass UFO-Begegnungen weder objektive noch subjektive, sondern »omnijektive« Phänomene seien – eine Verschränkung von Beobachter und Beobachtetem, genauso wie beim subatomaren Teilchen, das gleichermaßen weder Welle noch Teilchen, sondern das ist, was einige Physiker »wavicle«* getauft haben. McKennas Vermutung zufolge bot sich für eine hochgradig fortgeschrittene Spezies als einfachere Fortpflanzungsweise wohl die Verbreitung durch Sporen an – die widerstandsfähigste organische Substanz –, auf Asteroiden abgelegt und aufs Geratewohl durch die Galaxie geschleudert, bis die Dinger auf irgendeinem geeigneten Planeten bruchlandeten. Um diese abenteuerliche Theorie zu erhärten, hob er die eigentümliche Form des Psilocybinmoleküls hervor. »Es ist bekanntermaßen das einzige 4-substituentige Indol, das auf der Erde vorkommt. … Psilocybin hat eine einmalige chemische Signatur, die besagt: ›Ich bin künstlich; ich komme von draußen.‹«

Der Kult um McKenna ist nach wie vor – unter Ravern, Hackern und Silicon-Valley-Softwaretechnikern – ein bedeutsames Phänomen. Er hatte lange einen kuriosen Einfluss auf mich.

* Wortschöpfung aus »wave« (Welle) und »particle« (Teilchen).

Wenn ich mir sein Werk eine Weile nicht ansah, war es meiner Erinnerung nach cartoonartig, Schund, maßlos abwegig. Aber wenn ich meine Aufmerksamkeit seinen Büchern zuwandte, nahmen mich doch wieder sein Stil, sein Humor und der freie, ungebundene Fluss seiner Gedanken gefangen. In ebendieser Hinsicht entspricht sein Werk dem gesamten Psychedelika-Thema, das sich, wenn man nicht mehr darüber nachdenkt, völlig zu verflüchtigen scheint, aber sobald man es ernst nimmt ausweitet, bis es einem die eigene Wirklichkeitsauffassung von Grund auf umzuwandeln droht.

»Die Macht des Anderen ist demütigend und großartig, aber weil sie sich nicht zu innerweltlicher Macht verbiegen lässt, wendet sich die Pfaffenschläue von ihr ab. Sie ist das ›weggeworfene Wissen‹ der Luis-Senyo-Indianer von Baja California. Sie sieht und weiß nur«, schrieb er in *The Archaic Revival*. Die Lektüre von McKenna ist nicht zuletzt deswegen ein Vergnügen, ja eine Wohltat, weil man dabei Gedanken austauscht mit einem Denker, der sich an keine akademische Statuten hält, keine eigennützigen Zwecke verfolgt noch auf die Absicherung irgendeines Stiftungsgehalts schielt, sondern vielmehr bereit ist, spontan auf jedes der transzendenten und philosophischen Probleme einzugehen, die sich seinem aufnahmefähigen Verstand dank der massiven, langfristigen Einnahme psychedelischer Wirkstoffe erschließen. Wie McKenna in einem Interview sagte: »Das Merkwürdige an Psilocybin, meiner Karriere und dieser Unterhaltung ist, dass es dabei um die Sprachermächtigung geht. … Die soziale Konsequenz der psychedelischen Erfahrung ist klares Denken – das als klares Reden runtersickert. Als ermächtigtes Reden.«

McKenna fand sich vollauf zufrieden mit seinem marginalen Status ab, weil sein Modell psychedelischer Forschung enger mit dem Huxleys als dem Learys oder Ginsbergs verwandt war. Der Versuch, LSD zu den Massen zu befördern und dabei die Medien zur Verbreitung der einschlägigen Informationen zu benutzen, führte zu sozialer Verwirrung und politischer Gegenreaktion. McKenna schwebte das Gegenteil vor. Er unterstützte das noch mehr in die Tiefe gehende, passionierte Eintauchen einer kleinen Alchemisten- und Getreuen-Untergruppe: »Statt an einer horizontalen Erweiterung des Glaubens wäre ich viel mehr an einer vertikalen Stärkung des Glaubens interessiert, wofür ich ja die Leute habe, die diese Verbindungen einnehmen, mehrere davon einnehmen, verschiedene einnehmen, und größere Dosen einnehmen. Der wahre Prüfstein dieser Forschung ist das Selbst.« Er wollte den Staat nicht zu weiterer Unterdrückung anstacheln, und er präsentierte seine Ideen so weit jenseits der engen Grenzen der Mainstreambelange, dass sie völlig unbedrohlich wirkten. McKenna gestaltete seine öffentliche Person geschickt als verrückten Narren, als den versierten irischen Erzähler mit irrem Funkeln im Blick.

Ich bin jetzt, nachdem ich die psychedelischen Antipoden selbst inspiziert habe, in der Lage zu erkennen, dass sich hinter der stichelnden Neckerei von McKennas Plaudereien und seinen Texten eine todernste Zielsetzung, eine wahrhaft radikale und wirkliche Vision verbirgt: »Schon immer ging ich von der Annahme aus, dass Psychedelika nicht deswegen illegal sind, weil es irgendjemand stört, dass du Visionen hast, sondern weil sie etwas an sich haben, das die verbürgte Gültigkeit der Wirklichkeit in Zweifel zieht«, schrieb er. »Sie sind zwangsläufig dekonditionierende Wirkstoffe, indem sie einfach das Vorhandensein einer nahe gelegenen, nach einer anderen Dynamik funktionierenden Wirklichkeit aufzeigen. Ich finde, dass sie von Natur aus Katalysatoren intellektuellen Dissenses sind.«

McKennas *Speisen der Götter* ist ein gesamtgeschichtlicher Überblick über heiligen und profanen Drogengebrauch. Wie Wasson war McKenna der Meinung, dass psychedelische Pflanzen die Entwicklung des menschlichen Bewusstseins und den Spracherwerb katalysiert haben könnten. Er bezeichnet Adams und Evas Vertreibung aus dem Garten Eden wegen des Kostens der Frucht vom Baum der Erkenntnis als »erste Drogen-Strafaktion der Geschichte«. Für ihn schildert der Mythos symbolisch den Zusammenbruch der symbiotischen Beziehung des Menschen zu einem psilocybinhaltigen Pilz in einer archaischen »Partnerschaftskultur«, wo die Frauen die Kontrolle über die Landwirtschaft und die Pflanzenkenntnisse hatten. Dieser Zusammenbruch führte, aus welchen Gründen auch immer, zu der von männlicher Aggression beherrschten »Dominiererkultur«, wie wir sie heute kennen. »Durch Substanzen ausgelöste Bewusstseinsveränderungen decken drastisch auf, dass unser geistig-seelisches Leben materielle Grundlagen hat«, schreibt er. »Psychoaktive Drogen stellen folglich die christliche Annahme von der Unantastbarkeit und dem ontologischen Sonderstatus der Seele in Frage. Dementsprechend stellen sie auch die neuzeitliche Idee vom Ego und seiner Unantastbarkeit und seinen Kontrollgebilden in Frage. Kurzum, Begegnungen mit psychedelischen Pflanzen erschüttern sämtliche Grundprinzipien der Weltanschauung der Dominiererkultur.«

Die Geschichte wird in hohem Maße durch die Suche nach neuen Geschmäckern und neuen Genüssen vorangetrieben. Der Drang, den Geschmack an neuen, von Forschungsreisenden heimgebrachten Köstlichkeiten zu befriedigen, schuf Handelswege, Kolonialismus und, im modernen Zeitalter, das Wiederaufleben institutionalisierter Sklaverei. »Der frühe Import von afrikanischer Sklavenarbeit in die Neue Welt erfolgte nur zu einem Zweck: zur Stützung einer auf Zucker basierenden landwirtschaftlichen Ökonomie.« Raffinierter Zucker, notiert er, sei ein entbehrlicher Zusatz und ein höchst effektives Suchtmittel. Der Zuckersüchtige tendiert zu einer kindlichen, zu Wutanfällen neigenden und von Stimmungsumschwüngen beherrschten Persönlichkeit. »Die Versessenheit auf Zucker war so überwältigend, dass tausend Jahre christlicher Sittlichkeitskonditionierung nichts bedeuteten. Ein Ausbruch menschlicher Grausamkeit und Bestialität von unglaublichen Ausmaßen wurde von den Institutionen der feinen Gesellschaft gleichgültig hingenommen.« Der Einzug von Zucker und Koffein in Europa führte zur Kaffeehauskultur im Paris des 18. Jahrhunderts. Das von Tassen starken Espressos stimulierte »exzessive Schwärmen und Fantasieren« regte die radikalen Gedanken der Philosophen der Aufklärung und die radikalen Taten der französischen Revolutionäre an.

Alkohol ist, nach Ansicht McKennas, die »Dominiererdroge par excellence.« »Keine andere Droge hatte einen so anhaltenden schädlichen Einfluss auf die Menschen«, schreibt er. »Alkohol und Sklaverei gingen oft Hand in Hand mitten durch die ökonomische Landschaft. … Eine ›besoffene unterprivilegierte Klasse‹ gehörte, ob nun in den Heimatländern oder den Kolonien, zum festen Inventar der merkantilen Gesellschaft.« Im Gegensatz zur halluzinogenbedingten mentalen Offenheit ist der Endeffekt des Alkohols eine Verengung des Bewusstseins, eine »Verfassung der Ego-Besessenheit und Unfähigkeit, dem Trieb nach sofortiger Befriedigung zu widerstehen.« Unterdrückung von Frauen, Gruppenvergewaltigungen und Gewalttätigkeit gegenüber der eigenen Gattin sind typische Folgen des alkoholsüchtigen Lebensstils. Im Suffland, seufzt McKenna, »sind die grenzauflösenden halluzinogenen Orgien verschwunden, die das Ego des Einzelnen abschwächten und die Werte der Großfamilie und des Stammes wieder geltend machten.«

Die ganze Geschichte hindurch entwickelten verschiedene Zivilisationen eine artüberschreitende Bindung an eine spezielle entheogene Pflanze. Die frühe vedische Zivilisation hatte Soma; die alten Griechen hatten irgendeine Form von Mutterkorn oder vielleicht mehrere psychoaktive Katalysatoren, die in den langlebigen, über zwei Jahrtausende hin durchgeführten eleusinischen Mysterien gebraucht wurden, dem wesentlichen Initiationsritual der alten Welt. In jedem Fall wurde die Verbindung schließlich abgebrochen – entweder führten Klimaveränderungen zum Verschwinden des chemischen Katalysators, oder eine sich selbst verewigende herrschende Klasse oder Priesterschaft etablierte ihre Macht, indem sie über das Mysterium wachte, es dann geheim hielt und endlich vergaß. Die zwanghafte moderne Suche nach neuen Geschmäcken und künstlichen Genüssen, breit gefächert vom Zucker bis zum OxyContin, ist eine unbewusste Anstrengung, den verloren gegangenen Katalysator wiederzuerlangen: »Jede berauschende Substanz, jede Anstrengung für die Wiedererlangung der symbiotischen Balance der Mensch-Pilz-Beziehung im verloren gegangenen afrikanischen Eden, ergibt ein noch blasseres, verzerrteres Bild vom ursprünglichen Mysterium als die vorhergehende.«

Ein Haken bei McKennas These in *Speisen der Götter* ist, dass die Maya und Azteken, höchst fortgeschrittene Zivilisationen, die den Gebrauch von Psychedelika, zumindest unter der Priesterkaste, mit umfassten, nicht gerade Muster an erleuchtetem Verhalten waren. Menschenopferung war ihre Lieblingsform volkstümlicher Unterhaltung. Offensichtlich führt der Gebrauch psychedelischer Sakramente nicht unbedingt zur Schaffung einer weiblich orientierten Partnerschaftsgesellschaft mit einer Vorliebe für grenzauflösende Orgien. Stattdessen kann er zu dem Versuch führen, der flüchtigen Macht und den zweideutigen Schauspielen der halluzinatorischen Bereiche mit blutigen und scheußlichen Beschwichtigungsakten zu entsprechen. Der psychedelische Impuls kann gefährlich und dekadent werden. McKenna bemüht sich lobenswerterweise, einem Material einen erfreulichen Anstrich zu geben, das in seinem Kern durchaus zweideutig sein kann, aber psychedelischer Relativismus enthüllt zuallermindest Wirklichkeitsaspekte, die vom ideologisch vorherrschenden Materialismus abgeleugnet werden.

Die psychedelischen Avatare der Nachsechziger, unter ihnen auch McKenna, glauben, Psychedelika seien ein Schnellspur-Vehikel zur Enthüllung der dunklen Materie des Bewusstseins, ein notwendiges Gegengift gegen die »Dominiererkultur« des Materialismus: »So wie bei einer Chemikaliensucht sind wir Ego-süchtig. Und das Psychedelikum löst diese chemische oder psychologische Abhängigkeit auf und ersetzt sie durch die Tatsachen: wie die Einzelperson in das Leben und Gesamtsystem dieses Planeten hineinpasst, die unermessliche Zeitspanne, seit der all diese Dinge schon bestehen und in der sie sich zu ihrem gegenwärtigen Zustand vorgearbeitet haben.« Im Wesentlichen stimme ich zu, obwohl die durch Psychedelika enthüllten Welten ganz eigene Valenzen, ganz eigene beunruhigende Zweideutigkeiten haben.

* * *

ICH BADETE IM MAYAN-QUEENS'-BAD, einer von Kalksteinklippen umgebenen, natürlichen kleinen Bucht, in die ein Wasserfall hineinstürzt. Die Felsen rings um dieses Schwimmbad sehen den Gesichtern eingesperrter Götter, ungerührter Stammesältester – denen Wasser kaskadenartig über die finsteren Gesichtszüge hinabläuft – ähnlicher als alle Felsen, die mir bisher unterkamen. Beim Schwimmen dachte ich über Folgendes nach: Wenn die Indianer, die nord- wie die südamerikanischen, in so vielem Recht hatten – im Hinblick auf die Beschaffenheit der spirituellen Wirklichkeit, im Hinblick auf alles, was wir im modernen Westen verwirkt und vergessen haben –, dann muss man vielleicht die schwerwiegendsten Indianerprophezeiungen ernst nehmen. Die Hopi-Indianer im Südwesten, vielleicht die Ureinwohner Amerikas, haben eine Reihe alter Vorhersagen ererbt. Die Seher der Hopi schilderten einen vom Himmel herabfallenden »Aschenkürbis«, der eine Stadt zerstört, eine durch Hiroshima anscheinend bestätigte Prophezeiung. Den Hopi zufolge ist der wahrscheinliche Hauptgehalt der nahen Zukunft, gelinde gesagt, schlimm: weitere Umweltverwüstung; mannigfache Ermordungen von Weltführern; Atomkrieg (»ein spiritueller Konflikt mit materiellen Dingen«), von Indien, China oder Pakistan angefangen; die Vereinigten Staaten zerstört, bevor der nächste Weltzyklus beginnt.

Wieder heraus aus den natürlichen Steinbecken des Queens'-Bads, trocknete ich mich ab und spazierte auf dem Fußweg zwischen alten verfallenen Tempeln und sich krümmenden Bäumen; durch deren Zweige fiel das Sonnenlicht in hauchdünnen Strähnen zur Erde. Droben schnatterten und schrien Brüllaffen. Es war ein wunderschöner Nachmittag in Palenque. Heute Nacht, so beschloss ich, würde ich wenn möglich DMT probieren.

KAPITEL 33

Ich rauchte DMT

Jeder Ort ist der Mittelpunkt der Welt.

SCHWARZER HIRSCH, *Ich rufe mein Volk*

Und das tat ich auch.

Es war nachts, nach drei, im Hotel Chan Kha in Palenque. Ich war mit John und Sara, zwei Konferenzteilnehmern, zusammen. Ich hielt die lange Glaspfeife an meine Lippen, sah zu, wie die kleinen, beigen Klümpchen begannen, sich in die Luft freizusetzen. Ich machte Lungenzüge – einen, zwei, drei. Der trockene Rauch war unheimlich ungesund und absonderlich, mit einem außerirdischen Plastikbeigeschmack. Man hatte mich ja davor gewarnt: Es war, wie wenn man ein Stückchen Gartenmöbel rauchte. Mit dem nächsten Zug aus der Pfeife begann das Entfalten, das Enthüllen. Runen und geometrische Muster erfüllten die Luft, umschwebten mich, tätowierten sich über die Wände, die Möbel, die anderen Personen im Zimmer. Diese Bilder waren kupfer- oder goldfarben, und mir blieben nur wenige Sekunden, sie anzuschauen. In diesen wenigen Sekunden sah ich ein kompliziert verwobenes Gemenge sakraler geometrischer Motive – Pentagramme, Siegel und Symbole, goldene Dreiecke –, entnommen aus jeglicher mystischen und traditionellen Quelle. Während ich in den goldenen Trichter hineingezogen wurde, erwies sich offenbar mit bestürzender Klarheit, dass jene Symbolsysteme allesamt nicht bloß metaphorische Kodes, sondern tatsächliche Tore zu real-konkreten Dimensionen außerhalb unserer eigenen waren. John, ein Videokunst-Student aus San Francisco und DMT-Veteran, hatte diese Muster als den Eingangspunkt bezeichnet – sobald man sie erblickte, war man nur noch einen Atemzug weit entfernt. *Ich werde gleich dorthin gelangen*, dachte ich bei mir, überrascht, ja schockiert. Ich machte noch einen tiefen plastik-gewürzten Lungenzug und hielt ihn drinnen, und ich begann loszugehen. John nahm mir die Pfeife aus der Hand. Ich fiel auf die Matratze zurück, während ich aus mir hinausschoss wie eine Rakete.

Wie soll man den Durchbruch, das Furcht erregende und ekstatische Trauma verständlich machen, dass man seinen Körper verlässt, und sein Hirn und alles, was man ist, bis auf irgendeine verschwindend kleine Sensorranke, die weder Bestand hat im Raum noch Dauer in der Zeit, eine astrale Sonde, die sich spiralig ins Unendliche hinausbewegt, weit jenseits der Schale, die man hinter sich ließ?

Ich schien mit unglaublicher Geschwindigkeit vorwärts zu jagen. An der Peripherie meines Gesichtsfelds sah ich sich drehende weiße Säulen, die Hightech-Rührstäbchen glichen – als folgte ich einer Leiter oder einem Gitterwerk hinauf oder hinein oder hinaus, oder all dies zugleich, zum Hyperraum. Ich hatte das Gefühl, durch einen fraktalen Wandteppich zu treiben, eine sich krümmende und faltende Fläche von synthetischer, plastischer, fantastischer Weiße und schimmernden Farben in endlosen kräftigen Schattierungen. Dieses extradimensionale Reich, in das ich hineingesaust war, bestand, da war ich mir sicher, aus Daten, aus Quantengleichungen, sichtbarer schamanischer Harmonik und dem sich selbst erschaffenden Gewebe des extradimensionalen Überbewusstseins. Es war faktisch-real umgesetzte Sciencefiction. Eine Dimension, die frei war von natürlichen Geschöpfen und Dingen, von Pflanzen und menschlicher Not, von unseren unzulänglichen und ungenauen Symbolsystemen. DMT-Land war ein verwobenes Gemenge von tantrischen Mandalas, Fantasias der virtuellen Realität, Buntglasaureolen; eine zehndimensionale, in irgendeine weit hergeholte und weit fortgeeilte Zukunft projizierte Walt-Disney-Welt. Und an diesem Ort stürmte eine überwältigende Erkenntnis- und Empfindungskraft auf mich zu. Ich wusste: Es war ganz unmöglich, dass mein Inneres, auf irgendeiner Ebene, hervorgebracht hatte, was ich da sah. Dies war keine mentale Projektion. Dies war keine im Gehirn befindliche Struktur, in die die Droge irgendwie hineingetappt war. Es war eine nicht zur menschlichen Spezies gehörende Wirklichkeit, die auf einer tieferen Ebene existierte als die physikalisch-materielle Welt.

Plötzlich schoss ich durch die hiesigen Städte. Multidimensionale, mit Juwelen facettierte, harte und immaterielle Paläste, wo geometrische und tentakelige Bauwerke in solch blitzartigem Tempo zerlegt und wieder aufgebaut wurden, dass ich mich nur noch eines winzigen und nichts sagenden Bruchteils entsinnen kann. Ich wurde auf einen mit ungeheurer Geschwindigkeit verlaufenden Flyby mitgenommen. Es gab Wesen an diesem Ort. Sie waren menschenähnlich, soweit ich mich erinnern kann, was leider nicht weit genug ist. Ich entsinne mich einer blauen Wesenheit (ein Blau im Farbton bestimmter transzendenter Buddhas auf tibetischen *Thangka*-Rollbildern), die gestikulierte – in meiner Erinnerung sehe ich sie mir mit erhobener Hand zuwinken. Da waren Springbrunnen und kreisende Mandalas, die hell beleuchteten Rouletterädern oder blühenden Chakras glichen und augenscheinlich sowohl organisch als auch mechanisch waren. Im Zentrum der Stadt war ein großer Springbrunnen, wie der Springbrunnen in der Mitte eines öffentlichen Platzes einer Renaissancestadt, wo Datenbits oder vielleicht mathematische Potenzialitäten oder plätschernde neue Reagenzglas-Universen in Regenbogenmustern ultravioletten Schaums flossen. Dieses Reich war in einem Zustand andauernder Umwandlung, und doch in synthetischer Materie verfestigt. Alles, was ich »sah«, glitzerte mit einem künstlichen Funkeln. Mein Besuch hatte etwas Unpersönliches, Distanziertes an sich. Die Wesenheiten wirkten gelassen, ja emotionslos bei der Erledigung ihrer kosmischen Überwachungsarbeit.

Alles schien mir plapperig-beredt eine Begrüßung mitzuteilen. Obwohl ich mich nicht an Klang erinnern kann, fühlte ich, dass rings um mich überall Klang war. Wochen später begann ich mich seiner als hochfrequentes Gesumm, Geklicker und Getriller zu entsinnen. Meiner Erinnerung nach sagten die Wesen in dem DMT-Universum immer und immer wieder zu mir:

»Das ist es. Jetzt weißt du's. Das ist es. Jetzt weißt du's.«

Es fiel mir langsam wieder ein, dass ich einen Körper hatte, obwohl er mich nichts mehr anging. Ich spürte, dass ich atmete. Von Zeit zu Zeit schluckte ich unwillkürlich. Mein Atmen und mein Schlucken glichen anscheinend einem Programm, das sie ablaufen ließen. »Ich« glich anscheinend genau einem Programm, das sie in ihrem sagenhaft unpersönlichen kosmologischen System ablaufen ließen: Während ich atmete, atmeten sie mich.

»Jetzt weißt du's. Das ist es. Geh jetzt wieder zurück. Geh jetzt wieder zurück. Jetzt weißt du's. Das ist es. Steig jetzt aus.«

Sobald ich mich an meine menschliche Identität erinnerte, strömte ich wieder zurück in diese Welt. Ich bemerkte, dass etwas da war … ein Zimmer, das mich enthielt. Ich lag ausgestreckt auf einem Hotelbett. Dann entschwand die Verschlingung rasch, reduzierte sich wieder auf metamorph-geometrische, goldene

Formen, die herunterkreisten und dann rasch aus dem Sein hinauswirbelten, als ich zu dem zurückkehrte, der ich zuvor war.

Für mich bestand kaum ein Zweifel mehr, dass ich besichtigt hatte, was wir, in Ermangelung eines exakteren Ausdrucks, traditionellerweise »spirituelle Wirklichkeit« nennen. Der Trip erhärtete die Idee von einer außerhalb des Körpers existierenden, ins extradimensionale Gewebe des Kosmos verwobenen Seele. Der Kosmos, das von McKenna so bezeichnete »kosmische Kichern«, ist etwas, das sie spannen oder wir zusammen mit ihnen spannen. Mir war mehr gegeben worden, als ich je erwartete. Mir war der harte Kern von allem gezeigt worden, was ich wissen wollte.

Das DMT-Reich ist »gleich nebenan«, hinter jedem sich bauschenden Vorhang, verborgen im Innern der dunklen Materie des Bewusstseins, tummelt sich hier und jetzt jede Nacht in verkappter Form in unseren Träumen. Es ist uns so nah, angrenzend an diese Wirklichkeit oder lotrecht zu ihr. Es ist einen schwachen Schatten, ein Kerzenflackern weit entfernt.

DMT ist Direkte Mystische Transmission. Drastischer Magischer Transport. Es ist, wie McKenna formulierte, einfach zu viel. Sobald Sie einmal das Erlebnis gehabt haben, sind Sie dauerhaft neu verschaltet. Sie können den Existenzialismus ausrangieren und dabei Ihre alten ontologischen Konstrukte um diesen neuen Orientierungsmast wickeln. Natürlich eröffnen sich durch den Schuss und Schock viele Fragen, wohingegen sich nur wenige klären. Meiner Ansicht nach lässt die DMT-Vision darauf schließen, dass wir in gewisser Hinsicht Inkarnationen sind, ausgesandt von jenem Ort der Grenzenlosigkeit zu diesem hier voller Knüppel und Steine und harten Stöße, und uns vielleicht über diverse Leben hin pingpongartig zwischen den Dimensionen hin und her bewegen, mit bestimmten Aufgaben, die wir zu erfüllen, oder Lernzielen, die wir zu erreichen haben. Oder vielleicht ist der

Sinn und Zweck dessen, was geschieht, so vielschichtig-vielfältig, dass uns dafür die Worte fehlen.

Das Erlebnis erinnerte mich an Mircea Eliades Buch *Kosmos und Geschichte*, in dem er die von archaischen Kulturen übereinstimmend vertretene Anschauung untersucht, dass alle Orte in der materiellen Wirklichkeit ein Gegenstück in der Geistwelt haben. Jeder von Menschen erbaute Tempel, jede von ihnen errichtete Stadt, bezieht sich eigentlich auf einen »himmlischen Archetypus«. Eliade schreibt: »Nicht nur geht irdischer Architektur ein Vorbild voraus, sondern das Vorbild liegt außerdem in einer idealen (himmlischen) Region der Ewigkeit.« Die DMT-Stadt war offenbar so etwas Ähnliches wie eine himmlische Metropole, ein sagenhaftes Ideal, neben dem unsere materiellen Städte ein lahmer Imitationsversuch sind, weil hierbei ja hauptsächlich stumpfdumme Materie und keine blitzgescheite Magie verwendet wird.

Für viele scheint Ayahuasca – eine verlangsamte, niedrig-auflösende Schnittstelle des DMT-Flashs – gewichtige Botschaften aus der natürlichen Welt zu übermitteln, von der Natur als empfindungsfähiger Energie und Geistsubstanz, von der Notwendigkeit, den Planeten zu schützen, der uns gegeben wurde. *Yagé* flüstert, dass die Menschen zu Gärtnern dieser Wirklichkeit bestimmt sind, zu Reisenden, Geschichtenerzählern und Sängern, Webern des Heiligen. DMT hingegen übermittelt keine offenkundige menschliche oder humane Botschaft. Es ist ein Eingang, durch den Sie treten können, um die Wesen zu begrüßen, die den kosmischen Süßwarenladen betreiben. Beim Herunterkreisen von den Versenkungs-Mutterböden des DMT vermutete ich, jene Wesen seien, in der ein oder anderen Hinsicht, überbewusste Wesenheiten, die unser Universum hervorbrachten und instand halten. Sie schufen uns zu irgendeinem Zweck, um mit uns zu spielen oder wir zu werden, um uns zappeln zu lassen oder zu belehren. Aber das wirft natürlich nur noch mehr Fragen auf: Wer schuf sie? Ist das die einzige andere Dimension da draußen? Wenn nicht: Welche sonstigen Dimensionen, welche sonstigen Kräfte wirken auf uns ein oder versuchen, mit uns zu kommunizieren?

Schließlich setzte sich die Meinung in mir fest, dass auf jeden Fall Kreativität ein Daseinszweck ist; wir sind dazu bestimmt, uns zu jenen Wesen hin zu entwickeln, so zu werden, Wesenheiten jenseits der materiellen Ebene, und Universen hervorzubringen, Gedankenpaläste, gnostische Hieroglyphen unserer selbst, so wie sie dieses hier hervorbrachten. Ein zweites Universum zu errichten – es wäre die höchste schöpferische Tat, die wir uns vorstellen könnten. Aber vielleicht ist das bloß eines ihrer Salonkunststücke.

Von alldem abgesehen grübelte ich auch über die alte Litanei von Fragen, die jeder, wenn er könnte, gern den Geistern stellen würde: Warum so viel Leid hier unten? Ist dieses Leben in gewisser Hinsicht eine Prüfung? Warum sind wir so oft so einsam? Und warum ist die DMT-Dimension so synthetisch, als wäre sie aus Mathematik und Maschinenlogik gestaltet, aus bis zu irgendeiner ekstatischen Gleichung entwickelter Sprache? Sind jene Wesen in gewisser Hinsicht wie wir, aber bis zu einem Grad vervollkommnet, wo sie sich traumtechnisch-subtil aus dem Raum-Zeit-Kontinuum herausmanövrierten? Sind sie vielleicht wir selbst, auf der Entwicklungsstufe körperlicher Unsterblichkeit angelangt, nachgerade darin geübt, das Raum-Zeit-Kontinuum zu krümmen und zu zerknicken wie einen dünnen Zweig? Sind sie wir selbst, allerdings unserer jetzigen Position so weit voraus, dass sie mit uns nur auf rechtwinklige Weise kommunizieren können, in der Art, wie ein dreidimensionales Wesen sich gegenüber einem zweidimensionalen Bewohner vom Flachland in einer Sprache aus Punkten und Linien auszudrücken versuchen könnte? Bin ich, sind Sie, bloß ein Programm, das in irgendeinem außerirdischen Supercomputer abläuft? Ist dieses Universum etwa auch nichts anderes?

Wir haben den DMT-Rezeptor. Er ist ein in unserem Gehirn untergebrachter Drücker, der uns nach da draußen katapultieren soll – versuchen Sie sich an diesen Gedanken zu gewöhnen. Er ist da, damit wir mit *jenem* (oder mit ihm, oder mit ihnen, oder was es auch sei) in kommunikativen Kontakt treten können – ein Trip, der uns schließlich dazu zwingen wird, unsere Wissenschaftstexte zu überarbeiten und unsere Vorstellungsweise hinsichtlich der Wirklichkeit von Grund auf umzumodeln. Warum darf diese Erfahrung zu genau diesem Zeitpunkt ins moderne Bewusstsein vordringen? Um es anders zu formulieren: Warum soll ausgerechnet ich als Erster, nach einer unermesslichen Vielzahl verträumter Vorgänger, zu dieser bestürzenden Quelle zurückkehren? Da die Technologie immer tückischer wird und unser Wetter zunehmend verrückt spielt, steckt wohl vermutlich eine Absicht dahinter.

DMT lässt die Willensfreiheitsfrage aufblitzen: Gibt es so etwas überhaupt? Doch, das glaube ich noch immer – wie viele spirituelle Hierarchien auch diese Bühnenshow dirigieren, jeder von uns hat die Wahl, seine Rolle darin mithilfe der auf diesem wunderlichen kleinen Planeten herumliegenden Requisiten zu kreieren. Vielleicht gibt es ja den freien Willen und gleichzeitig ein Wissen um alles, was geschieht und geschehen kann; möglicherweise koexistieren ja alle erdenklichen Paradoxe in jenen Quantenzwischenräumen, jenen winzigen, zusammengerollten Dimensionen vibrierender Superstrings, verborgenen Dimensionen, auf die Physiker, zu ihrer eigenen Überraschung, innerhalb dieser hier stießen. Mit DMT, sobald wir wissen, dass es da ist, verbleibt uns eine Wahl, die selbst ein klassischer Willensfreiheitstest ist: Uns allen steht es frei, uns hinzubegeben, den Auslöser zu drücken, um die Schaltkreise zu aktivieren, die uns Zugang zu jenem zusammengepressten Labyrinth verschaffen. Oder wir können ihm ausweichen, uns dagegen sperren, sein Vorhandensein aus völlig vernünftiger Feigheit ableugnen. Ich persönlich finde nicht, dass der reine DMT-Flash eine Reise ist, die wir besonders oft machen sollten; sie kommt mir, ganz intuitiv, bedrohlich vor. Aber sicher sind wir dazu bestimmt, selbst nachzusehen, zumindest ein- oder zweimal. Tatsache ist, dass die Pforte existiert. Sie nicht zu erforschen hieße, unserer angeborenen menschlichen Wissbegier zu entsagen.

* * *

ICH GING NACH DRAUSSEN, ein kleines, in Fleisch gestopftes Tüttelchen Selbst, das zu den kreisenden, freudig glucksenden Sternen hinaufstarrte, mit einem Gefühl, in dem sich Staunen und Schrecken mischten. *Also, das war toll*, dachte ich. *Unglaublich. Ich bin so dankbar, so dankbar. Gott sei Dank muss ich das nie wieder machen.*

Als ich zurückkam, war Sara bereits von ihrem Trip herunten, und sie weinte. »Zuerst hab' ich dagegen angekämpft«, sagte sie. Aber die DMT-Wesen waren, in süßlicher Hollywood-Manier, mit offenen Armen der Liebe zu ihr gekommen. Sie sagten ihr, es gebe keinen Grund, sich gegen sie zu sträuben. »Sie deuteten mir meine Handlinien und mein Horoskop«, sagte sie. »Sie sagten, ich sei zu einem Zweck in die Welt gesandt worden.« Ich gebe zu, dass ich eifersüchtig darauf war, mit welcher Liebe die DMT-Wesen Sara überschüttet hatten; mich schienen sie ja mit einer eher zweideutigen Distanz zu betrachten.

Zehn Minuten später rauchte John die Glaspfeife, fiel auf den Rücken und fuhr hinaus. Er kam herunter und schrie dabei immer wieder: »Wir existieren! Wir existieren!«, bis in anderen Hotelzimmern das Licht anging. Eine Wesenheit habe ihm ihre schwirrenden Gottesanbeterin-Beine gezeigt, sagte er. Er sah ein weibliches Wesen an etwas sitzen, das wie ein Computer aussah. Er erzählte uns, wie er eine Gottesanbeterin befreit hatte, als er fünf war. Die Gottesanbeterin hatte sich nach ihm umgedreht, um ihn anzusehen, bevor sie forthüpfte, und in jenem Moment wusste er es, mit völliger und höchster Gewissheit.

Er wusste, dass die Gottesanbeterin ihn kannte.

KAPITEL 34

Direkte mystische Transmission

DMT war in den Fünfziger- und Sechzigerjahren keine populäre oder sehr bekannte Droge. Es war zwar in bestimmten Kreisen verfügbar, aber seine überwältigende Raser-Autounfall-Wirkung goutierten doch nur sehr wenige. Während ich dies schrieb, lernte ich eine Künstlerin kennen, die Anfang der Sechzigerjahre ein Teenager war. Sie probierte damals DMT und fand es fürchterlich. Sie weigerte sich, mir ihr Erlebnis zu schildern und erblasste bei der vagen Erinnerung daran; sie erwähnte jedoch, dass es das letzte Psychedelikum war, das sie je einnahm. Genauso wie die Offenbarungen von Meskalin für die bourgeoisen Intellektuellen des späten neunzehnten Jahrhunderts zu traumatisch und befremdlich waren, kamen die meisten psychedelischen Forscher der Fünfziger- und Sechzigerjahre mit DMT nicht zurecht. Erst in den letzten zwei Jahrzehnten hat es Kultstatus erreicht, und seine gyroskopischen Wirkungen haben prägenden Einfluss auf bestimmte Musiktypen, Videospiele und Filme. Auf Burning Man war ich überrascht, als ein Raver, ein junger Bursche Anfang zwanzig, der weite Pelzhosen trug, mir sagte: »Als ich zum ersten Mal DMT rauchte, war das wie Nachhausekommen.« Werden Kids heutzutage für den DMT-Flash tauglich, weil sie der sie umgebenden sensorischen Schockkultur übermäßig ausgesetzt sind – der DMT-Transport in seiner heftig-gewaltsamen Gesamtheit mithin so etwas wie die Kinderüberraschung in der halluzinatorischen Knüllerkiste der Massenmedien ist? Wie Walter Benjamin einst notierte: »Das Bedürfnis, sich Schockwirkungen auszusetzen, ist eine Anpassung der Menschen an die sie bedrohenden Gefahren.«

DMT ist Bewusstseinserweiterung als Schocktherapie, und McKenna ist für sein Wiederaufleben verantwortlich: »Das Dimethyltryptaminmolekül besitzt die einzigartige Fähigkeit, das strukturierte Ego ins Über-Ich hinein freizusetzen. Jede Person, die dieses Erlebnis hat, macht eine Miniapokalypse durch, einen Minieintritt in den Hyperraum und eine minimale Transposition in ihn«, schrieb er. »Damit die Gesellschaft sich in diese Richtung konzentriert, ist nichts weiter nötig, als dass dieses Erlebnis ein Gegenstand allgemeinen Interesses wird.«

Einer der Organisatoren der Palenque-Konferenz sagte, er finde, DMT eigne sich insbesondere dazu, die »Zweifler zu überzeugen«, und tatsächlich scheint der durch reines DMT ausgelöste Trip aufzudecken, dass der Kosmos weitaus dichter bevölkert ist, als wir es uns vorstellen. Um nochmals McKenna zu zitieren: »Und worin besteht die jenseits des Lebens liegende Dimension, so wie sie von DMT erhellt wird? Wenn wir unseren eigenen Wahrnehmungen trauen können, dann ist sie ein Ort, an dem eine Ökologie von Seelen gedeiht, deren Daseinssubstrat eher syntaktisch als materiell ist. Sie scheint ein in der Nähe befindliches Reich zu sein, das von ewigen elfenhaften Entelechien bewohnt wird, die gänzlich aus Information und freudigem Selbstausdruck bestehen. Das Leben nach dem Tode ist eher keltisches Elfenland als existenzielles Nichtsein; zumindest bezeugt das DMT-Erlebnis ebendies.«

Während die monolithische Unternehmenskultur sich über

unserem Kopf wie ein Sargdeckel zu schließen droht, kann DMT westlichen Suchenden verschaffen, was Peyote den Indianern verschaffte: den sofortigen, über jeden Zweifel erhabenen Nachweis des Vorhandenseins eines nicht-materialistischen, erforschenswerten Mysteriums.

1990 genehmigte die Drug Enforcement Agency eine klinische Studie über die Wirkung von DMT auf menschliche Individuen. Die von Dr. Rick Strassman an der Universität von New Mexico geleitete Studie war die nach fast zwei Jahrzehnten erste genehmigte Forschungsarbeit über beim Menschen auftretende Wirkungen einer psychedelischen Droge. Fünf Jahre hindurch gab Strassman, ein Psychiater, sechzig Versuchspersonen wiederholt intravenöse DMT-Injektionen in zunehmend stärkeren Dosierungen und untersuchte dabei ihre physiologischen und psychologischen Reaktionen auf die Droge, bis er das Projekt 1995 einstellte. Er war zwar an der potenziellen therapeutischen Nutzung von DMT interessiert, hatte aber auch geheime Agenda.

»Ich war der festen Überzeugung, es gäbe irgendwo im Gehirn ein Geist-Molekül, das mystische und andere natürlich auftretende Zustände veränderten Bewusstseins initiiert oder unterstützt«, schreibt Strassman in *DMT: The Spirit Molecule*, seinem Buch über die Studie. Vor DMT untersuchte er Melatonin. Das 1958 entdeckte Melatonin ist ein Hormon, das unsere Reaktion auf Licht und Dunkelheit steuert und beim Schlaf eine Rolle spielt. In der Zirbeldrüse produziert, hat es strukturell eine große Ähnlichkeit mit DMT und Serotonin. Nachdem sich anfängliche Melatonin-Erforschungen als enttäuschend erwiesen – selbst bei hoher Dosierung hatte es keine psychisch umwandelnde Wirkung – wandte er sich DMT als Hauptkandidaten zu.

DMT wurde zum ersten Mal 1931 in einem kanadischen Labor synthetisiert, aber ungetestet zu den Akten gelegt. Gegen Ende der Vierzigerjahre fand man heraus, dass es ein in diversen Pflanzen und Amazonas-Schnupftabaken natürlich vorkommendes Alkaloid ist. In den Fünfzigerjahren wurden von Dr. Stephen Szara in Ungarn die Wirkungen von DMT an hunderten Versuchspersonen untersucht. Während der Nachkriegsjahre hielt die Psychologenschaft DMT, wie LSD, vor allem als »Psychomimetikum«, eine die Psychosewirkungen imitierende Verbindung, für interessant. Eine weitere DMT-bezügliche Entdeckung wurde gemacht: »1972 berichtete der mit dem Nobelpreis ausgezeichnete Wissenschaftler Julius Axelrod von den US National Institutes of Health*, er sei im Gewebe des menschlichen Hirns darauf gestoßen. Zusätzliche Nachforschungen zeigten, dass sich DMT auch im menschlichen Urin und in der das Gehirn umspülenden zerebrospinalen Flüssigkeit nachweisen ließ.« Mit anderen Worten: DMT war eine vom Gehirn aus unbekannten Gründen produzierte endogene Verbindung. Nachdem Psychedelika 1970 gesetzlich »eingeschränkt« wurden, hörten alle DMT-Untersuchungen auf. (Eine interessante Frage: Sollte man irgendeiner Regierung gestatten, eine in unserem Körper produzierte Verbindung illegal zu machen?) Wie Strassman notiert: »Wenn man das rasante Tempo bedenkt, mit dem die menschenbezogene Erforschung von Psychedelika vor gerade mal dreißig Jahren vorankam, ist es erstaunlich, wie wenig die medizinischen und psychiatrischen Ausbildungsprogramme von heute über sie lehren. Psychedelika waren über zwanzig Jahre lang *der* Wachstumsbereich in der Psychiatrie. Jetzt wissen junge Ärzte und Psychiater fast nichts davon.«

Strassman erinnerte sich an seine eigene Erfahrung in der medizinischen Fakultät Mitte der Siebzigerjahre, als es nur zwei Vorlesungen über das Thema gab. Psychedelika »begannen als

* Das US-Bundesgesundheitsinstitut.

›Wunderdrogen‹, verwandelten sich in ›Horrordrogen‹ und wurden dann zu ›nichts‹.« Er glaubt, dass das jähe Ende der Ära psychedelischer Forschung, ihr so abruptes Abreißen, auf die Ärzte- und Psychiaterschaft traumatisierend wirkte. Viele von den führenden Köpfen in der psychiatrischen Forschung begannen ihre Laufbahn mit intensivem Psychedelika-Studium: »Die einflussreichsten Standesvertreter entdeckten, dass Wissenschaft, Daten und Vernunft außerstande waren, ihre Forschung vor dem durch Meinung, Emotion und die Medien angeheizten Erlassen repressiver Gesetze zu schützen.« Da diese Forscher aber keine LSD-Priester, sondern Wissenschaftler waren, lenkten sie ihre Laufbahn auf leichter vertretbare Studiengebiete.

Der unbewiesene Aspekt von Strassmans Abhandlung ist, dass DMT, wie Melatonin, von der Zirbeldrüse produziert wird. Strassman vermutet, die Zirbeldrüse, ein eigentümliches, tief im Hirn sitzendes Organ, sei tatsächlich, wie schon Descartes und andere spekulierten, der Sitz der Seele. »Die Zirbeldrüse von evolutionär älteren Tieren wie etwa Eidechsen und Amphibien wird auch als das ›dritte‹ Auge bezeichnet. Genauso wie die zwei sehenden Augen besitzt das dritte Auge eine Linse, Hornhaut und Netzhaut. Es ist lichtempfindlich und hilft bei der Regulierung der Körpertemperatur und Hautfärbung – zwei elementaren, mit der Umgebungshelligkeit verknüpften Überlebensfunktionen.« Er entdeckte, dass die menschliche Zirbeldrüse »am sich entwickelnden Fötus sieben Wochen oder neunundvierzig Tage nach der Empfängnis sichtbar wird« – fast genau zur selben Zeit, in der das Geschlecht des Fötus festgelegt wird. Außerdem erfuhr er, dass Buddhisten glauben, die Seele reinkarniere sich neunundvierzig Tage nach dem Tod. Von dieser Synchronizität in Erstaunen versetzt, entwickelte er die Hypothese, die Zirbeldrüse gleiche einem Empfangsgerät, das den Geist – eine extradimensionale Schwingung, die außerhalb des Körpers existiere – auffange, und DMT sei der leitende Grundstoff. »Wenn unsere individuelle Lebenskraft in unseren Fötuskörper eindringt, ebendann, wenn wir wahrhaft menschlich werden, durchquert sie die Zirbeldrüse und löst die erste uranfängliche DMT-Ausschüttung aus. … Während wir sterben, verlässt die Lebenskraft den Körper durch die Zirbeldrüse und bewirkt dabei eine weitere Ausschüttung dieses psychedelischen Geist-Moleküls.«

Nach Strassmans Ansicht würde diese Theorie den einzigartigen Bau der Zirbeldrüse und ihre Position im Innern des Gehirns erklären. Die aus »spezialisierten, im Fötusmund entstehenden Zellen« gebildete Zirbeldrüse »grenzt fast unmittelbar an visuelle und auditorische Sinnes-Relaisstationen. Die Gefühlszentren des limbischen Systems umgeben sie, und ihre Lage ermöglicht die sofortige und direkte Zuführung ihrer Produkte in die zerebrospinale Flüssigkeit.« DMT werde im Blut rasch von den MAO-Enzymen zerstört, doch wenn es sich in der Zirbeldrüse befinde, könne es direkt in die visuellen, auditorischen und seelisch-emotionalen Zentren des Gehirns eindringen. »Diese Argumentation entwickelt ferner den Gedanken, dass zerfallendes Zirbeldrüsengewebe nach dem Tod auf das Restbewusstsein einwirkt«, schreibt er. Von der Zirbeldrüse nach dem Tod freigesetztes DMT könne sich durch die »Sinnes- und Gefühlszentren« auch ohne funktionierenden Blutkreislauf verbreiten und so der scheidenden Seele Zeit geben, den Lebensrückblick vorzunehmen und in die im *Tibetischen Totenbuch* genau beschriebenen Bardo-Bereiche einzutreten. Zudem katalysiere womöglich ein minimaler DMT-Fluss den Traumzustand im Schlaf.

Strassman erwartete, dass seine DMT-Versuchspersonen, wenn diese Theorie zuträfe, Variationen über das klassische »Nahtod-Erfahrung«-Geschehensmuster berichten würden – vom Lichttunnel, dem Lebensrückblick, dem übersinnlichen Aufstieg in fraktale Wirklichkeiten. Stattdessen wurden seine Versuchspersonen in eine beunruhigend groteske Dimension verschlagen. Ein paar erlangten voll entwickelte mystische Transzendenz, aber viele gerieten in Zonen, die einesteils Hiphop-Gruselklamauk à la Insane Clown Posse*, andernteils Koboldkitsch waren, zusammengefalzt mit den weggelassenen Szenen von *Plan 9 aus dem Weltall*.

Hier ist ein typischer Bericht: »Ich sah, was sich nur als eine Art Las-Vegas-Spielkasinoszene umschreiben lässt, lauter blitzende und wirbelnde Lichter. Ich war ziemlich enttäuscht. ... Ich ›flog‹ weiter und sah einige Clowns ihre Nummern vorführen. Sie waren wie Spielzeugfiguren oder Zeichentrickfilmclowns.«

Hier ist ein zweiter: »Ich hatte das Gefühl, als wäre ich in einem außerirdischen Laboratorium, in einem Krankenhausbett. ... Ich wurde gerade darin herumgefahren. ... Sie waren nicht so überrascht wie ich. Es war unglaublich unpsychedelisch. Ich konnte alle Einzelheiten merken und beachten. Da war ein männliches Hauptgeschöpf, und er schien hinter alldem zu stecken, alles zu überwachen. Die anderen waren Pflegepersonal oder Störpersonal. Sie aktivierten einen Sexualschaltkreis, und ich wurde von einer erstaunlichen orgasmischen Energie durchspült. Ein doofes Diagramm tauchte plötzlich auf wie ein Röntgenbild in einem Animationsfilm. ... Sie kontrollierten meine Instrumente, prüften irgendwelche Dinge.«

Hier ist ein dritter: »Vier verschiedene Wesen schauten auf mich runter, als ob ich auf einem Operationstisch läge. ... Sie hatten etwas gemacht und verfolgten, was dabei herauskam. Wissenschaftlich und technologisch sind sie äußerst fortgeschritten. Sie sahen sich nur flüchtig die Streckschiene vor mir an. Ich glaube, sie sagten: ›Leb wohl. Sei kein Fremder.‹« Diese Versuchsperson notierte am Ende der Versuche, DMT habe ihr gezeigt, »dass die Wirklichkeit etwas unendlich Wandelbares an sich hat. Es gibt die

* US-amerikanische, aus zwei Rappern bestehende Musikgruppe.

reale Möglichkeit angrenzender Dimensionen. Möglicherweise heißt das nicht einfach, dass es fremde Planeten mit ihren eigenen Gesellschaften gibt. Das ist zu nahe liegend. Es ist nicht wie irgend so eine Droge. Damit hat es wenig zu tun; es ist eher wie das Erleben einer neuen Technologie.«

Vertraute Themen tauchen in den Berichten von Strassmanns Versuchspersonen auf: In einigen Fällen führten die Außerirdischen eine Sonde oder ein Kabel in ihre Augen oder Unterarme ein. Oft schienen die Außerirdischen den Besuch zu erwarten. Mehrfach kam es auch vor, dass sie überrascht, aber gelassen waren. Gelegentlich scheint es einen bestimmten Außerirdischen zu geben, der zu dem menschlichen Besucher eine besondere Verbindung hat. Manchmal zeigten ihnen die Wesen farbige Hieroglyphen einer höchst komplexen visuellen Sprache – Letzteres ein wiederholtes Motiv in McKennas überschwänglichen, bildschwelgerischen DMT-Tripberichten.

Strassmans Buch ist voller trauriger Meinungsaustauschgespräche zwischen dem Doktor und seinen Versuchspersonen. Während sie aus außerirdischen Bereichen, die wirklicher sind als diese Wirklichkeit, zu ihrem Körper zurückkehren, macht er lahme Versuche, sie davon zu überzeugen, dass sie irgendeine psychologische Projektion oder einen Wachtraum erlebt haben. Die Versuchspersonen reagieren auf seine Bemühungen schroff ablehnend oder verärgert. »Wenn ich meine am Bett gemachten Aufzeichnungen durchsehe, muss ich mich immer wieder darüber wundern, wie viele von unseren Freiwilligen mit ›ihnen‹ oder anderen Wesen ›Kontakt aufnahmen‹. … Die ›Lebensformen‹ glichen Clowns, Reptilien, Gottesanbeterinnen, Bienen, Spinnen, Kakteen und Stockgestalten.« Armer Strassman: »Es bestürzt mich noch immer, wenn ich meine schriftlichen Kommentaraufzeichnungen ansehe. … Es ist, als wolle mein Verstand einfach nicht akzeptieren, was da schwarz auf weiß steht.« Er war sich darüber im Klaren, dass viele der Erlebnisprotokolle seiner Versuchspersonen im Grunde genommen klassische Berichte von UFO-Besuchen und außerirdischem Kontakt wiederholten. »Die Ähnlichkeit der … Entführungen von ›Erlebenden‹ durch Außerirdische mit den von unseren eigenen Freiwilligen geschilderten Kontakten ist unbestreitbar. Wie kann irgendjemand nach der Lektüre unserer Berichte zweifeln …, dass DMT ›typische‹ Alien-Begegnungen hervorruft?«

Obwohl Strassmans Forschung nicht auf psychotherapeutische Ziele ausgerichtet war, brach er, wie er schreibt, die DMT-Studie nicht zuletzt deswegen ab, weil er bei seinen Versuchspersonen praktisch keine wirklich förderlichen Auswirkungen zu erkennen vermochte. »Es war besonders enttäuschend, dass niemand eine Psychotherapie oder spirituelle Ausbildung begann, um sich mit den Einsichten, die er auf DMT empfunden hatte, weiter zu beschäftigen«, schreibt er. Wie konnte Strassman sich einbilden, die gezielte Versorgung von Versuchspersonen mit einer Droge, die in genau zehn Minuten extreme außerkörperliche Erlebnisse und Alien-Begegnungen verursachte, werde zu New-Age-gemäßen Reisen der Selbstentdeckung führen? Dieser Gedanke mutet sowohl naiv als auch gönnerhaft an, aber der wirkliche Grund, weshalb er die Studie beendete, war offenbar Angst – eine unspezifische Beängstigung, die dank seiner »höchst intuitiven« Massagetherapeutin ziemlich greifbar wurde, als sie ihm sagte, sie sähe »böse Geister um Sie herumschweben. Die wollen durch diese Ebene durchkommen und benutzen dazu Sie und die Drogen«. Er wurde aus seiner buddhistischen Gemeinschaft ausgeschlossen, mit dem Verweis: »Halluzinogene stören und verwirren den Geist, behindern religiöse Schulung und können eine Ursache für die Wiedergeburt in Bereiche von Verwirrung und Leid sein« – trotz der Tatsache, dass die meisten der aus dem Westen stammenden Führer seines Zentrums ihre anfängliche Hinlenkung zur Mystik auf LSD-Trips zurückführten.

Wie schon erwähnt, entdeckten Forscher in den Fünfzigerjahren, dass das richtige »Set und Setting« die entscheidende Grundbedingung für einen positiven Trip war. Womöglich entsprachen die Gemütsverfassung und die Erwartungen – das »Set« – von Dr. Strassman und seinen Versuchspersonen nicht den mental schwer zu bewältigenden Paradoxen innerdimensionalen Reisens – außerdem fehlt seiner Darstellung ein schamanisches Element gewiefter, selbstreflexiver Intelligenz. Das Krankenhausambiente von Strassmans DMT-Studien war gleichfalls ein Problem; vielleicht wurden Versuchspersonen dadurch im Voraus darauf festgelegt, sich als Patienten oder passive Opfer zu sehen. Diese Berichte gemahnen an Allen Ginsbergs anfängliche Reaktion auf LSD, das ihm von Ärzten in einem fensterlosen Raum einer Klinik in Palo Alto verabreicht wurde: »Ich dachte, ich sei in einem gigantischen Gewebe von sich meiner Kontrolle entziehenden Kräften gefangen, die vielleicht mit mir experimentierten oder vielleicht von einem anderen Planeten kamen oder zu irgendeiner Oberregierung oder einem kosmischen Militär oder sciencefictionartigen Big Brother gehörten«, erinnerte er sich. Höchstwahrscheinlich sind ja Krankenhaus-Settings für Studien über die subjektiven Wirkungen psychedelischer Substanzen einfach ungeeignet.

KAPITEL 35

Übernimmst du die Verantwortung?

Eine der Versuchspersonen in Strassmans Studie war Jim DeKorne, ein Gärtner aus New Mexico und viel gereister Psychonaut. Auf seinem hoch dosierten DMT-Trip sah er sich zu einer »Raumstation« hinfliegen: »Ich registrierte bewusst viele andere Wesen in der Raumstation – Roboter: androidenartige Geschöpfe, die ›aussahen‹ (all dies übersteigt ja die normale visuelle Beschreibbarkeit) wie eine Kreuzung zwischen Crashtest-Dummys und den Imperium-Truppen aus *Krieg der Sterne*.« Er öffnete die Augen – und erblickte den Arzt und die Krankenschwester als fremdartige Clowns mit riesigen wulstigen Lippen. DeKorne schrieb nach diesen Erfahrungen ein Buch, *Psychedelischer Neo-Schamanismus*, in dem er seine lang anhaltende Beziehung zu psychoaktiven Pflanzen und zu den Wesenheiten erforschte, denen er im von ihm so bezeichneten *Mind-Space** begegnete. DeKornes persönliche Untersuchung schamanischer Bereiche legt eine tiefere Einsichtsebene frei als Strassmans buddhistische/psychiatrische Normalo-Methode.

Am Anfang seines Buchs berichtet DeKorne mit lässigem

* »Heiterkeit, Gelassenheit und Frieden« oder … »zu blöd zum Kotzen«.

Humor mehrere Episoden aus seinem Leben, die »in der Sicht der mainstreamgemäßen Wissenschaft bestenfalls als abnorm oder paranormal und schlimmstenfalls als Täuschungen oder Schwindel« gelten würden. Bei einigen Fällen waren psychoaktive Chemikalien mit im Spiel; andere waren spontan auftretende Trance- oder Einsichtszustände. Er schildert einen LSD-Trip, auf dem er sich gezwungen fühlte, eine alte, bei ihm an der Wand hängende, mexikanische Machete zu ergreifen. Dann sank er auf die Knie, und eine Stimme in seinem Kopf fragte ihn immer wieder: »Übernimmst du die Verantwortung? … ÜBERNIMMST DU DIE VERANTWORTUNG?!!!« Er schrie »*Ja*« – »Ich war mir sicher, dass ich, wenn ich ›nein‹ gesagt hätte, auf der Stelle tot umgefallen wäre«, erinnerte er sich. In jener Nacht, nachdem er wieder vom Trip herunter war, hatte DeKorne einen Traum: »Meine Machete war vor mir, sie hing frei schwebend in einem reinen Leerraum grenzenloser Dunkelheit. Auf der Klinge waren hebräische Buchstaben in lebendigem Feuer. … Die Machete verschwand, und nur die feurigen Buchstaben verblieben frei schwebend in der Leere. Dann begannen sie, sich zu bewegen und sich in Lateinschriftzeichen umzuformen, um in Flammenlettern ›SEPHIROTH‹ zu buchstabieren.« DeKorne war kein Jude. Er hatte keine Ahnung, was »Sephiroth« bedeutete, und konnte das Wort auch in seinem Wörterbuch nicht finden. Zwei Wochen später, als er sich unverbindlich in einem Buchladen umsah, ging er ein Glossar okkulter Ausdrücke durch und las: »Sephiroth: Die zehn Emanationen Gottes in der jüdischen Kabbala.« Er war perplex; er hatte zuvor nur ganz vage von der Kabbala gehört.

Er erfuhr, dass diese Begegnung dem »siebzehnten Pfad am Baum des Lebens« entsprach, wenngleich er nie sämtliche Implikationen entwirrte. Das Bild von einem Schwert, die Vorstellung von einem Scheideweg und die Droge Mutterkorn – die Quelle von LSD – waren damit verknüpft. Später las er Stanislav Grofs

Text über die LSD-Therapie und stieß auf folgende Bemerkung: »Mit der Kabbala nicht vertraute Personen haben Erlebnisse, die im Sohar und Sefer Jezira [zwei klassische kabbalistische Texte] geschildert werden, und zeigen eine überraschende Vertrautheit mit kabbalistischen Symbolen.« Wie Robert, der Pflanzenschamane, hatte DeKorne eine angeborene Hinlenkung zu schamanischer und mystischer Erforschung entdeckt, als ob sein Unbewusstes selbst eine Zugkraft besäße oder er mit irgendeinem Restbestand aus einem früheren Leben in Verbindung träte.

Seine Erlebnisse brachten ihn dazu, sich eine jungianische Auffassung vom kollektiven Unbewussten und von einem inneren Selbst, das die Zwänge des Ich transzendiert, zu Eigen zu machen. Sein eigenes Leben lehrte ihn, dass »die menschliche Psyche das körperliche Dasein transzendiert und wir daher multidimensionale Wesenheiten sein müssen. ... Das Ich ist nicht das Zentrum der Psyche, sondern nur der raumzeitliche Anteil an einer größeren Wirklichkeit, die sich aus dem entfaltet und enthüllt, was das Ich als sein eigenes Unbewusstes wahrnimmt.«

Wie McKenna akzeptiert DeKorne die schamanische Karte vom Kosmos; nach diesem Modell ist die Welt physisch-materiellen Daseins eine »mittlere Welt« zwischen den oberen und unteren Reichen, zu denen man über veränderte Gemütszustände, Intuitionen und Träume Zugang hat. Es fällt uns leicht zu begreifen, wie ein nulldimensionaler Punkt zu einer eindimensionalen Linie wird, wie eine Linie sich zu einer zweidimensionalen Ebene ausdehnt, und wie eine Ebene so erweitert wird, dass daraus ein dreidimensionaler Würfel wird. Genauso wie die Zeit eine zusätzliche Dimension ist, die sich aus dem Raum hinaus erstreckt, sind die »Reiche des Imaginalen«, oder der »Mind-Space«, reale Sphären, die sich aus der Bewusstseinsdimension hinaus erstrecken. »Der Schamane ist eigentlich ein personales Ich, das gelernt hat, wie es mit seiner Quelle im Mind-Space (Jungs kollektivem

Unbewussten) wieder in Verbindung treten kann«, schreibt er. Der Erforscher des »Mind-Space« entdeckt zuerst eine Landschaft, die Wesen und Artefakte umfasst, welche mit seiner eigenen Geschichte zusammenhängen, aber in diesem neuen Land begegnet er auch »anderen«, extradimensionalen Wesenheiten. Die Gnostiker hatten eine Bezeichnung für dieses innere Königreich spiritueller Wesen. Sie nannten es die Pleroma, ein griechischer, später von Jung verwendeter Ausdruck für Fülle oder Überfluss.

Sobald Sie einmal den schamanischen Dimensionen begegnen, erkennen Sie klar, dass diese anderen Bereiche ihre eigene Ökologie, ihre eigenen Hierarchien und ihre eigene Funktionslogik haben müssen. DeKorne examiniert die von Amazonasschamanen, tibetischen Buddhisten, Renaissance-Alchemisten und der westlichen okkulten Philosophie Aleister Crowleys bereit gestellten Denkmodelle in dem Bemühen, die den Psychokosmos regulierenden Gesetze zu begreifen. Jede mystische Tradition postuliert die Existenz von Geistern oder Gottheiten, die die Aufmerksamkeit und den Glauben der Menschen zu erzwingen suchen. In den Upanischaden lautet die Bezeichnung für derartige Wesenheiten »Devas«. Der hinduistische Text konstatiert: »Wenn nun ein Mensch eine andere Gottheit verehrt in der Meinung, die Gottheit sei eines und er ein anderes, dann weiß er nicht Bescheid. Er ist wie ein wildes Tier für die Devas.« Der gnostische Ausdruck für derartige Wesenheiten lautet »Archonten«. Die Gnostiker gingen davon aus, dass die Archonten von der menschlichen Seele, »dem Tau von oben«, leben und versuchen, die Menschen in der gefallenen Welt der materiellen Wirklichkeit und Unwissenheit gefangen zu halten. DeKorne äußert die Ansicht, dass diese »ultraterrestrischen Wesenheiten« von menschlichem Glauben und menschlichem Willen ernährt werden: Da sie »Monaden im Reich des Imaginalen« sind, »sucht jeder einzelne Archon, sich selbst zu bewahren, und wird, wie sich wohl denken lässt, alles sagen oder tun, was erforderlich ist, um unsere Aufmerksamkeit und Verehrung zu gewinnen. … Ohne Verehrung verhungert ein Gott und wird von irgendeiner anderen Wesenheit absorbiert (gegessen).«

»Wer kann behaupten, dass Glaube keine Energieform ist, kein Nähr- oder Treibstoff, der in abstrakteren Daseinsbereichen von Wesenheiten verwendet wird, die wir schon immer als Götter wahrnehmen?«, fragt er. Wenn in den Köpfen schizophrener Patienten Stimmen sprechen, dann fordern diese sehr häufig absonderliches Verhalten oder Selbstaufopferung. Ähnlich sprechen im New-Age-spezifischen Channeler-Kulturkreis die gechannelten Wesenheiten oft in herablassendem und forderndem Ton. »Diese gefühllose und arrogante … Einstellung der Archonten ist nur natürlich …, wenn wir ihr Verhalten damit vergleichen, wie wir in unserer eigenen Dimension mit Nahrung umgehen.« Niemand, nicht einmal der weichherzigste Vegetarier, fragt nach den Gefühlen einer Kartoffel, bevor er sie verschlingt.

Dieser Standpunkt ähnelt dem des Mystikers Gurdjieff, der glaubte, alles, auch psychische Prozesse und Gedanken, sei eigentlich eine Materialform – und alles Material sei, bis zu einem gewissen Grade, empfindungsfähig. »Alles ist auf seine eigentümliche Weise intelligent und bewusst«, sagte er. »Der Bewusstseinsgrad entspricht dem Dichtegrad oder der Geschwindigkeit der Schwingungen. Je dichter die Materie ist, desto weniger bewusst ist sie.« Nach dieser Anschauung gebraucht der Kosmos ein System »reziproker Erhaltung«, bei dem jede Seinsstufe sich von den unter ihr positionierten Wesen ernährt. Die empfindungsfähigen Menschenseelen erhalten die mit höherer Schwingung begabten Demiurgen über ihnen.

DeKornes Buch »hält fest am schamanischen Denkmodell von multiplen, mittels menschlichen Bewusstseins zugänglichen Dimensionen, in denen dissoziierte Intelligenzen sich an menschlichen Glaubenssystemen satt futtern, so wie wir Rinderhack essen«, schreibt er. »Es ist für diese Wesen vorteilhaft, uns in Unkenntnis über ihre Agenda zu halten; sie würden die unabhängige Existenz einbüßen, wenn wir es vorzögen, selbst Götter zu werden, indem wir *ihre* Energie verschlängen statt sie unsere.« Durch schamanische Erforschung können Menschen lernen, Partner solcher imaginalen Wesenheiten, ja vielleicht mit ihnen Gleichgestellte zu werden, statt ihnen bloß als Nahrungsergänzung zu dienen. »Daraus folgt, dass der bedachtsam gezielte Gebrauch irgendeiner psychedelischen Droge ein selbst-integrierender, selbst-ermächtigender Katalysator ist. Auf diese Weise können die Götter (Devas, Archonten, Geister, Gefüge fester Überzeugungen etc.) nicht unsere Verehrung erzwingen – wir erzwingen die ihre in Form gesteigerter persönlicher Macht.« Schamanismus, das Besuchen und Besichtigen andersartiger Wirklichkeiten, lehrt uns insbesondere eines: dass wir aus den Kinderschuhen rauskommen, erwachsen werden und unsere eigene Wirkungsmächtigkeit im Reich des Imaginalen sowie auch der »wirklichen Welt« der physikalisch-materiellen Realität in Anspruch nehmen müssen.

Ich schätze DeKornes Buch unter anderem deshalb so sehr, weil er offenbar nicht nur die schamanischen Dimensionen, sondern auch in entscheidender Hinsicht die Funktionsweise der »wirklichen Welt« genau umschreibt. In unserem Leben haben Überzeugungen ganz offenkundig eine unabhängige Energie und Lebensfähigkeit. Feste Überzeugungen erzwingen Anhängerschaften und beginnen, von Wirt zu Wirt springend, ein Eigenleben zu führen. Die bei der Beherrschung unserer Welt wirksamen Glaubenssysteme – ob sie nun »Patriotismus«, »marktwirtschaftlicher Kapitalismus« oder gar »Hochkultur« heißen – verhalten sich wie bedenklich unabhängige Kräfte, sich selbst vorwärts treibende Viren oder wie Demiurgen, Devas oder Archonten. Sowohl Gurdjieffs Philosophie als auch die psychedelische Erfahrung deuten darauf hin, dass wir das Niveau unserer Selbst-Bewusstwerdung erhöhen und uns jeglicher Identifikation mit irgendeiner äußeren Wirkungs- oder Machtinstanz verweigern müssen, wenn wir spirituell wachsen wollen. Vielleicht funktionieren unsere Glaubenssysteme und sogar unsere sozial konstruierte Persönlichkeit, unser Ich, wie Isolierschichten, die es abzustreifen gilt, sofern wir darauf aus sind herauszufinden, was wir werden können.

TEIL VIII

Unfassbare Neue Welten

Es gibt verschiedenartige Geister,
je nachdem, worüber sie herrschen;
einige von ihnen regieren den Empyreischen Himmel,
andere das Primum mobile,
andere die Erste und Zweite Kristallsphäre,
andere den Sternenhimmel;
es gibt auch Geister des Saturnhimmels,
die ich Saturniten nenne; es gibt jupiterische,
marsische, solare, venusische,
merkurische und lunare Geister;
es gibt auch (Geister) in den Elementen sowie
gleichfalls am Firmament;
es gibt welche in der Feurigen Region,
andere in der Luft,
andere im Wasser und andere auf der Erde,
die allesamt jenem Menschen Dienst leisten können,
der ihre Natur erlernt und sie anzulocken versteht.

Schlüssel Salomos/Clavicula Salomonis

KAPITEL 36

Nicht für menschlichen Verzehr

Ich lernte Dave in Palenque kennen. Er hatte eine Firma gegründet, die Chemikalien zur experimentellen Forschung vertrieb; sie trugen zwar die Aufschrift »nicht für menschlichen Verzehr«, aber die meisten davon konnte man auf den letzten Seiten von Sasha Shulgins Büchern finden. Eines Tages, als ich am Pool saß, hörte ich Dave erzählen, wie er studiert hatte, um Priester zu werden, aber das Studium abbrach, um den Masseurberuf zu ergreifen. Auf irgendeinem verschlungenen Pfad – eine typische, verwickelte amerikanische Odyssee – machte er seinen Weg von der Miami-Beach-Yachtszene zu Psychedelika und der vordersten Front der Bewusstseinserweiterung. In Palenque schlug mir Dave vor, mich doch seiner Privatforschungsgruppe anzuschließen, und gab mir offenherzige und kostengünstige Einführungen in das Wesen einiger neuartiger Chemikalien sowie auch seinen regulären Katalog wenig bekannter und behördlich nicht erfasster Verbindungen. (Aus Angst vor verstärkter staatlicher Überwachung sollte er dann einen Tag nach den Terroranschlägen vom 11. September seine Firma schließen, obwohl sein Geschäft nicht eindeutig illegal war.)

Wieder zurück in New York, bestellte ich ein paar Sachen aus seinem Katalog. Sie kamen bei mir zu Hause in gewöhnlichen Umschlägen an, die mit einschüchternden chemischen Bezeichnungen beschriftet waren. Für 125 Dollar kaufte ich ein Gramm gelbliches Pulver namens DPT, Dipropyltryptamin, ein chemischer Vetter von DMT, bei dem Methyl durch Propyl ersetzt ist.

Propyl und Methyl sind einfache Kohlenstoffverbindungen, zwei von den Bausteinen organischer Materie. Es gibt beispielsweise Methylalkohol, Holzgeist, und Propylalkohol, Reinigungsalkohol. Gasförmig gibt es Propan und Methan. Das Tryptaminmolekül ist der Baustein vieler Neurotransmitter und vieler psychoaktiver Verbindungen. Serotonin ist ein Tryptamin. So weit ich feststellen kann, kommt DPT, im Gegensatz zu DMT, nicht in der Natur vor, das heißt, es war erst vorhanden, als es vor wenigen Jahrzehnten in einem Labor synthetisiert wurde. Während DMT, eine endogene, körpereigene Chemikalie, von MAO-Enzymen erkannt und sofort neutralisiert wird, ist das bei DPT, einem neuartigen Chemomix, nicht der Fall. Direkt geschnupft oder geschluckt, überschreitet es daher die Blut-Hirn-Schranke. Aber der erstaunlichste Aspekt der beiden Chemikalien ist, dass sie trotz ihrer Ähnlichkeit völlig verschiedene Welten enthüllen. Warum ist das so?

In Shulgins Buch und im Internet fand ich Berichte über DPT-Trips. Einige charakterisierten die Wirkungen als Furcht erregend: »Das ganze Universum fällt auseinander, alle Farben in spannungsgeladener Luft strudeln in ein Mandala, weggeputzt für immer. Das war's, die Welt ist vorüber.« Andere hatten nach dem Rauchen der Droge das Gefühl, sie drängen zum ersten Mal ins »klare Licht« Gottes ein. Eine andere Schilderung war narrativer: »Ich wurde von einem weisen alten Mann geführt; ich weiß, dass es Gott war. … Man überreichte mir eine Thora, die ich bei mir tragen sollte, als Zeichen, dass man mich aufgenommen und mir vergeben hatte und ich heimgekommen war.« Shulgin erwähnte auch eine Glaubensgemeinschaft in New York, den Temple of the True Inner Light, die DPT als ihr Sakrament verwendet. Offensichtlich war DPT ein kapitaler Hirnumkrempler. Ich steckte den dünnen Umschlag mit dem Pulver in den Kühlschrank; dort lag er monatelang.

Ich bin oft hin und her gerissen zwischen dem Wunsch nach neuartigen und intensiven Zuständen veränderten Bewusstseins und ängstlicher Besorgnis. Wenn Sie durch eine Zugangspforte zu dem gehen, was eventuell tatsächlich eine andere Dimension ist, gibt es keine Garantie, dass Sie als genau dieselbe Person wieder auftauchen werden, die Sie vorher waren. Nach Ihrem ersten ernsthaften LSD- oder Pilz- oder DMT-Trip sind Sie wirklich keinesfalls mehr ganz der- oder dieselbe – Sie haben eine alternative Sicht auf Ihre Psyche bekommen, Ihr Weltbild ist relativiert worden. Sie können den Rest Ihres Lebens damit verbringen, die Erinnerung zu verdrängen, aber sie ist in Ihnen trotzdem vorhanden. Nach DPT verstand ich, was Don Juan Castaneda sagte: »Wir sind Menschen, und unsere Bestimmung ist es, zu lernen und in unfassbare neue Welten geschleudert zu werden.«

Psychedelika sind Katalysatoren für Umwandlung, und wenn Sie sie nehmen, müssen Sie bereit sein, sich umzuwandeln. Unsere Gesellschaft scheint sich rasch zu verändern, aber die psychedelischen Reiche bewegen sich mit ungeheurer Geschwindigkeit fort. Sie lassen die Errungenschaften unserer gegenwärtigen Technologie tragisch antiquiert erscheinen. Freilich sollte man diese Chemikalien weder dämonisieren noch bagatellisieren, aber ebenso wenig lassen sie sich auf therapeutische Hilfsmittel reduzieren. Sie sind mächtiger als unsere Kategorien. Eines Tages helfen sie uns ja womöglich, eine Wissenschaft des Geistes zu etablieren. Im Moment können wir nur eines mit Sicherheit sagen, nämlich dass man sie mit größtem Respekt behandeln sollte. Es ist ratsam, dass Sie in Bezug auf Dosierungen und Reaktionszeiten mit wissenschaftlicher Pingeligkeit vorgehen, nach besten Kräften abklären, was die Chemikalie bei Ihnen bewirken wird, und warum Sie sie nehmen. Da ich nicht genau wusste, was DPT war, oder was ich mir davon erwartete, kaufte ich es und ließ es dann unschlüssig-scheu in Ruhe.

Mein vorsichtiger Widerstand gegen die DPT-Lockung endete dann schließlich eines Nachts, nach einer Party. Zum ersten Mal seit Monaten war ich betrunken. Ich war mit zwei alten Freunden zusammen, Zwillingsbrüdern, die erpicht darauf waren, das DPT in meinem Kühlschrank zu probieren. Jeder von uns schnupfte eine Linie, und für mich ergab sich ein interessantes Desaster. Ich war sowohl betrunken als auch auf dem Trip. Einerseits war die Welt ein wirres Durcheinander; andererseits sah ich sie mit messerscharfer Präzision und in den kräftigsten Farben. Wenn ich die Augen schloss, sah ich mehrfarbige, dreidimensionale Dreiecke in einem unergründlichen Raum rotieren. Im Nachhinein wurde mir klar, dass ich dummerweise Alkohol benutzt hatte, um meine DPT-Angst zu überwinden, so wie ich mir früher Mut antrank, um junge Frauen in Bars anzusprechen. Ich mochte DPT nicht. Der DPT-Bereich kam mir eisig, vernichtend vor. Ich sagte meinen Freunden immer wieder: »Das ist böse. Das soll man nicht erforschen. Das ist der falsche Zugang.« Im Rückblick glaube ich nicht, dass ich auf diesem Trip den DPT-Bereich erforschte. Ich glaube vielmehr, dass das DPT-Reich seinerseits mit der Erforschung von mir begann.

Weil sich diese Geschichte nicht bloß um Chemikalien, sondern um okkulte Entsprechungen und psychische Geschehnisse dreht, will ich erwähnen, dass wir später in dieser Nacht in eine Bar gingen und dort mit den Leuten neben uns zu reden begannen. Aus irgendeinem Grund sprach ich über das Endzeitalter und 2012, die Prophezeiungen der Hopi und Maya. Eine Frau in unserer Runde schilderte einen lebhaften Traum, den sie im

Teenageralter hatte und der sie seitdem immer begleitete: »Ich war in einem Raumschiff voller Leute. Wir hoben von der Erde ab. Ich schaute auf die Erde zurück, und da war eine braune Kruste, wo vorher das Land war. Wir schossen ins All und flogen eine lange Strecke. Dann erschien uns ein Engel. Er sagte, dass Gott beschlossen habe, die Erde zu verjüngen, obwohl wir sie zugrunde gerichtet hätten. Er werde noch einmal beginnen, sie rundweg ganz von vorn schaffen. Wir würden vorläufig in der Vorhölle warten müssen. Und er deutete auf einen weit ausgedehnten grauen Raum, wo bereits viele Menschen warteten. Wir mussten das Raumschiff verlassen, um dorthin zu gehen.«

Ein paar Monate verstrichen, bevor ich DPT neuerlich probierte.

In der Zwischenzeit nahm eine weitere neue Freundin aus Palenque meine Einladung an und kam nach New York. Das war Charity, die Feuertänzerin. Vierundzwanzigjährig, erfahren in Tarot und Ritualmagie, Berufsstripperin, war sie die unerschrockene und pixieartige* Verkörperung der neuen Kultur, die ich auf Burning Man vorgefunden hatte. In Mexiko sagte ich ihr, ich könnte ihr in New York eine kostenlose Bleibe besorgen, und sie trampte die ganze Strecke von Palenque zusammen mit ihrem Kater Prometheus, indem sie sich auf Fernfahrer-Raststätten Trucker suchte, die sie mitnahmen. Im Gegensatz zu mir hatte Charity keine Angst vor neuartigen Psychedelika. Sie führte eine Liste sämtlicher Drogen, die sie probiert hatte, und die Zahl stand schon bei dreiundvierzig. Ich sagte ihr, ich hätte diesen DPT-Stoff da, und natürlich wollte sie ihn probieren.

Eines Abends nahmen Charity und ich bei mir zu Hause DPT – abermals musste ich eine starke anfängliche Abneigung überwinden. Schließlich füllte ich etwas von dem gelblichen Pul-

* Wörtl.: *geistiger/innerer/gedanklicher Raum* oder *Geistraum.*

ver in eine Pillenkapsel und schluckte sie, erzielte aber keine Wirkung. Sie schnupfte eine Linie und fiel fast augenblicklich in Trance. Als ihr Trip vorbei war, sagte sie mir, ich müsse versuchen, es zu schnupfen. Sie habe unglaubliche Dinge gesehen.

Manchmal hat man auf dem Trip den Eindruck, dass sich das gesamte psychische Material, das in den vorausgehenden Stunden und Tagen herumwirbelte, zusammenzieht wie von einem Magneten galvanisierte Partikel und die Reise in eine bestimmte Richtung treibt. Diese Einflüsse können einem wie die karmische Spur irgendeiner umfassenderen Grundstruktur oder unbewussten Absicht vorkommen. Kurz zuvor in jener Nacht hatte Charity mir über die »Seelenvampire« erzählt, die die Straßen von San Francisco durchstreiften, einige von ihnen obdachlose Hippies, die Schwingungen von Fremden auffangen, die Betreffenden anreden und ihnen die Energie aussaugen würden. Ich machte mich darüber lustig. Wir unterhielten uns auch über die Bücher von Zecharia Sitchin, der durch seine gelehrte Forschungsarbeit zu der Überzeugung kam, dass vor langer Zeit ein Geschlecht außerirdischer Riesen die Menschen erschaffen habe, damit diese ihnen als Sklaven dienten – eine Variation über den aus dem Gnostizismus stammenden Gedanken von den »Archonten«. Sitchin war der Ansicht, die Grausamkeit des Aliengeschlechts, das uns erschuf, übersteige unser Vorstellungsvermögen.

Charity machte auf dem Tisch mit einer Rasierklinge zwei große Linien von dem DPT zurecht, und ich schnupfte eine. Das Pulver brannte in meinen Nasengängen. Bitterer Rückstand tröpfelte mir hinten im Rachen hinunter. Ich streckte mich auf dem Sofa aus. Ich schloss die Augen und ging ins DPT-Reich hinein.

Wir lauschten launischer Technomusik. Mit jedem Wechsel im Beat, mit jeder fahrig schlitternden Sequenz gesampleten Lärms sah ich vor mir einen nagelneuen und äußerst detaillierten dämonischen Bereich in hauchdünnen kobaltblauen, scharlachroten, purpurnen Farbtönen wirbeln. Ab und an, Momente lang, schien in den geräumigen Salons eines riesigen und opulenten herrschaftlichen Wohnhauses eine unglaublich elegante und doch hitzig orgiastische Party stattzufinden, mit wunderschönen Frauen in Abendkleidern und Männern in edwardianischen Überziehern. Dann wieder, intermittierend, schienen fledermaus- oder schmetterlingsflügelige Geschöpfe – lange und zitternde Fühler, Samtbälge und Smaragdaugen, Stilettklauen – in anderweltliche Himmel, herumschweifende futuristische Städte emporzusteigen. Ich hatte den Eindruck kolossaler Eitelkeit. »Ich« wurde da als Spiegel benutzt, zur Selbst-Bewunderung der DPT-Wesen. Aber ihr Reich ging in seiner Umbildungsgeschwindigkeit, seiner vibrierenden quecksilbrigen Schönheit weit über das hinaus, was sich in unserer Sprache ausdrücken lässt.

Die enthüllten Welten glichen endlosen Facetten eines sich schnell drehenden Diamanten – meinem Gespür nach bestand die reale Möglichkeit, dass ich im Innern irgendeiner dieser Facetten, einer Art Seelengefängnis, für immer und ewig eingeschlossen wurde. Das war das Entsetzliche daran. Ähnlich wie beim Rauchen von *Salvia* hatte ich das unbestimmte Gefühl, dass irgendein Teil von mir schon immer in diesem barbarisch-grausigen DPT-Gefängnis festsaß, ewig dort eingeschlossen. Irgendwie begriff ich, dass dies nicht mein erster Besuch war und auch nicht mein letzter.

Ein Flackern lang oder für immer war ich in einer postmodernen Bar eingesperrt, umgeben von schimmernden Spiegeln, mit einem hyperglatten Salonlöwen, der eine weiße Mohawkfrisur hatte und synthetische Stoffe trug. Er saß an der Theke und trank einen Highball. Es gab in diesem Raum keine Türen oder Fenster, kein Entkommen. Die Grafik dieser Vision war hochauflösend und absolut perfekt. Andere Bruchstücke des DPT-Bereichs hatten gleichfalls diese Sciencefictionqualität. DPT war ein postmodernes dämonisches MTV-Psychedelikum.

Das geschmeidige, rhythmische Maschenwerk der Musik schien in das gespenstische Gewebe der Dunkelheit hineingewoben zu sein; hinter meinen Augenlidern kam die Enthüllung finsterer Kräfte in Schwung.

Ähnlich wie bei DMT ging das Niveau der visuellen Durchstrukturierung des DPT-Bereichs weit über alles hinaus, was die synaptische Verschaltung meines Gehirns hervorbringen konnte – er war, auf seine besondere pfauenfederige Art, nicht bloß so wirklich wie diese Wirklichkeit, sondern weit wirklicher, und es knisterte vor Power. Ich spürte, dass die mein Denk- und Empfindungsvermögen erforschenden Wesenheiten mich irgendwie verachteten, uns Menschen, die wir in unserer erbärmlich unbedarften Sphäre, unserem Fleischbereich, eingeschlossen sind, gering schätzten. Ihre Reaktion auf unser unbefugtes Eindringen lag offenbar irgendwo zwischen Irritation und Empörung.

In schamanischen Kulturen ist das Einnehmen entheogener Substanzen stets mit einem Ritual verbunden. Ein Schutzkreis wird geschaffen, die vier Richtungen werden angerufen, die Geister durch eine Darbringung von Tabak und Gebet um ihren Segen ersucht. Da wir ein chemisches Pulver in einer modernen New Yorker Wohnung schnupften, eine Chemikalie ohne lange Geschichte menschlichen Gebrauchs, kam uns überhaupt nicht der Gedanke, solche Vorkehrungen zu treffen. Ich war neidisch auf Charity, weil es ihr gelang, die Küchenspüle zu erreichen und sich zu erbrechen. Sie übergab sich vier- oder fünfmal hintereinander – später sagte sie, dass sie in der Spüle eine männliche Wesenheit sah, mit einer Vorrichtung oder Maschine, die er benutzte, um die Energie, die sie von sich gab, aufzusaugen, wobei er höhnische Bemerkungen über sie machte. Der Dämon verriet ihr seinen Namen, aber der war ihr entfallen. Ich konnte nicht brechen. Ich hatte das Gefühl, dass es mir endgültig und vollständig gelungen sei, mich selbst zu zerstören. Ich war überzeugt, dass ich mich von diesem heftigen Angriff nie mehr erholen würde. Ich torkelte zum CD-Player und stellte die Musik auf Bach um; das half ein wenig. Vor meinen geöffneten Augen schien Transformationsenergie alles zu überkriechen, aufzuckend und abebbend wie Wellen empfindungsfähiger Energie – vampirischer Strom. Meine Hände sahen wie aus Draht gefertigte Greifer aus und fühlten sich auch so an. Als ich auf dem Ayahuasca-Trip die Augen öffnete, spürte und sah ich gleichfalls Energie, die sich wie eine Wellenform fortbewegte, aber sie war irgendwie menschlicher. Hier war die Geschwindigkeit der Wellen viel schneller und zudem brutaler als das *Yagé*-Geloder. Was ich da erlebte, war völlig säugetierfremd, futuristisch, menschenfeindlich.

Schlagartig war nicht nur offensichtlich, dass es so etwas wie eine Seele gab, es war auch klar, dass ich Gefahr lief, die meine auf Dauer zu verlieren.

Irgendwie erfasste ich, dass das DPT-Reich sich über einen unerhört langen Zeitraum hin entwickelt hatte – in Millionen Jahren, wenn Zeit für seine Bewohner in etwa dasselbe bedeutet wie für uns. Mir wurde klar, dass es diabolische Hierarchien gibt, geheime Intrigen, gewaltige Archive der Verruchtheit, die jahrtausendelange Studien erfordern. Es lag auf der Hand, dass wir kleinen Menschen absolut keine Ahnung haben, was im Kosmos vor sich geht. Das Wort *barock* bezeichnet nicht einmal ansatzweise die schale Hohlheit und erhabene Schönheit dieses entschwindenden Imperiums. Ein kleines bisschen ähnelt es den in gedämpftem Kerzenflimmer aufscheinenden Welten, die man unter Hasch- und Opiumeinfluss sieht, ist aber in perfekter Festkörper-Realität herausgearbeitet – mehr als fotografisch genau. Die souveräne Geschmeidigkeit der DPT-Dimension war unglaublich.

Schon etwa eine halbe Stunde auf dem Trip, nachts nach drei, rief ich meinen Freund Tony an.

»Das ist totale Magie, totale Zauberei. Ich seh' zu, wie sich endlose barbarisch-grausige Dämonenuniversen gegenseitig spiegeln«, stammelte ich. »Wenn jemand hier heimisch werden könnte, lernen könnte, die Dinge hier zu steuern, dann könnte er eine so große Kraft gewinnen, dass er einfach direkt durch die Wände vom Weißen Haus spazieren, einfach alles tun könnte, aber das würde nichts ausmachen, weil er ja schon Bestandteil einer derartigen uralten Verschwörung wäre.« Ich hatte begonnen, in der ganzen Wohnung hin und her zu laufen, und stellte beim Herumgehen fest, dass ich die Arme in der Luft bewegte und manuelle »Ableitungen« machte, die den in Castanedas Werk beschriebenen schamanischen Gesten glichen. Auf diese Gesten kam ich intuitiv. Mit ihrer Hilfe ließ sich das überwältigende Gefühl, einer Attacke ausgesetzt zu sein, halbwegs eindämmen.

»Daniel, fall nicht darauf rein. Das ist bloß Samsara«, sagte Tony. Seine Stimme war ein mildernder Rettungsanker. Er lachte über mich und versuchte, mich zu überzeugen, dass der Trip bald enden würde, dass ich nicht auf Dauer abserviert, hingerichtet war. Er sagte mir, ich hätte eigentlich wissen müssen, was ich da machte, schließlich hätte ich ja DPT nach meinem ersten Versuch als »böse« bezeichnet.

»Was ist das für eine Musik, die da bei dir im Hintergrund läuft?«, fragte er.

»Bach«, sagte ich ihm. »Es ist das Einzige, was mich zusammenhält. Vielleicht sind sie deswegen hier; die Dämonen fühlen sich zu der Musik hingezogen. Sie strömen hier herein, um ihr nahe zu sein.«

»Also, das ist hübsch«, sagte er.

»Da ist nichts Hübsches dran!«, kreischte ich ihn an. »Sie zeigen nur blanke Verachtung. Wir sind ihnen scheißegal; wir sind ihre Marionetten.«

Aber zu diesem Zeitpunkt begann der Trip sich abzuschwächen. In wenigen Minuten waren Charity und ich wieder einmal zurück in dieser wundervollen Stabilitätsillusion, die wir »Wirklichkeit« nennen. Ich fühlte mich unerhört erleichtert. »Mann! Ich kann's nicht glauben«, sagte ich zu Tony. »Die Wirklichkeit ... das ist eindeutig was Gutes!«

Aber in den nächsten paar Tagen erfuhr ich, dass ich eigentlich nicht ganz in der Wirklichkeit zurück war, oder falls doch, dann war es eine neuartige, übermäßig aufgeladene.

Ich sollte eigentlich am folgenden Tag abreisen, um mich mit meiner Freundin in Berlin zu treffen. Am Vormittag präsentierte mir mein Travel Agent ein erschwingliches Last-Minute-Ticket. Im Flugzeug saß ich neben einer schwarz gekleideten Deutschen. Ich las *The Invisible Landscape* von Terence und Dennis McKenna, und ich bemerkte, dass sie offenbar bestürzt war, nachdem sie über meine Schulter hinweg irgendetwas auf dem hinteren Einbanddeckel gelesen hatte. Sie hatte das Wort *Schamanismus* entdeckt. Auf halber Flugstrecke erzählte sie mir, sie träume seit mehreren Monaten immer wieder, dass zwei nordamerikanische Indianer, ein Paar, in ihr Haus kämen und ihr sagten, dass sie zur Schamanin bestimmt sei, dass sie sich eigentlich nicht verheiraten dürfe. Sie sei dazu bestimmt, sich voll und ganz dem Schamanismus zu widmen. Die Träume stellten sie vor ein Rätsel. Sie hatte nie über Schamanismus nachgedacht und hatte wenig Ahnung, worum es sich dabei handelte. »Verstehen Sie was davon?«, fragte sie.

Ich versuchte, das Wesentliche des Schamanismus zu erläutern, und nannte ihr die Titel einiger Bücher, die sie lesen sollte. Ich sagte ihr auch, was ich glaubte, was ich von Robert erfahren hatte: »Die Indianerkulturen sind fast ausgelöscht, aber Schamanismus ist ein fundamentales menschliches Phänomen, das mit der Erde verknüpft ist. Eben jetzt suchen die Schamanen der Vergangenheit nach geeigneten Personen, die die Traditionen fortführen können. Sie haben sich auf Sie als eine mögliche Kandidatin konzentriert. Sie können beschließen, dem zu folgen, oder es ignorieren, aber ich empfehle ihnen unbedingt, sich kundiger zu machen, bevor Sie eine Entscheidung treffen.«

Die Frau hatte einen Stammesanhänger um den Hals – darauf war ein Muster von blitzähnlichen, um einen zentralen Kreis angeordneten Zickzacklinien – und ich fragte sie danach. »Irgendjemand gab mir das an einem Strand in Mexiko«, sagte sie. »Man sagte mir, es sei ein Schutzsymbol der Navajo.«

Ich bin nicht der Ansicht, die Welt sei als paranoide Verschwörung konfiguriert, die darauf angelegt ist, meinen wildesten Fantasien zu entsprechen. Doch ich hatte eine intuitive, unheimliche Empfindung, dass mir dieses Symbol geschickt worden war – um mir zu zeigen, dass ich irgendwie beschützt wurde, dass ich durch einen Prozess geführt wurde. Obwohl ich fast ausflippte, musste ich darauf bauen, dass der Prozess gut war. In schamanischen Kulturen gelten Synchronizitäten einhellig als Zeichen, dass man sich auf dem richtigen Weg befindet.

Ich war in Berlin, weil Lauras Vater überraschend an Krebs erkrankt war. Die ganze Familie kam übers Wochenende zusammen. Da Laura schwanger war und später nicht würde reisen können, blieb sie mehrere Wochen lang bei ihren Eltern.

Immer wenn man mich allein ließ, ging ich ganz unwillkürlich im Haus herum und machte wieder die Ableitgesten. Ich befürchtete, mich in einen Zwangsgestörten zu verwandeln, aber ich konnte die Gesten im Zaum halten, wenn andere Personen in der Nähe waren. Nachts schlief ich kaum.

Mit geschlossenen Augen schaute ich zu, wie sich lebhafte Bilder in kleinen filmischen Endlosschleifen entfalteten. Ich sah eine riesige Feuersäule, die aus der Mitte von Stonehenge emporschoss. Ich stellte mir vor, dass ich in die Flammensäule hineinging, ausgetilgt und ins All hinaufgeschossen wurde. Das tat mir innerlich so wohl, dass ich es wieder und wieder machte. Dann sah ich die von korallenroten und schwammartigen Gewächsen überwucherte Oberfläche eines anderen Planeten. Ein blöde grinsender Alien stand neben einem der Schwämme, und er floss immerzu durch die organischen Falten der Pflanze, um sich dann wieder zusammenzusetzen. Er und die Pflanze waren in magischer Symbiose verschmolzen.

Schließlich schlief ich ein. Ich träumte von einem im Wald stehenden Jungen, der immer wieder aus vollem Halse brüllte: »Lang lebe die Ethnopharmakologie!«

In einer anderen Nacht hatte ich zwei äußerst lebhafte Träume, in denen ich von einem bärtigen Mann verfolgt wurde. In dem einen Traum gab ich eine Party in einem Apartment, in dem ich einmal gewohnt hatte. Aggressive Fremde kreuzten auf und stahlen meine Bücher aus den Regalen. Ein Bärtiger trat an mich heran.

»Ich hab' hier früher mal gewohnt«, sagte er.

»Wollen Sie wieder rein?«, fragte ich.

»Ja«, sagte er.

Wieder zurück in New York, fühlte ich mich immer noch sehr sonderbar – bitzelig und nicht-normal, mit einem Gesumm um die Schläfen. Es war meine zweite Nacht daheim, und durch den Jetlag war ich noch völlig aus dem Rhythmus. Zehn Minuten nachdem ich das Licht ausgemacht und mich schlafen gelegt hatte, fiel ein großer Spiegel im anderen Zimmer von der Wand und krachte laut mit der Vorderseite auf den Boden. Er zerbrach nicht.

Die ganze Nacht träumte ich, dass der Bärtige immer wieder mit einem Kissen auf meinen Kopf einschlug und dabei lachte.

Ich versuchte zurückzuschlagen, konnte aber keinen Treffer landen.

Als ich am Morgen wie gerädert erwachte, ging ich mir einen Joghurt aus dem Kühlschrank holen. Ich öffnete die fest verschlossene Silberbesteckschublade und langte nach einem Löffel. Direkt unter den Löffeln war ein großes und ominöses Insekt. Es ähnelte keineswegs einem New Yorker Insekt – es war geflügelt, honigbraun, mit einem langen geringelten Schwanz, und es wuselte rasch außer Sicht.

Ich schrie und knallte die Schublade zu.

Scheiße, dachte ich. Der DPT-Trip hatte einen aufgebrachten Poltergeist in meinem Domizil losgelassen. Wie konnte das geschehen? Ich habe nie an Poltergeister oder das Okkulte geglaubt oder mich auch nur im Mindesten dafür interessiert, aber die Anzeichen konnten nicht offensichtlicher sein. Plötzlich steckte ich mitten in etwas drin, wofür mir jeglicher Bezugsrahmen fehlte, worauf ich nicht vorbereitet war. Was hatte ich da angerichtet? Wieder einmal, wie schon oft zuvor, verwünschte ich mich wegen meiner Faszination für diese Chemikalien.

Ich wanderte panisch verstört herum. Ich ging ins East Village und setzte mich in ein Café. Unterwegs machte ich in einem tibetisch-buddhistischen Laden Halt. Ich fragte den Verkäufer, ob er irgendwelche Schutzsymbole habe, und erstand auf seinen Rat hin einen kleinen metallenen *Dorje*, das bei der Meditation benutzte tibetische Blitzstrahlsymbol. Ich fühlte mich noch immer bitzelig. Meine linke Schläfenregion prickelte, und meine linke Hand surrte sonderbar. Den *Dorje* fest in der Faust, rief ich Charity an und schilderte ihr die Lage.

»O Mann!«, sagte sie. »Wir müssen das Ding rausschmeißen, bevor deine Freundin mit dem Baby zurückkommt.«

Es stellte sich heraus, dass Charity aus der Zeit, wo sie in San Francisco Hexerei praktizierte (modernes Heidentum war ein weiteres Phänomen, das ich immer abgetan hatte), über Exorzismen und Wesenheiten gut Bescheid wusste. Sie hatte die ganze Strecke von Mexiko rauf einen kompletten Ausrüstungsbeutel voll magischer Utensilien mit sich herumgeschleppt, einschließlich einer großen und wunderschön glatten schwarzen Obsidiankugel, die ihr jemand in Palenque geschenkt hatte, sowie einiger Quarzkristalle. Mir war zwar bekannt, dass Quarz zu schamanischem Heilen, zur Wiederausrichtung von Energiemustern, verwendet wurde, aber ich wusste nicht, dass Obsidian, einschlägiger Auffassung zufolge, die Kraft hatte, negative spirituelle Energien zu absorbieren. »Diese Kugel ist absolute Spitze, sie saugt das ganze Zeug rundweg auf«, sagte Charity. Sie brachte auch Zeremonialkerzenhalter mit (kleine, schäbige Skulpturen von einer Katze und einem Elefanten, die für die Dauer der Zeremonie die ägyptische Göttin Bastet und der hinduistische Gott Ganesha wurden) sowie Aleister Crowleys elegante Tarotkartenversion. Ich traf mich mit ihr, und wir gingen wieder in die Wohnung zurück.

»Ich kann es schon spüren«, sagte sie, als wir in der Eingangshalle waren. Und es stimmte – die Luft in dem Gebäude schien elektrisch aufgeladen zu sein, im Aufzug noch stärker, und in der Wohnung war die Aufladung wie eine deutlich ausgeprägte physische Präsenz. Charity legte die Obsidiankugel in der Mitte des Wohnzimmers auf den Boden hin. Wir sahen beide erstaunt zu, wie die Kugel erst nach einer ungemein langen Zeitspanne zu zittern aufhörte und schließlich in immer kleineren Kreisen rotierte, bis sie zur Ruhe kam. Charity gestaltete ein schnelles Zauberritual, bei dem sie mehrere Male die Tarotkarten befragte. Auch über Tarotkarten hatte ich mir nie viele Gedanken gemacht, aber jetzt beobachtete ich, was mit ihnen passierte, als ob mein Leben davon abhinge – was ja, so spürte ich irgendwie undeutlich und benebelt, womöglich der Fall war.

Sie drehte eine Karte um, auf der überall Blitzstrahlen waren, »Schnelligkeit«. »Also werden wir schnell vorgehen«, sagte sie. Sie drehte »Glück« um, womit sich eine Besserung andeutete. »Vergeblichkeit« – mich verließ der Mut –, aber dieser gegenüber lag »Die Königin der Kelche«, meine Hofkarte. »Weil deine Karte ein Wasserzeichen ist, müssen wir was mit Wasser machen«, sagte sie und analysierte mithin fix die Sachlage wie ein mit einem maschinellen Problem konfrontierter Techniker. Sie tauchte die Obsidiankugel ausgiebig in Salzwasser, hielt sie dann in die Toilettenschüssel und spülte ein paar Mal.

»Schaff den Scheiß hier raus!«, befahl sie.

Am Ende des Rituals war die Atmosphäre in der Wohnung anscheinend verändert, gereinigt. Sie war, meinten wir, wieder sicher.

Sie war sicher bis später an jenem Abend, als ich von einem Besuch bei Tony heimkam. Abermals spürte ich, dass die Wohnung durchpulst war von einem elektrischen, okkulten Gesurr. Meine Schläfe und linke Hand begannen wieder zu surren. Ich hatte mich eben noch bei Tony scherzhaft darüber beschwert, dass die übernatürlichen Kräfte sich in derart handgreiflichen Manifestationen äußerten – einem herabfallenden Spiegel, einem großen Insekt. Es war alles so affig, so comicartig, ja kokett. Abermals war ich offenbar der Dumme, als ich im Bett lag und mich in immer hilfloseren Grusel und größere Panik versetzt fühlte.

Ich ging ins Wohnzimmer und setzte mich vor die Obsidiankugel. Ich nahm den *Dorje* in die Hand und psalmodierte ein bisschen – Nonsensworte, asiatisch klingend, insektoid, die, meiner Erinnerung nach, an die Secoya-Sprache gemahnten, kamen mir in den Sinn, und ich rief sie aus. »Tsching! Tsching! Gada-tsching! Gada-gada-tsching!« Ich klopfte mit dem *Dorje* auf die harte Rundung der Obsidiankugel, hielt sie dann in meinen offenen Händen und schaute in ihre schwarze, polierte Oberfläche.

Mein gesamtes Gesichtsfeld wurde grau.

Ich konnte nur noch, im Mittelpunkt der Kugel, ein paar Rechtecke aus gebrochenem Licht erkennen; dichtes Grau bedeckte alles Übrige.

Ich blickte von der Kugel weg und sah mich im Zimmer um.

Nach zwei Sekunden hatte sich mein Sehvermögen normalisiert. Ich sah wieder die Kugel an.

Und abermals wurde mein gesamtes Gesichtsfeld grau.

Ich packte meine Jacke und lief aus dem Haus. Sobald ich auf der Straße war, rief ich mit dem Handy meinen Freund Michael an. Michael ist zwanzig Jahre älter als ich; ein Lyriker und Romanschriftsteller mit beeindruckenden Kenntnissen von alternativem Heilen und Eingeborenenkulturen; er war es, der mir zum ersten Mal über Ayahuasca berichtet hatte. Eine Stunde lang, während ich ziellos durch die Straßen schritt, versuchte Michael mich zu beruhigen. Er verriet mir einige buddhistische Meditationstechniken, die »einen wieder in den Körper zurückbringen«. Er sagte mir, selbst wenn es da draußen irgendein »Anderes« gäbe, wovon er persönlich nicht überzeugt sei, müsste ich einsehen, dass Aspekte meines Geistes dieses ganze Zeug manifestiert hätten. »Dazu gehören nämlich zwei«, sagte Michael. Statt dagegen anzukämpfen, könnte ich es vielmehr akzeptieren, es in mich integrieren.

Michael sagte mir, ich solle mir einen über mir schwebenden Buddha vorstellen, der reines weißes Licht durch meinen Körper sendet und mich so in blendendes Licht verwandelt, das alles Negative oder Schlechte in meinen Zentralkanal spült, durch den es in meine Eingeweide gelangen und schließlich im Klo landen würde. Am Ende der Meditation sollte ich mir, Michaels Instruktion gemäß, vorstellen, dass dieser Buddha verschmolzen mit dem weißen Licht zu mir herunterkommt.

Ich befolgte seine Anweisungen, und das schien zu helfen. Ich fühlte mich selbst-los, entleert und verspürte sogar Empathie gegenüber meinem wesenheitlichen Besucher. Sehr bald schlief ich ein. Spätestens am nächsten Morgen hatte die Welt sich normalisiert. Es gab kein Surren mehr, keine Gaukeleien mehr.

Diese Geschichte mag lächerlich anmuten, doch die psychische Realität der DPT-Begegnung und ihre Nachwirkungen begraben die meisten gewöhnlichen Vorkommnisse unter sich. Ich biete sie als eine Geschichte mit einer Moral an. Bestimmte Aspekte der Geschichte bleiben freilich aus verschiedenen Gründen einfach nicht mitteilbar. Es genügt wohl, wenn ich hier im Kontext meiner DPT-Erfahrung den starken Verdacht äußere, dass ein gewöhnlicher Tod nicht das Schlimmste ist, was einem Menschen passieren kann. Es gibt womöglich weit schlimmere Schicksale.

KAPITEL 37

Neue Sinnesempfindungen

Über ein Jahr lang studierte ich dann sorgfältig meine Träume; drei- oder viermal pro Nacht war ich wach, um Bilder, Gespräche, zusammenhangslose Berichte und halbbewusste Visionen aufzuschreiben. Manchmal, im Bett an der Schwelle des Schlafs liegend, sah ich mich als Leiche, die von Vögeln verschlungen wird, oder wurde durch so etwas wie eine kosmische Wurstmaschine gedreht. In einem Traum wurde ich gekreuzigt und mein Körper von einer Parade lachender Bwiti-Stammesleute durch eine afrikanische Stadt getragen. In einem anderen gab man mir Richtlinien, nach denen ich das alchemistische »Große Werk« in einer Flughafeneingangshalle unternehmen sollte. Mein Traumleben änderte sich auch noch in anderweitiger Hinsicht. Ich schlief unterm Nachsinnen über irgendeinen esoterischen Gedanken ein – und wachte dann die ganze Nacht hindurch wiederholt auf, um festzustellen, dass mein Unbewusstes die Idee noch immer energisch umfasst hielt und sie jeweils anders drehte und wendete. Mir begann klar zu werden, dass Schlaf eine Erweiterung des Wachbewusstseins sein kann und nicht bloß dessen Auslöschung.

Die Veränderung meines Traumlebens ließ auf so etwas wie

eine schamanische oder esoterische Initiation schließen. Mir war, als ob die Ideen, die mich faszinierten, allmählich von meinen Gedanken in meinen Blutstrom durchsickerten und mithin meine Zellen durchdrangen. Trotz dieser Andeutungen, trotz meiner Faszination für das Thema nahm ich an, Schamanismus werde ein Phänomen »da draußen« bleiben, das ich distanziert und analytisch studierte, eben auf die Art, wie ich mich mit geistigen Gegenständen schon immer befasst hatte.

Gurdijeff zufolge ist verstandesmäßiges Wissen – die technische oder akademische Beherrschung irgendeines Fachgebiets oder Gegenstands – stets seicht und eindimensional. »Wissen ergibt nicht von allein Verstehen. … Verstehen ist abhängig von der Beziehung des Wissens zum Sein.« Er war der Meinung, dass sich alte Kulturen um die durch Selbstdisziplin und spirituelle Schulung entwickelte Seinsqualität des Individuums kümmerten, wohingegen die moderne Gesellschaft nur das Quantifizierbare achte: »In der westlichen Kultur schätzen die Leute das Wissensniveau eines Menschen hoch ein, aber das Seinsniveau eines Menschen schätzen sie nicht, und sie schämen sich nicht für das niedrige Niveau ihres eigenen Seins.« Wenn Verstehen mit dem Sein verknüpft ist, dann lassen sich bestimmte Arten von Phänomenen nur begreifen, wenn sich der Beobachter verändert hat: »Es gibt zu Verstehendes, für das ein anderes Sein erforderlich ist.« Dieser Umwandlungsprozess vollzieht sich Schritt für Schritt, im Lauf der Zeit.

Es lässt sich zwar nicht genau berechnen, aber in kleinen Stammensgesellschaften empfängt wahrscheinlich jedes fünfundzwanzigste oder dreißigste Mitglied eine schamanische Berufung. Da Schamanismus offenbar ein universelles Phänomen ist, dürfte diese Statistik kulturübergreifend zutreffen, was bedeutet, dass es mindestens zehn Millionen Menschen in der amerikanischen Kultur gibt, die sich potenziell für die schamanische Rolle eignen.

Manche dieser Leute sind gegenwärtig irgendwelche alternativen Heiler, manche sind Künstler oder Psychologen, und ich habe keinen Zweifel, dass viele von ihnen in psychiatrischen Kliniken eingesperrt sind, oder sie zählen zu den murrenden Obdachlosen, die sich der Integration in die Gesellschaft entziehen. Ob sie das nun erkennen oder nicht, sie sind Menschen, wie ich selbst, für die der Kontakt mit der unsichtbaren Welt so lebenswichtig ist wie gewöhnliches Wissen oder materieller Gewinn oder irgendeine Belohnung, die die »wirkliche Welt« zu bieten hat.

Vermutlich passierte wohl Folgendes, als ich mein Bündnis schloss: Ein etwas boshaftes Wesen aus einem Bereich mit höherer Schwingung mischte sich in mein Bewusstsein hinein.

Nach den Ereignissen spürte ich dieses andere »Es« ein paar Wochen lang als eine neue Perspektive in meinem Denken und Empfinden. Meine Wahrnehmungen schienen genauer zu sein, meine Gedanken schwungvoller. Es gab bestimmte Wirklichkeitsaspekte, die ich ohne bewusste Absicht aufzunehmen schien. Beispielsweise erfasste ich beim Herumspazieren auf den Straßen von New York klar, inwiefern Symbole und Logos auf Reklamen und Kleidungsstücken für unbewusste Kräfte standen, wie sie die soziale Wirklichkeit formten und manipulierten. Alle Logos, alle Symbole schienen aus der okkulten Dimension, dem DPT-Reich, Energie zu schöpfen. Sogar das Anschauen eines Basketballspiels im Fernsehen wurde unerträglich – die Manipulationen waren so offensichtlich. Die unterschwelligen Botschaften – Bier zum Selbst-Vergessen, Jeep zur planetaren Zerstörung und beschleunigten Auslöschung – so geisttötend deutlich. Als Post-DPTler musste ich ein neues, mich selbst einbeziehendes Gefühl der Menschenverachtung sowie auch eine gesteigerte Sympathie für den Teufel überwinden.

Ich studierte die DPT-Berichte im Internet mit größerer Aufmerksamkeit. Mehrere der DPT-Einnehmenden bestätigten augenfällig meine Eindrücke: »Ich hatte das Gefühl, als ob DPT ein schlimmes, schlimmes Wesen sei, das sich über mich lustig machte. Die Menschen sind so schwach. DPT zerstört dich«, schrieb einer von ihnen. Manche sorgten sich, sie hätten das Gewebe der Wirklichkeit auseinander gerissen: »Ganz offensichtlich war die Menschenwelt so stabil wie ein Zahnstocherhaus, erstaunlich, dass sie nicht schon zu einem früheren historischen Zeitpunkt auseinander fiel, aber der scheußliche Menschenengel kriecht ja noch gar nicht so lange auf dem Planeten dahin, und jetzt hat irgendjemand zufällig den Stecker rausgezogen.« Dieser Schreiber durchquerte auch, mit Hochgeschwindigkeit, barbarisch-grausige Reiche, wo Wesen in parallelen Dimensionen erschienen. Viele, die DPT einnehmen, erleben das klassische Aufsteigen der Kundalini-Energie – die Hindus nennen sie *Shakti* – vom unteren Ende ihrer Wirbelsäule zum Scheitelpunkt ihres Schädels, das manchmal zu konvulsivischen Körperschaudern führt. Es überrascht kaum, dass DPT häufig eine extreme Angstreaktion hervorzurufen scheint.

Wie schon früher erwähnt, vertritt Rick Strassman die Ansicht, DMT, NN-Dimethyltryptamin, sei das »Geist-Molekül«, von dem die Seele in das Geistesreich entlassen werde. Falls das zutrifft, ist es meiner Vermutung nach möglich, dass DPT in Bezug auf irgendeinen anderen Bereich – die übernatürliche, von Aubrey Beardsley skizzierte und von Aleister Crowley beschriebene Welt magischer Wesenheiten – die gleiche Funktion erfüllt. Vielleicht ist DPT das »Dämon-Molekül«, was ja plausibel sein könnte, wenn man sich klar macht, dass Dämonen in vielen Traditionen zweideutige Wesenheiten sind. Im tibetischen Buddhismus haben alle Gottheiten sowohl ihre friedvollen als auch ihre zornvollen Aspekte. Die zornvollen Gottheiten im tibetischen Buddhismus werden als Schrecken erregende, vielarmige, mit Fangzähnen und Klauen bewehrte Ungeheuer dargestellt, die Blut aus Hirnschalen trinken. Als die B-Seite der Buddhas und letztendlich Aspekte des inneren Selbst erinnern derartige Gottheiten an das alte Sprichwort: »Der Teufel ist das Gotteszerrbild der Gottlosen.«

Beim Schließen dieses Bundes, bei dieser spekulativen Deutung, hatte nicht nur ich keine Kontrollgewalt, sobald der Prozess einmal in Gang war, sondern die sich in mich integrierende männliche Wesenheit hatte bei der Sache gleichfalls kaum eine Wahl. »Ich« gehörte irgendwie zu seiner Evolution, seiner Nachforschung, so wie er gleichermaßen zu der meinen gehörte. Weitere Kräfte waren bei der Steuerung der Verschmelzung beteiligt, aber fragen Sie mich nicht, um wen oder was es sich dabei handelt. Wie Gurdjieff bemerkte: »Alle Lebensphänomene eines gegebenen Kosmos, die von einem anderen Kosmos aus untersucht werden, nehmen ein völlig anderes Aussehen an und haben eine völlig andere Bedeutung.« Er sagte auch: »Die Manifestation der Gesetze eines Kosmos in einem anderen Kosmos bildet von Fall zu Fall das, was wir ein Wunder nennen.«

Eventuell ist es ja ein triftiger Gedanke, dass Dämonen oder Dschinns »sich zur Musik hingezogen fühlen«. Die körperlose Pracht ihres durch eine höhere Schwingung gekennzeichneten Bereichs langweilt sie möglicherweise nach einer Weile. Durch enge Gemeinschaft mit einem Menschen kommt ein Geist aus den übersinnlichen Bereichen dahin zu riechen, zu schmecken, zu lieben, zu ficken, zu sämtlichen Erfahrungen unseres Sinnesbereichs. Vielleicht können wir unsererseits irgendeinen winzigen Aspekt seines höheren Sehvermögens und seiner Kräfte nutzen – ich weiß zu diesem Zeitpunkt nicht genau, wofür, aber vielleicht lässt sich das noch irgendwann in der Zukunft aufdecken.

Wenn das Universum einen spirituellen Zweck hat, entwickelt die Seele vielleicht neue Fähigkeiten und Möglichkeiten, während sie diverse Inkarnationen durchwandert, die Stufen in ihrer Entwicklung sind. In meinem Traum kam der DPT-Demiurg in mein Domizil und sagte zu mir: »Ich hab' hier früher mal gewohnt.« Die Episode kam mir durchaus vertraut, bekannt vor. Vielleicht trafen wir einst in irgendeiner früheren Inkarnation, vor Jahrhunderten oder Äonen oder gar Welten, genau das gleiche Abkommen. Das Gedächtnis des Inkubus ist eben nun einmal besser und weiter zurückreichend als meines.

Ich kaufe mir fast nie was zum Anziehen, aber im Flugzeug nach Berlin begann ich mir auszumalen, dass ich einen dunkelroten oder purpurnen Vivienne-Westwood-Samtanzug mit edwardianischem Zuschnitt trug. Ich dachte, wie cool aussehend und bequem ein solcher Anzug sein könnte, und machte sogar eine Skizze, auf der ich ihn anhatte. Er entsprach überhaupt nicht meinem normalen Kleidungsstil. Auf dem Rückflug nach New York fiel mir der Anzug wieder ein. Eine Woche später ging ich in SoHo zufällig an der Vivienne-Westwood-Boutique vorbei. Unten im Kellergeschoss hatten sie gerade Vorführmodelle im Angebot. Ich fand ein Exemplar von genau dem Anzug, der mir vorschwebte, in tiefem Karmesinrot. Ich zog ihn an. Er passte. Bei 70 Prozent Preisnachlass konnte ich ihn mir sogar leisten.

KAPITEL 38

Magisches Denken

Bevor ich DPT nahm, hatte ich angefangen, Carlos Castanedas Bücher über den Yaqui-Zauberer Don Juan nochmals durchzulesen. Ich war darauf eingestellt, dass ich Castaneda als Scheinanthropologen, der fortwährend einen ausgemachten Schwindel in die Welt setzte, verreißen und abtun würde. Wie Jay Courtney Fikes in *Carlos Castaneda, Academic Opportunism and the Psychedelic Sixties* schreibt, »sind Castanedas Behauptungen, er sei ein Zauberlehrling und Don Juans Lehren bildeten einen ›Yaqui-Weg des Wissens‹, durch keinerlei Fotografien, Feldforschungsaufzeichnungen oder Bandaufnahmen erhärtet.« Fikes glaubt, dass Castaneda einfach eine günstige Marktnische erkannte und damit eine Menge Geld verdiente.

Doch nach DPT wirkten Castanedas Darstellungen der Welt des Zauberers glaubwürdig aufschlussreich. Don Juan erforscht Augentäuschungsuniversen, Bereiche von anderesweltlichem, in Spiegelkratzern oder dem Schatten werfenden Geflacker von Kerzenflammen enthülltem Sein. Er nimmt Kontakt auf mit parallelen Dimensionen von Wesen, die äußerst bedrohlich und mächtig, aber zugleich entschwindend und ephemer sind. Don Juans Zauberei ist eine gefährliche Jagd nach Erkenntnissen, die der Zauberer letzten Endes für bedeutungslos hält. »Gewahren«, so wie Don Juan es verkörpert, erfordert innere Distanz zur gewöhnlichen Wirklichkeit.

»Ein Mensch, der den Pfaden der Zauberei folgt, sieht sich an jeder Wegbiegung drohender Vernichtung gegenüber, und unvermeidlich wird er sich seines eigenen Todes zutiefst bewusst«, sagt Don Juan. »Der Gedanke des drohenden Todes wird aber keine Zwangsvorstellung, sondern vielmehr eine Unwichtigkeit.« Durch DPT sah ich die Straße sich auftun, hin zu amoralischen Erkenntnissen und okkulter Macht. Das Schreckenerregendste war seine Lockung, sein nichtmenschlicher Zauber.

Ich konnte der Vorstellung von ambivalenten Geistbereichen, die mit diesem hier innig verbunden sind, kein Argument mehr entgegensetzen. Die Regeln zum Navigieren in diesen Bereichen sind ja vielleicht, so wie Don Juan sie entwirft, äußerst speziell und scheinbar willkürlich. Ohne einen Führer sind die Gefahren für die unversehrte Ganzheit der Psyche ja vielleicht genauso imposant wie die zu gewinnenden Erkenntnisse.

Nun, als Nach-DPTler, wandte ich mich der okkulten Tradition des Westens zu. Beeindruckt von Charitys geschicktem Gebrauch des Tarot, musste ich einfach in die theatralischen Schriften von Aleister Crowley reinschnuppern. Wie Castaneda hielt ich auch Crowley für bloße Erwachsenenunterhaltung. Zu meiner Bestürzung konnte ich ihn jedoch nicht mehr so mühelos abtun. Die DPT-Reise und ihre Nachwirkungen ließen mich erkennen, dass Crowleys Werk, und das Castanedas, mehr sind als spukhafte Fantasy.

Crowleys gelehrtes Projekt bestand darin, eindeutige Übereinstimmungen zwischen mystischen Traditionen herauszufinden, wobei er das *I Ging*, ägyptische Mystik und das Tarot in Verbindung brachte. »Die Gesetze der Magie hängen eng mit jenen anderer Naturwissenschaften zusammen«, schrieb er. Er entwarf ein Modell des Kosmos mit vielen höheren Dimensionen und unabsehbaren, sie bewohnenden Wesen, die aus subtilerem Stoff sind als wir. »Eine der magischen Hypothesen besagt, dass alle Dinge und Geschöpfe aus zehn verschiedenen Schwingungsarten bestehen, von denen jede eine individuelle Schwingung hat und jeweils einem bestimmten ›Planeten‹ entspricht.« Diese auf den Sephiroth, den zehn Emanationen Gottes in der Kabbala, basierende Theorie hat eine schöne poetische Resonanz mit der modernen »Superstringtheorie« der Physik, die zehn Raum-Zeit-Dimensionen postuliert.

In den Zwanzigerjahren schrieb Crowley: »Die Magie beschäftigt sich hauptsächlich mit bestimmten physikalisch-natürlichen Kräften, die vom gemeinen Volk noch nicht anerkannt werden; aber diese Kräfte sind genauso wirklich, genauso materiell – wenn man sie tatsächlich so bezeichnen kann, denn alle Dinge und Geschöpfe sind letztendlich geistig – wie etwa die Eigenschaften Radioaktivität, Gewicht und Härte.« Crowley hielt das Tarot, dem er die Kabbala zugrunde legte, für ein genaues Modell der Kräfte und geistigen Hierarchien, die im Universum wirken und walten, ein Werkzeug, das uns höher dimensionale Kräfte gaben.

Die meisten Leute in der modernen Welt lehnen die Möglichkeit ab, dass das Selbst okkulte und übernatürliche Dimensionen haben könnte, die vom gewöhnlichen Leben intentional verdunkelt werden. Die Möglichkeit, dass diesbezügliche Erkenntnisse vorhanden sind, und dass man sie mithilfe von Psychedelika oder anderen Mitteln in direkter empirischer Vergegenwärtigung erleben kann, ist sehr irritierend, ja beängstigend. Ich habe nunmehr den Verdacht, dass Psychedelika ebendeshalb bis heute von der Mainstream-Gesellschaft tatkräftig unterdrückt und von der Psychiatrie abgelehnt werden. Wie T. S. Eliot schrieb: »Das Menschengeschlecht kann nicht besonders viel Wirklichkeit vertragen.« Bislang ziehen wir es vor, nicht Bescheid zu wissen.

All seine Forschungen führten C. G. Jung zu dem Schluss, dass das durch die Psychoanalyse pionierhaft aufgedeckte Unbewusste okkulte und paranormale Dimensionen habe. Freud konnte diese Möglichkeit trotz seiner Courage und Brillanz nicht akzeptieren. Wie Jung in *The Undiscovered Self* schilderte, gestand ihm Freud einmal, es sei erforderlich, aus seiner Sexualtheorie ein Dogma zu machen, weil diese das einzige Bollwerk der Vernunft gegen einen möglichen »Ausbruch der schwarzen Schlammflut des Okkultismus« sei.

> Mit diesen Worten drückte Freud seine Überzeugung aus, dass das Unbewusste noch vieles barg, das selbst zu »okkulten« Deutungen führen könnte, wie es ja tatsächlich der Fall ist. … Es ist diese Angst vor der unbewussten Psyche, die nicht bloß die Selbsterkenntnis behindert, sondern das gravierendste Hindernis für ein umfassenderes Verstehen und Erkennen der Psychologie ist.

Jung glaubte, die Einzelperson könne kein wahres Bewusstsein erlangen, ohne die okkulten Sphären der Psyche zu erkunden (was nicht heißt, dass sie buchstäblich Dämonen beschwören muss). Er betrachtete eindringlich die im Gnostizismus und in der Alchemie verborgenen Metaphern für die Suche nach Selbsterkenntnis; so bezieht sich etwa der ausdrückliche Befehl »Besuche das Innere der Erde« auf mentale Techniken, bei denen der Einzelne transzendente Erkenntnis und Macht zu gewinnen sucht, indem er in höhere Bewusstseinszustände eintaucht und sie in das Selbst integriert.

Die Wurzeln der europäischen Alchemie sind im Gnostizismus zu finden, einem häretischen Seitenzweig des Christentums, der in den ersten nachchristlichen Jahrhunderten florierte. Die gnostische Variante Christi ist ein Leary-artiger Verfechter von über dem Glauben stehender, direkter spiritueller Erfahrung. Im »Thomas-Evangelium«, einem Text aus einem Bündel gnostischer Schriften, die am Ende des Zweiten Weltkriegs in einem Krug in der Nag-Hammadi-Wüste entdeckt wurden, sagte Christus: »Öffne selbst die Tür, so wirst du wissen, was ist.« In demselben Text, der möglicherweise früher zu datieren ist als die Schriften des Neuen Testaments und ebenso authentisch sein mag wie diese, verkündete Christus auch: »Wenn ihr hervorbringt, was in euch ist, wird das, was ihr hervorbringt, euch erretten. Wenn ihr nicht hervorbringt, was in euch ist, wird das, was ihr nicht hervorbringt, euch zugrunde richten.« Jeder dieser beiden Sätze könnte glatt als psychedelisches Credo durchgehen. Angesichts seiner Visionen, seiner Fähigkeit, Energien umzuwandeln, und seiner Beherrschung des Heilens könnte man Christus als prototypischen Schamanen ansehen. In den Evangelien sagt Christus: »Suchet und ihr werdet finden.« Darin steckt der unausgesprochene Folgerungssatz, dass man, wenn man nicht sucht, eben auch nicht findet.

* * *

Die Hierarchien unsichtbarer Wesen, die ich auf DPT gesehen hatte – so als wäre ich eine reflektierende Oberfläche für sie, ein Spiegel, in dem sie sich putzen und spreizen konnten – schienen jetzt überall gegenwärtig zu sein. Beim Spazieren in einem öffentlichen Garten an der East Houston Street, einer anmutigen Anlage mit blumengesäumten Fußwegen und einem kleinen Teich samt Schildkröten darin, sah ich Emanationen jener okkulten Dimension höherer Ordnung in den schwungvoll andrängenden Prunkgebärden seltener Blumen, in den pseudopsychedelischen Mustern, die in feiner Zeichnung die schuppige Haut einer Schildkröte überzogen. Es war mir plötzlich klar, dass die Darwinsche Evolutionstheorie, die westliche rationale Perspektive auf die Weltbiologie, mit ihren vielen Mängeln und Lücken, nicht alles sein konnte. Sie war in begrenztem Umfang wahr, aber es gab auch noch andere Wahrheiten. Das Leben auf der Erde wurde von höher dimensionalen Wesen zu zahlreichen Formen gestaltet, und zwar zum Vergnügen an ihrer eigenen Geschicklichkeit und zu unserer Freude. Als ich mir ansah, wie sich das Auge einer Schildkröte in seiner Höhle drehte, musste ich zugeben, dass sie meisterhafte Handwerker waren.

In meine Lektüre über die Kabbala und die westliche okkulte Tradition vertieft und dabei innerlich bedrückt durch Crowleys manischen Ton, stieß ich mit einem alten Freund zusammen, der nach San Francisco umgezogen war und gerade auf ein paar Wochen in der Stadt war, um eine Ausstellung in einer Galerie im Geschäftsviertel zu betreuen. In New York waren Neil und ich viele Jahre miteinander bekannt. Wir hatten ein unstillbares Verlangen nach Partys und Vernissagen geteilt. In den Augen unserer gemeinsamen Freunde rivalisierten wir um den Titel New Yorker Bonvivant.

Neil wirkte nach fünf Jahren im Wesentlichen unverändert. Hoch gewachsen und schmal, trug er altmodische Anzüge und gemusterte Krawatten und ähnelte ein wenig einem asketischen Missionar aus den Vierzigerjahren auf seiner ersten Reise in den Dschungel. Es stellte sich heraus, dass sich Neil auf ein intensives Studium des Werks von Rudolf Steiner eingelassen hatte. Steiner war ein in Kraljevec im damaligen Österreich geborener Philosoph und Okkultist aus der Jahrhundertwende, der für sich in Anspruch nahm, eine wissenschaftliche Methode zur Untersuchung spiritueller Phänomene entwickelt zu haben. Neil lebte sogar in einer unter Steiners Anleitung gegründeten Glaubensgemeinschaft. Ich wusste nichts von Steiner, außer dass er Waldorfschulen geschaffen und etwas namens Anthroposophie begründet hatte.

Neil hatte durch Psychedelika einen Anfangsschub zur Mystik hin erfahren. Er schilderte einen DMT-Trip aus den frühen Neunzigerjahren, auf dem er irgendwann die Augen schloss und etwas erblickte, das ihn in Erstaunen setzte: einen unendlich tiefen Tunnel, dessen leuchtende Wände mit sich ständig verändernden Runenschriftzeichen und visuellen Symbolen bedeckt waren. »Dann wurde ich gewahr, dass ich von mehreren gigantischen Wesen umgeben war, die meine Aufmerksamkeit auf diese röhrenförmige Apparatur lenkten, die sie schon die ganze Zeit vor meinem Gesicht aufbockten, als wollten sie mich damit von ihren Tätigkeiten ablenken. Als ich entdeckte, dass sie um mich herumschwebten, grinsten sie mich affektiert an und blinzelten mir zu. Sie drangen dabei mit ihren Fingern forschend in meinen Kopf ein, als würden sie den Inhalt meines Denkens und Verstands inspizieren. Die Männlichen sahen ein bisschen wie König Neptun aus, mit langen gelockten Bärten, aber vornüber gebeugt und sehr erdig. Die Frauen waren aberwitzig wollüstig und bemühten sich mit neckischen Possen um meine Aufmerksamkeit.«

Als die Wirkung nachzulassen begann, zündete Neil die Pfeife ein zweites Mal an. »Während ich dasaß und Lungenzüge machte, starrte ich in den glühenden DMT-Batzen in der Pfeife. Als ich die Augen schloss, wurde ich augenblicklich wieder in die lebendige, flüssige Wirklichkeit dieser Wesen zurückbefördert, nur dass jetzt die rote Glut in der Pfeife eine geschmolzene Sonne in dem prachtvollen Kopf einer viel größeren Pfeife geworden war, die von einem der Wesen geraucht wurde. Sie setzten sich alle zusammen mit mir in einen Kreis, und ich bekam die Zauberpfeife rituell angeboten. Sie kommunizierten mithilfe dieser Bild-Tunnels, und jedes hatte eine einzigartige Persönlichkeit, die durch die Eigentümlichkeit der Bilder in seinem Tunnel mitgeteilt wurde. Ich hatte das bestimmte Gefühl, dass sie ausgehungert waren nach menschlicher Aufmerksamkeit und sich wahnsinnig freuten, dass ich die Reise zu ihnen gemacht hatte. Obwohl ich es toll fand, sie kennen zu lernen, und darauf brannte, ihre visuelle Unterhaltung zu begreifen, wusste ich, dass es für meinen kümmerlichen Verstand einfach zu viel war.«

Als der Trip so ziemlich vorbei zu sein schien, legte er sich auf das Bett hin und bekam einen letzten intensiven Flash. Eine weibliche Gestalt näherte sich ihm von oben. Sie hielt ein hell strahlendes Täfelchen, aus dem ein Strom sich verwandelnder Symbole herausquoll: »Die Motive sämtlicher Weltzivilisationen flossen aus ihr in einem trickfilmhaft bewegten Tableau – ägyptische und babylonische Figuren, Indianermuster, östliche Mandalas, hebräische und griechische Schrift, eine Kreuzigungsszene, alles, was du dir vorstellen kannst. Und eben damit wurde ich dann wieder in einer verhältnismäßig tristen Wirklichkeit willkommen geheißen. Natürlich wollte ich mein Erlebnis verstehen. Meine vorausgehenden psychedelischen Trips hatten mir allesamt das Schöpfungswerk der geistigen Welt gezeigt, die wirbelnden Muster und was nicht sonst noch alles. Jetzt hatte ich die Wesen kennen gelernt, die dessen Urheber waren!«

Etwa zur gleichen Zeit brachte ihn ein befreundeter Berufsmusiker auf die Anthroposophie. Er erkannte die Wesen, denen er auf DMT begegnet war, in den »Elementarwesen« wieder, wie sie Steiner in zahlreichen Werken, insbesondere in seinem Buch *Der Mensch als Zusammenklang des schaffenden, bildenden und gestaltenden Weltenwortes* beschrieb. Diese unkörperlichen oder »übersinnlichen« Wesen leben innerhalb der Naturprozesse und helfen bei der Errichtung des physikalisch-materiellen Universums. Sie hängen mit den Gnomen, Najaden, Dryaden und Sylphen zusammen, die über die Gesamtgeschichte hin immer wieder von Leuten auf dem Lande gesehen wurden und in Mythen und Sagen bewahrt sind. Nach Steiners Ansicht gehörten sie zu einer unermesslichen Ordnung übersinnlicher Wesenheiten, mit denen er durch seine eigenen hellseherischen Erfahrungen Bekanntschaft gemacht hatte.

»Steiner erläutert, wie ununterbrochen gegnerische Kräfte auf die Menschen einwirken«, sagte mir Neil. »Eine dieser Kräfte nennt er ›luziferisch‹; das ist die Kraft, die uns von der materiellen Realität nach oben wegzieht, in Traum und Fantasie, visionäre Bereiche und abstraktes Theoretisieren hinein. Steiner zufolge ist Luzifer selbst kein böses Wesen, aber bewirkt, dass das Böse geschieht, wenn sich Menschen von seinem Angebot übersteigerter Selbstachtung ködern lassen und den Verpflichtungen des Lebens entfliehen. Es gibt eine entgegengesetzte Kraft, die uns zur Erde hinunterzieht und uns so an den mineralischen Bereich der materiellen Welt und den Tod kettet. Diese Kraft wird von Steiner als Ahriman identifiziert, benannt nach dem dunklen Erdgeist aus der persischen Sagenwelt. Um wahrhaft menschlich zu sein, müssen wir danach streben, Ausgewogenheit zwischen diesen unterschiedlichen Kräften zu erlangen. Erst wenn wir die Mitte finden, können wir die Extreme bewusst würdigen. Psychedelika sind schwer zum luziferischen Bereich hin gewichtet, expansiv, aber eskapistisch. Sie geben Zugang zu Welten, die man wohl begierig zu sehen bekommen möchte, auf die man aber womöglich nicht vorbereitet ist.« Neil verglich das mit der Einstellung, lieber in eine Party hineinzuplatzen, als abzuwarten, bis man eingeladen wird.

»Meinst du nicht, dass es jeweils auf den Einzelnen ankommt?«, fragte ich. »Schließlich hättest du ja ohne Psychedelika nicht zu Steiner hingefunden.«

»Offensichtlich sind die Drogen zu irgendetwas da, aber das heißt nicht, dass sie gut sind für uns. Den Wesen, denen wir unter Psychedelikaeinfluss begegnen, mag unser Bestes am Herzen liegen oder auch nicht. Ich glaube, sie profitieren von unserer

Aufmerksamkeit auf eine Weise, in Formen, die wir nicht ganz verstehen. Vielleicht geht ja eine Art ›Organhandel‹ in diesen Bereichen vor sich. ›Oh, hier ist eine Leber, die ich brauchen kann!‹ Alle mir bekannten spirituellen Traditionen lehren, dass das Übertreten der Schwelle ohne Vorbereitung gefahrvoll ist.« Er zitierte aus einem Song der britischen Post-Punk-Band Magazine: »Mein Inneres ist nicht so offen, dass alles einfach reinkriechen könnte.«

Ich begann sofort Steiners Werk zu lesen. Nach Steiners Auffassung entspricht den verschiedenen Epochen der menschlichen Evolution ein jeweils unterschiedlicher, epochengemäßer Geistesschulungstypus. Er bezeichnete das geistige Bewusstsein der antiken Welt und des Schamanen als »dämmerhaftes Hellsehen«. In der gegenwärtigen Welt ist, Steiner zufolge, dieser Bewusstseinstypus nicht mehr angemessen. Er ersann eine auf Meditationen und Erkenntnisarbeit basierende Methode der Geistesschulung, bei der das hoch entwickelte Denkvermögen des modernen Verstandes dazu benutzt wird, die verloren gegangenen geistigen Bereiche wieder zu entdecken. Steiner glaubte, wir hätten unseren neuzeitlichen Empirismus entwickelt, um damit das geistige Erkennen freiheitlich – ohne Zwang oder Atavismus – wieder zu entdecken.

Steiner zufolge sind Wesen in den höheren Bereichen nicht getrennt voneinander wie in der physisch-materiellen Welt: »Von einem sinnlich wahrnehmbaren Wesen Kenntnis zu haben heißt, außerhalb davon zu stehen und es nach äußeren Eindrücken zu beurteilen. Von einem geistigen Wesen durch höheres Bewusstsein Kenntnis zu haben heißt, mit ihm vollkommen eins geworden zu sein, sich mit seiner inneren Natur vereinigt zu haben.«

Die höheren geistigen Bereiche setzen sich aus Wesen zusammen, die ganz aus Denken bestehen: »Was wie die Wärme die irdischen Dinge und Wesen alles im Geisterlande durchdringt, das ist die Gedankenwelt selbst«, schrieb Steiner. »Nur sind die Gedanken da als lebende, selbständige Wesen vorzustellen. Was der Mensch in der offenbaren Welt als Gedanken erfasst, das ist wie ein Schatten dessen, was als Gedankenwesen im Geisterlande lebt.«

Steiner beschreibt eine vom niedrigsten Kiesel bis zum höchsten geistigen Wesen reichende Bewusstseinshierarchie. Auf der Erde hätte ein Mensch, der wahrhaft rationales Bewusstsein erlangte (nach Steiners Ansicht schließt Rationalität natürlich geistiges Gewahrsein mit ein) die höchste Stufe des Denkens erreicht, die wir uns vorstellen können, während Mineralien auf der untersten Stufe mentaler Aktivität existieren (für Mystiker ist offenbar nichts, nicht einmal ein Kiesel völlig bewusstseinslos). In den höheren Bereichen findet man Wesen, deren unterste Daseinsstufe rationales Denken ist. Innerhalb dieser multidimensionalen Hierarchie reicht die Stufenfolge der Elementarwesen von submateriellen dämonischen bis zu hohen, die Kräfte der äußeren Natur gestaltenden Wesen. Neil paraphrasierte Steiner: »Die Elementare arbeiten hart daran, den Planeten am Leben zu halten, aber diejenigen, die uns ihre Aufmerksamkeit schenken, neigen dazu, sich weniger mit der gesunden Fortbildung der Menschheit zu befassen als mit ihrer eigenen Entwicklung – und das, wie sich womöglich erweisen wird, zu unserem Schaden und dem der Erde.«

Neil hatte Zweifel hinsichtlich der psychedelischen Gemeinschaft. »Die Leute dringen ungebeten und unvorbereitet in die unteren Bereiche der geistigen Welt ein und setzen sich dabei Täuschungen und Trugbildern aus. In Wirklichkeit vertrauen sie gläubig den boshaften Teufelchen der geistigen Welt. Ich will beileibe niemanden davon abhalten, seinem Schicksal zu folgen, aber das die Seele verrenkende Chaos der psychedelischen Erfahrung führt offenbar recht leicht zu einem Grundgefühl der Panik und

Zerstreutheit. Wenn einer positiv auf die Welt einwirken möchte, sind innere Ruhe und Urteilsfähigkeit absolut unerlässlich.«

* * *

GRÖSSTENTEILS ANGEREGT VON DEN juwelenartigen, vielfarbigen Landschaften, die ich auf mehreren Pilztrips mit geschlossenen Augen erblickte, beschloss ich 1997, nach Nepal zu reisen. Die prismatischen, sich schnell verändernden Psilocybin-Szenen muteten wie direkte Evokationen von »Buddha-Ländern« an, jenen kostbar-prächtigen, von erleuchteten unirdischen Wesen regierten Paradiesen, die in vielen buddhistischen Texten geschildert werden. Nachdem ich sie einige Male gesehen hatte, fühlte ich mich dann definitiv zu den stilisierten Artefakten der tibetischen Kunst hingezogen, den als Meditationshilfe verwendeten *Thangka*-Rollbildern und Mandalas.

Mit meinem Autorenhonorar für einen, allerdings nie veröffentlichten, Artikel über einen demütigenden Besuch eines »Sommerlagers für freie Liebe« in den Wäldern von Oregon buchte ich ein Ticket nach Katmandu, einer Stadt voll zerfallender Hindutempel, uralter Steinstraßen und äußerster Armut. Ich dachte, dass der tibetische Buddhismus vielleicht ein Weg für mich sein könnte. Ich besichtigte mehrere Tempel und Klöster. Die ernsten Rituale psalmodierender Mönche und das zeitlupenhafte Umzugsgepränge der Kostümtänze zur Feier von Losar, dem tibetischen Neujahr, waren wunderschön. Aber mir missfielen die sich eng um die hohen Lamas scharenden Leute aus dem Westen, mit ihrer spürbar hierarchischen, nicht unvoreingenommenen Einstellung.

Von Nepal reiste ich nach Dharamsala, dem Sitz des Dalai Lama und der Exilregierung Tibets in Nordindien. Ich war angetan von den lächelnden Gesichtern und der erdigen Warmherzigkeit sowohl der monastischen wie auch der weltlichen Tibeter, aber wiederum verdarben mir die Leute aus dem Westen durch ihre habgierig-begriffssüchtige Ausstrahlung die Laune. Ich hatte mir während eines Shiva-Fests in Katmandu einen Lungeninfekt geholt – um Shiva zu feiern, brannte die Stadt mit der weltweit dritthöchsten Luftverschmutzung die ganze Nacht lang Müllfeuer ab – und musste dann, von Husten lahm gelegt, eine Woche lang darauf warten, dass entweder die indischen Antibiotika oder die tibetischen homöopathischen Mittel wirkten.

Zufällig war ich zur Zeit des Hindufestes Kumbh Mela in Indien; es steht im *Guinnessbuch der Rekorde* als die größte Menschenversammlung auf der Welt. Alle drei Jahre reisen rund zwanzig Millionen Menschen durch das Land, um im Gangesstrom an einem der drei Glück verheißenden Tage zu baden. Zuerst dachte ich, die Kombination von Hindu-Massen und miserablen sanitären Einrichtungen werde aus Kumbh Mela einen Touristenalptraum machen. Schließlich, vom tibetisch-buddhistischen Zirkus angewidert, beschloss ich, es zu überprüfen.

Das Fest erwies sich trotz seines gigantischen Formats als gut geleitet und friedvoll ordentlich. Es war ein erfreuliches, fast biblisches Schauspiel. Ich wohnte in Rishikesh, einer heiligen Stadt voll pastellfarbener Ashrams, dem Ort, wohin die Beatles in den Sechzigern gingen, um beim Maharishi Transzendentale Meditation zu erlernen. Rishikesh war idyllisch und vegetarisch. In leuchtende Farben und fließende Gewänder gekleidete Hindugruppen promenierten fröhlich durch die engen, autolosen Straßen. Kumbh Mela zieht auch Sadhus aus ganz Indien an; diese gelb gewandeten, einen Dreizack tragenden Anhänger Shivas variieren zwischen aufrichtigen heiligen Männern und affektiert grinsenden Schlitzohren, die erpicht darauf sind, Spenden abzuluchsen, Girls aufzureißen oder Touristen *Ganga*, Gangeswasser, zu verkaufen. Ich wohnte in einem speziell für Leute aus dem

Westen reservierten Ashram, das von einem kahlköpfigen Guru in den Neunzigern betrieben wurde. Der Ashram kostete einen Dollar pro Nacht, inklusive Frühstück, und für einen Dollar mehr konnte man über den ganzen Tag verteilte Yoga- und Meditations-Unterichtsstunden besuchen. Hinduismus war offenbar salopper, anarchischer als tibetischer Buddhismus. Bei meinen Aufenthalten am Ufer des Ganges – der wegen der geringen Entfernung zu seinem Quellgebiet im Himalaja so sauber war, dass man bedenkenlos drin schwimmen konnte – kamen alte heilige Männer mit langen grauen Bärten heran, um sich mit mir in gebrochenem Englisch über die Nähe Gottes zu unterhalten. Wilde Affen schnatterten in den Bäumen. Auf den Straßen blieb ein Pilger stehen, um mir im Ernst zu sagen, er sei sicher, dass wir einander in einem früheren Leben gekannt hatten.

Kumbh Mela hebt ein mythologisches Ereignis hervor. Vor langer Zeit kämpften die Götter um eine Phiole, die den Nektar der Unsterblichkeit enthielt. Vier Tropfen von diesem Nektar fielen in den Ganges auf die vier Stellen, wo Kumbh Mela gefeiert wird. Wenn Sie zum richtigen Zeitpunkt, während des Fests, im Ganges baden, wischen Sie, wie psychischen Schorf, das schlechte Karma ab, das Sie über all Ihre vergangenen Leben hin angesammelt haben.

Das eigentliche Fest wurde in diesem Jahr in der nahe gelegenen und ebenso festlichen Stadt Haridwar abgehalten. An den Glück verheißenden Vormittagen drängten sich Horden Gottesverehrer kilometerweit überall an den Flussufern. Am ersten Festtag ging ich selbst nicht ins Wasser, sondern erlebte einen Krawall der Naga Babas mit. Die Naga Babas sind die extremste und asketischste Gruppe der Sadhus. Die meisten von ihnen leben in Höhlen hoch droben im Himalaja und kommen nur einmal alle drei Jahre wegen des Fests herunter. Sie paradieren – nackt, Waffen tragend, mit grauer Asche bedeckt – durch die

Stadt, bevor sie im Wasser baden. Hinter ihnen folgen die Gurus aus allen Regionen Indiens, auf Wagen, umgeben von ihren Jüngern. Unter den Nagas ist Selbstkasteiung ein absolutes Muss. Während sie vorbeimarschierten, sah ich, dass manche von ihnen die Schwellkörper ihres Penis eingeschnitten hatten, um Erektionen zu verhindern. Andere hielten ständig einen Arm in die Luft hochgereckt – das machten sie schon seit Jahren so, sodass es nur noch ein dünnes und verschrumpeltes Anhängsel war. Traditionsgemäß gingen die Nagas als Erste ins Wasser und im Anschluss daran die Horden von Hindus. Ich verstand durchaus nicht, weshalb sie randalierten – es hatte irgendwas mit der genauen Reihenfolge zu tun, gemäß der sie ins Wasser gehen sollten –, aber ich sah zu, wie diese ausgemergelten Mystiker große Steine von der Straße aufhoben und sie in die Massen schleuderten. Sie stürmten herum und bedrohten dabei mit ihren Waffen die Polizei. Ich verkroch mich in einem Restaurant und sah dem Handgemenge durch das Metallgitter zu, das die Besitzer schnell heruntergezogen hatten.

Fasziniert von Kumbh Mela, verschob ich meinen Rückflug. Ich verbrachte mehrere Wochen in Rishikesh und versuchte Yoga zu erlernen. Am zweiten günstigen Vormittag befand ich mich dann im dichten Gewühl im Zentrum von Haridwar glücklicherweise genau auf der den Nagas gegenüberliegenden Seite. Dieses Mal schloss ich mich, im richtigen Augenblick, den freudigen Menschenmengen an, die sich im klaren blauen Gangeswasser auf und ab bewegten.

Natürlich glaubte ich zu diesem Zeitpunkt nicht an Karma.

* * *

Obwohl er ein christlicher Esoteriker war, glaubte Steiner wie Hindus und Buddhisten, dass die Menschen viele

Inkarnationen durchwandern. Gesundheitsprobleme, persönliche Krisen und Glück, die sich auf diesem Weg manifestieren, sind die Rückstände der eigenen früheren Handlungen, das in vorausgehenden Leben angewachsene Karma. Er war auch der Ansicht, dass es mittels Geistesschulung möglich ist, sich an die eigenen vergangenen Inkarnationen zu erinnern, wie es der Buddha vermochte, der sich, als er Erleuchtung erlangte, all seiner, bis zu jenem Moment hinaufreichenden Leben entsann.

»Oft wird gefragt, warum weiß der Mensch nichts von seinen Erlebnissen, die jenseits von Geburt und Tod liegen?«, schrieb Steiner. »Aber nicht so sollte gefragt werden. Sondern vielmehr so: Wie gelangt man zu solchem Wissen?« Momentan ist meine einstweilige, aus Buddhismus, abendländischer Mystik, Quantenphysik und psychedelischem Schamanismus zusammengestoppelte Überzeugung die, dass das, was wir als das »Selbst« erleben, eigentlich eine Art Schwingung oder Frequenz ist, die von einem unsichtbaren, in einer höheren Dimension existierenden Ganzen ausgeht. Buddhisten betrachten die so genannte Wirklichkeit als illusorisches Samsara; sie ist ein Produkt unseres Bewusstseins, unseres Karmas. Wenn die Buddhisten Recht haben, dann lässt sich die Welt nur dadurch verändern, dass wir unser Bewusstsein umwandeln. Psychedelika sind lediglich Katalysatoren für diesen tiefer gehenden inneren Entwicklungsprozess.

Aus steinerscher Sicht, die ich mir einen Moment lang zu Eigen machte, begannen meine in den letzten Jahren ausgeführten Handlungen, so eigenwillig und planlos sie auch anmuteten, eine esoterische Logik zu enthüllen. Nach Kumbh Mela unterzog ich mich, wegen des »Zufallstreffers« einer Auftragsarbeit für eine Zeitschrift, der Bwiti-Intitiation in Afrika. Dann trank ich Ayahuasca zusammen mit Don Caesario und den Secoya. Nach DPT war ich gezwungen, mein Denken schon wieder zu revidieren. Ich sah mich der Zweideutigkeit, der Wirklichkeit und Macht der okkulten Ordnungen gegenüber. Der DPT-Trip und seine Nachwirkungen waren absonderlich und doch schaurig vertraut. Es kam mir so vor, und das tut es noch, als hätte ich irgendeinen Stromkreis nietzschescher »ewiger Wiederkehr« in Betrieb gesetzt und gewönne mithin etwas wieder, das ich einst schon wusste.

Steiner zufolge gibt es zusammen mit dem Selbst, das wir im täglichen Leben wahrnehmen, dem eigensinnigen »Ich«, noch ein anderes Selbst, ein verborgenes geistiges Wesen, das der Führer und Hüter der Einzelperson ist. Die seelische Inspiration durch dieses Double oder höhere Selbst ist freilich »keine solche in Gedanken und Worten; sie wirkt durch Taten, durch Vorgänge, durch ein Geschehen. Dieses »andere Selbst« ist es, welches die Seele hinführt zu den Einzelheiten ihres Lebensschicksals, und welches in ihr die Fähigkeiten, Neigungen, Anlagen usw. hervorruft.« Die Richtung unseres Lebens wird von jenem anderen Selbst angelegt, einem beständigen Wesen, das von Leben zu Leben fortdauert. »Die Inspiration erfolgt so, dass die Lebensschicksale eines folgenden Erdenseins als die Folge sich ergeben der vorangehenden Erdenleben.« Die Faszinationskraft dieser weit entfernten archaischen Riten in Indien, Gabun und dem Amazonasgebiet hatte so etwas wie eine magnetische Anziehung ausgeübt, und beim Aufspüren, Realisieren dieser Kontakte wurde ich, meiner intuitiven Einsicht nach, von jenem verborgenen, höheren Aspekt meines Seins vorangedrängt.

EPILOG

Der Engel der Geschichte

Nichts langweilt den gewöhnlichen Menschen mehr
als der Kosmos.

Walter Benjamin

Ist die Geschichte eine zwecklose Vorfalls- und Zufallsmasse, oder gibt es irgendeine treibende Kraft, irgendeinen dahinter liegenden Sinn – das, was Walter Benjamin als den über unsere Schritte wachenden »Engel der Geschichte« bezeichnete?

Dieses Buch skizziert meine eigene, immer wieder im Dunkeln tappende, auf der Suche nach Selbsterkenntnis basierende Fortentwicklung, bei der ich, Psychedelika als Werkzeuge verwendend, von einer neofreudianisch-materialistischen und mechanistischen Wirklichkeitsauffassung zu einer jungianischen, gnostisch-buddhistischen und unerhört mystischen gelangt bin. Dementsprechend hat sich auch meine Anschauung über die Geschichte verändert. Mir scheint jetzt, als werde das Menschengeschlecht wie ein Pingpongball von Kräften, die sich nicht ganz, aber weitgehend unserer Kontrolle entziehen, durch einen evolutionären Windkanal vorwärts getrieben. Diese Kräfte hat man als Geister, Götter, Dämonen, Demiurgen, nichtinkarnierte

Wesenheiten sowie mit einer Menge anderer Namen bezeichnet. Sie, die sich in vielfältigen Formen zeigen – als Elfen, Engel, brennende Büsche, Traumboten oder als die unerforschlichen außerirdischen Entführer in UFOs –, sind möglicherweise Abgesandte aus einem unermesslichen Ökosystem übersinnlicher Wesen. Auf den höheren Stufen wissen sie, wohin wir gehen und wie wir dorthin gelangen könnten. Zumindest erkennen sie ein paar der sich gabelnden Wege vor uns, die Fallen und versteckten Fußangeln. Manchen von ihnen liegt unser Bestes am Herzen. Viele wollen uns herunterziehen oder uns gegen die Felsen schmettern. Andere haben einfach Freude an einem guten Scherz.

W. B. Yeats schrieb: »Viele Dichter und alle mystischen und okkulten Schriftsteller in allen Zeiten und Ländern erklären, dass es hinter dem Sichtbaren reihenweise Hierarchien bewusster Wesen gibt, die nicht vom Himmel stammen, sondern von der Erde, die keine inhärente Form haben, sondern sich ganz nach Laune oder dem sie erblickenden Gemüt entsprechend verändern. Man kann nicht die Hand hochheben, ohne ganze Horden zu beeinflussen und von ihnen beeinflusst zu werden. Die sichtbare Welt ist bloß ihre Haut. In Träumen begeben wir uns mitten unter sie, spielen mit ihnen und kämpfen mit ihnen. Sie sind vielleicht Menschenseelen im Schmelztiegel – diese Geschöpfe der Laune.«

Ja freilich ist es lächerlich, aber hier kommt es: Ich hatte eine klassische spirituelle Erweckung; sie wurde katalysiert durch den Gebrauch von Psychedelika, jener unterdrückten Chemikalien, die die zerschlagenen Hoffnungen einer gescheiterten Ära symbolisieren. Ich bin ein »verrückter Narr« geworden, einer von »ihnen«, denjenigen, mit denen diese Welt nichts mehr zu tun haben will, deren Visionen man mit Spott, Verwerfung oder Angst begegnet. Und ich fühle mich deswegen innerlich viel wohler.

Ein Ergebnis meiner Recherche ist, dass ich mir jetzt merkwürdig unpersönlich vorkomme – ein uraltes Ergebnis des Informationszuflusses, der Bestandteil der Geisteserweckung ist. Ich glaube fast, dass ich, dieser unglaubliche, pinchbecksche Hochstapler, diese Lumpenpuppe aus Fleisch und Mumpitz, hier anlangte, um das alte geistige Werk meiner unbekannten Vorfahren – in der einen Linie Kabbalisten, in der anderen Druiden – und, wenn es Derartiges gibt, früherer Inkarnationen fortzusetzen. Der Erbe zahlloser Generationen mystischer Sehnsüchte, psalmodischer Gesänge in dunklen Höhlen und umringt von Steinkreisen, von Verbannungen und langen Wanderschaften quer durch sternhelle Wüsten, bin ich nicht mehr einfach ich selbst – ich bin etwas Anderes und Älteres, der archetypische Außenseiter, der archaische Wandersmann aus Mythen und Sagen. Natürlich habe ich keinen stichhaltigen Beweis dafür; und doch erkenne ich es intuitiv als unergründliche Wahrheit, als Teile meines ganz persönlichen Puzzles. Jedes Mal, wenn ich Ayahuasca trinke – für mich der profundeste und heilsamste aller in Tränken, Kräutern und Pillen enthaltene Bewusstseinserweiterer –, habe ich Kontakt mit jenem alten und suchenden Teil meiner selbst, jenem Strang kindlichen Staunens, von dem meine Seele wie von einer Dschungelliane umwunden ist.

Ich schreibe dies wahrheitsgemäß, aber ein Teil von mir widerruft die ganze verwickelte Erörterung, akzeptiert sie nicht und hofft aufrichtig, sie als wertlos ausscheiden und mit eingezogenem Schwanz zu der konsenskonformen, tageszeitungsgemäßen Sichtweise zurückkehren zu können, die, wie ich weiß, hinsichtlich ihrer eindimensionalen Porträtierung einer dem Untergang geweihten Welt hoffnungslos und derangiert, aber hinsichtlich ihrer platten Gewissheiten seltsam tröstlich ist. Ich habe es satt, mich wie einen unbeholfenen Albatros immer weiter von den Randzonen des Mainstreams davonflattern zu sehen.

Die Natur der Wirklichkeit ist geistig, nicht materiell. Alles, was wir rings um uns sehen, ist von empfindungsfähigen Geistgeschöpfen, zierlichen, die Plancksche Länge unterschreitenden Fitzelchen kosmischer Intelligenz belebt: Pflanzengeistern, Sylphen und Dryaden, Gewitterwesen, verdrehten Dienstgeistern nationalistischer Leidenschaft, räuberischen Dämonen von Unternehmen, die neue Chemikalien loslassen (eine fürchterliche Vorstellung: die missgebildeten und aufgebrachten Asuras Aspartam, Olestra und Malathion!), erstaunlichen, durch nagelneue Tryptamine enthüllten Teufelsimperien. Die Erde selbst ist ein geistiges Wesen, das uns aus Schlamm und DNA bildete, um seine eigene Bestimmung zu erreichen.

Da die Indianer in Bezug auf den schamanischen Kosmos Recht haben, beachte ich ernstlich die düsteren indianischen Prophezeiungen mit ihrer einhelligen, unbeirrbaren Vision nahe bevorstehenden historischen Zusammenbruchs und kommender entfesselter Gräuel – Naturkatastrophen, atomare Ausradierungen, biochemische Gewaltanwendung, geschmolzene Eiskappen, Polverschiebungen –, die sich uns jetzt mit Hochgeschwindigkeit nähern. Womöglich erweist sich ja die Zerstörung des World Trade Centers als ein Vorspiel oder eine Geburtswehe, als erster in einer Reihe von Krämpfen, bevor die moderne Zivilisation komplett ausradiert wird und immerwährendem Vergessen anheim fällt, wenn es nicht zu einer raschen und unwahrscheinlichen Umkehrung der gegenwärtigen Trends kommt.

Das Bewusstsein des modernen Menschen und die planetare Krise spiegeln einander wider. Die Menschheit starrt durch das Schlüsselloch, das Ozonloch auf einen immer entwürdigteren Planeten und ihre eigene Kurzsichtigkeit. Ölsüchtig, als wäre dieser Rohstoff Crack, holzen wir die Tropenwälder der Welt in erstaunlichem Tempo ab – ungefähr ein bis zwei Prozent pro Jahr. Wenn die moderne Zivilisation mit dem Aufbrauchen der Weltressourcen fertig ist, wenn dieses Kartenhaus zusammenstürzt, werden wir uns auf unseren nackten Wesenskern reduziert sehen und um Vergebung wimmern wie vom Lehrer erwischte, kleine Rabauken, unfähig zu begreifen, was schief ging. Gegen die durch menschliche Dummheit oder die gekränkte Natur entfesselten Überschwemmungen, genetische Verschmutzung, bakteriellen Brutalattacken, radioaktiven Infernos werden unsere Technologien wie Spielzeugkanonen zerknallen. Sehen Sie sich den Irrsinn an, wie die Aktienbörsen weiterhin, noch bis zu den letzten Sekunden dokumentierter Geschichte, nach Profit streben, indem sie auf die Nachschussaufforderungen von Katastrophenhilfsorganisationen und Rückversicherungsgesellschaften setzen.

Was ist überhaupt »Profit«? Was hat es auf sich mit der Habgier, die eine rasende Menschheit dazu motiviert, den Planeten zu zerstören und sich zu entwürdigen? Wenn ein Medienzar jährlich so viele hunderte Millionen Dollar einsteckt, dabei aber seinen Kindern und Enkelkindern eine Welt ohne saubere Luft, Amazonasurwälder, die purpurne Pracht von Korallenriffen oder Tiere hinterlässt – wo ist dann sein Profit? Wenn ein Chemieunternehmen davon profitiert, dass es über den ganzen Erdball Toxine ausbreitet, die sich im Fleisch seiner eigenen ängstlich-begierigen Aktionäre als Krebs neu materialisieren werden – wo ist dann der Profit? In welchen marsischen Zufluchtsort oder lunaren Club Med glauben diese Wahnsinnigen – wir selbst! – sich denn zurückziehen zu können, wenn sie damit fertig sind, diesen Planeten wie eine alte Hure zu ficken?

Das moderne wissenschaftliche Denken ist eine noch sehr junge Entwicklung. Die dem Kapitalismus zugrunde liegende Logik ist an materialistische Erfahrungsaxiome hinsichtlich des Wesens der Wirklichkeit geknüpft, die genau genommen schon veraltet sind. Die Physik war nachgerade gezwungen, eine unauflösbare Beziehung zwischen Subjekt und Objekt, Beobachtetem und Beobachter, Bewusstsein und Kosmos anzuerkennen. Wie Dr. Stanislav Grof in *Geburt, Tod und Transzendenz* schreibt:

> Das wissenschaftliche Denken in der heutigen Medizin, Psychiatrie, Psychologie und Anthropologie stellt inhaltlich eine direkte Ausdehnung des aus dem siebzehnten Jahrhundert stammenden newtonianisch-kartesianischen Modells vom Universum dar. Da sämtliche Grundannahmen dieser Wirklichkeitsauffassung von der Physik des zwanzigsten Jahrhunderts transzendiert wurden, dürfte man eigentlich erwarten, dass es in sämtlichen Disziplinen, die ihre direkten Derivate sind, früher oder später zu großen Veränderungen kommt.

Trotz ihres bornierten Glaubens an ihre eigene Überlegenheit kann die westliche materialistische Wissenschaft die Natur des Bewusstseins nicht begreifen. Möglicherweise ist das Bewusstsein ja weit mehr eine immanente Eigenschaft der Materie und lebender Zellen, als wir uns das je vorzustellen wagten.

Erstaunliche Experimente wurden mit Pflanzen und Polygrafen durchgeführt. An Pflanzen angeschlossene Lügendetektoren haben, durch eine Zunahme an elektrischen Impulsen, aufgewiesen, dass Pflanzen Kenntnis davon hatten, wer im Raum bei ihnen stand und welche Absichten die betreffenden Personen ihnen gegenüber hegten. Noch bevor ein Experimentator einen Pflanzenteil abschneiden konnte, als das Abtrennen noch ein bloßer Vorhabensgedanke des Betreffenden war, begann die anvisierte Pflanze schon, verzweifeltes Missfallen anzuzeigen.

Und wenn nun Pflanzen, auf irgendeiner Stufe, Bewusstsein besitzen?

Jedes Mal, wenn ich Pilze oder LSD nehme, spüre ich eine vergnügt beknackte, aber intuitive Gewissheit, dass Bäume Beobachter, Pflanzen empfindungsfähige Wesen sind, sich ihrer Stellung im endgültigen System der Geschöpfe und Dinge duldsam-beharrlich bewusst – natürlich könnte das eine köstliche Form drogenbedingter Paranoia sein. Für die Indianer freilich sind Pflanzen geistige Wesen genauso wie wir selbst; sie sind unsere Mitreisenden und Partner. Psychoaktive Pflanzen sind spezielle Abgesandte von der »Grünen Nation«, die die Fähigkeit entwickelt haben, ihre Weisheit mit den Menschen zu teilen.

Was könnte sonst noch wie wir mit Bewusstsein ausgestattet sein?

Und wenn nun alles und jedes damit begabt ist?

Mir haben verschiedene Personen von einem Erlebnis berichtet, das sie hatten, während sie die zusatzverstärkten Blätter von *Salvia divinorum* rauchten: von einer tief greifenden und unheimlichen Veränderung des Selbst, die ganze fünf Minuten dauert, in denen sie eine dissoziative Phase durchmachten und dann erkannten, dass sie als unbelebter Gegenstand – als Fenster, Fußbodendiele, Vinylkissen, Sofa oder Fernsehapparat – die Welt wahrnahmen. »Plötzlich war ich das Fenster in meinem Wohnzimmer«, erzählte mir ein Freund. Ich schaute hinaus auf die Straße und dann wieder in mein Zimmer und sah mich drin sitzen. Das war alles, was ich tun konnte.«

Wie konnten ein paar gerauchte Pflanzenblätter eine solche Wirkung hervorrufen? War es vielleicht, wie Biologen jederlei Mentalvorgang zu betrachten bestrebt sind, einfach eine physische Tätigkeit des Gehirns? Und wenn nun stattdessen alles, was wir hervorbringen, in irgendeiner lotrechten Dimension eine psychische Realität und ein empfindendes Gewahrsein seiner selbst annimmt?

Andere Berichte von *Salvia*-Rauchtrips sind nicht minder aufregend, aber völlig anders. Daniel Seibert, der Forscher, der Salvinorin A, die wirksame Komponente von *Salvia*, isolierte, nahm zufällig eine massive Überdosis dieser Substanz ein (er kam nicht darauf, dass Salvinorin A wie LSD in Mikrogrammdosierungen wirksam sein konnte) und fand sich als gespensterhafter Besucher in den Wohnstätten seiner frühen Kindheit wieder, die er nacheinander durchwanderte. »Die Häuser waren bis in alle Einzelheiten deutlich und real«, erinnerte er sich. »Ich konnte herumgehen, Wandschränke öffnen oder Schubladen herausziehen und das ganze Zeug haargenau so sehen, wie es damals war.« Seibert und andere berichten auch vom Hineingelangen in seltsame *Salvia*-Reiche, wo rings um sie alles unverändert vorhanden ist, nur dass die Welt plötzlich rundweg aus Münz- oder Kieselmassen besteht – sich irgendein Bestandteil der materiellen Welt endlos reproduziert wie eine dreidimensionale Tapete oder ebensolche Fliesen, eine Art holografischer Albtraum.

So ein Gedanke – dass alles, was wir erzeugen, irgendeine Art Bewusstsein erwirbt –, ist nicht weit entfernt von bestimmten Konzeptionen in der Gesellschaftstheorie, wie etwa Marxens Idee vom Fetischcharakter der Waren, die auf dem Markt so agieren, als ob sie einen eigenen Willen hätten. Wie Walter Benjamin einmal bemerkte: »Am Ende sind die Dinge nur Mannequins, und selbst die großen welthistorischen Momente sind nur Kostüme, unter denen sie die Blicke des Einverständnisses mit dem Nichts, dem Niedrigen und Banalen tauschen.«

Wenn man Psychedelika einnimmt, erreicht man hin und wieder, nach der anfänglichen Angst und dem Durchgangsstadium psychologischer Verarbeitung, eine ruhige Zone, wo metaphysische Konzeptionen, anscheinend aus eigenem Antrieb, aufsteigen. Diese sich selbst konstituierenden Möglichkeitsstrukturen treiben an die Oberfläche des Bewusstseins, wo sie sich wie Blumensträuße öffnen. Auf Ayahuasca kam mir der Gedanke, dass der Dschungel der Freiraum für die Kreativität der Natur ist, wo neue Lebensformen als poetische Versuche gezüchtet und freigesetzt werden – weswegen er einem so heilig vorkommt. Kinder erfassen seine Heiligkeit intuitiv, ohne erst hinreisen zu müssen – aus ein paar Bildern in Büchern oder irgendwelchen Fernsehaufnahmen. Der nächste sich erschließende Gedanke war, wir, die Menschen, würden gleichfalls von all den unbekannten Schwärmen und mannigfaltigen Heerscharen empfindender Wesenheiten jenseits des Bereichs des sinnlich Erfassbaren wegen unserer eigenen schöpferischen Leistungen geliebt, ganz egal, wie serienmäßig angefertigt, schlecht konzipiert oder unfertig gestaltet sie sein mögen. Wir werden wegen unserer schöpferischen Kraft geliebt, die eine Art unendliches Potenzial ist.

Es ist eine eigentümliche, von den Theoretikern der extradimensionalen Physik konstatierte Tatsache: Nur in drei Dimensionen kann es so ein Ding wie einen Knoten geben. In zwei Dimensionen sind Knoten nicht möglich, und ebenso wenig möglich in jedem der höheren Bereiche, den tesserakt- und Calabi-Yau-förmigen Rubik's-Rätseln, des Hyperraums. Vielleicht ähneln wir ja, in dieser Wirklichkeit zeitweilig körper-begabt, eingeschlossen, den Knoten physikalischer Kräfte, die den Kosmos in Position halten.

Jung schrieb in seinen Lebenserinnerungen: »Die dreidimensionale Welt in Zeit und Raum erscheint mir wie ein Koordinatensystem: es wird in Ordinate und Abszisse auseinander gelegt, was ›dort‹, in der Raum-Zeitlosigkeit, vielleicht als ein Urbild mit vielen Aspekten, vielleicht als eine diffuse ›Erkenntniswolke‹ um einen Archetypus herum, erscheinen mag.« Das wäre mir vor ein paar Jahren unsinnig vorgekommen, aber ich habe im Regenbogenschimmer von Ayahuasca-Visionen und durch die traumatischere Beförderungsvorrichtung DMT gesehen, dass es möglicherweise zutrifft.

Die schamanischen Gegenpole des Bekannten und Vertrauten und scheinbar Rationalen haben eine ganz spezielle vaudevillianische Logik. Das fast Verwirrendste an den anderen Dimensionen ist Folgendes: Nachdem Sie Ihren gesunden Verstand, die Missbilligung von Freunden und Familienmitgliedern riskiert haben, um dorthin zu gelangen, stoßen Sie, mitten unter den Prophetie- und Mythosbruchstücken, den Offenbarungen von Schrecklichem und utopischer Seligkeit, auf eine Freude an abstruser unbedarfter Komik, kalauerigen Wortspielen, billigen Stereotypen und karikaturistischer Gimmickroutine. Der Scherz ist eine der Masken, die das Unbekannte, das Andere trägt, um sich zu verbergen, um sich außerhalb der Reichweite menschlichen Verstehens zu halten. Ebendeshalb ist Lachen eines der wirksamsten Werkzeuge des Schamanen, das, so effizient gehandhabt wie ein chirurgisches Skalpell, die Gemütsschatten wegwischt.

Über mehrere Monate hin stellte ich in meinen Träumen fest, dass ich immer wieder die Botschaft erhielt, ich solle mehr – und noch mehr – psychedelische Drogen einnehmen. Auf Partys kamen tolle, Sonnenbrillen tragende Typen herüber, um mir DMT anzubieten. In einer fremden Stadt führte man mich zu einer Underground-Drogenverkaufsstelle, wo ich übereifrigen Verkäufern bewusstseinsverändernde Präparate abkaufen konnte. Ein alter Freund bot mir während eines Softballspiels im Central Park Ketamin an. Ich stieß auf normal erhältliche, weiße, klitschige Kuchen voller Ecstasy im örtlichen Feinkostgeschäft, dann auf handelsübliche Packungen »Zauberpilze« in einem Supermarkt von Mexiko-Stadt. Auch DPT trat in Verkleidung auf. In einem Fantasierestaurant in der Stadtmitte offerierte mir der Ober das Tagesgericht: 300 winzige teuflische Kreaturen in einer Tunke. Vernünftig lehnte ich ab. Die Art, wie mich die Traumgestalten andauernd zu weiterer und schnellerer Erkundung antrieben, hatte etwas unheimlich und vaudevillianisch Dringliches.

Ich kapierte es nicht. Wollte irgendeine übermütige Seite meines Unbewussten, dass ich meine Psyche noch in anderweitige Richtungen ausdehnte? War das ein heilsamer Impuls? Schließlich, als ich zu argwöhnen begann, es könnte ja womöglich eine Geistwelt um uns herumwirbeln und unseren materiellen Bereich durchfluten, fragte ich mich, ob diese Angebote von zweideutigen oder ominösen Kräften gemacht wurden, denen nicht unbedingt mein Bestes am Herzen lag. Vielleicht lockten sie mich weiter zu übermäßigem Gebrauch und Selbstdesintegration. Vielleicht wollten sie mich, so wie dies Dr. Strassman während seiner DMT-Versuche mitgeteilt wurde, dazu benutzen, in diese Welt zu gelangen.

Zweifellos sind Psychedelika zweischneidige Werkzeuge. Aber alle Werkzeuge sind zweischneidig. Die Werkzeuge der Wissenschaft können dazu verwendet werden, Anthrax oder Pocken zu Waffen zu machen, die Welt mit Atomsprengköpfen zu umringen, eine offene Gesellschaft in eine paranoide Negativ-Utopie der Teleüberwachung zu verwandeln. Psychedelika liefern ein Schnellverfahren zur Erforschung dessen, was Huxley als die »fernen Gegenpole« der Mentalsphäre bezeichnete. Meditation, Luzides Träumen oder Gurdjieffs Methode der »Selbsterinnerung« sind langsamere, aber ungefährlichere Wege.

In einem seiner Bücher schrieb Steiner, dass der Kern der Erde aus dem Stoff schwarzer Magie bestehe. Ob er dies nun metaphorisch oder buchstäblich meinte – offenbar ist die heutige Menschheit schicksalhaft dazu gezwungen, alle Erscheinungsformen schwarzer Magie zutage zu fördern. Vielleicht sind deshalb unsere Träume sowie auch unsere Politik in erheblichem Maß von dunkler Materie, von Angst und Zorn und unbewusster Raserei, durchdrungen.

Ohne eingehende Betrachtung meiner Träume hätte ich nicht mitbekommen, dass ich diese ständigen Anreize von anderen Wesen oder anderen Teilen meiner Psyche erhielt. Vielleicht hätte ich einfach den Wunsch verspürt, meinen Drogenkonsum zu steigern, und wäre der Regung gefolgt. Vermutlich leidet gegenwärtig unsere ganze Gesellschaft an einem dementsprechenden Syndrom. Weil wir unser unmittelbares Erkennen negieren, weil wir nicht an Geister glauben oder auf unsere Träume hören, weil wir unsere potenziellen Schamanen in psychiatrische Kliniken und Obdachlosenunterkünfte verbannt haben, weil wir uns in virtuelle Technologiegehäuse eingeschlossen haben, fällt es ja zweideutigen übersinnlichen Wesenheiten – Dämonen oder Devas, Archonten oder Rakshasas – möglicherweise schauderhaft leicht, fortwährend auf unser Denken und Empfinden einzuwirken und dabei das von uns geschaffene Vakuum mit Schlick zu füllen, unsere innere Zugangsmöglichkeit zu tieferen Stufen der Weisheit wegzunarkotisieren.

Trifft dies zu, dann darf man diagnostizieren, dass wir, die privilegierten Erben eines immer gefährdeteren und global zerstörerischen Imperiums, an Dämonenbesessenheit gewaltigen Ausmaßes leiden. Die uns manipulierenden Parasiten verstecken sich in unserem egozentrischen Materialismus und geistigen Nihilismus. In unseren Träumen machen sie sich lustig über uns. Ihr Wille wird vollstreckt von multinationalen Unternehmen, die man, aus schamanischer Sicht, als zweideutige empfindungsfähige Wesenheiten ansehen kann, welche lieber außerhalb menschlicher Kontrolle agieren, in okkulten Informations-Ökosystemen und Hochgeschwindigkeits-Geldmärkten. Wie alle Archonten vergrößern diese, häufig mit mythologischen Symbolen versehenen, Unternehmen ihre eigene Macht, indem sie die Menschen dazu zwingen, an sie zu glauben und ihrer Herrlichkeit Opfer zu bringen. Ihr Ziel ist anscheinend die Umwandlung der Erde in eine nichtmenschliche Öde.

Wo werden wir Schamanen finden, die mächtig genug sind, das Geistesgift aus unserem Gesellschaftskörper zu saugen und es für uns auszuspeien? Hexenmeister, die diese Dämonen bändigen können? Visionäre, die den vorwärts führenden Weg weisen können? Nirgendwo sonst als hier. So aussichtslos es auch zu sein scheint: Wir müssen selbst Schamanen, Hexenmeister und Seher werden. Als Geisteskrieger müssen wir die Verantwortung für die Misere unserer Spezies übernehmen. Um den Zauberbann der todesfallenartigen Täuschungen und der hypnotischen Ablenkungen unserer Kultur zu brechen, brauchen wir unbedingt den Mut, uns dem zu stellen, was hinter den offenen Pforten unseres eigenen Denk- und Empfindungsvermögens liegt.

Bibliografie*

Anderson, Edward F. *Peyote: The Divine Cactus*. University of Arizona, 1996.

Alverga, Alex Polari de. *Forest of Visions: Ayahuasca, Amazonian Spirituality, and the Santo Daime Tradition*. Park Street Press, 1999.

Arguelles, José. *The Mayan Factor: Path Beyond Technology*. Bear, 1987.

Artaud, Antonin: *Artaud Anthology*. City Lights, 1965.

ders.: *Selected Writings*. University of California, 1976.

ders.: *The Peyote Dance*. Farrar Straus, 1976. (Vgl. dazu den deutschsprachigen Titel:)

ders.: *Die Tarahumaras: Revolutionäre Botschaften, Briefe*. Matthes & Seitz, 1992

Barthes, Roland: *Image, Music, Text*. Farrar Straus, 1978. (*Der entgegenkommende und der stumpfe Sinn. Kritische Essays III*. Edition Suhrkamp, 1990.)

Baum, Dan: *Smoke and Mirrors. The War on Drugs and the Politics of Failure*. Little Brown, 1996.

* Die Bibliografie versammelt die Texte, die der Autor verwendet hat. Vorhandene deutsche Übersetzungen sind im Anschluss an den jeweiligen Originaltitel mit angegeben. Analog gilt dies auch für englischsprachig übersetzte Titel aus anderen Sprachen (mit Sternchen gekennzeichnet).

Benjamin, Walter: *Illuminations*. Harcourt Brace, 1968. (ders.: *Illuminationen. Ausgewählte Schriften* Bd. 1; Suhrkamp, 1961.)
ders.: *Reflections*. Harcourt Brace, 1986. (*Angelus Novus. Ausgewählte Schriften* 2. Suhrkamp, 1966.)
ders.: *Das Passagenwerk. Gesammelte Schriften* V/1 u. V/2. Suhrkamp, 1982.
ders.: *Selected Writings, Volume 1: 1913-1926*. Harvard, 1996.
ders.: *Selected Writings, Volume* 2: 1927-1934. Harvard, 1996.
ders.: *Kapitalismus als Religion*. In: *Gesammelte Schriften* VI. Suhrkamp, 1985.
Bennett, J.: *G. Gurdjieff. Making a New World*. Harper & Row, 1973.
Bohm, David: *Wholeness and the Implicate Order*. Routledge, 1995. (*Die implizite Ordnung. Grundlagen eines dynamischen Holismus*. Goldmann, 1987.)
Burroughs, William u. Allen Ginsberg: *The Yage Letters*. City Lights, 1963. (*Auf der Suche nach Yage. Ein Briefwechsel*. Limes, 1990.)
Castaneda, Carlos: *The Teachings of Don Juan. A Yaqui Way of Knowledge*. University of California Press, 1968. (*Die Lehren des Don Juan. Ein Yaqui-Weg des Wissens*. Fischer, 1973.)
ders.: *A Separate Reality*. Simon & Schuster, 1971. (*Eine andere Wirklichkeit. Neue Gespräche mit Don Juan*. Fischer, 1998.)
Chatwin, Bruce. *The Songlines*. Penguin, 1987. (*Traumpfade. Roman*. Fischer, 1990.)
*Clastres, Pierre. *Chronicle of the Guayaki Indians*. Zone, 1998. (*Chronik der Guayaki. Die sich selbst Aché nennen. Nomadische Jäger in Paraguay*. Trickster, 1984.)
Clifford James: *The Predicament of Culture. Twentieth-Century Ethnography, Literature, and Art*. Harvard 1988.
ders.: *Kultur als Text. Die anthropologische Wende der Literaturwissenschaft*. Fischer, 1985.
Cocteau, Jean: *Opium. The Diary of a Cure*. Grove, 1958. (*Opium. Tagebuch einer Entziehungskur*. TB-Werkausgabe Bd. 10. Fischer, 1988.)
Crowley, Aleister: *Moonchild*. Weiser, 1970. (Moonchild. Phänomen, 1993.)

ders.: *The Book of Thoth (Egyptian Tarot)*. Weiser, 2000. (*Das Buch Thoth. Ägyptischer Tarot*. Urania, 1997.)

Davis, Erik: *Techgnosis. Myth, Magic, and Mysticism in the Age of Information*. Random House, 1998.

Davis, Wade: *One River. Explorations and Discoveries in the Amazon Rain Forest*. Simon & Schuster, 1996.

DeKorne, Jim: *Psychedelic Shamanism. The Cultivation, Preparation, and Shamanic Use of Psychotropic Plants*. Breakout Productions, 1994. (*Psychedelischer Neo-Schamanismus. Die Zucht, Zubereitung und der schamanistische Gebrauch psychoaktiver Pflanzen*. W. Pieper-Verl., 1995.)

Devereux, Paul: *The Long Trip. A Prehistory of Psychedelia*. Penguin, 1997.

Dickstein, Morris: *Gates of Eden. American Culture in the Sixties*. Harvard, 1997.

Didion, Joan: *The white Album*. Simon & Schuster. 1979. (*Das weiße Album. Eine kalifornische Geisterbeschwörung*. Kiepenheuer & Witsch, 1983; Rowohlt 1997.)

Dobkin de Rios, Marlene: *Hallucinogens. Cross-Cultural Perspectives*. Avery, 1990.

Edelman, Gerald M. u. Giulio Tononi: *A Universe of Consciousness. How Matter Becomes Imagination*. Basic, 2000. (*Gehirn und Geist. Wie aus Materie Bewusstsein entsteht*. Beck, 2002.)

*Eliade, Mircea: *Shamanism. Archaic Techniques of Ecstasy*. Princeton, 1964. (*Schamanismus und archaische Ekstasetechnik*. Suhrkamp, 2001.)

ders.: *The Myth of the Eternal Return. Princeton*, 1971. (*Kosmos und Geschichte. Der Mythos der ewigen Wiederkehr*. Diederichs, 1953.)

Eliot, T. S.: *Four Quartets*. Harcourt Brace, 1943.

Epps, Garrett: *To an Unknown God. Religious Freedom on Trial*. St. Martin's, 2001.

Evans-Wentz, Walter Y.: *The Fairy Faith in Celtic Countries*. Carol 1994.

Evola, Julius: *The Hermetic Tradition. Symbols and Teachings of the Royal Art*. Inner Traditions, 1995. (*Die Hermetische Tradition*. Ludwig, 1990.)

Fernandez, James: *Bwiti. An Ethnography of the Religious Imagination in Africa*. Princeton, 1982.

Fikes, Jay Courtney: *Carlos Castaneda, Academic Opportunism, and the Psychedelic Sixties*. Millenia, 1993.

Flaherty, Gloria: *Shamanism and the Eighteenth Century*. Princeton, 1992.

Fortune, Dion: *Psychic Self-Defense. A Study in Occult Pathology and Criminality*. Aquarian, 1985. (*Selbstverteidigung mit PSI. Methoden der Verteidigung gegen PSI-Angriffe*. Ansata, 1985.)

Frye, Northrop: *A Natural Perspective. The Development of Shakespearean Comedy and Romance*. Columbia, 1965.

Furst, Peter T. (Hrsg.): *Flesh of the Gods. The Ritual Use of Hallucinogens*. Waveland Press, 1990.

Ginsberg, Allen: *Journals Early Fifties – Early Sixties*. Grove, 1977. (*Allen Ginsbergs Notizbücher 1952-1962*. Rowohlt, 1985.)

Ginzburg, Carlo: *Ecstasies. Deciphering the Witches' Sabbath*. Random House, 1991. (*Hexensabbat. Entzifferung einer nächtlichen Geschichte*. Fischer-TB, 1993.)

Gitlin, Todd: *The Sixties. Years of Hope, Days of Rage*. Bantam, 1987.

Govinda, Lama Anagarika: *Grundlagen tibetischer Mystik*. 2. Aufl. Rascher, 1966.

Greene, Brian: *The Elegant Universe. Superstrings, Hidden Dimensions, and the Quest for the Ultimate Theory*. Vintage 1999. (*Das elegante Universum*. Berliner TB-Verlag, 2002.)

Grof, Stanislav: *Beyond the Brain. Birth, Death, and Transcendence in Psychotherapy*. SUNY, 1986. (*Geburt, Tod und Transzendenz. Neue Dimensionen in der Psychologie*. Kösel, 1985.)

Hardt, Michael u. Antonio Negri: *Empire*. Harvard, 2000. (*Empire. Die Neue Weltordnung*. Campus, 2002.)

Harner, Michael (Hrsg.): *Hallucinogens and Shamanism*. Oxford 1973.

Hayes, Charles: *Tripping. An Anthology of True-Life Psychedelic Adventures*. Penguin, 2000.

Hayter, Alethea: *Opium and the Romantic Imagination*. University of California, 1968.

Hobson, J. Allan: *The Dream Drugstore. Chemically Altered States of Consciousness*. MIT, 2001.
Hoffman, Abbie: *Revolution for the Hell of It*. Dell, 1968.
Holland, Julie (Hrsg.): Ecstasy. *The Complete Guide*. Park Street Press, 2001.
Huxley, Aldous: *The Doors of Perception*. Harper & Row 1954. (*Die Pforten der Wahrnehmung*. Piper, 1970.)
ders.: *Brave New World*. HarperCollins, 1998. (*Schöne neue Welt*. Fischer, 1981.)
ders.: *Island*. Harper & Row, 1963. (*Eiland*. Piper, 1995.)
Jameson, Frederic: *The Ideologies of Theory. Essays 1971-1986*. University of Minnesota, 1988.
ders.: *Postmodernism, or the Cultural Logic of Late Capitalism*. Duke, 1991.
Jung, Carl Gustav: *Über die Archetypen des kollektiven Unbewussten* (Neuabdr. von 1934 in: *Von den Wurzeln des Bewusstseins*. Gesammelte Werke 9, 1. Teil). Rascher, 1954.
ders.: *Psychologie und Alchemie*. (2. Aufl. in: Gesammelte Werke 12. Rascher, 1952.
ders.: *Erinnerungen, Träume, Gedanken*. Walter, 1999.
ders.: *The Undiscovered Self*. Little, Brown, 1957.
Kennedy, John: *Tarahumara of the Sierra Madre*. AHM, 1996.
Kerényi, Karl: *Die Mysterien von Eleusis*. Rascher, 1962.
Kramer, Jane: *Allen Ginsberg in America*. Fromm, 1997.
Kramer, Peter: *Listening to Prozac*. Penguin, 1993.
Larsen, Stephen: *The Shaman's Doorway. Opening Imagination to Power and Myth*. Station Hill Press, 1988.
Leary, Timothy: *Flashbacks. An Autobiography*. Houghton Mifflin, 1983.
ders.: *Denn sie wussten, was sie tun. Eine Rückblende*. Heyne, 1997.
ders.: *The Politics of Ecstasy*. Ronin, 1998.
ders., Ralph Metzner u. Richard Alpert: *The Psychedelic Experience. A Manual Based on the Tibetan Book of the Dead*. University Books, 1964.
Lee, Martin A. u. Bruce Shlain: *Acid Dreams. The Complete Social History of LSD: The CIA, the Sixties, and Beyond*. Grove, 1992.

* Lévi-Strauss, Claude: *The Savage Mind*. University of Chicago, 1966. (*Das wilde Denken*. Suhrkamp, 1968.)
ders.: *Tristes Tropiques*. Simon & Schuster, 1973. (*Traurige Tropen*. Suhrkamp 1978.)
ders.: *Myth and Meaning*. Schocken 1978. (*Mythos und Bedeutung*. Suhrkamp, 1980.)
Lewin, L(ouis): *Phantastica. Die betäubenden und erregenden Genussmittel*. (2., erw. Aufl. 1927, reprograf. Nachdr.) Gerstenberg, 1973.
ders.: *Phantastica*. (Lizenzausgabe) Parkland, 2000.
Lilly, John: *The Center of the Cyclone. An Autobiography of Inner Space*. Bantam, 1973. (*Das Zentrum des Zyklons. Neue Wege der Bewusstseinserweiterung*. AT-Verlag, 2000.)
ders.: *The Scientist. A Metaphysical Autobiography*. Ronin 1997. (*Der Scientist. Eine metaphysische Autobiografie*. Sphinx 1991.)
Luna, Eduardo Luis u. Stephen F. White (Hrsg.): *Ayahuasca Reader: Encounters with the Amazon's Sacred Vine*. Synergetic, 2000.
* Lyotard, Jean-François: *The Inhuman*. Stanford, 1988. (*Das Inhumane. Plaudereien über die Zeit*. Passagen Verlag, 2001)
Lyttle, Thomas (Hrsg.): *Psychedelics Reimagined*. Autonomedia, 1999.
Mailer, Norman: *The Armies of the Night. History as a Novel, The Novel as History*. Penguin, 1968.
* Mathers. S. Lidell MacGregor (Übers.): *The Key of Solomon the King (Clavicula Salomonis)*. Weiser, 2000. (*Der Schlüssel Solomon*. Schikowski, 2002.)
Matthiessen, Peter: *At Play in the Fields of the Lord*. Random House, 1991.
ders.: *Indian Country*. Penguin, 1992.
McGinn, Colin: *Conscious Minds in a Material World*. Basic, 1999. (*Wie kommt der Geist in die Materie? Das Rätsel des Bewusstseins*. Beck, 2001.)
McKenna, Terence: *The Archaic Reviva. Speculations on Psychedelic Mushrooms, the Amazon, Virtual Reality, UFOs, Evolution, Shamanism, the Rebirth of the Goddess, and the End of History*. Harper Collins, 1991.
ders.: *Food of the Gods. The Search for the Original Tree of Knowledge*.

Bantam, 1992. (*Speisen der Götter. Die Suche nach dem ursprünglichen Baum der Weisheit*. Grüne Kraft, 1996.)

ders.: *The Invisible Landscape. Mind, Hallucinogens, and the I Ching*. HarperCollins, 1993.

ders.: *True Hallucinations. Being an Account of the Author's Extraordinary Adventures in the Devil's Paradise*. HarperCollins, 1994. (*Wahre Halluzinationen*. W. Pieper, 1989.)

Merker, Dan: *The Ecstatic Imagination. Psychedelic Experiences and the Psychoanalysis of Self-Actualization*. SUNY, 1998.

Metzner, Ralph: *Ayahuasca, Human Consciousness, and the Spirit of Nature*. Thunder's Mouth, 2000.

Meyerhoff, Barbara G.: *Peyote Hunt. The Sacred Journey of the Huichol Indians*. Cornell, 1974.

* Michaux, Henri: *Miserable Miracle*. City Lights, 1967. (*Unseliges Wunder. Das Meskalin*. Hanser, 1986.)

ders.: *Darkness Moves*. University of California, 1994. (*Die Nacht rührt sich*, in: Dichtungen und Schriften I; Fischer, 1992.)

Narby, Jeremy: *The Cosmic Serpent. DNA and the Origins of Knowledge*. Tarcher/Putnam, 1999. (*Die kosmische Schlange*. Klett-Cotta, 2001.)

ders. (Hrsg.): *Shamans through Time. 500 Years on the Path to Knowledge*. Tarcher/Putnam, 2001.

Neihardt, John G.: *Black Elk Speaks. Being the Life Story of a Holy Man of the Oglala Sioux*. University of Nebraska, 1961. (*Ich rufe mein Volk. Leben, Visionen und Vermächtnis des letzten großen Sehers der Ogalalla-Sioux*. Lamuv, 1995.)

Newberg, Andrew u. Eugene D'Aquili: *Why God Won't Go Away. Brain Science and the Biology of Belief*. Ballantine, 2001.

Newland, Constance: *Myself and I*. New American Library, 1962. (Abenteuer im Unbewussten. Das Experiment einer Frau mit der Droge LSD. Szczesny, 1964.)

* O'Flaherty, Wendy Doniger (Übers.) *The Rig Veda*. Penguin, 1981. (vgl. diverse Auswahlausgaben des *Rigveda* im Deutschsprachigen, z. B. *Upanishaden: Die Geheimlehre der Inder*, Übers. Alfred Hillebrandt. Diederichs TB, 1997.)

Oss, O. T. und O. N. Oeric: *Psilocybin. The Magic Mushroom Grower's Guide*. Quick American, 1991.
ders.: *Psilocybin. Ein Handbuch für die Pilzzucht*. Volksverlag, 1983.
Ott, Jonathan: *Ayahuasca Analogues*. Natural Products, 1994. (*Ayahuasca Analoge. Pangäische Entheogene*. W. Pieper Verl. 1994.)
Ouspensky, P. D.: *In Search of the Miraculous*. Harcourt Brace, 1949. (*Auf der Suche nach dem Wunderbaren. Perspektiven der Welterfahrung und der Selbsterkenntnis*. Barth, 1999.)
ders.: *The Fourth Way*. Vingtage 1971.
Pellerin, Cheryl: *Trips. How Hallucinogens Work in Your Brain*. Seven Stories, 1998. (*Trips. Wie Halluzinogene wirken*. AT-Verlag, 2001.)
Pendell, Dale: *Pharmako/poeia. Plants, Powers, Poisons, and Herbcraft*. Mercury House, 1995.
Perkins, John: *The World Is as You Dream It. Shamanic Teachings from the Amazon and Andes*. Destiny, 1994. (*Und der Traum wird Welt. Schamanische Impulse zur Aussöhnung mit der Natur*. Integral, 1995.)
Plant, Sadie: *Writing on Drugs*. Farrar, Straus u. Giroux, 1999.
* Proust, Marcel: *Remembrance of Things Past*. Vintage 1982.
ders.: *Auf der Suche nach der verlorenen Zeit*. (3 Bde., Jubiläumsausgabe) Suhrkamp, 2000.
Puharich, Andrija: *The Sacred Mushroom. Key to the Door of Eternity*. Doubleday, 1959.
Pynchon, Thomas: *The Crying of Lot 49*. Bantam, 1967. (*Die Versteigerung von No. 49*. Rowohlt TB, 1994.)
Rätsch, Christian u. John R. Baker (Hrsg.): *Jahrbuch für Ethnomedizin und Bewusstseinsforschung* (englisch/deutsch). Verlag für Wissenschaft und Bildung, Berlin, 1994, 1997/1998.
Redgrove, Peter: *The Black Goddess and the Unseen Real. Our Unconscious Senses and Their Uncommon Sense*. Grove, 1987.
Rienzo, Paul de u. Dana Beal: *The Ibogaine Story. Report on the Staten Island Project*. Autonomedia, 1997.
Reynolds, Simon: *Generation Ecstasy. Into the World of Techno and Rave Culture*. Routledge, 1999.
* Robinson, James M. (Hrsg.): *The Nag Hammadi Library*. Harper-

Collins, 1990. (Vgl. diverse deutsche Ausgaben, z. B. die von Gerd Lüdemann und Martina Janßen: *Bibel der Häretiker. Die gnostischen Schriften aus Nag Hammadi*. Radius, 1997.)

Roszak, Theodore: *The Making of a Counter Culture*. Anchor, 1969. (*Gegenkultur*. Econ, 1986.)

Saunders, Nicholas, Anna Saunders u. Michelle Pauli: *In Search of the Ultimate High. Spiritual Experiences through Psychoactives*. Random House 2000.

Schultes, Richard Evans u. Albert Hofmann: *Plants of the Gods. Their Sacred, Healing and Hallucinogenic Properties*. Healing Arts Press, 1992. (*Pflanzen der Götter. Die magischen Kräfte der bewusstseinserweiternden Gewächse*. AT-Verlag, 1998.)

Shiva, Vandana: *Monocultures of the Mind. Perspectives on Biodiversity and Biotechnology*. Zed, 1993. (*Biodiversität. Plädoyer für eine nachhaltige Entwicklung*. Haupt, 2001.)

Shulgin, Ann u. Alexander: *PIHKAL. A Chemical Love Story*. Transform, 1991.

ders.: *TIHKAL. The Continuation*. Transform, 1997.

Siever, Larry J. u. William Frucht: *The New View of Self. How Genes and Neurotransmitters Shape Your Mind, Your Personality, and Your Mental Health*. Macmillan, 1997.

Smith, Huston: *Cleansing the Doors of Perception*. Putnam, 2000.

Solomon, David (Hrsg.) *LSD: The Consciousness-Expanding Drug*. Putnam, 1964.

Staal, Frits: *Exploring Mysticism*. University of California, 1975.

Steiner, Rudolf: *Wie erlangt man Erkenntnisse der höheren Welten?* Rudolf Steiner Verlag, 1995.

ders.: *Die Geheimwissenschaft im Umriß*. Rudolf Steiner Verlag, 1996.

ders.: *Self-Transformation. Selected Lectures*. Rudolf Steiner Press, 1995.

Stevens, Jay: *Storming Heaven. LSD and the American Dream*. Harper & Row, 1987.

Stolaroff, Myron J.: *The Secret Chief. Conversations with a Pioneer of the Underground Psychedelic Therapy Movement*. MAPS, 1997.

Strassman, Rick: DMT – *The Spirit Molecule. A Doctor's Revolutionary*

Research into the Biology of Near-Death and Mystical Experience. Park Street Press, 2001.
Talbot, Michael: *The Holographic Universe*. HarperCollins 1991. (*Das holographische Universum. Die Welt in neuer Dimension*. Droemer-Knaur, 1994.)
Taussig, Mick: *Shamanism, Colonialism, and the Wild Man*. University of Chicago.
ders.: *Mimesis and Alterity. A Particular History of the Senses*. Routledge, 1993. (*Mimesis und Alterität. Eine eigenwillige Geschichte der Sinne*. Europäische Verlagsanstalt, 1997.)
Thompson, Hunter S.: *Fear and Loathing in Las Vegas. A Savage Journey to the Heart of the American Dream*. Random House, 1971. (*Angst und Schrecken in Las Vegas. Eine wilde Reise in das Herz des amerikanischen Traums*. Rowohlt TB, 1984.)
Tompkins, Peter u. Christopher Bird: *The Secret Life of Plants: A Fascinating Account of the Physical, Emotional, and Spiritual Relations Between Plants and Man*. Harper & Row, 1989. (*Das geheime Leben der Pflanzen. Pflanzen als Lebewesen mit Charakter u. Seele u. ihre Reaktionen in den physischen u. emotionalen Beziehungen zum Menschen*. Fischer, 1977.)
Torgovnick, Marianna: *Primitive Passions. Men, Women, and the Quest for Ecstasy*. University of Chicago, 1998.
Vallée, Jacques: *Passport to Mangonia. On UFOs, Folklore, and Parallel Worlds*. Contemporary Books, 1993.
Wasson, R. Gordon, Stella Kramrisch, Jonathan Ott u. Carl A. P. Ruck: *Persephone's Quest. Entheogens and the Origins of Religion*. Yale 1986.
Waters, Frank: *Book of the Hopi*. Ballantine, 1969. (*Das Buch der Hopi. Mythen, Legenden und Geschichte eines Indianervolkes*. Droemer-Knaur, 2000.)
Watts, Alan W.: *The Joyous Cosmology. Adventures in the Chemistry of Consciousness*. Random House 1962. (*Kosmologie der Freude. Abenteuer in den Welten des Bewusstseins*. AT-Verlag, 2000.)
ders.: *This Is It*. Vintage 1973. (*Dies Ist Es. Und andere Essays über Zen und spirituelle Erfahrung*. Sphinx, 1981.)

Weil, Andrew: *The Natural Mind. An Investigation of Drugs and the Higher Consciousness*. Houghton Mifflin, 1986. (*Drogen und höheres Bewusstsein*. AT-Verlag, 2000.)
Wiener, Jon: *Come Together. John Lennon in His Time*. Random House, 1984.
Wolfe, Tim: *The Electric Kool-Aid Acid Test*. Farrar Straus, 1968.
Zaehner, R. C.: *Mysticism. Sacred and Profane*. Oxford, 1961.

Psychedelika-Websites

(empfohlen und kommentiert vom Autor)

www.erowid.org – eine sagenhafte Datenbank mit Erfahrungsberichten, wissenschaftlichen und taxonomischen/terminologischen Informationen etc.

www.lycaeum.org – ähnlich wie erowid.

www.basementshaman.com – Diese Site sollte man sich auf keinen Fall entgehen lassen! Eine tolle Firma, die Visionspflanzen und -kräuter verkauft. Es gibt auch noch andere, aber diese ist mir die liebste.

www.maps.org – Die so genannte Mulitidisciplinary Approach to Psychedelic Studies ist eine gemeinnützige Gruppe, die Gelder für psychedelische Forschung beschafft und neue Informationen veröffentlicht.

www.alchemind.org – Eine Gruppe, die sich der »Erkenntnisfreiheit« verschrieben hat und so die US-Politik zu reformieren versucht. Sie bringen auch eine Zeitschrift mit theoretischen und juristischen Essays heraus.

www.ayahuasca.com – ein Forum über die Zubereitung und den Gebrauch von Ayahuasca (wird, glaube ich, zurzeit grade neu aufgebaut).

www.ibogaine.co.uk – wirklich umfassende Informationen über Iboga (Ibogain).

Danksagung

Herzlichen Dank an Richard Boulter, Michael Brownstein, Jay Crosby, Charity Egli, Adam Fisher, Kathleen Harrison, Gerry Howard, Neil Martinson, das National Arts Journalism Program, Mick Taussig sowie Anthony und Jonathan Torn.

Außerdem bedanke ich mich aufrichtig für die Genehmigung, aus folgenden Quellen zu zitieren:

DMT: The Spirit Molecule von Dr. med. Rick Strassman, Park Street Press. Copyright © 2001 by Dr. med. Rick Strassman. Wiederabdruck mit Genehmigung der Park Street Press, einer Abteilung von Inner Traditions International.

Flashbacks von Timothy Leary, Penguin Putnam Inc. Copyright © 1983 by Timothy Leary. Wiederabdruck mit Genehmigung von Jeremy P. Tarcher, einer Abteilung von Penguin Putnam Inc.

Food of the Gods von Terence McKenna, Bantam Books. Copyright © 1992 by Terence McKenna. Wiederabdruck mit Genehmigung von Bantam Books, einer Abteilung von Random House, Inc.

Psychedelic Shamanism von Jim DeKorne, Breakout Productions.